Pronti... Via!

Rapid@mente

an intensive Italian course

Leonardo Oriolo

Acknowledgements

I would like to thank Marina Esposito, Annalisa Saraceno, Carla Novella, and Maria Galasso who read the manuscript and made many useful suggestions. A debt of gratitude is due to the students and colleagues of the Sacred Heart of Mary Girls' School in Upminster, the European School in Culham, St. Dominic's 6th Form College Harrow-on-the-Hill, and the courses organised by the Italian Consulate in London. All have been enthusiastic participants in piloting material.
I would particularly like to thank Giovanna Melisi and Antonio Borracino for their ideas, for their time and help in finalising the manuscript and producing the recordings. I would also like to thank Derek Aust and John Broadbent for their constructive comments on the early drafts of the manuscript for this book.

My love and gratitude to Lenka for her constant support, encouragement and invaluable advice.

I am also grateful to the highly professional Matthew Jenkins for his practical help on all IT issues, and to Jonathan Chapman for the excellent design of the book, his understanding and patience. Finally, I would like to acknowledge the support I continue to have from Frank Preiss and European Schoolbooks Publishing. Our collaboration is always pleasurable as well as most productive.

The author and the publisher would like to thank the following for their help and assistance:
Azienda di Promozione Turistica, San Remo; Colours of Benetton, Imperia; Comune di Cervo; Comune di Imperia; Fratelli Carli, Imperia; Gioielleria Caratto, Imperia; Gymnica, Imperia; Hotel Corallo, Imperia; Hotel Croce di Malta, Imperia, and Marco Basso, Annarita Benza, Gianni Valentini, Michele Gian Paolo, Enrico Lauretti, Angela Moro, Gianni Palermo, Massimo Sasso, Miro Siccardi, Dino Zanghi.

First edition 2003, reprinted 2005, 2008

ISBN 978 085048 306 2

Book design by The Chapman Partnership

Published by
European Schoolbooks Publishing Ltd
The Runnings
Cheltenham
GL51 9PQ
England

Printed in Great Britain by Alden Press

Introduction

Communicative Competence

The prime objective of Rapid@mente is to help the learner reach, in as short a time as possible, a communicative competence corresponding to level B1 of the Common European Framework of Reference for Languages: Teaching, Learning and Assessment.

Emphasis on Grammar

Rapid@mente, in line with the Revised GCSE syllabuses for Italian, prepares students both to use the language for practical communication and to continue with further study of Italian. In this context, there is a special emphasis on grammar. Students are also offered opportunities to develop and generate evidence of attainment in the Key Skills (Communication, Information Technology, Improving own Learning and Performance, Working with Others).

Use of ICT

Almost every unit promotes the use of ICT, suggesting Italian websites to search for information about Italy and to find useful texts and images to create posters, articles, school magazine or CD-ROM in Italian, using software for word-processing and publishing. We welcome feedback and suggestions from teachers.

Spiral System

Constant practice and exposure are indispensable factors in learning a language, as are motivation and enjoyment. In order to develop and strengthen the communication resources of the learner, this book presents, and repeats cyclically, the most relevant language functions and notions.

This spiral system of presenting materials is the distinguishing feature of this book. The intensive course reinforces abilities already acquired, while at the same time introducing new content. Other innovative characteristics of the course include a vast range of communicative activities; a variety of language games, useful Italian websites per topic and a companion website to complement the book.

14 Units - The best of *Pronti... Via!*

This book, divided into 14 units, combines and completely revises the trio of volumes in the *Pronti...Via!* series (*Pronti...Via! Corso intensivo di italiano; Pronti...Via! The Italian Handbook* and *A New Style Italian Grammar*).

Use of English

Every unit is divided into two main sections: the first all in Italian, the second (a self-study section) in English and Italian. Experimental use of this material in selected organisations and schools in Great Britain has confirmed that once initial hesitancy is overcome, deliberate concentration on using Italian as much as possible allows a communication threshold to be reached in the minimum time. For this reason, the instructions in the first section of the unit are all given in Italian and, with a few exceptions, Italian should be the main means of communication in the classroom.

To present the language tasks (listed in the first part of the Self-study section), the most complex activities and the grammar, in some situations (e.g., large classes, low motivation) it could be useful, at a first stage, to use English.

For the listening comprehension test of the introductory dialogues, in particular situations, it may be necessary to ask the students to answer in English (see p.258 and p.263 for questions and answers in English).

Dialogues and Activities

The first section comprises introductory dialogues which provide models of authentic language, ideal for satisfying precise communicative needs in terms of a specific topic and situation. The dialogues are followed by various activities and exercises which facilitate building up a vocabulary and a set of essential phrases, related to the topic of the unit. These activities and exercises aid the learning of fundamental structures in the Italian language and ease the transition from oral to written communication.

Transfer

The linguistic forms used in the exercises derive directly from the introductory dialogues and not vice versa. It is therefore possible to stimulate greater efficiency in acquisition and improved motivation in learning since the structures and the notions are contextualized and are immediately re-usable in what J.A. van Ek has referred to as 'transfer'. This is the most important and profitable part of the lesson, when the learners are encouraged from the start to personalise and internalise the language by talking about themselves and the world around them.

For this reason, at an initial level, it is advisable to ignore the written exercises (which can be introduced at a later stage, if and when it is thought suitable) and concentrate on oral activities, both those presented in the first section of the unit and others easily derived from the self-study section (information gap, role-play, open dialogue, interviews, surveys, and so on).

Exercises

The exercises on grammatical structures should be preceded by research and reflection on the part of the learner, based as much as possible on the substitution tables of the self-study section; these have been specially compiled to facilitate an inductive method in the teaching of grammar.

Cross-references and Flexibility

Most of the exercises have practical cross-references to the Grammar section, which allows flexibility for implementing strategies of correction and extension. The majority of the exercises are presented in such a way that they could be also performed orally and in pairs.

It is important to emphasise that not all of the exercises of one unit must be completed before passing to another unit, since the book is structured in such a way as to allow the order of the topics and activities to be chosen according to the learner's immediate communicative needs.

Self-study with Games and the Internet

The self-study section comprises a list of language tasks, substitution tables in Italian and English (questions and answers), activities (learning, revision, testing and recycling), clear easy-to-use guide to writing, vocabulary lists by topics, language games and lists of relevant Italian websites to search for practical information, for coursework or for a school project.

The keys to the exercises, the CDs and the companion website (see link at www.esb.co.uk) enhance the usefulness of the course for the independent learner.

AQA Themes and Topics

My World
Self, Family and Friends (Units 1, 2, 13). Interests and Hobbies (Unit 12). Home and Local Environment (Units 3, 4). Daily Routine (Units 3, 8, 14). School and Future Plans (Unit 14).

Holidays Time & Travel
Travel, Transport and Finding the Way (Unit 5). Tourism (Units 4, 6). Accommodation (Unit 7). Holiday Activities (Units 6, 8). Services (Units 10, 11).

Work & Lifestyle
Home Life (Units 2, 3, 6, 8). Healthy Living (Units 8, 11). Part-time Job and Work Experience (3, 10, 14). Leisure (Units 12, 13). Shopping (Unit 9).

The Young Person in Society
Character and Personal Relationships (Units 1, 2, 13). The Environment (Units 4, 5). Education (Unit 14). Careers and Future Plans (Unit 14). Social Issues, Choices and Responsibilities (Unit 13).

For extra coverage of topics and sub-topics, see also the Rapid@mente companion website.

For information about GCSE Specifications, see: www.aqa.org.uk and www.edexcel.org.uk

Edexcel Topic Areas with Related sub-Topics

At Home and Abroad
Things to see and do (Units 6, 12). Life in the town, countryside, seaside (Unit 6). Weather and climate (Unit 4). Travel, transport and directions (Unit 5). Holidays, tourist information and accommodation (Units 6, 7). Services and shopping abroad (Units 9, 10). Customs, everyday life and traditions in target-language countries and communities (Units, 3, 6, 13).

Education, Training and Employment
School life and routine (Units 3, 14). Different types of jobs (Unit 1). Job advertisements, applications and interviews (Unit 14). Future plans and work experience (Unit 14).

House, Home and Daily Routine
Types of home, rooms, furniture and garden (Unit 3). Information about self, family and friends (Units 1, 2, 13). Helping around the house (Unit 3). Food and drink (Unit 8).

Media, Entertainment and Youth Culture
Sport, fashion and entertainment (Unit 12). Famous personalities (Units 1, 12). The media (Units 12, 13). Current affairs, social and environmental issues (Units 4, 13).

Social Activities, Fitness and Health
Free time (evening, weekends, meeting people) (Units 12, 13). Special occasions (Units 6, 13). Hobbies, interests, sport and exercise (Units 11, 12). Shopping and money matters (Units 9, 10). Accident, injuries, common ailments and health issues (smoking, drugs) (Units 11, 13).

Contents

The numbers in square brackets refer back to the different sections of the Reference Grammar.

RR = Revision and Recycling

PRESENTARSI

Dialoghi

Come ti chiami?
Dove abiti?
Quanti anni hai?
Di dove sei?
Ti piace ...?
Sì - No

1 **Carlo** Come ti chiami?
Maria Mi chiamo Maria. E tu?
Carlo Io mi chiamo Carlo.

2 **Carlo** Dove abiti?
Maria Abito in via Marconi, 35.
Carlo Qual è il tuo numero di telefono?
Maria È 340 12 56.

3 **Carlo** Quanti anni hai?
Maria Ho quattordici anni.
Carlo Quando è il tuo compleanno?
Maria Il 3 febbraio.

4 **Valerio** Di dove sei?
Silvia Sono di Roma. E tu?
Valerio Io sono di Siena.

5 **Silvia** Quanti anni hai?
Valerio Ho ventisette anni.
Silvia Quando è il tuo compleanno?
Valerio Il 9 aprile.

6 **Roberto** Sei americana?
Kathy No, sono inglese.
Roberto Dove sei nata?
Kathy Sono nata a Bedford.

Roberto Ti piace l'italiano?
Kathy Sì, mi piace molto.

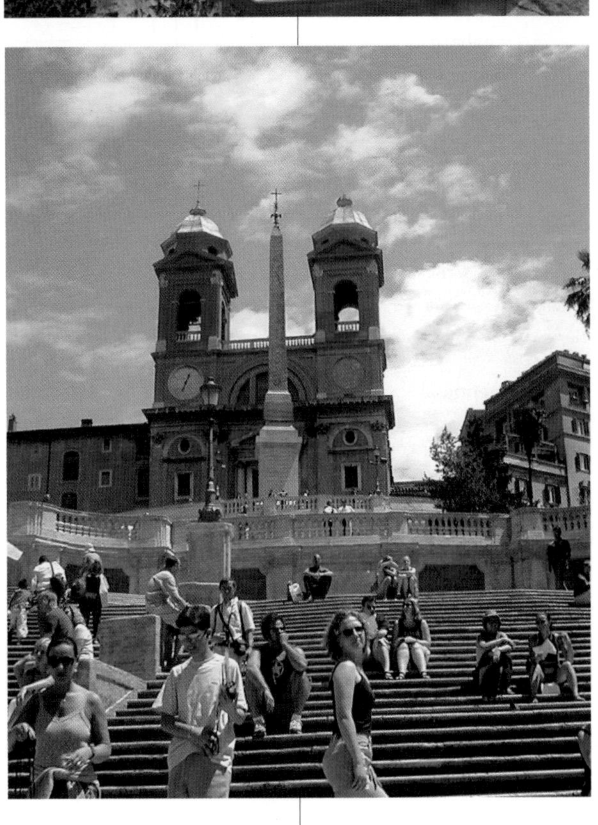

ESERCIZIO 1

Rispondi alle seguenti domande.

1	**a**	Come si chiama il ragazzo?
	b	Come si chiama la ragazza?
2	**a**	Dove abita la ragazza?
	b	Qual è il suo numero di telefono?
3	**a**	Quanti anni ha?
	b	Quando è il suo compleanno?
4	**a**	Di dov'è Silvia?
	b	Di dov'è Valerio?
5	**a**	Quanti anni ha Valerio?
	b	Quando è il suo compleanno?
6	**a**	Di che nazionalità è Kathy?
	b	Dov'è nata?

Prendere appunti

1 a ____
b ____

2 a ____
b ____

3 a ____
b ____

4 a ____
b ____

5 a ____
b ____

6 a ____
b ____

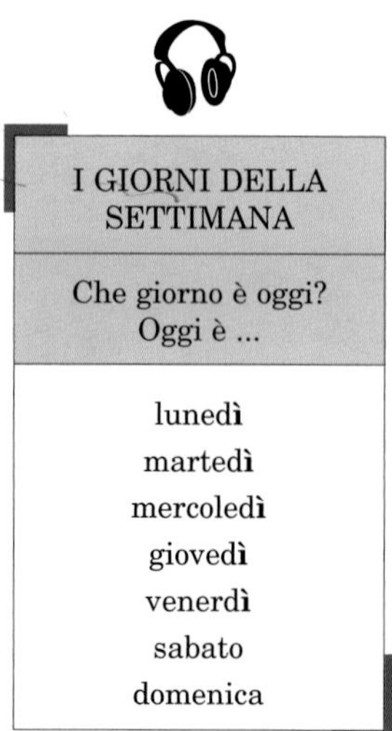

I GIORNI DELLA SETTIMANA
Che giorno è oggi? Oggi è ...
lunedì
martedì
mercoledì
giovedì
venerdì
sabato
domenica

ESERCIZIO 2 (vedi p. 13)

Due numeri non sono nello schema.
Quali? Dieci .... Sedici ....

S	I	E	S	E	U	Q	N	I	C
E	D	E	R	T	I	C	I	D	O
T	I	I	D	N	I	U	Q	O	R
T	C	C	T	T	E	S	I	D	T
E	I	I	E			S	C	I	T
O	Q	D	I	C	I	A	I	C	A
T	U	A	T	T	O	R	D	I	U
T	O	N	O	V	E	U	N	D	Q
	U	N	O	D	U	E	T	R	E

1	10
2	11
3	12
4	13
5	14
6	15
7	16
8	17
9	

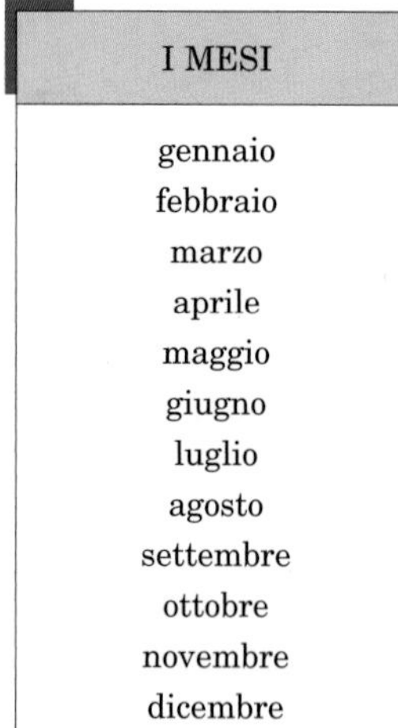

I MESI
gennaio
febbraio
marzo
aprile
maggio
giugno
luglio
agosto
settembre
ottobre
novembre
dicembre

ESERCIZIO 3

Collega le domande con le risposte.

1	c	Come ti chiami?	**a**	Sì, sono di Salerno.
2	☐	Qual è il tuo indirizzo?	**b**	Sì, mi piace molto.
3	☐	Quando sei nata?	**c**	Maria.
4	☐	Sei italiana?	**d**	Ho 15 anni.
5	☐	Ti piace l'inglese?	**e**	Il 15 febbraio.
6	☐	Quanti anni hai?	**f**	Via Marconi, n. 35.

ESERCIZIO 4

A) Intervista 5 compagni e completa la tabella.

Domande:

1 Come ti chiami?
2 Quanti anni hai?
3 Quando sei nato/nata?
4 Dove sei nato/nata?
5 Qual è il tuo indirizzo?
6 Qual è il tuo numero di telefono?

io	**tu**
mi chiamo ho sono nato/a	ti chiami hai sei nato/a ....

Nome	**Età**	**Data e luogo di nascita**	**Indirizzo**	**Numero di telefono**
Carlo	15	2 gennaio 1988 Cervo (Italia)	Via Marina, 8 Cervo	0183 46260
Silvia	30	5 maggio 1973 Roma	Via Cassia, 20 Roma	06 789775
Kathy	15	20 febbraio 1988 Bedford (G.B.)	73, Roderick Rd. Londra	0207 467859

B) Presenta i 5 compagni alla classe.

Esempi:

1 Carlo **ha** 15 anni. **È** nato il 2 gennaio 1988 a Cervo, in Italia.
Abita a Cervo, in via Marina, 8. Il **suo** numero di telefono è 0183 46260.

2 Kathy **ha** 15 anni. **È** nata il 20 febbraio 1988, a Bedford, in Gran Bretagna.
Abita a Londra, in Roderick Road, al numero 73.
Il **suo** numero di telefono è 0207 467859.

io	**lui/lei**
ho sono abito	ha è abita ....

A ti piace ...?
B mi piace ...

A ti piacciono ...?
B mi piacciono ...

A preferisci ...?
B preferisco ...

ESERCIZIO 5 (in coppia)

Lo studente A intervista lo studente B e compila le tabelle con una X.

Esempi:

A	Ti piace lo sport?	**B**	Sì, mi piace.
A	Ti piace il cinema?	**B**	No, non mi piace.
A	Ti piace il jazz?	**B**	Abbastanza.
A	Ti piacciono i ragazzi timidi?	**B**	Sì, mi piacciono.
A	Preferisci i capelli lunghi o corti?	**B**	Preferisco i capelli corti.

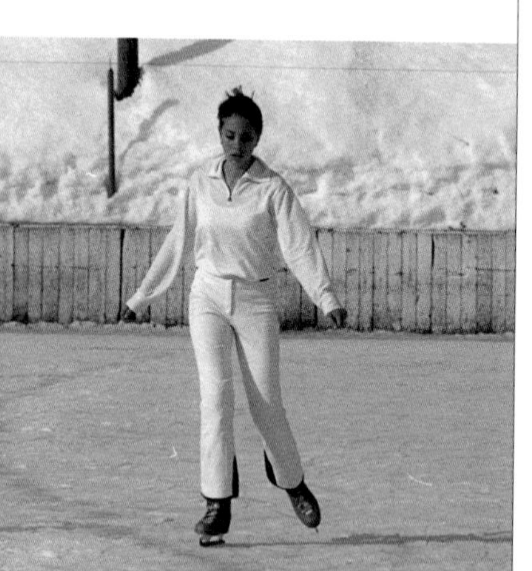

			SÌ	NO	ABBASTANZA
Ti piace	lo sport?				
	il cinema?				
	la musica classica?				
	la musica pop?				
	il jazz?				
	...........?				
Ti piacciono	i ragazzi le ragazze	ambiziosi/ambiziose?			
		curiosi/curiose?			
		timidi/timide?			
		romantici/romantiche?			
		sportivi/sportive?			
		..................................?			

			PREFERISCO
Preferisci	gli occhi	castani o azzurri?	
		.... ?	
	i capelli	castani o biondi?	
		neri o rossi?	
		.............?	
		lunghi o corti?	
		lisci o ondulati?	
		.............?	

	S	P
M	- o	- i
F	- a	- e
M/F	- e	- i

maschile singolare	rosso
maschile plurale	rossi
femminile singolare	rossa
femminile plurale	rosse
m/f singolare	verde
m/f plurale	verdi

AGGETTIVI

NOME	COGNOME	ETÀ	RESIDENZA	PROFESSIONE
Carlo	Martini	15	Cervo (IM)	studente
Maria	Bado	14	Salerno	studentessa
Valerio	Ferrari	33	Siena	autista
Silvia	Niella	30	Roma	stilista
Roberto	Berio	22	Lucca	muratore
Kathy	Williams	15	Londra	studentessa
Paola	Martini	20	Cervo (IM)	infermiera
Enrica	Surro	22	Mussomeli (CL)	giornalista
Massimo	Ferri	18	Milano	disoccupato
Janie	Bell	19	Canterbury	studentessa
Gianni	Martini	46	Cervo (IM)	meccanico
David	Curton	15	Abingdon	studente

ESERCIZIO 6 [2.1]

Completa con gli articoli (il, la).

1 .... dizionario
2 .... foglio (di carta)
3 .... gomma
4 .... lavagna
5 .... libro
6 .... matita
7 .... penna
8 .... quaderno
9 .... sedia
10 .... scuola

	S	P
M	il lo l'	i gli gli
F	la l'	le le

il (davanti a consonante)
i (davanti a consonante)
lo (davanti a s+consonante o z)*
gli (davanti a s+consonante, z, vocale)*
l' (davanti a vocale)
la (davanti a consonante)
le (davanti a consonante e a vocale)
* vedi nota [2.1]

ARTICOLI DETERMINATIVI

ESERCIZIO 7 [2.1]

Completa con gli articoli (il, il, la, la, l', l', le, le, i, i).

1 Questo è .... passaporto di Carlo.
2 Questi sono .... passaporti di Carlo e Silvia.
3 Questa è .... sorella di Maria.
4 Queste sono .... sorelle di Roberto.
5 Mi piace .... musica.
6 Mi piace .... teatro.
7 Mi piacciono .... ragazzi sportivi.
8 Mi piacciono .... ragazze sportive.
9 Questo è .... indirizzo di Kathy.
10 Ti piace .... Italia?

ESERCIZIO 8 [2.1]

Completa con gli articoli (l', l', la, la, il, il, lo, le, i, gli).

1 Questo è .... alfabeto italiano.
2 Questa è .... signora Martini.
3 Questo è .... mio numero di telefono.
4 Ti piace .... sport?
5 Questa è .... studentessa italiana.
6 Queste sono .... ragazze italiane.
7 Ti piace .... italiano?
8 Roberto ha .... capelli neri.
9 Carlo ha .... occhi castani.
10 Quando è .... compleanno di Valerio?

	S	P
M	- o	- i
F	- a	- e
M/F	- e	- i

Irregolari
Lo studente
La studentessa
Il professore
La professoressa
Il dottore
La dottoressa

NOMI

ESERCIZIO 9 [2.1]

1. Completa con gli articoli (il, il, il, il, l', lo, la, la, la, la).
2. Metti al plurale.

1 *la* casa *le case*
2 .... indirizzo ....
3 .... mese ....
4 .... numero ....
5 .... ragazzo ....
6 .... ragazza ....
7 .... bambino ....
8 .... bambina ....
9 .... studente ....
10 .... studentessa ....

Mi piacciono

Non mi piacciono

ESERCIZIO 10 [3.1]

A) Leggi i seguenti dialoghi e completa lo schema.

A Carlo è un ragazz**o** sportiv**o**.
B Mi piacciono i ragazz**i** sportiv**i**.

A Silvia è una ragazz**a** sportiv**a**.
B Mi piacciono le ragazz**e** sportiv**e**.

A Marco è un ragazz**o** nervos**o**.
B Non mi piacciono i ragazz**i** nervos**i**.

A Paola è una ragazz**a** nervos**a**.
B Non mi piacciono le ragazz**e** nervos**e**.

A Giorgio è un ragazz**o** intelligent**e**.
B Mi piacciono i ragazz**i** intelligent**i**.

A Lucia è una ragazz**a** intelligent**e**.
B Mi piacciono le ragazz**e** intelligent**i**.

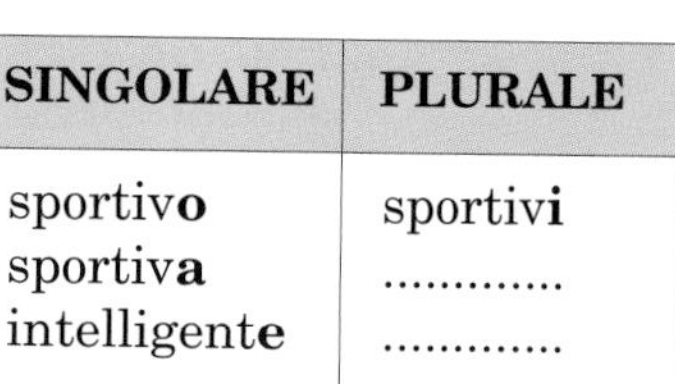

SINGOLARE	PLURALE
sportiv**o**	sportiv**i**
sportiv**a**	....
intelligent**e**	....

B) Inventa altri dialoghi simili ai precedenti.

ESERCIZIO 11 [3.1]

Completa la tabella.

È UN RAGAZZO	È UNA RAGAZZA	SONO DUE RAGAZZI	SONO DUE RAGAZZE
Allegr**o**	Allegr**a**	Allegr**i**	Allegr**e**
Divertent**e**	Divertent**e**	Divertent**i**	Divertent**i**
Gentil**e**			
Pigr**o**			
Nervos**o**			
Intelligent**e**			
Felic**e**			
Timid**o**			
Noios**o**			
Ambizios**o**			

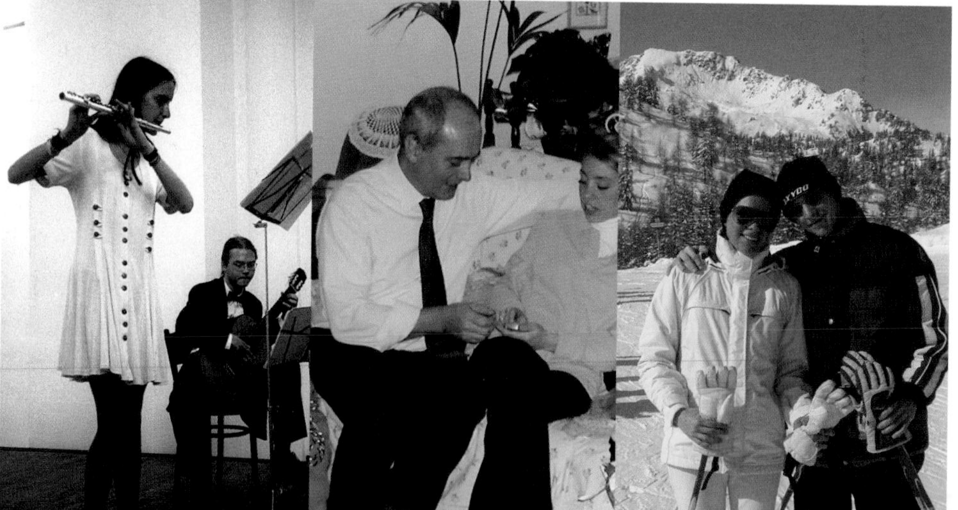

ESERCIZIO 12 [7.1]

Completa come negli esempi.

Esempi: Carlo è italiano. Massimo è italiano. Carlo e Massimo ....*sono*.... italiani.
Io sono inglese. Kathy è inglese. Noi ..*siamo*.. inglesi.

1 Maria è italiana. Silvia è italiana. Maria e Silvia .... italiane.
2 Paola è italiana. Roberto è italiano. Paola e Roberto .... italiani.
3 Ann è irlandese. Joseph è irlandese. Ann e Joseph .... irlandesi.
4 Io sono australiano. Paul è australiano. Noi .... australiani.
5 Io sono americana. Susan è americana. Noi .... americane.
6 Io sono scozzese. Lee è scozzese. Noi .... scozzesi.
7 Io sono gallese. Tom è gallese. Noi .... gallesi.

ESSERE	
io	**sono**
tu	**sei**
lui/lei/Lei	**è**
noi	**siamo**
voi	**siete**
loro	**sono**

PRESENTE INDICATIVO

ESERCIZIO 13 [7.1]

Completa con il verbo "essere".

1 Lei .... una ragazza italiana.
2 Lui .... un ragazzo italiano.
3 Professore, ... italiano?
4 Loro .... due ragazzi americani.
5 Noi .... spagnoli.
6 Tu .... italiano?
7 Voi .... australiani?
8 Io .... inglese.
9 Professoressa, ... italiana?
10 Loro .... due ragazze americane.

ESERCIZIO 14 [3.2]

Completa.

1 Pietro e Paolo sono italian_.
2 Lina è italian_.
3 Silvana e Angela sono italian_.
4 Pino e Claudia sono italian_.
5 Riccardo è italian_.
6 Francesca e Vittorio sono italian_.
7 David è ingles_.
8 Mary è ingles_.
9 Corinne e Valery sono ingles_.
10 Paul e John sono ingles_.

ESERCIZIO 15 [7.1] 

Metti al plurale.

1 Io sono inglese. Noi ....
2 Lui è americano. Loro ....
3 Lei è italiana. Loro ....
4 Tu sei australiano? Voi ....?
5 Lei è italiano? Voi ....?

Africa
africano
America
americano
Australia
australiano
Austria
austriaco
Belgio
belga (m/f)
Bulgaria
bulgaro
Danimarca
danese
Europa
europeo
Finlandia
finlandese
Francia
francese
Galles
gallese
Germania
tedesco
Gran Bretagna
britannico
Grecia
greco
Inghilterra
inglese
Irlanda
irlandese
Italia
italiano
Lussemburgo
lussemburghese
Norvegia
norvegese
Olanda
olandese
Polonia
polacco
Portogallo
portoghese
Repubblica Ceca
ceco
Romania
rumeno
Russia
russo
Scozia
scozzese
Spagna
spagnolo
Svezia
svedese
Svizzera
svizzero
Turchia
turco
Ungheria
ungherese

Paesi e nazionalità

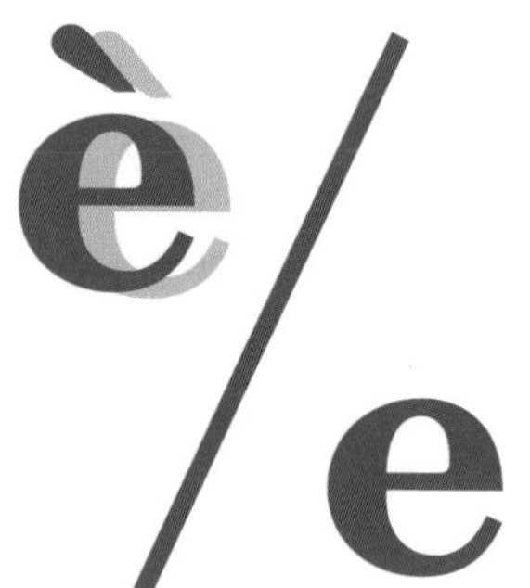

ESERCIZIO 16 [11] [12]

Metti l'accento dove occorre.

1 Qual e il tuo numero di telefono?
2 Quando e il tuo compleanno?
3 Ann e inglese e Silvio e italiano.
4 Mi piacciono l'italiano e il francese.
5 Ha i capelli lunghi e castani.
6 E molto allegra e vivace.
7 Nina e molto alta.
8 No, non e americana, e inglese.
9 Lui e intelligente e simpatico.
10 E divertente, allegro e vivace.

ESERCIZIO 17

Leggi le seguenti frasi.

1 Come ti chiami?
2 Mi chiamo Carlo.
3 Di che nazionalità sei?
4 Lei è simpatica, ma loro sono antipatici.
5 Lei è un'amica francese e lui è un amico scozzese.
6 Loro sono due amici italiani.
7 Lui è disoccupato.
8 Ho i capelli castani, corti e ricci.
9 Ti piace questa città?
10 Ti piacciono le lingue?

un amico
un'amica

I suoni: **chi, che, ca, co, cu, ci, ce** sono simili a quelli sottolineati nelle parole inglesi.

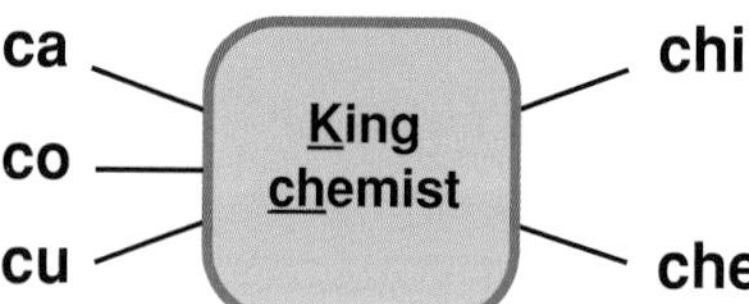

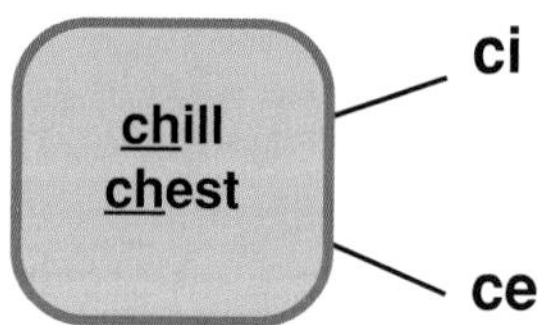

ESERCIZIO 18

Raggruppa le seguenti parole in base al suono.

Provin**ci**a, **co**mpleanno, britanni**co**, die**ci**, S**co**zia, viva**ce**, ami**ci**, oc**chi**, **ci**ao, domeni**ca**.

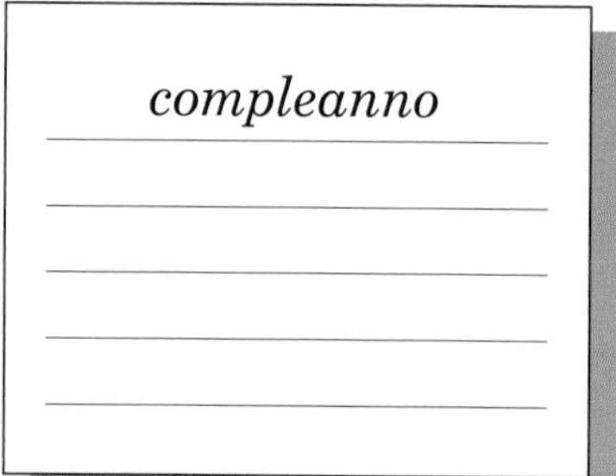

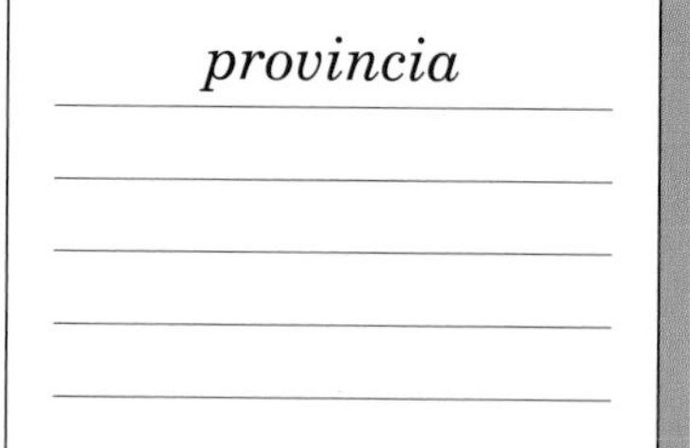

ESERCIZIO 19

Raggruppa le seguenti parole in base al suono.

Galles, **ge**loso, a**go**sto, **ge**neroso, **gi**ovane, intelli**ge**nte, lin**gu**e, **ge**nnaio, lun**ghi**, mag**gi**o, lussembur**ghe**se, Lussembur**go,** re**gi**one, Porto**ga**llo, porto**ghe**se, **gi**ovedì, ra**ga**zza, **ge**ntile.

ESERCIZIO 20 [8]

Leggi le seguenti frasi.

1 Maria abita in Via Marconi, 35.
2 Il mio numero di telefono è 24 13 31.
3 Maria ha 14 anni.
4 Carlo ha 15 anni.
5 Alessandro ha 18 anni.
6 Angelo è alto 1 metro e 80.
7 Il mio compleanno è il 7 febbraio.
8 Il professore ha 38 anni.
9 Il suo numero di telefono è 300 28 56.
10 Sono nato il 15.5.1960.

ESERCIZIO 21 (in coppia)

Fai almeno cinque domande al compagno, usando le seguenti parole.

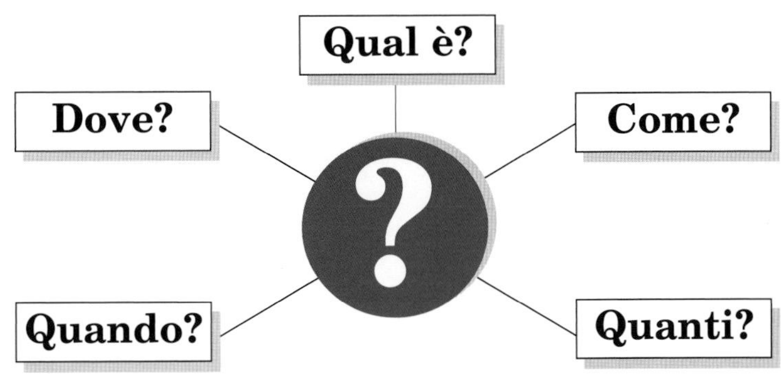

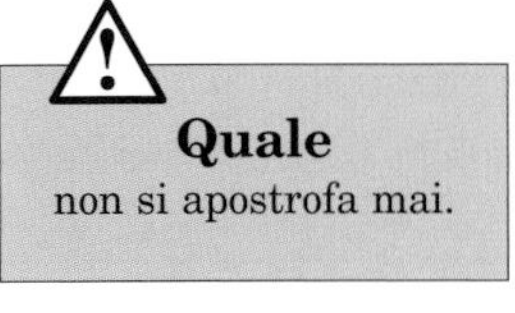

Esempio: Qual è il tuo numero di telefono?

ESERCIZIO 22 (vedi p. 14)

I
1 Descrivi un compagno di classe.
2 Leggi alla classe la descrizione del compagno.
3 Gli altri studenti devono indovinare chi è.

II
1 Tutti gli studenti guardano per cinque secondi la fotografia di un personaggio famoso.
2 Lo descrivono, cercando di ricordare il maggior numero di particolari.

III
1 Ogni studente descrive un personaggio famoso.
2 Gli altri studenti devono indovinare chi è.
3 Gli studenti possono fare domande, ma si deve rispondere solo "sì" o "no".

ESERCIZIO 23

Completa i dialoghi.

1
A Come _ _ chiami?
B Mi _ _ _ _ _ _ Maria. E tu?
C Carlo.

2
A Dove abiti?
B _ _ _ _ _ in via Marconi, 35.
A Qual è il tuo _ _ _ _ _ _ di telefono?
B È 340 12 56.

3
A Quanti anni _ _ _ ?
B _ _ trentadue anni.
A Quando _ il tuo compleanno?
B _ _ 3 febbraio.

4
A _ _ _ americana?
B No, sono inglese.
A _ _ _ _ sei nata?
B Sono nata _ Bedford.

sì

(avverbio di affermazione)
- Hai capito? **Sì**

si

(pronome, nota musicale)
- Come **si** chiama?
- Do, re, mi, fa, sol, la, **si**

ACCENTO

ESERCIZIO 24 (vedi p. 15) [5.1]

Trasforma dal "tu" al "Lei" i dialoghi dell'esercizio precedente.

Esempio:
A Come si chiama?
B Mi chiamo Maria Bado. E Lei?
A Io mi chiamo Carlo Martini.

CARTA D'IDENTITÀ ELETTRONICA

CARTA D'IDENTITÀ

Carta d'identità ideale dell'italiano medio.
Il cognome più comune in Italia è Rossi, il nome Mario.
La città con più abitanti è la capitale.

Cognome **Rossi**
Nome **Mario**
nato il **15.5.1973**
(atto n. **2087** *P* **I** *S* **A**
a **Roma**
Cittadinanza **Italiana**
Residenza **Roma**
Via **Fiordalisi n. 5**
Stato civile **coniugato**
Professione **impiegato**

Statura **1.76**
Capelli **castani**
Occhi **castani**
Segni particolari **nessuno**

Vorrei corrispondere ...

Ciao, mi chiamo Romeo, ho 18 anni e vorrei corrispondere con ragazze e ragazzi di tutto il mondo. Romeo-ogoal@tin.it

Adoro la musica e le moto. Ho 18 anni e vorrei fare amicizia con ragazze della mia età. Roberto

Lavoro nel campo della pubblicità, ho 17 anni, gli occhi verdi e sono alto 1 metro e 80. Sono simpatico e curioso. Cerco amici e amiche inglesi per corrispondere. Angelo

Adoro la musica, lo sport, la natura e molte altre cose che scoprirete scrivendomi. Cristina

DOMANDE

Chi?

Quando?

Dove?

Perché?

Che cosa?

Quanto?

Quanti?

PUNTEGGIATURA e SEGNI PARTICOLARI

.	punto
;	punto e virgola
:	due punti
,	virgola
?	punto interrogativo
!	punto esclamativo
...	puntini di sospensione
“ ”	virgolette
–	lineetta
-	trattino
( )	parentesi tonde
[ ]	parentesi quadre
’	apostrofo
`	accento grave
´	accento acuto
*	asterisco
/	sbarretta, slash
@	chiocciola, at

1 INTRODUCING YOURSELF

See also "**Io e gli altri**": page 223 (dialogues 1, 2, 3, 4, 5, 6, 7) and page 232

Can you give information about yourself and others (e.g. members of the family or a host family) and seek information from others with regard to...

Learning √	Revision √	
☐	☐	name (including spelling your own name)? [1-2]
☐	☐	home address (including spelling the name of your home town)? [3]
☐	☐	telephone number? [4]
☐	☐	age and birthday? [5-6-7-8]
☐	☐	nationality? [9-10-11-12]
☐	☐	likes and dislikes? [13]
☐	☐	general description including physical appearance, character or disposition of yourself and others? [p. 14]

A B C	maiuscolo
a b c	minuscolo
a b c	corsivo
a b c	grassetto o neretto
a b c	sottolineato

Characters

Vocali: a, e, i, o, u.

Consonanti: b, c, d, ...

A (QUESTIONS)	B (ANSWERS)	
1 Come ti chiami ?	(Mi chiamo)	Maria. Roberto.
2 Come si scrive ?	Emme, A, Erre, I, A. Emme come Milano, A come Ancona ... Milano, Ancona, Roma, Imola, Ancona.	
3 Qual è il tuo indirizzo? Dove abiti?	(Il mio indirizzo è) (Abito in)	Via Marconi, n.5.
4 Qual è il tuo numero di telefono ?	(Il mio numero di telefono è) 987 65 43.	

1 What's your name?	(My name is)	Maria. Roberto.
2 How do you spell it?	M.A.R.I.A/ M for Milan, A for Ancona ..... Milan, Ancona, Rome, Imola, Ancona.	
3 What's your address? Where do you live?	(My address is) (I live at)	Via Marconi 5.
4 What is your telephone number?	(My phone number is) 987 6543.	

Fill in the Form

Nome	Titolo di studio
Cognome	Lingue conosciute
Via n.	Data di nascita
Città CAP	Nazionalità
Prov. Tel.	Attuale occupazione
Stato Civile	E-mail
Data	Firma

TELEPHONE ALPHABET

This 'alphabet' is normally used in telephone calls to explain how a name or address is spelt.

A	[a]	come	Ancona
B	[bi]		Bologna
C	[ci]		Como
D	[di]		Domodossola
E	[e]		Empoli
F	[effe]		Firenze
G	[gi]		Genova
H	[acca]		Hotel
I	[i]		Imola
J	[i lunga]		Jersey
K	[cappa]		Kursaal
L	[elle]		Livorno
M	[emme]		Milano
N	[enne]		Napoli
O	[o]		Otranto
P	[pi]		Padova
Q	[qu]		Quarto
R	[erre]		Roma
S	[esse]		Savona
T	[ti]		Torino
U	[u]		Udine
V	[vu/vi]		Venezia
W	[vu doppio/doppia vu]		Washington
X	[ics]		Xeres/Xantia
Y	[ipsilon]		York
Z	[zeta]		Zara

A) Using the model, give answers orally.

Come si scrive *Italia*? - Si scrive: I, ti, a, elle, i, a.

1. Come si scrive ...?
Inghilterra, America, telefono, numero.

B) Using the model, give answers orally.

Come si scrive *Rita*?
- Si scrive: erre come Roma, i come Imola, ti come Torino, a come Ancona.
- Si scrive: Roma, Imola, Torino, Ancona.

1. Come si scrive il tuo nome?
2. Come si scrive ...?
Oliver, Joseph, Kathy, Lee, Anne, Lara, Sonja.

Premi Nobel Italiani

1906 **Giosuè Carducci** (Letteratura)
1906 **Camillo Golgi** (Medicina)
1907 **Ernesto Teodoro Moneta** (Pace)
1909 **Guglielmo Marconi** (Fisica)
1926 **Grazia Deledda** (Letteratura)
1934 **Luigi Pirandello** (Letteratura)
1938 **Enrico Fermi** (Fisica)
1957 **Daniel Bovet** (Medicina)
1959 **Salvatore Quasimodo** (Letteratura)
1959 **Emilio Gino Segrè** (Fisica)
1963 **Giulio Natta** (Chimica)
1969 **Salvatore Edward Luria** (Medicina)
1975 **Renato Dulbecco** (Medicina)
1975 **Eugenio Montale** (Letteratura)
1984 **Carlo Rubbia** (Fisica)
1985 **Franco Modigliani** (Scienze Economiche)
1986 **Rita Levi Montalcini** (Medicina)
1997 **Dario Fo** (Letteratura)
...

NUMBERS

0	zero
1	uno
2	due
3	tre
4	quattro
5	cinque
6	sei
7	sette
8	otto
9	nove
10	dieci
11	undici
12	dodici
13	tredici
14	quattordici
15	quindici
16	sedici
17	diciassette
18	diciotto
19	diciannove
20	venti
21	ventuno
22	ventidue
23	ventitré
24	ventiquattro
25	venticinque
26	ventisei
27	ventisette
28	ventotto
29	ventinove
30	trenta
40	quaranta
50	cinquanta
60	sessanta
70	settanta
80	ottanta
90	novanta
100	cento
200	duecento
400	quattrocento
500	cinquecento
900	novecento
1.000	mille
2.000	duemila
10.000	diecimila
100.000	centomila
1.000.000	un milione
2.000.000	due milioni

io	lui/lei
ho sono	ha è

How to Describe a Person

1.	**Who?**	**...**	
2.	**Age**	**Ha**	.... anni. (Avrà... anni).
3.	**Height**	**È**	alto/a, basso/a, di statura media, ...
4.	**Build**	**È**	magro/a, grasso/a, robusto/a, snello/a, ...
5.	**Hair**	**Ha**	i capelli • Lunghi, corti, ... • Castani, neri, biondi, rossi, ... • Lisci, ricci, ondulati, ...
6.	**Eyes**	**Ha**	gli occhi castani, azzurri, verdi, ...
7.	**Character**	**È**	ambizioso/a, arrogante, intelligente, nervoso/a, timido/a, antipatico/a, simpatico/a, ...

Physical Appearance - Character

Physical Appearance

abbastanza, *rather, enough, quite*
abbronzato, *(sun-)tanned*
alto, *tall*
anziano, *old, elderly*
azzurro, *light blue, azure*
baffi (m, pl.), *moustache*
bambino, *child*
barba, *beard*
basso, *short*
bellezza, *beauty*
bello, *beautiful, handsome*
ben vestito, *well dressed*
bianco, *white*
biondo, *fair, blonde*
bocca, *mouth*
brizzolati (capelli ...), *greying hair*
brutto, *ugly*
calvo, *bald-headed*
capelli (m, pl.), *hair*
carino, *pretty, lovely*
carnagione (f), *complexion*
castano, *brown, hazel*
chiaro, *fair*
coda di cavallo, *ponytail*
collo, *neck*
corto, *short*
denti, *teeth*
dita (f, pl), *fingers*
donna, *woman*
elegante, *elegant; smart*
faccia, *face*
femmina, *female*
fronte (f), *forehead*
gambe, *legs*
giovane, *young*
grasso, *fat*
grazioso, *pretty*
grigio, *grey*
grosso, *big*
labbra (f, pl), *lips*
lentiggine (f), *freckle*
lisci (capelli ...), *straight hair*
lungo, *long*
magro, *thin*
maschio, *male*
mento, *chin*
muscoloso, *muscular*
naso, *nose*
nero, *black, dark*
occhi, *eyes*
occhiali, *glasses, spectacles*
occhiali da sole, *sunglasses*
ondulato, *wavy*
orecchino, *earring*
orecchio (pl. le orecchie), *ear*
pallido, *pale*
pancia, *paunch, tummy*
pelle (f), *skin*
piccolo, *small*
piercing (m.), *piercing (body)*
ragazza, *girl*
ragazzo, *boy*
rosso, *red*
ricci (capelli ...), *curly hair*
robusto, *robust, sturdy*
signorina, *young lady*
snello, *slim*
somiglianza, *likeness*
sorriso, *smile*
spalla, *shoulder*
sportivo, *sporty, casual (wear)*
statura media, *average height*
tatuaggio, *tattoo*
testa, *head*
treccia, *plait*
uomo, *man*
vecchio, *old*
verde, *green*
viso, *face*

Character

allegro, *cheerful, merry*
altruista, *unselfish*
ambizioso, *ambitious*
antipatico, *unpleasant, disagreeable*
autoritario, *authoritative*
beneducato, *well mannered*
bravo, *good, clever*
buffo, *funny*
calmo, *calm*
cattivo, *bad, nasty, naughty*
chiacchierone, *chatterbox, chatterer*
comprensivo, *understanding*
concreto, *practical*
contento, *happy, pleased*
coraggioso, *courageous*
cortese, *kind; polite*
curioso, *curious*
dinamico, *dynamic*
divertente, *amusing*
educato, *polite*
egoista, *selfish*
fedele, *faithful, staunch*
felice, *happy*
forte, *strong*
geloso, *jealous*
generoso, *generous*
gentile, *kind*
impulsivo, *impulsive*
indipendente, *independent*
intelligente, *intelligent*
maleducato, *bad-mannered*
meraviglioso, *wonderful*
modesto, *modest*
molto, *much, very*
nervoso, *irritable, nervous*
noioso, *boring*
onesto, *honest*
ordinato, *tidy, neat*
orgoglioso, *proud*
ottimista, *optimistic*
pazzo, *crazy*
permaloso, *touchy, irritable*
pigro, *lazy*
piuttosto, *rather*
possessivo, *possessive*
romantico, *romantic*
serio, *serious*
severo, *severe, strict*
simpatico, *nice*
sincero, *sincere*
spiritoso, *witty*
sportivo, *sporty*
studioso, *studious*
stupido, *stupid*
superbo, *proud, haughty*
testardo, *stubborn*
timido, *shy, timid*
tranquillo, *quiet*
triste, *sad*
vivace, *lively*
viziato, *spoilt*

DESCRIPTION

1. Nicoletta è mia sorella.
2. Ha 13 anni.
3. È molto alta.
4. È piuttosto magra.
5. Ha i capelli lunghi, biondi e lisci.
6. Ha gli occhi castani.
7. È molto allegra e vivace.

NAME - AGE AND BIRTHDAY

anni, *years*
anziano, *old, elderly*
avere, *to have*
carta d'identità, *identity card*
cognome (m), *surname*
compilare, *to fill in*
compleanno, *birthday*
data di nascita, *date of birth*
essere, *to be*
essere nato, *to be born*
età, *age*
firma, *signature*
firmare, *to sign*
gennaio, ecc. (p. 2), *January , etc.*
giovane, *young*
identità, *identity*
in stampatello, *in block letters*
lunedì, ecc. (p. 2), *Monday, etc*
luogo di nascita, *place of birth*
maggiore, *older, elder*
mese (m), *month*
minore, *younger*
neonato, *(newborn) baby*
modulo, *form*
nome (m), *name*
passaporto, *passport*
riempire, *to fill in*
scrivere, *to write*
signora, *Mrs., Madam*
signore (m), *Mr., Sir*
signorina, *Miss, Madam*
vecchio, *old*

MARITAL STATUS

celibe (m), *single*
compagno, *partner*
coniugato, *married*
divorziato, *divorced*
fidanzarsi, *to become engaged*
fidanzato, *fiancé*
marito, *husband*
moglie, *wife*
nubile (f), *single*
scapolo, *bachelor*
separato, *separated*
sposarsi, *to get married*
sposato, *married*
sposa, *bride*
sposo, *bridegroom*
stato civile, *marital status*
vedovo, *widower*
vedova, *widow*

INFORMAL - FORMAL

INFORMAL (tu)	**FORMAL (Lei)**
Ciao!	Buongiorno!
Come **ti** chiami?	Come **si** chiam**a**?
Ti presento Franco.	**Le** presento il signor Berio.
Di che nazionalità **sei**?	Di che nazionalità **è**?
Di dove **sei**?	Di dov'**è**?
Parl**i** italiano?	Parl**a** italiano?
Come **stai**?	Come **sta**?
Bene, grazie. E **tu**?	Bene, grazie. E **Lei**?
Qual è il **tuo** indirizzo?	Qual è il **suo** indirizzo?
Quando è il **tuo** compleanno?	Quando è il **suo** compleanno?
Quanti anni **hai**?	Quanti anni **ha**?
Sei sposato?	**È** sposato?
Ti piace l'italiano?	**Le** piace l'italiano?

tu	Lei
ti chiami	si chiama
ti presento	le presento
sei	è
parli	parla
stai	sta
tu	Lei
tuo	suo
hai	ha
ti piace	le piace
....	....

ANSWER THE QUESTIONS

1. Come ti chiami?
2. Come si scrive?
3. Qual è il tuo indirizzo?
4. Qual è il tuo numero di telefono?
5. Quando è il tuo compleanno?
6. Quanti anni hai?
7. Di che segno sei?
8. Di che nazionalità sei?
9. Dove sei nato/a?
10. Ti piace lo sport?
11. Ti piace la musica classica?
12. Preferisci i capelli lunghi o corti?
13. Preferisci gli occhi castani o azzurri?
14. Descrivi il tuo miglior amico o la tua migliore amica

ACQUARIO
21 gennaio - 19 febbraio

PESCI
20 febbraio - 20 marzo

ARIETE
21 marzo - 20 aprile

TORO
21 aprile - 20 maggio

GEMELLI
21 maggio - 21 giugno

CANCRO
22 giugno - 22 luglio

5	Quanti anni hai?		
6	Quando sei	nato? nata?	
7	Quando	è il tuo compleanno? compi gli anni?	
8	Di che segno sei? Qual è il tuo segno zodiacale?		
9	Di che nazionalità sei?		
10	Sei È Siete Sono	italiano/a? inglese? italiani/e? inglesi?	
11	Dove sei nato/a?		
12	Da dove vieni?		
13	Ti	piace	l'italiano? questo libro? questa penna?
		piacciono	questi libri? queste penne?

Ho	quattordici quindici sedici	anni.
(Sono nato) (Sono nata)	il 2 gennaio 1988.	
Il	3 febbraio. 4 marzo.	
Sono	dell'Ariete. del Toro. dei Gemelli. del Cancro. del Leone. della Vergine. della Bilancia. dello Scorpione. del Sagittario. del Capricorno. dell'Acquario. dei Pesci.	
Sono	inglese. italiano/a. americano/a. australiano/a.	
No,	sono spagnolo/a. è americano/a. siamo spagnoli/e. sono americani/e.	
Sono nato/a	a Siena. a Oxford. in Italia. in Inghilterra.	
(Vengo)	dall'Inghilterra. dall'Italia. dagli Stati Uniti. dall'Australia.	
Sì, mi	piace.	
	piacciono.	
No, preferisco ...		

SEGNO	PIANETA	COLORI	NUMERO	GIORNO	CARATTERE
ARIETE	Marte	rosso	1	martedì	impulsivo, dinamico, coraggioso
TORO	Venere	verde	5	venerdì	ottimista, calmo, forte
GEMELLI	Mercurio	azzurro	22	mercoledì	indipendente, curioso, vivace
CANCRO	Luna	bianco	6	lunedì	geloso, romantico, comprensivo
LEONE	Sole	giallo	7	domenica	generoso, indipendente, orgoglioso
VERGINE	Mercurio	grigio	14	mercoledì	intelligente, serio, modesto
BILANCIA	Venere	lilla	44	venerdì	simpatico, gentile, ordinato
SCORPIONE	Marte	rosso scuro	8	martedì	intelligente, serio, possessivo
SAGITTARIO	Giove	verde	19	giovedì	allegro, sincero, fedele
CAPRICORNO	Saturno	nero	10	sabato	preciso, ambizioso, timido
ACQUARIO	Urano	azzurro	15	sabato	altruista, spiritoso, indipendente
PESCI	Nettuno	porpora	26	giovedì	tollerante, sensibile, dolce

For colours see p. 167

5 How old are you?		I'm	fourteen. fifteen. sixteen.	
6 When were you born ?		(I was born) on the 2nd of January 1988.		
7 When is your birthday?		The	3rd of February. 4th of March.	
8 What sign of the Zodiac are you?		I'm	an Aries. a Taurus. a Gemini. a Cancer. a Leo. a Virgo.	a Libra. a Scorpio. a Sagittarian. a Capricorn. an Aquarian. a Piscean.
9 What nationality are you?		I'm	English. Italian. American. Australian.	
10 Are you Is he/she Are you Are they	Italian? English? Italian? English?	No,	I'm he/she is we are they are	Spanish. American. Spanish. American.
11 Where were you born?		I was born in		Siena. Oxford. Italy. England.
12 Where are you from?		I'm from		England. Italy. the United States. Australia.
13 Do you like	Italian? this book ? this pen?	Yes, I like		it.
	these books? these pens?			them.
		No, I prefer ...		

Occupations

architetto, *architect*
assistente di volo (m/f), *steward, stewardess*
attore (m), *actor*
autista (m/f), *driver*
avvocato, *lawyer*
cameriere (m), *waiter*
cassiere, *cashier*
casalinga, *housewife*
commerciante (m/f), *trader*
commercio, *trade*
commesso, *shop-assistant*
dentista (m/f), *dentist*
direttore (m), *manager, director*
disoccupato, *unemployed*
ditta, *firm, company*
dottore (m), *doctor*
fabbrica, *factory*
farmacista (m/f), *chemist, pharmacist*
fattoria, *farm*
giornalista (m,f), *journalist*
guadagnare, *to earn*
idraulico, *plumber*
impiegato, *employee*
infermiere (m), *male nurse*
infermiera, *nurse*
ingegnere (m), *engineer*
insegnante (m/f), *teacher*
lavorare, *to work*
lavoro, *job, work*
macellaio, *butcher*
maestro, *teacher (primary)*
magazzino, *store, warehouse*
meccanico, *mechanic*
medico, *doctor*
mercato, *market*
negozio, *shop*
operaio, *workman*
padrone (proprietario) (m), *owner*
paga, *pay, salary*
parrucchiere (m), *hairdresser*
pensionato/in pensione, *retired, senior citizen*
pizzeria, *'pizzeria'*
poliziotto, *policeman*
preside (m,f), *headteacher*
professione (f), *occupation, profession*
professore (m), *teacher, professor*
programmatore, *programmer*
proprietario, *owner*
ragioniere (m), *accountant*
salario, *wage*
scrittore (m), *writer*
segretario, *secretary*
stipendio, *salary*
studente (m), *student*
tassista (m/f), *taxi-driver*
ufficio, *office*

LEONE
23 luglio -
23 agosto

VERGINE
24 agosto -
22 settembre

BILANCIA
23 settembre -
22 ottobre

SCORPIONE
23 ottobre -
22 novembre

SAGITTARIO
23 novembre -
21 dicembre

CAPRICORNO
22 dicembre -
20 gennaio

MASCHILE
attore
direttore
scrittore
dottore
professore
studente

FEMMINILE
attrice
direttrice
scrittrice
dottoressa
professoressaa
studentessa

Irregular Nouns

DESCRIPTION

A) **Using the model and the vocabulary list, find out what sort of people Anna, Nadia and your best friend are.**

D ivertente
A allegro
V ivace
I ntelligente
D ivertente

DAVID è divertente, allegro, vivace e intelligente.

A ....
N ....
N ....
A ....

ANNA è ....

B) **Complete this description** (see p. 14)

1 Mi chiamo ....
2 Ho .... anni.
3 Sono .... e
4 ....
5 Ho i capelli ...., ... e ....
6 Ho gli occhi ....
7 Sono .... e ....

C) **The letters forming the words below have been jumbled. They all refer to 'OCCUPATIONS'. rearrange the letters to form the word.**

1. D E O O R T T	_ O _ _ _ _ _
2. A A C O O T V V	_ _ _ _ C _ _ _
3. A C C C E I M N O	_ _ C _ _ _ _ _ _
4. A C C E E H I P R R R U	_ _ _ _ U _ _ _ _ _ _ _
5. I I L O O O P T T Z	P _ _ _ _ _ _ _ _ _
6. A E E G I N N N S T	_ _ _ _ _ _ A _ _ _
7. A D E I N S T T	_ _ _ T _ _ _ _
8. A C E E E I M R R	_ _ _ _ _ I _ _ _
9. A C D I I L O R U	_ _ _ _ _ _ _ _ O
10. D E E N S T T U	_ _ _ _ _ N _ _
11. A A I S T T U	_ _ _ _ S _ _

D) **Write an email to a penfriend describing your best friend or your favourite musician/actor.**

FAMIGLIA

2

Dialoghi

1 **Carlo** Quanti siete in famiglia?
Maria Siamo in quattro. E voi?
Carlo Noi siamo in cinque.

2 **Maria** Come si chiamano i tuoi genitori?
Carlo Mio padre si chiama Gianni e mia madre Angela.
Maria Che lavoro fanno?
Carlo Mio padre è meccanico e mia madre è impiegata in banca.

3 **Paola** Sei figlio unico?
Roberto No, ho due sorelle.
Paola Come si chiamano?
Roberto La più grande si chiama Monica e la più piccola Patrizia.

4 **Paola** Passi molto tempo con i tuoi genitori?
Roberto Beh, durante la settimana ci vediamo solo all'ora dei pasti.
Paola Come mai?
Roberto Perché lavorano tutti e due.

5 **Enrica** Siete tanti in famiglia?
Massimo Siamo in cinque: mio padre, mia madre, due fratelli ed io.
Enrica Vai d'accordo con i tuoi fratelli?
Massimo Solo con Paolo.
Enrica Perché solo con Paolo?
Massimo Forse perché siamo gemelli.

6 **Enrica** Vedi spesso i tuoi parenti?
Massimo Non molto.
Enrica Perché?
Massimo Abitano tutti in un'altra città.

7 **Enrica** Ti piacciono gli animali?
Massimo Sì, moltissimo.
Enrica Hai qualche animale in casa?
Massimo Sì, ho un cane e un gatto.

?

Quanti siete in famiglia?
Come si chiamano i tuoi genitori?
Sei figlio unico?
Sei figlia unica?
Vai d'accordo con ...?

ESERCIZIO 1

Rispondi alle seguenti domande.

1 **a** Quanti sono nella famiglia di Maria?
b Quanti sono nella famiglia di Carlo?

2 **a** Come si chiama il padre di Carlo?
b Come si chiama sua madre?
c Che lavoro fanno i genitori di Carlo?

3 **a** Quante sorelle ha Roberto?
b Come si chiama la più grande?
c Come si chiama la più piccola?

4 **a** Roberto vede spesso i suoi genitori?
b Perché?

5 **a** Quanti fratelli ha Massimo?
b Va d'accordo con i suoi fratelli?
c È più grande Massimo o Paolo?

6 **a** Massimo vede spesso i suoi parenti?
b Perché?

7 **a** Massimo ama gli animali?
b Quali animali ha in casa?

ESERCIZIO 2

Disegna il tuo albero genealogico, indicando la professione e l'età dei componenti della tua famiglia:

Esempio: Padre *Gianni meccanico 46*

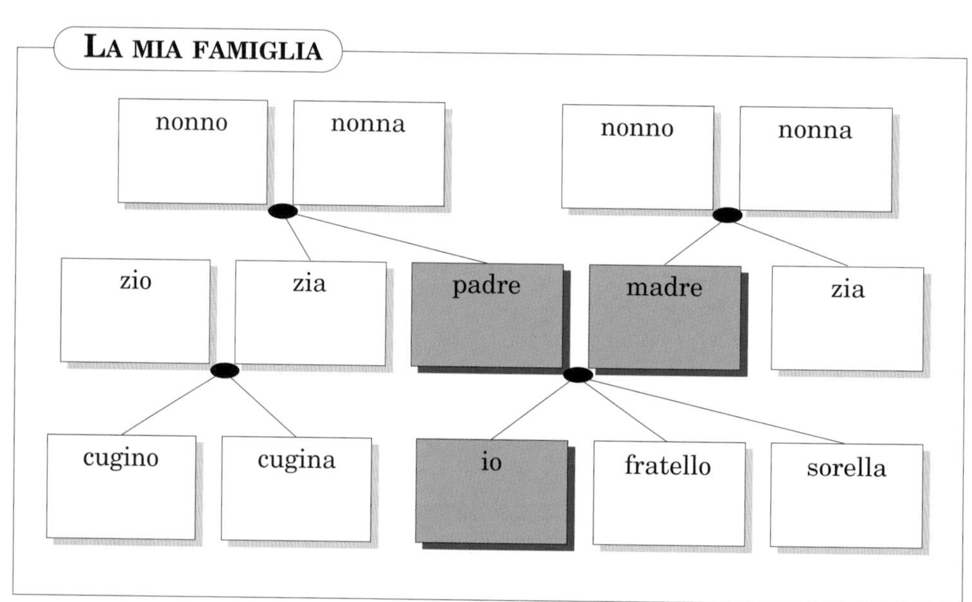

ESERCIZIO 3 (in coppia)

Lo studente A fa le domande e lo studente B risponde.

Studente A

Fai le domande al tuo compagno e completa l'albero genealogico della famiglia di Carlo Martini.

Domande – tipo:

1 Come si chiama il marito di Franca?
2 Qual è il cognome di Carmine?
3 Quanti anni ha Carmine?
4 Che lavoro fa Rosella?

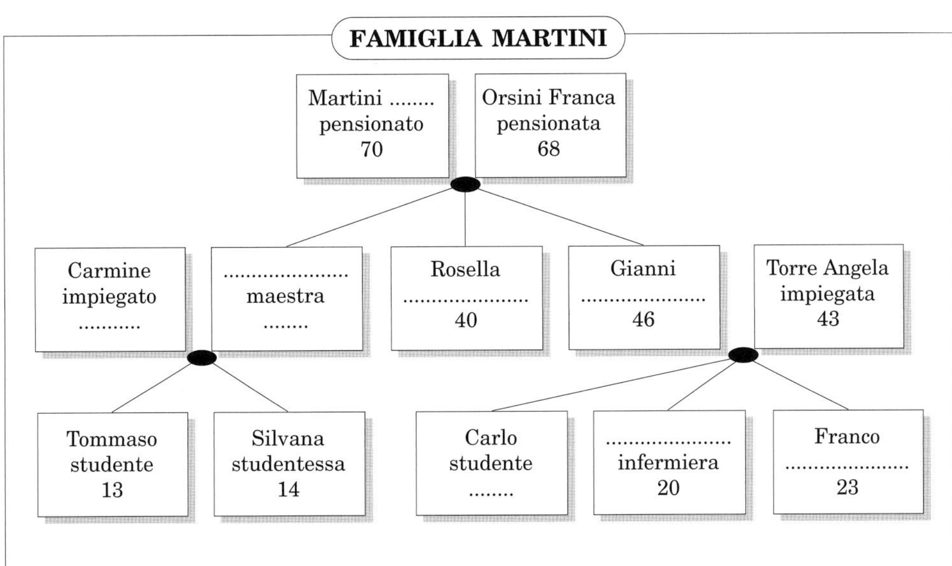

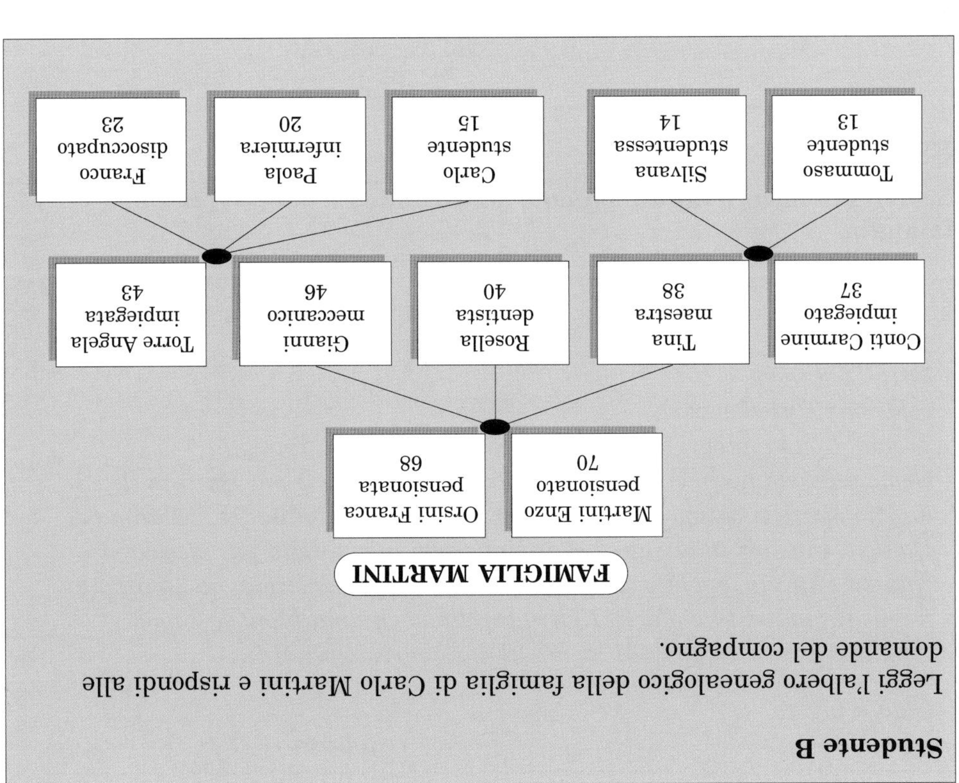

ESERCIZIO 4

Leggi l'albero genealogico della famiglia di Carlo e indica se le seguenti affermazioni sono vere [V] o false [F].

1 Franco è il figlio di Carmine. ☐
2 Carmine è lo zio di Carlo. ☐
3 Rosella è la sorella di Angela. ☐
4 Silvana è la sorella di Tommaso. ☐
5 Paola è la cugina di Tommaso. ☐
6 Gianni è il marito di Angela. ☐
7 Rosella è la cognata di Tina. ☐
8 Enzo è il nonno di Silvana. ☐
9 Franco e Carlo sono i fratelli di Paola. ☐
10 Enzo e Franca sono i suoceri di Carmine. ☐

ESERCIZIO 5 (in coppia)

Lo studente A intervista lo studente B e disegna il suo albero genealogico.

Domande – tipo:
Come si chiama tuo padre?
Che lavoro fa?
Quanti anni ha?
Quanti fratelli ha tua madre?

ESERCIZIO 6 (in coppia)

Lo studente A illustra l'albero genealogico dello studente B ad un altro studente (o alla classe).

Esempio:

La famiglia di Carlo Martini

Sono in cinque in famiglia: il padre, la madre, **sua** sorella, **suo** fratello e Carlo. **Suo** padre **si chiama** Gianni, **è** meccanico e **ha** 46 anni. **Sua** madre **si chiama** Angela, ...

ESERCIZIO 7

Scrivi una lettera ad un amico o ad un'amica e descrivi la tua famiglia.

Lucca, 25 giugno 20...

Cara Paola,
come va? Tutto bene? ...
Ti mando una fotografia della mia casa e della mia famiglia.
Come vedi, siamo in cinque: mio padre, mia madre, le mie due sorelle ed io. Mio padre si chiama Lucio e lavora in banca. Mia madre si chiama Daniela e lavora in un'agenzia di viaggi. La mia sorella più piccola si chiama Patrizia, è molto simpatica, vivace e chiacchierona; ha 14 anni e frequenta un istituto d'arte. L'altra sorella si chiama Monica, è molto intelligente, ma un po' timida; ha 16 anni e frequenta il liceo ...

Ciao, a presto.

Roberto

ESERCIZIO 8 [2.1]

Completa con gli articoli.

1 Enzo è .... nonno di Paola.
2 Francesca è .... nonna di Carlo.
3 Carmine è .... marito di Tina.
4 Tina è .... moglie di Carmine.
5 Gianni è .... padre di Carlo.
6 Angela è .... madre di Carlo.
7 Tina è .... sorella di Rosella.
8 Tommaso è .... fratello di Silvana.
9 Carmine è .... zio di Franco.
10 Tina è .... zia di Carlo.

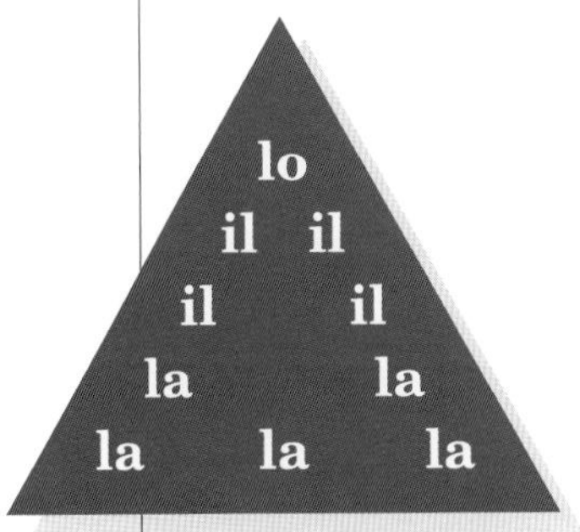

ESERCIZIO 9 [2.1]

Esercizio come il precedente.

1 Gianni e Rosella sono .... zii di Tommaso.
2 Angela e Rosella sono .... zie di Tommaso.
3 Tommaso è .... nipote di Angela.
4 Silvana è .... nipote di Angela.
5 Tommaso è .... cugino di Franco.
6 Silvana è .... cugina di Franco.
7 Carmine è .... cognato di Rosella.
8 Angela è .... cognata di Tina.
9 Enzo e Francesca sono .... nonni di Franco.
10 Rosella e Tina sono .... sorelle di Gianni.

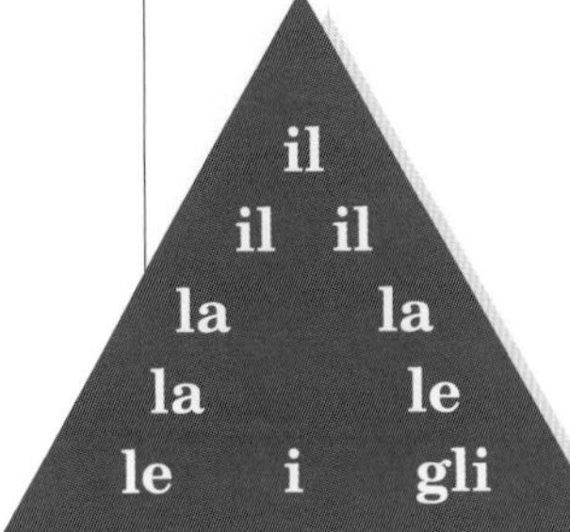

ESERCIZIO 10 [3.8] [3.9] 

Completa con i possesivi.
(loro, nostre, tue, vostri, loro, mie, sue, tuoi, miei, suoi)

Esempio: Questo è mio fratello.
Questi sono i *miei* fratelli.

1 Questo è mio zio.
Questi sono i .... zii.
2 Questa è mia sorella.
Queste sono le .... sorelle.
3 Questo è tuo fratello?
Questi sono i .... fratelli?
4 Questa è tua figlia?
Queste sono le .... figlie?
5 Questo è suo nipote.
Questi sono i .... nipoti.
6 Questa è sua nipote.
Queste sono le .... nipoti.
7 Questa è nostra cugina.
Queste sono le .... cugine.
8 Questo è vostro cugino?
Questi sono i .... cugini?
9 Questo è il loro suocero.
Questi sono i .... suoceri.
10 Questa è la loro zia.
Queste sono le .... zie.

MASCHILE	
singolare	plurale
mio tuo il suo nostro vostro loro	miei tuoi i suoi nostri vostri loro

FEMMINILE	
singolare	plurale
mia tua la sua nostra vostra loro	mie tue le sue nostre vostre loro

AGGETTIVI POSSESSIVI

NOTE:
- In generale, gli articoli **il** e **la** non si usano con i nomi che indicano parentela (mio zio, tua madre, suo marito, nostra cugina, vostro zio, ...).
- L'articolo si usa sempre con **loro** (il loro figlio, i loro figli, la loro figlia, le loro figlie).

ESERCIZIO 11 [3.8] [3.9]

Completa con gli articoli dove è necessario.

1 Come si chiama .... tuo padre?
2 Qual è .... vostro indirizzo?
3 Che lavoro fa .... sua madre?
4 .... nostri genitori sono molto severi.
5 Dove abita .... tuo fratello?
6 Vai d'accordo con .... tue sorelle?
7 .... mio fratellino è sempre allegro.
8 .... loro figlio è medico.
9 .... loro figlie studiano in America.
10 Quando è .... tuo compleanno?

ESERCIZIO 12 [3.8] [3.9]

Volgi al femminile.

Esempio: Mio nonno è italiano. *Mia nonna è italiana.*

1 Mio padre lavora in un ufficio. ....
2 Tuo fratello è timido. ....
3 Suo zio abita in Italia. ....
4 Nostro figlio studia italiano. ....
5 Il loro nipote è disoccupato. ....
6 Mio suocero è pensionato. ....
7 Suo marito è maestro. ....
8 I suoi cugini sono noiosi. ....
9 Mio cognato è inglese. ....
10 I tuoi fratelli sono timidi. ....

ESERCIZIO 13

Fai le domande (Quanti ...? Quanti ...? Dove ...? Dove ...? Come ...?)

1 ....? Mia madre si chiama Angela.
2 ....? Mio fratello ha 20 anni.
3 ....? I loro parenti abitano in Italia.
4 ....? Sua figlia lavora in banca.
5 ....? Siamo in quattro in famiglia.

ESERCIZIO 14 [3.8] [3.9]

Trasforma come nell'esempio.

Esempio: Questo è il padre di Sandro. *È suo padre.*

1 Questo è il padre di Patrizia. ....
2 Questa è la madre di Carlo. ....
3 Questa è la madre di Maria. ....
4 Questi sono i genitori di Clara. ....
5 Questi sono i genitori di Marco. ....
6 Questo è il fratello di Lello. ....
7 Queste sono le cugine di Vito. ....
8 Questi sono i figli di Aldo e Anna. ....
9 Questa è la figlia dei signori Bini. ....
10 Questa è la sorella maggiore di Leo. ....

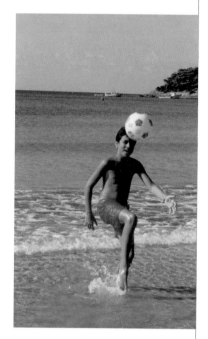

ESERCIZIO 15 [7.1]

Completa le frasi con il presente indicativo del verbo "lavorare".

Esempio: Dove ...*lavora*... tuo padre?

1 Noi .... in una fabbrica.
2 Loro .... a Roma.
3 Voi dove ....?
4 Mina e Rina .... in Italia.
5 Lui dove ....?
6 Tu dove ....?
7 Lei, signora Martini, dove ....?
8 Lei, signor Berio, dove ....?
9 Paola, quante ore ....?
10 Io .... in un ufficio.

LAVOR**ARE**	
io	**lavoro**
tu	**lavori**
lui/lei/Lei	**lavora**
noi	**lavoriamo**
voi	**lavorate**
loro	**lavorano**

PRESENTE INDICATIVO

ESERCIZIO 16 [7.1]

Completa con il presente indicativo del verbo "avere".

1 Io .... due sorelle.
2 Cinzia e Chiara .... i capelli castani.
3 Voi .... animali in casa?
4 Il mio gatto .... gli occhi verdi.
5 Loro .... due cani.
6 (Tu) quanti anni ....?
7 Aldo .... quattordici anni.
8 Noi .... la stessa età.
9 Marta e Claudio .... due gatti.
10 Lei, professore, ... animali in casa?

AVERE	
io	**ho**
tu	**hai**
lui/lei/Lei	**ha**
noi	**abbiamo**
voi	**avete**
loro	**hanno**

PRESENTE INDICATIVO

ESERCIZIO 17 [7.1]

Trova i sette errori (ha/ho/hanno, a/o/anno).

1 Il mio fratellino a un anno.
2 Lui è nato a Lucca.
3 Loro anno tre cagnolini.
4 Io o un gatto che, quando è contento, vuole giocare o fa le fusa.
5 Quanti anni a?
6 Preferisci l'italiano o il francese?
7 Andrea a due sorelle.
8 Io non o fratelli.
9 Bruna e Rita anno i capelli castani.
10 Valentina abita a Milano.

La **h** in italiano non si pronuncia.

ESERCIZIO 18

Leggi le seguenti frasi, facendo attenzione ai suoni "gl" e "gn".

1 Suo fi**gli**o si chiama Carlo.
2 Sua mo**gli**e lavora in banca.
3 È meravi**gli**oso!
4 Paola è molto orgo**gli**osa.
5 Somi**gli**a molto a suo fratello.
6 Carlo è il mio mi**gli**ore amico.
7 Questa è la si**gn**ora Martini.
8 Loro sono spa**gn**oli.
9 Il mio inse**gn**ante è bravo.
10 Qual è il suo co**gn**ome?

2 Family and Pets

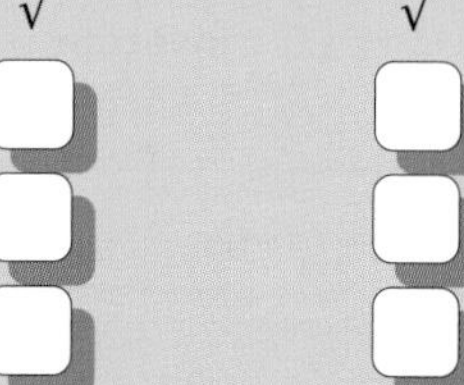
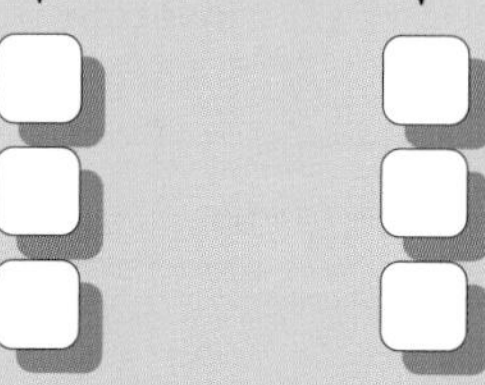

Learning √ **Revision** √

Can you...

- ask information about members of the family? [1-2-3-4-5-6-7-8-9]
- describe a member of the family? (see p. 12)
- describe a family pet? [p. 28]

	Question			Answer	
1	Quanti siete Siete tanti	in famiglia?		Siamo in tre.	
2	Come si chiama	tuo	padre? nonno? fratello? zio ? cugino? figlio? marito? cognato? nipote? suocero?	Si chiama ...	
3	Come si chiama	tua	madre? nonna? sorella? zia? cugina? figlia? moglie? cognata? nipote? suocera?		
4	Sei	figlio unico? figlia unica?		No, ho	due sorelle. un fratello maggiore. una sorella gemella.
5	Che lavoro fa	tuo padre? tua madre?		Lavora in	un ufficio. una fabbrica. un negozio.
				È	impiegato/a. operaio/a. maestro/a. disoccupato/a.
6	Che lavoro fai?			Lavoro ... Sono ...	

7 Passi molto tempo con i tuoi (genitori)?	Ci vediamo all'ora dei pasti, di solito.
8 Vai d'accordo con — tuo fratello? tua sorella?	Sì, (quando è di luna buona). Non molto.
9 E i tuoi genitori, come sono? Severi?	Non posso lamentarmi; mi lasciano abbastanza libero/a.
10 Vedi spesso i tuoi — parenti ...? cugini ...? zii ...?	Sì, quasi tutte le domeniche. Solo a Natale e a Pasqua.

1 How many of you are there / Are there many of you — in your family?	There are three of us.
2 What is your — father / grandfather / brother / uncle / cousin / son / husband / brother-in-law / nephew / father-in-law — called?	He's called ...
3 What is your — mother / grandmother / sister / aunt / cousin / daughter / wife / sister-in-law / niece / mother-in-law — called?	She's called ...
4 Are you an only child?	No, I have — two sisters. / an older brother. / a twin sister.
5 What job does your — father / mother — do?	He/She works in — an office. / a factory. / a shop. He/She is — an employee. / a worker. / a (primary) teacher. / unemployed.
6 What's your job?	I work in ... I'm ...
7 Do you spend a lot of time with your parents?	We usually meet at meal-times.
8 Do you get on with your — brother? / sister?	Yes, (when he/she is in a good mood). Not much.
9 And your parents, how are they? Strict?	I can't complain; they leave me quite free.
10 Do you often see your — relations ...? / cousins ...? / uncles ... ?	Yes, almost every Sunday. Only at Christmas and Easter.

WWW

www.legadelcane.org

www.infitalia.it

www.inseparabile.com

How to Describe an Animal

1 ***What sort of animal:*** *gatto (cat), cane (dog), cavallo (horse)...*

2 ***Physical details:*** *general appearance: muso (muzzle), coda (tail), zampa (paw), pelo / mantello (coat), la piuma (feather) ...*

3 ***Behaviour:***
- *miagolare (to mew), agile (agile) graffiare (to scratch), fare le fusa (to purr)*
- *abbaiare (to bark), giocare (to play), annusare (to smell), mordere (to bite) ...*

1 Ho un bel gatto che si chiama Lillo.
È agilissimo e non sta mai fermo.
2 Ha il pelo grigio e molto morbido.
Ha gli occhi grandi, verdi e furbi.
3 Miagola spesso e, quando è contento,
vuole giocare o fa le fusa.
Gli voglio molto bene ...

Following the model, write a description of your family pet or your favourite animal.

Animali da Fattoria *(farm)*

L'anatra *(duck)*, il fagiano *(pheasant),* la gallina *(hen)*, il gallo *(cock)*, l'oca *(goose),* il pavone *(peacock)*, il piccione *(pigeon)*, il pulcino *(chick)*, il tacchino *(turkey)*, il coniglio *(rabbit),* il bue *(ox),* la mucca *(cow)*, il toro *(bull)*, il vitello *(calf)*, l'asino *(donkey)*, il cavallo *(horse)*, il puledro *(colt)*, la pecora *(sheep)*, l'agnello *(lamb),* la capra *(goat),* il maiale *(pig)*.

- Match the animal to its sound. e.g. 1e,...

1. l'asino	a. canta
2. il bue	b. pigola
3. il cane	c. abbaia
4. la gallina	d. bela
5. il gallo	e. raglia
6. il gatto	f. tuba
7. la pecora	g. miagola
8. il piccione	h. muggisce
9. il pulcino	i. schiamazza

Animali Domestici (Pets)

11	Hai Ha Avete Hanno	animali in casa?

Sì,	ho ha abbiamo hanno	un	gatto. cane. canarino. criceto.

11	Do you Does he/she Do you Do they	have any pets at home?

Yes,	I have he/she has we have they have	a	cat. dog. canary. hamster.

Informal - Formal

INFORMAL (tu)	FORMAL (Lei)
Come si chiama **tuo** figlio?	Come si chiama **suo** figlio?
Come si chiama **tua** moglie?	Come si chiama **sua** moglie?
Come si chiama **tuo** marito?	Come si chiama **suo** marito?
Che lavoro fa **tua** madre?	Che lavoro fa **sua** madre?
Che lavoro fa **tuo** padre?	Che lavoro fa **suo** padre?

Answer the Questions

1. Quanti siete in famiglia?
2. Sei figlio unico/Sei figlia unica?
3. Come si chiama tuo padre?
4. Come si chiama tua madre?
5. Come si chiama tuo marito?
6. Come si chiama tua moglie?
7. Come si chiama il tuo ragazzo?
8. Come si chiama la tua ragazza?
9. Che lavoro fa tuo padre?
10. Che lavoro fa tua madre?
11. Che lavoro fai?
12. Qual è il tuo animale preferito?

Members of the Family

amico, *friend*
andare a trovare, *to go and see, to visit*
avere, *to have*
babbo, *dad*
baciare, *to kiss*
bacio, *kiss*
cognato, *brother-in-law*
cugino, *cousin*
famiglia, *family*
fidanzato, *fiancé*
figliastra, *stepdaughter*
figlio (unico), *(only) son*
fratellastro/fratello acquisito, *stepbrother*
fratello, *brother*
figliastro, *stepson*
gemelli, *twins*
genero, *son-in-law*
genitore (m), *parent*
grande, *big, grown-up*
madre (f), *mother*
maggiore, *older*
mamma, *mummy*
marito, *husband*
matrigna, *stepmother*
matrimonio, *marriage, wedding*
minore, *younger*
moglie (f), *wife*
nipote (m/f), *nephew, niece, grandson, granddaughter*
nonno, *grandfather*
nozze (f, pl.), *wedding*
numeroso, *numerous; large*
nuora, *daughter-in-law*
padre (m), papà, *father, daddy*
parente (m/f), *relative*
patrigno, *stepfather*
ragazzo, *boy, boy-friend*
ragazza, *girl, girl-friend*
rassomigliare a, *to look like*
sorella, *sister*
sorellastra/sorella acquisita, *stepsister*
spesso, *often*
suocero, *father-in-law*
zio, *uncle*

Family Pets

abbaiare, *to bark*
accarezzare, *to stroke*
affezionarsi, *to grow fond of*
amare, *to love*
animale (m), *animal*
animali domestici, *pets*
annusare, *to smell*
avere paura di, *to be afraid of*
bello, *beautiful*
buono, *good*
canarino, *canary*
cane (m), *dog*
cantare, *to sing*
cavallo, *horse*
cocorita, *small parrot*
coniglio, *rabbit*
criceto, *hamster*
cuccia, *dog's bed*
cucciolo, *puppy*
dare da mangiare, *to feed*
docile, *docile*
fusa (fare le ...), *to purr*
feroce, *ferocious, fierce*
gabbia, *cage*
gattino/micino, *kitten*
gatto, *cat*
giocare, *to play*
graffiare, *to scratch*
grande, *big*
grosso, *large*
incrocio, *crossbreed*
maiale (m), *pig*
miagolare, *to mew, to miaow*
mordere, *to bite*
pappagallino, *budgerigar*
pappagallo, *parrot*
pesce rosso (m), *goldfish*
piccolo, *small*
porcellino d'India, *guinea-pig*
preferire, *to prefer*
razza, *breed*
selvatico, *wild*
serpente (m), *snake*
tartaruga, *tortoise*
temere, *to fear*
uccellino, *little bird*

Marital Status ...

Sei sposato/a?
Are you married?

No, non sono sposato/a
No, I'm not married.

Sono separato/a.
I'm separated.

Sono divorziato/a.
I'm divorced.

Sono vedovo.
I'm a widower.

Sono vedova.
I'm a widow.

Ho un compagno.
I have a partner.

Ho una compagna.
I have a partner.

Hai il ragazzo?
Do you have a boyfriend?

Hai la ragazza?
Do you have a girlfriend?

Hai figli?
Do you have any children?

(see also p. 15)

WORDSEARCH

- Cross out, in the box of letters, all the words listed on the left of the page;
- The words read horizontally, vertically or diagonally and may run either forwards or backwards, some letters being used more than once.
- The remaining letters, running from left to right, will give you the solution.
- Put the articles (il, la, lo, i) in front of the words listed on the left of the page.

La madre e il padre sono i genitori (parents).

Key (2, 7) Lo zio è ☐☐ ☐☐☐☐☐☐☐

..... FAMIGLIA
..... FIGLIO
..... FRATELLO
..... GEMELLI
..... GENITORI
..... MADRE
..... MARITO
..... MOGLIE
..... NIPOTE
..... NONNI
..... PADRE
..... SORELLA
..... ZIO

O	S	O	R	E	L	L	A	E
L	P	T	F	U	N	I	I	G
L	A	I	P	I	L	L	E	I
E	D	R	A	G	G	N	L	I
T	R	A	I	O	I	L	R	N
A	E	M	M	T	E	E	I	N
R	A	N	O	M	Z	I	O	O
F	T	R	E	R	D	A	M	N
E	I	G	N	I	P	O	T	E

Non ci crederai... mi sono fidanzata! Si chiama Mauro, ha 25 anni, è alto e magro, con gli occhi e i capelli castani. Inoltre è del segno dei Pesci, proprio come me! Mandami la tua e-mail così ti racconto tutto.
Ciao, a presto
[illegible]

CHROMA IMAGE s.a.s. tel. 041/5204688 RIPRODUZIONE VIETATA

Laura Gobbi
Via Monti 5/3
16156 GENOVA

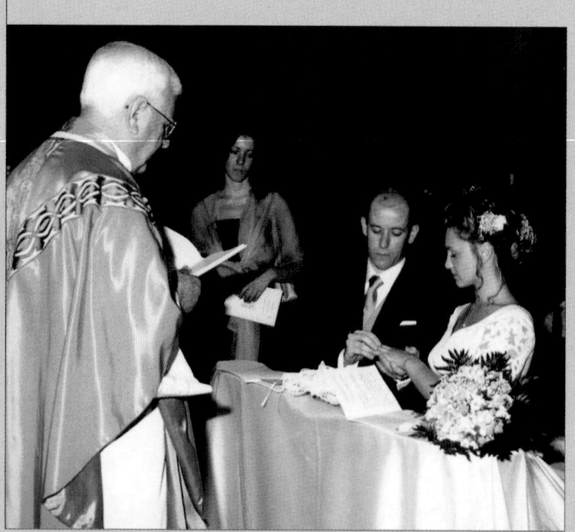

CASA

3

Dialoghi

1	**Valerio**	Dove abiti?
	Silvia	Abito in centro.
	Valerio	Paghi molto d'affitto?
	Silvia	Sì, pago quattrocento euro.

Dove abiti?
Paghi molto d'affitto?
A che piano si trova il tuo appartamento?
Quanti piani ha?

2	**Enrica**	È tua la casa dove vivi o sei in affitto?
	Massimo	Sono in affitto.
	Enrica	È caro l'affitto?
	Massimo	Sì, perché la casa è in un quartiere residenziale.

3	**Enrica**	È facile trovare un appartamento a Milano?
	Massimo	No, è molto difficile e i prezzi sono alti.

4	**Massimo**	E tu dove abiti?
	Enrica	Abito in un palazzo in via Cavour.
	Massimo	A che piano si trova il tuo appartamento?
	Enrica	Al quinto piano.
	Massimo	È grande?
	Enrica	Sì, ci sono quattro stanze più la cucina, il bagno e il terrazzo.
	Massimo	C'è del verde intorno?
	Enrica	Sì, davanti al palazzo c'è un grande giardino.
	Massimo	Paghi molto d'affitto?
	Enrica	L'appartamento è dei miei genitori.

5	**Janie**	Dove abiti?
	Roberto	Abito in un appartamento al terzo piano.
	Janie	Quanto paghi d'affitto?
	Roberto	Non ne pago, perché ho comprato l'appartamento l'anno scorso.
	Janie	Quanto si paga di condominio?
	Roberto	Cinquanta euro al mese.

6	**Carlo**	Dove abiti?
	Maria	In una casa in periferia.
	Carlo	Quanti piani ha?
	Maria	Due piani.
	Carlo	È molto grande?
	Maria	Sì, al pianterreno ci sono il corridoio, la cucina, il soggiorno, una cameretta e il gabinetto e al primo piano tre camere da letto e il bagno.
	Carlo	Hai il giardino?
	Maria	Sì, uno piccolo sul davanti e uno grande, dietro la casa.

Dov'è il bagno?
Hai bisogno di qualcosa?
A che ora ti alzi di solito?
A che ora fai colazione?
A che ora pranzi?
A che ora ceni?

7	**CARLO**	Hai una camera tua?
	MARIA	No, la divido con mia sorella.
	CARLO	È grande la camera?
	MARIA	No, è piccola, ma bella e luminosa.
8	**CARLO**	Dov'è il bagno?
	MARIA	È di sopra, davanti alla camera da letto.
9	**MARIA**	Hai bisogno di qualcosa?
	CARLO	Sì, avrei bisogno del sapone.
	MARIA	Eccolo.
	CARLO	Grazie!
10	**CARLO**	Posso dare una mano?
	MARIA	Sì, grazie! Potresti aiutare Teresa a sparecchiare.
	CARLO	Sì, volentieri!

Abitudini giornaliere

11	**CARLO**	A che ora ti alzi di solito?
	MARIA	Mi alzo alle sette e un quarto.
	CARLO	E a che ora fai colazione?
	MARIA	Faccio colazione alle sette e mezzo.
12	**CARLO**	A che ora pranzi?
	MARIA	Pranzo a mezzogiorno e quaranta.
	CARLO	A che ora ceni?
	MARIA	Ceno alle otto.
13	**ROBERTO**	Lavori?
	JANIE	Sì, lavoro in un bar.
	ROBERTO	È molto faticoso?
	JANIE	Sì, ma mi piace.
	ROBERTO	Perché?
	JANIE	Perché posso parlare italiano.
	ROBERTO	Quante ore al giorno lavori?
	JANIE	Lavoro quattro ore al giorno.
	ROBERTO	Guadagni molto?
	JANIE	Non molto, ma mi danno molte mance.
	ROBERTO	Che cosa fai con i soldi che guadagni?
	JANIE	Compro vestiti e qualche rivista di musica.

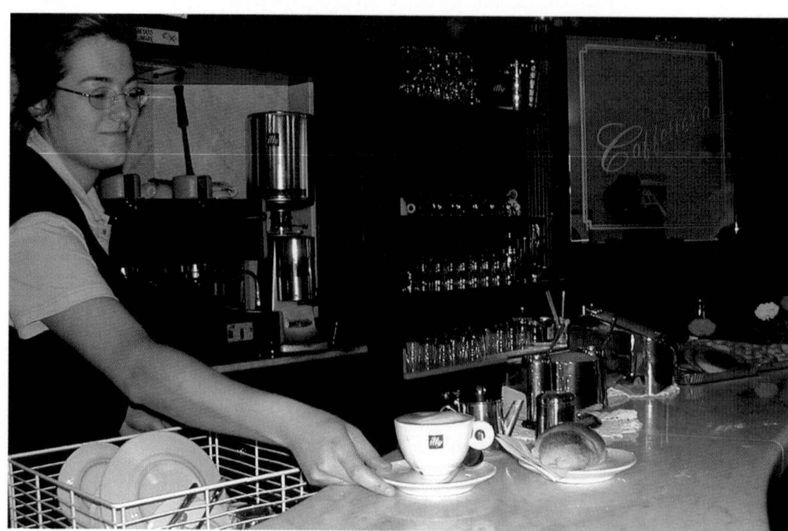

ESERCIZIO 1

Rispondi alle seguenti domande.

1	**a**	Dove abita Silvia?
	b	Paga molto d'affitto?
	c	Quanto paga d'affitto?
2	**a**	Perché è caro l'affitto della casa di Massimo?
3	**a**	È facile trovare un appartamento a Milano?
	b	Come sono i prezzi degli appartamenti?
4	**a**	Dove abita Enrica?
	b	A che piano abita?
	c	Quante stanze ci sono nel suo appartamento?
	d	Dove si trova il giardino?
	e	Perché non paga l'affitto?
5	**a**	Dove abita Roberto?
	b	A quale piano abita?
	c	Perché non paga l'affitto?
	d	Quanto paga di condominio?
6	**a**	Dove abita Maria?
	b	Quanti piani ha la sua casa?
	c	Che cosa c'è al pianterreno?
	d	Che cosa c'è al primo piano?
	e	Quanti giardini ha?
	f	Dove si trova il giardino più grande?
7	**a**	Con chi divide la sua camera Maria?
	b	Com'è la sua camera?
8	**a**	Dov'è il bagno?
9	**a**	Di che cosa ha bisogno Carlo?
10	**a**	Che cosa vuole fare Carlo?
	b	Che cosa fa Teresa?

Abitudini giornaliere

11	**a**	A che ora si alza Maria, di solito?
	b	A che ora fa colazione?
12	**a**	A che ora pranza Maria?
	b	A che ora cena?
13	**a**	Dove lavora Janie?
	b	Perché le piace il lavoro?
	c	Quante ore lavora?
	d	Guadagna molto?
	e	Come arrotonda lo stipendio?
	f	Che cosa fa con i soldi che guadagna?

VERBI IRREGOLARI

FARE	
io	**faccio**
tu	**fai**
lui/lei/Lei	**fa**
noi	**facciamo**
voi	**fate**
loro	**fanno**

PRESENTE INDICATIVO

Esempio:
A che ora fai colazione?

ANDARE	
io	**vado**
tu	**vai**
lui/lei/Lei	**va**
noi	**andiamo**
voi	**andate**
loro	**vanno**

PRESENTE INDICATIVO

Esempio:
A che ora vai a dormire?

STARE	
io	**sto**
tu	**stai**
lui/lei/Lei	**sta**
noi	**stiamo**
voi	**state**
loro	**stanno**

PRESENTE INDICATIVO

Esempio:
Come stai?
Sto bene.

ESERCIZIO 2 [2.1]

Completa con gli articoli determinativi.

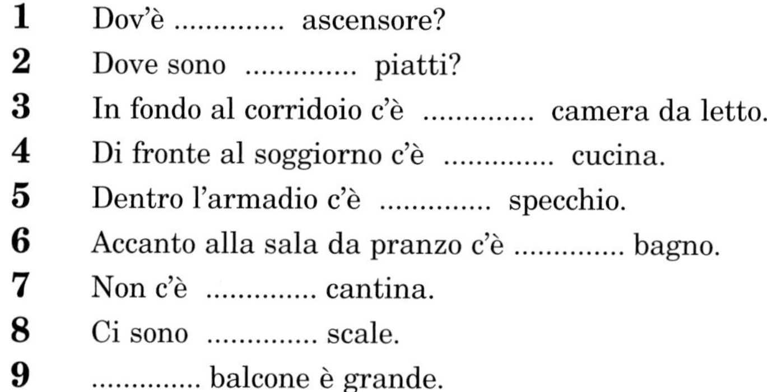

1. Dov'è .... ascensore?
2. Dove sono .... piatti?
3. In fondo al corridoio c'è .... camera da letto.
4. Di fronte al soggiorno c'è .... cucina.
5. Dentro l'armadio c'è .... specchio.
6. Accanto alla sala da pranzo c'è .... bagno.
7. Non c'è .... cantina.
8. Ci sono .... scale.
9. .... balcone è grande.
10. .... pareti sono bianche.

ESERCIZIO 3 [2.2]

Completa con gli articoli indeterminativi.

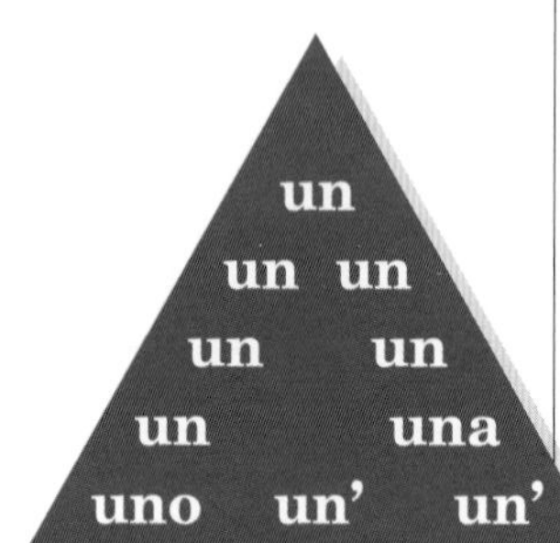

1. Ho .... fratello gemello.
2. Lui ha .... amica italiana.
3. Chi ha .... penna?
4. Noi abbiamo .... gatto.
5. Loro abitano in .... altra città.
6. Lei abita in ....altro paese.
7. Giovanna abita in .... appartamento.
8. Abbiamo .... specchio antico.
9. Abita in .... palazzo al terzo piano.
10. C'è .... grande giardino.

ESERCIZIO 4 [2.2]

Completa la tabella.

aiuola, arancia, specchio, albero, <u>amica</u>, pentola, sbaglio, <u>amico</u>, sedia, coltello, forchetta, zoo.

un	uno	una	un'
			amica
amico			

	S
M	un uno
F	una un'

MASCHILE SINGOLARE
un (davanti a consonante o a vocale)
uno (davanti a s+consonante o z)*

FEMMINILE SINGOLARE
una (davanti a consonante)
un' (davanti a vocale)

* vedi nota [2.2]

ARTICOLI INDETERMINATIVI

ESERCIZIO 5 [5.4]

Rispondi come nell'esempio.

Esempio: Dov'è il cuscino? *Eccolo.*

1 Dov'è l'armadio? ....
2 Dov'è la pattumiera? ....
3 Dov'è il sapone? ....
4 Dov'è la teiera? ....
5 Dov'è lo spazzolino? ....
6 Dove sono le fotografie? ....
7 Dove sono i piattini? ....
8 Dove sono gli asciugamani? ....
9 Dove sono le tazze? ....
10 Dove sono i bicchieri? ....

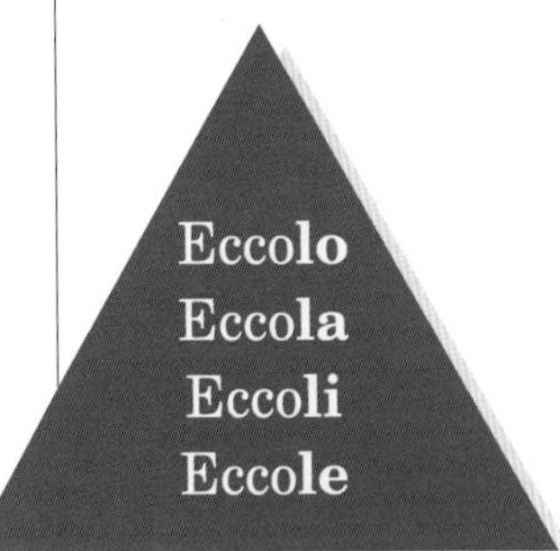

ESERCIZIO 6 [7.1]

Completa con il verbo "potere".

1 Noi .... lavare i piatti.
2 Loro .... guardare la televisione.
3 (Io) .... fare qualcosa?
4 Lui .... preparare da mangiare.
5 Tu .... aiutare a sparecchiare.
6 Voi .... apparecchiare.

POTERE
.... **posso**
.... **puoi**
.... **può**
.... **possiamo**
.... **potete**
.... **possono**

PRESENTE INDICATIVO

⚠ Non confondere **puoi** con **poi** (after).

ESERCIZIO 7 [7.1] 

Leggi le seguenti frasi (vedi p. 13).

1 (Io) pago **400** euro d'affitto.
2 (Tu) paghi più di **500** euro al mese d'affitto?
3 (Lui) paga **550** euro d'affitto.
4 (Noi) paghiamo **600** euro d'affitto.
5 (Voi) pagate più di **300** euro d'affitto?
6 (Loro) pagano **700** euro d'affitto.
7 (Io) guadagno **1.000** euro al mese.
8 (Tu) guadagni più di **1.200** euro al mese?
9 (Lei) guadagna **1.500** euro al mese.
7 (Lui) guadagna **1.600** euro al mese.
8 (Noi) guadagniamo **1.800** euro al mese.
9 (Voi) guadagnate più di **2.000** euro al mese?
10 (Loro) guadagnano **3.000** euro al mese.

VERBI REGOLARI
PRESENTE INDICATIVO

ABITARE	
io	abit**o**
tu	abit**i**
lui/lei/Lei	abit**a**
noi	abit**iamo**
voi	abit**ate**
loro	abit**ano**

RIPETERE	
io	ripet**o**
tu	ripet**i**
lui/lei/Lei	ripet**e**
noi	ripet**iamo**
voi	ripet**ete**
loro	ripet**ono**

PARTIRE	
io	part**o**
tu	part**i**
lui/lei/Lei	part**e**
noi	part**iamo**
voi	part**ite**
loro	part**ono**

ESERCIZIO 8

Collega le domande con le risposte.

1	c	Dove abiti?	**a**	Sì, certamente!
2		Hai una camera tua?	**b**	Quattrocento euro al mese.
3		Dove sono i piatti?	**c**	In un appartamento in centro.
4		Potrei telefonare?	**d**	Avanti!
5		Permesso?	**e**	Eccoli.
6		Quanto paghi d'affitto?	**f**	Sì, è piccola, ma bella.

ESERCIZIO 9 [7.1]

Completa le seguenti frasi con il presente indicativo e risolvi il cruciverba.

Esempio: Valentina *abita* in una villa. ABITARE

ORIZZONTALI

1	Teresa e Roberto .... la tavola.	APPARECCHIARE
2	Lui non .... molto.	GUADAGNARE
3	Noi .... in un bar.	LAVORARE
4	(Tu) .... spesso i tuoi genitori?	AIUTARE
5	Lei .... molte riviste di musica.	COMPRARE
6	Giorgio .... la tavola.	SPARECCHIARE
7	Loro .... troppo.	MANGIARE
8	Io .... in periferia.	ABITARE
9	Io .... molto d'affitto.	PAGARE

VERTICALE

1 Nel soggiorno, sul ...., c'è un grande tappeto.

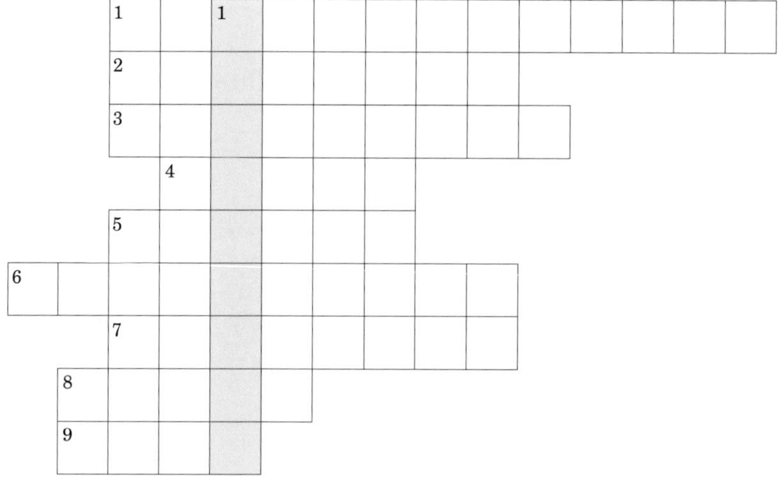

 "Pavement" vuol dire "marciapiede". "Floor" vuol dire "..........................".

ESERCIZIO 10 [7.1]

Completa le risposte e risolvi il cruciverba.

Esempio: Dove **abiti** ?.........*Abito*.........in centro.

ORIZZONTALI

1 Con chi **giochi**? .... con mia sorella.
2 **Possiamo** guardare la televisione? No, non ....
3 Quante ore al giorno **lavori**? .... 8 ore al giorno.
4 **Parli** spesso italiano? .... italiano solo a scuola.
5 **Studiate** molto? Sì, ... molto.
6 Che riviste **comprano** di solito? .... riviste di sport.

VERTICALE

1 Come si dice "cantina" in inglese.

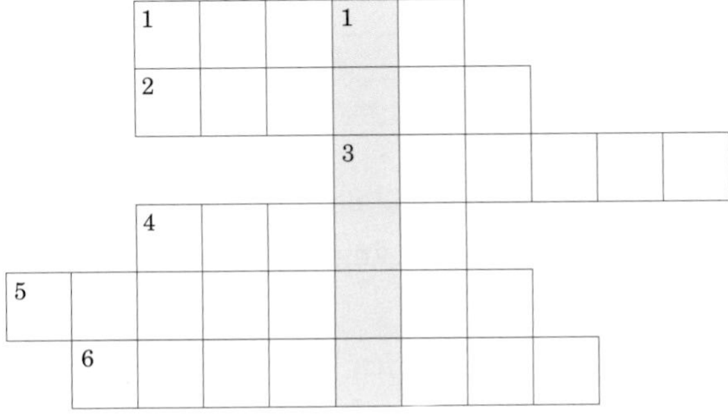

"Canteen" vuol dire "mensa".

ESERCIZIO 11 [7.1]

Cerca sul vocabolario 3 verbi in "-are" e completa la tabella.

	ABIT**ARE**			
1 io	abit**o** in centro			
2 tu	abit**i**			
3 lui/lei/Lei	abi**ta**			
4 noi	abit**iamo**			
5 voi	abit**ate**			
6 loro	abit**ano**			

LAVARSI	
mi	lavo
ti	lavi
si	lava
ci	laviamo
vi	lavate
si	lavano

VERBO RIFLESSIVO
PRESENTE INDICATIVO

ESERCIZIO 12 [7.15]

Rispondi alle seguenti domande.

Esempi: A che ora ti alzi? ....*Mi alzo*.......... alle 7.05.
A che ora si svegliano le tue sorelle? ....*Si svegliano*.......... alle 6.30.
A che ora vi svegliate? ....*Ci svegliamo*.......... alle 6.35.

1 A che ora ti svegli? .... alle 6.40.
2 A che ora si sveglia tua madre? .... alle 6.05.
3 A che ora si sveglia tuo padre? .... alle 6.00.
4 A che ora si alza tuo fratello? .... alle 7.10.
5 A che ora si alza tua sorella? .... alle 7.15.
6 A che ora vi alzate? .... alle 7.20.
7 A che ora si alzano i tuoi genitori? .... alle 6.45.

ESERCIZIO 13 [10]

Completa con le preposizioni.

in
a a
di di
con in
in in con con

1 Noi abitiamo ....Via Cavour, 7.
2 Il mio numero .... telefono è 253 68 91.
3 Sono nata .... Bedford, ... Inghilterra.
4 Quanti siete .... famiglia?
5 Mio padre lavora .... una fabbrica.
6 Passi molto tempo .... i tuoi genitori?
7 Divido la camera .... mio fratello.
8 Quanto paghi .... affitto?
9 .... che ora ti alzi?
10 Vai d'accordo .... tua sorella?

WORDSEARCH

Nello schema ci sono tutte le parole elencate.
Devi cercarle e cancellarle. Le parole nello schema possono essere scritte dall'alto in basso e viceversa, da sinistra a destra e viceversa, diagonalmente; qualche lettera può essere usata più di una volta. Le lettere non cancellate, lette da sinistra a destra, ti daranno la "chiave".

Ascensore
Bagno
Camera
Cantina
Corridoio
Cucina
Entrata
Finestra
Parete

T	A	G	A	T	A	R	T	N	E	E
E	T	E	R	R	A	Z	Z	O	R	O
T	B	O	T	T	I	F	F	O	S	I
T	E	A	T	A	L	A	S	P	N	O
O	E	Z	G	N	I	N	A	O	C	D
I	T	F	I	N	E	S	T	R	A	I
E	E	M	M	C	O	M	O	T	M	R
L	R	B	S	I	L	I	I	A	E	R
A	A	A	N	I	C	U	C	V	R	O
C	P	A	R	A	N	I	T	N	A	C
S	O	G	G	I	O	R	N	O	E	P

Pavimento
Porta
Sala
Scale
Soffitto
Soggiorno
Terrazzo
Tetto

Dove puoi andare, se vuoi comprare, vendere o affittare una casa?
Chiave (7, 11) □□□□□□□ □□□□□□□□□□□

ESERCIZIO 14

Collega A con il suo contrario B.

	A			B	
1	E	DESTRA	A	DIETRO
2		GIOVANE	B	SOTTO
3		BELLO	C	GRASSO
4		MOLTO	D	VECCHIO
5		ALTO	E	SINISTRA
6		MAGRO	F	BRUTTO
7		DAVANTI	G	BASSO
8		SOPRA	H	POCO

ESERCIZIO 15

Scrivi cinque frasi, usando le parole del gruppo B dell'esercizio precedente.

Esempio: Il giardino è dietro la casa.

ESERCIZIO 16 [7.1]

Completa la tabella.

SPEND**ERE**

1	(Tu) spendi	molto in vacanza?	No, non	....	molto.
2	Bruno spende			....	
3	Lucia spende			....	
4	(Voi) spendete			....	
5	(Loro) spendono			....	

ESERCIZIO 17 [7.1]

Cerca sul vocabolario 3 verbi regolari in "-ere" e completa la tabella.

	CHIUD**ERE**			
1 io	chiud**o** la porta			
2 tu	chiud**i**			
3 lui/lei/Lei	chiud**e**			
4 noi	chiud**iamo**			
5 voi	chiud**ete**			
6 loro	chiud**ono**			

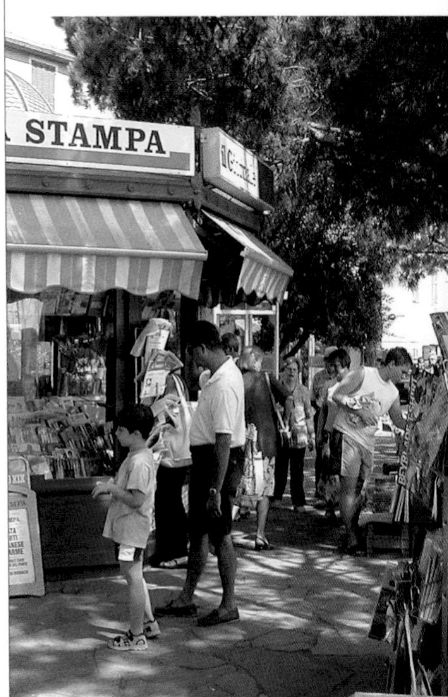

3 HOUSE AND ROUTINE

Learning √	Revision √

Can you...

- say whether you live in a house, flat, etc., and ask others the same? [1]
- find out about garage, garden, etc? [2]
- say whether you have a room of your own? [3]
- ask where places and things are in a house? [4-5]
- ask if another person needs soap, toothpaste or a towel? [6a]
- say you need soap, toothpaste or a towel? [6b]
- offer to help? [7]
- ask permission to use or do things? [8]
- invite someone to come in, to sit down? [9]
- thank someone for hospitality? [10]
- describe your house, flat, etc? [p. 27]

1	Dove abiti?		Abito	in	centro. periferia. un appartamento. un palazzo. una villa.
2	C'è	il riscaldamento centrale? l'ascensore? il giardino? il garage?	Sì, c'è. No, non c'è.		
3	Hai una camera tua?		No, la divido con mio fratello. Sì, è piccola, ma bella.		
4	Dov'è	il bagno? il gabinetto? il frigorifero? il garage?	È		davanti a ... in fondo a ... accanto a ... di fronte a ...

1	Where do you live?		I live in	the town-centre. the outskirts. a flat. a block of flats. a villa.
2	Is there	central heating? a lift? a garden? a garage?	Yes, there is. No, there isn't.	
3	Have you got your own room?		No, I share it with my brother. Yes, it's small but nice.	
4	Where's the	bathroom? toilet? fridge? garage?	It's	opposite ... at the end of .../at the bottom of ... next to ... in front of ...

5 Dove	è	il cuscino? la coperta?	Eccolo. Eccola.	
	sono	le posate? i piatti?	Eccole. Eccoli.	
6 Hai bisogno		del sapone? del dentifricio? dell'asciugamano? della sveglia? di qualcosa?	Sì,	avrei bisogno di... mi servirebbe...
7 Posso	darti una mano? esserti utile? fare qualcosa? apparecchiare? sparecchiare? lavare i piatti? preparare da mangiare? spolverare? stirare?		No, grazie! Non c'è bisogno. No, non disturbarti! No, lascia stare! Faccio da solo/a. Sì, grazie...	
8 Potrei	guardare la televisione? telefonare?		Sì ,	certamente! fai come fossi a casa tua!
9 Posso entrare? Permesso? Disturbo?			Avanti! Accomodati! (Prego), entra!	
10 Grazie per l'ospitalità! Siete stati molto gentili! Spero di poter ricambiare presto!				
11 È caro l'affitto? Quanto paghi d'affitto?				

12 (tu) (lui/lei) (voi) (loro)	paghi paga pagate pagano	molto?	Pago Paga Paghiamo Pagano	cento duecento trecento quattrocento	euro al mese.

5 Where's the pillow/blanket/cutlery? Where are the plates?	Here it is. Here they are.
6 Do you need any soap/any toothpaste? Do you need a towel/an alarm clock/anything?	Yes, I need some.../a...
7 Can I give you a hand/be of any help? Can I do something/lay the table/clear the table? Can I wash the dishes/make something to eat? Can I do the dusting/do the ironing?	No thank you, there's no need. No, don't bother. No, leave it!/I can manage. Yes, thank you...
8 Could I watch television/make a phone call?	Yes, of course, make yourself at home!
9 May I come in?/May I? Am I interrupting?	Come in ! Make yourself comfortable! (Please) come in!
10 Thank you for your hospitality! You have (all) been so kind! I hope I can do the same for you soon!	
11 Is the rent high? How much rent do you pay?	
12 Do you pay a lot? Does he/she pay a lot? Do you pay a lot? Do they pay a lot?	I pay 100 Euros a month. He/she pays 200 Euros a month. We pay 300 Euros a month. They pay 400 Euros a month.

C'è ...?
Ci sono ...?

Dov'è ...?
Dove sono ...?

Life at Home and Daily routine

Learning √	Revision √
☐	☐
☐	☐
☐	☐
☐	☐
☐	☐

Can you...

- say: at what time you usually get up, go to bed and have meals; how you spend your evenings and weekends? [1B; see also Topic 12]
- ask others the same? [1A; see also Topic 12]
- say what you do to help at home? [see p. 41. 7]
- say whether you have a spare-time job? If so, what job, what working hours, how much you earn? [2-3-4-5]
- say how much spending money you get and what you do with it? [6]

Alzarsi, *to get up; to stand up*

Annoiarsi, *to be bored*

Arrabbiarsi, *to get angry*

Divertirsi, *to enjoy oneself*

Pettinarsi, *to comb one's hair*

Prepararsi, *to get ready*

Svegliarsi, *to wake up*

Vestirsi, *to get dressed*

Common reflexive verbs

1	A che ora	ti	svegli? alzi?	Mi sveglio / alzo alle ...
		fai colazione? pranzi? ceni?		Faccio colazione / Pranzo / Ceno alle ...
		vai a	letto? dormire?	Vado a letto / dormire alle ...
2	Hai un lavoretto?			Sì, lavoro in un bar. Do lezioni d'inglese.
3	È	faticoso? impegnativo?		No, non molto. Sì, ma mi piace.
4	Quante ore lavori?			Lavoro 4 ore al giorno.
5	Quanto guadagni? Guadagni molto?			Guadagno ... euro all'ora. / al mese.
6	Che cosa fai con i soldi che	guadagni? ti dà la tua famiglia?		(Mi) compro dei CD. / libri. / vestiti.

1	What time do you	wake up? get up? have breakfast? have lunch? have dinner? go to bed? sleep?	I wake up / get up / have breakfast / have lunch / have dinner / go to bed / sleep at...
2	Have you a part-time job?		Yes, I work in a bar. I give English lessons
3	Is it	tiring? demanding?	No, not really. Yes, but I like it.
4	How many hours do you work?		I work 4 hours a day.
5	How much do you earn? Do you earn a lot?		I earn ... Euros an hour. / a month.
6	What do you do with	the money you earn? your pocket-money?	I buy compact discs. / books. / clothes.

WHAT'S THE TIME?

CHE ORA È ?	È	mezzanotte (24.00) mezzogiorno (12.00) l'una (13.00)
CHE ORE SONO?	Sono le	due (2.00) tre (3.00) quattro (4.00) cinque (5.00) sei (6.00) sette (7.00) otto (8.00) nove (9.00) dieci (10.00) undici (11.00) dodici (12.00) tredici (13.00) quattordici (14.00) quindici (15.00) sedici (16.00) diciassette (17.00) diciotto (18.00) diciannove (19.00) venti (20.00) ventuno (21.00) ventidue (22.00) ventitré (23.00) ventiquattro (24.00)

Sono le	due	e	cinque (2.05) dieci (2.10) quindici/un quarto (2.15) venti (2.20) trenta/mezzo (2.30) trentacinque (2.35)
	tre	meno	venticinque (2.35) venti (2.40) quindici/un quarto (2.45) cinque (2.55)

NOTES

- To tell the time in colloquial Italian only the **cardinal numbers from 1 to 12** are normally used.
  e.g. Faccio colazione alle sette e venti (7.20). Di solito ceniamo alle sette e venti (19.20).
  (I have breakfast at seven twenty) (We usually have supper at seven twenty)
- The **cardinal numbers from 1 to 24** are used for timetables of trains, airlines, etc.
  e.g. Il treno per Pisa parte alle diciannove e venti (19.20).
  (The train to Pisa leaves at nineteen twenty)
- When **mezzo** follows the noun it is invariable; however the use of the feminine is becoming widespread. e.g. Sono le due e mezza.
- **La mezza** usually means the time 12.30 (or 0.30).
- Il tuo orologio è avanti/indietro di cinque minuti. (Your watch is five minutes fast/slow).
- 2.45 = sono le due e quarantacinque; sono le due e tre quarti; **sono le tre meno un quarto**/quindici; (manca) un quarto alle tre.

DAILY ROUTINE

abitudine (f), *habit*
aiutare, *to help*
alzarsi, *to get up*
ascoltare, *to listen to*
aver bisogno di, *to need*
babysitter, *babysitter*
badare al bambino, *to babysit*
cena, *supper, dinner*
comprare, *to buy*
cucinare, *to cook*
cucire, *to sew*
di mattina, *in the morning*
di solito, *usually*
dormire, *to sleep*
fare colazione, *to have breakfast*
fare i compiti, *to do (one's) homework*
fare la spesa, *to do the shopping*
giocare, *to play*
lavarsi, *to wash (oneself)*
lavorare, *to work*
leggere, *to read*
mangiare, *to eat*
merenda, *(afternoon) snack*
passatempo, *pastime, hobby*
pettinarsi, *to comb one's hair*
pranzo, *lunch, main meal*
preparare da mangiare, *to prepare a meal*
pulire, *to clean*
spolverare, *to dust*
stirare, *to iron*
svegliarsi, *to wake up*

How to Describe a House ...

Key Words

c'è, ci sono	in alto	sopra
	in basso	sotto
a destra >	in mezzo a	vicino a
a sinistra <	in fondo a	accanto a
	in cima a	di fronte a
		dentro
		intorno

1 l'ascensore
2 il bagno
3 il balcone
4 la camera da letto
5 la cantina
6 il corridoio
7 la cucina
8 l'entrata
9 la facciata
10 la finestra
11 la parete
12 il pavimento
13 la porta
14 il portone
15 il primo/secondo/terzo piano
16 il ripostiglio
17 la sala da pranzo
18 il salotto
19 le scale
20 la soffitta/il solaio
21 il soffitto
22 il soggiorno
23 il terrazzo
24 il tetto

there is, there are	up	above
	down	below
on the right	in the middle of	near
on the left	at the bottom of/at the end of	next to
	on top of	in front of
		inside
		around

1. lift, 2. bathroom, 3. balcony, 4. bedroom, 5. cellar, 6. corridor, 7. kitchen, 8. entrance hall, 9. façade, 10. window, 11. wall, 12. floor, 13. door, 14. main door, 15. first/second/third floor, 16. store-room, 17. dining-room, 18. drawing-room, 19. stairs, 20. attic/loft, 21. ceiling, 22. living-room, 23. terrace, 24. roof

Following the model, write a letter to your penfriend where you describe your house or flat:

- *general description;*
- *detailed description (e.g. starting from the left).*

Io abito a Roma in un palazzo di cinque piani.
Davanti al palazzo c'è un giardino con due alberi e tanti fiori. Dietro, sulla destra, ci sono dei garage. Il mio appartamento è al terzo piano. Dalla porta principale si entra in un corridoio. Nel corridoio ci sono quattro porte. Dalla prima a destra si entra nel soggiorno e dalla seconda in cucina; da quella di fronte si va nel bagno; dalla porta a sinistra si entra in camera mia e accanto alla mia camera c'è quella dei miei genitori ...

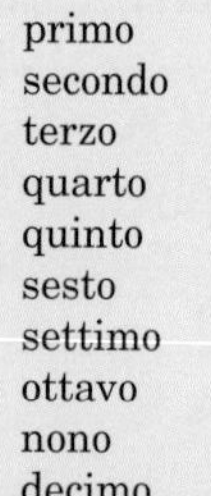
primo
secondo
terzo
quarto
quinto
sesto
settimo
ottavo
nono
decimo

NUMERALI ORDINALI

Accommodation and Services

accendere	*to switch on*	fornello	*cooker*
acqua	*water*	freddo	*cold*
(al piano) di sopra	*upstairs*	funzionare	*to work, to function*
(al piano) di sotto	*downstairs*	gabinetto	*toilet*
al piano superiore	*on the upper floor*	garage (m)	*garage*
al pianterreno	*on the ground floor*	ingresso	*entrance, hallway*
al primo piano	*on the first floor*	lavandino	*wash basin, sink*
aprire	*to open*	macchina	*car, machine*
automobile (f)	*car*	non funziona	*out of order*
balcone (m)	*balcony*	porta	*door*
bottone/ pulsante (m)	*button*	premere	*to press*
caldo	*hot*	riscaldamento centrale	*central heating*
camera (da letto)	*bedroom*	rubinetto	*tap*
cantina	*cellar*	sala da pranzo	*dining room*
chiudere	*to shut*	salotto	*sitting room, drawing room*
confortevole	*comfortable*	scale (f, pl.)	*stairs*
cucina	*kitchen*	soggiorno	*living room*
dormire	*to sleep*	spegnere	*to switch off*
elettricità	*electricity*	stanza	*room*
elettrico	*electric*	(stanza da) bagno	*bathroom*
entrata	*entrance*	studio	*study*
fiammifero	*match*	tinello	*(small) dining room*
finestra	*window*		

Draw your own room and describe it to your partner.

La camera da letto

Arredamento moderno ☐ Molto luminosa ☐
Arredamento in stile ☐ Poco luminosa ☐
Arredamento misto ☐ Scura ☐
Casa nuova costruzione ☐ Metri quadri totali ....
Casa vecchia costruzione ☐ Altezza soffitto ....

il letto *bed* — **l'armadio** *wardrobe* — **la sedia** *chair* — **il tappeto** *carpet* — ....

il televisore *television set* — **la finestra** *window* — **la porta** *door* — ....

Furniture and fittings

Complete the table.

1	Nel soggiorno	c'è	il divano. il televisore. ....
		ci sono	le poltrone. i mobili. i libri. ....
2	In cucina	c'è	il tavolo. il lampadario. ....
		ci sono	le sedie. gli elettrodomestici. ....
3	Nella camera da letto	c'è	il letto. l'armadio. ....
		ci sono	i comodini. i tappeti. ....

apriscatole
coperte
credenza
cucchiai
cucina a gas
cuscino
forchette
guardaroba
lavandino
lenzuola
libreria
materasso
mensole
pentole
piante
quadri
scolapiatti
sedia a dondolo
specchiera

4 Nel bagno ci sono: il gabinetto, la carta igienica, il bidè, la doccia, il lavabo, gli asciugamani, lo specchio, la vasca da bagno, ...

1.	In the living-room	there is there are	a sofa/a television some armchairs some pieces of furniture some books
2.	In the kitchen	there is there are	a table/a chandelier some chairs some household appliances
3.	In the bedroom	there is there are	a bed/a wardrobe some bedside tables/rugs

4. In the bathroom there is: toilet, toilet-paper, bidet, shower, washbasin, bath towels, mirror, bath, ...

Wordsearch

When you have crossed out all the words, the remaining letters from left to right will give you the Italian for 'the electrical household appliances'.

Key (3, 16) ☐☐☐ ☐☐☐☐☐☐☐☐☐☐☐☐☐☐☐☐

BOTTIGLIA
CASSETTO
COLINO
COLTELLO
CUCCHIAIO
CUCCHIAINO
CUCINA
FRIGORIFERO
FORCHETTA
FORNO
PENTOLA
PIATTINO
PIATTO
POSATE
SEDIA
TAVOLO
TAZZA
TAZZINA
TEIERA
TOVAGLIA
TOVAGLIOLO

G	C	U	C	C	H	I	A	I	N	O	L
T	A	L	O	T	N	E	P	I	R	N	E
O	T	T	E	S	S	A	C	E	T	I	O
V	A	A	F	L	F	E	F	P	E	L	I
A	N	V	T	O	O	I	T	O	I	O	A
G	I	O	R	O	R	A	D	S	E	C	I
L	C	L	O	O	N	C	M	A	R	A	H
I	U	O	G	I	O	E	H	T	A	Z	C
A	C	I	Z	I	A	I	D	E	S	Z	C
S	R	Z	O	T	T	A	I	P	T	A	U
F	A	O	L	L	E	T	L	O	C	T	C
T	O	V	A	G	L	I	O	L	O	T	A
O	N	I	T	T	A	I	P	B	I	C	I

Leaving messages

Non posso venire.
Ci vediamo domani.
Ti spiegherò tutto.
Ciao,
Marco

È passato Claudio. Non ha lasciato detto niente. Ciao, a presto.

Forse rientro tardi. Ricordati di dare da mangiare al cane!

Answer the Questions

1. Dove abiti?
2. È grande la tua casa?
3. Quante stanze ci sono?
4. Quanti piani ha?
5. C'è il terrazzo?
6. C'è il garage?
7. C'è il giardino?
8. Quanto paghi d'affitto?
9. A che ora ti svegli?
10. A che ora ti alzi?
11. A che ora fai colazione?
12. A che ora vai a scuola/a lavorare?
13. A che ora pranzi?
14. A che ora torni da scuola/dal lavoro?
15. A che ora ceni?
16. A che ora vai a dormire?

Furniture, household equipment and appliances

apparecchiare	*to lay the table*
apriscatole (m)	*tin opener*
apribottiglie (m)	*corkscrew*
armadio	*wardrobe*
arredare	*to furnish*
asciugamano	*hand towel*
aspirapolvere (m)	*vacuum-cleaner*
asse da stiro	*ironing board*
bagno	*bath*
bicchiere (m)	*glass*
bollitore (m)	*kettle*
bottiglia	*bottle*
caffettiera	*coffee pot*
caminetto	*fireplace*
casseruola	*saucepan*
cassetto	*drawer*
cavatappi (m, sing.)	*corkscrew*
coltello	*knife*
computer (m)	*computer*
congelatore (m)	*freezer*
coperta	*cover, blanket*
copripiumone (m)	*duvet cover*
credenza	*sideboard; dresser*
cucchiaino	*teaspoon*
cucchiaio	*spoon*
cucina	*kitchen*
cucina a gas	*gas cooker*
cucina elettrica	*electric cooker*
cuscino	*cushion, pillow*
dentifricio	*toothpaste*
divano	*settee*
doccia	*shower*
elettricità	*electricity*
elettrodomestici	*electric household appliances*
federa	*pillow-case*
ferro (da stiro)	*iron*
forchetta	*fork*
forno	*oven*
forno a microonde	*microwave oven*
frigo(rifero)	*refrigerator*
guardaroba (m)	*wardrobe*
lampadina	*light bulb*
lavabo	*washbasin*
lavandino	*sink*
lavastoviglie (f)	*dish-washer*
lavatrice (f)	*washing machine*
lavello,	*sink*
lenzuolo	*sheet*
lenzuola (f, pl)	*sheets*
letto	*bed*
lettore CD/DVD (m)	*CD/DVD player*
libreria	*bookcase*
lucidatrice (f)	*floor-polisher*
materasso	*mattress*
mensola	*shelf*
mobile (m)	*piece of furniture*
moquette (f)	*fitted carpet*
padella	*frying pan*
pattumiera	*dustbin*
pentola	*saucepan; pot; pan*
pentola a pressione	*pressure cooker*
pianta	*plant*
piattino	*saucer*
piatto	*plate, dish*
piumone (m)	*duvet, quilt*
poltrona	*armchair*
portacenere (m)	*ashtray*
posate (pl)	*cutlery*
quadro	*picture, painting*
radio (f)	*radio*
registratore (m)	*tape-recorder*
rotto	*broken*
sapone (m)	*soap*
scaffale (m)	*shelf*
scodella	*bowl*
scolapiatti (m, sing.)	*plate rack*
sedia	*chair*
sedia a dondolo	*rocking chair*
sedia a sdraio	*deckchair*
sedia pieghevole	*folding chair*
soprammobile (m)	*ornament*
sparecchiare	*to clear the table*
spazzolino da denti	*toothbrush*
specchio	*mirror*
specchiera	*(large) mirror, dressing table*
sveglia	*alarm clock*
tappeto	*carpet*
tavolo	*table*
tazza	*cup*
tazzina	*coffee-cup*
tegame	*pan; saucepan*
teglia	*baking-pan*
teiera	*tea-pot*
televisore (m)	*television set*
tende (pl)	*curtains*
termosifone (m)	*radiator*
tostapane (m)	*toaster*
tovaglia	*table cloth*
tovagliolo	*napkin, serviette*
vasca da bagno	*bath(tub)*
vassoio	*tray*
video registratore	*video recorder*

www.webmobili.it

INSERZIONI GRATUITE

■ Condivido alla pari, appartamento in **centro** con tutte le comodità, con persona giovane o due amiche. Referenze. T. 02/6593456. Cell. 349817733

■ Sardegna, **Costa Smeralda** affitto dal 6 al 15 settembre appartamento 3 locali, terrazzo. Vista isole, spiaggia privata, golf, prestigioso residence, minimarket, giardini, 200 euro. T. 06/631450

■ Affitto mensilmente **Andora Marina**, 2 locali arredati con giardino, 6 posti letto, anche annualmente purché pagamento anticipato. E-mail: andmarina@libero.it

■ Offro condivisione appartamento in **Cinisello** con persone serie e ordinate a 150 euro a persona. T.02/4533429

■ **Chiavari**, luminoso e moderno appartamento centro città di 2 locali, cucina abitabile, 4 posti letto, ampio parcheggio, terrazzo, affitto mensile T.05/90753 e-mail:cosme@virgilio.it

■ A **Cesenatico** affitto bellissimo appartamento vicino al mare anche per 15 gioni. T. 0187/354612

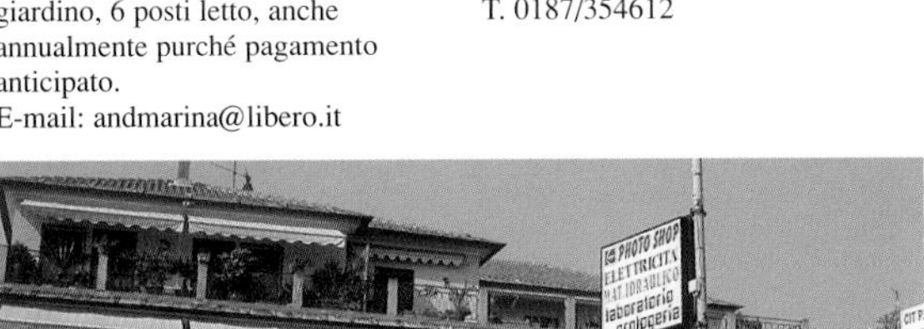

Occasione - appartamento composto di soggiorno, cucina, camera matrimoniale, bagno e ripostiglio. Tel. 02/3456789.

Vendo appartamento di 80 mq., riscaldamento e acqua calda centralizzati. È disponibile anche un box per auto. Per ulteriori informazioni telefonare al numero 02/9876543.

Vendo appartamento composto di tre camere, soggiorno e servizi. Telefonare al numero 02/234567 (ore pasti).

Vendo casa indipendente composta di cinque camere, cucina, bagno, due balconi. Vista mare.

Affitto a Imperia villa su due piani con balconi, piscina, garage, posto auto. Vista panoramica.

SERVIZIO INTERNAZIONALE

Come si usa:

1. Massimo 25 parole
2. Usate solo lo speciale modulo
3. Un modulo per ogni città
4. Non usate fotocopie
5. Scrivete in stampatello o a macchina
6. Usate la lingua inglese o quella del paese dove volete fare pubblicare l'annuncio

FREE ADS PAPER
INTERNATIONAL ASSOCIATION

Secondamano

Spedite a: F.A.P.I.S c/o Secondamano - Via Leonardo da Vinci 19 20143 Milano, Italy.

Nome

Indirizzo

Telefono

Vorrei pubblicare questo annuncio sul seguente giornale

RIEMPITE IL MODULO IN TUTTE LE PARTI

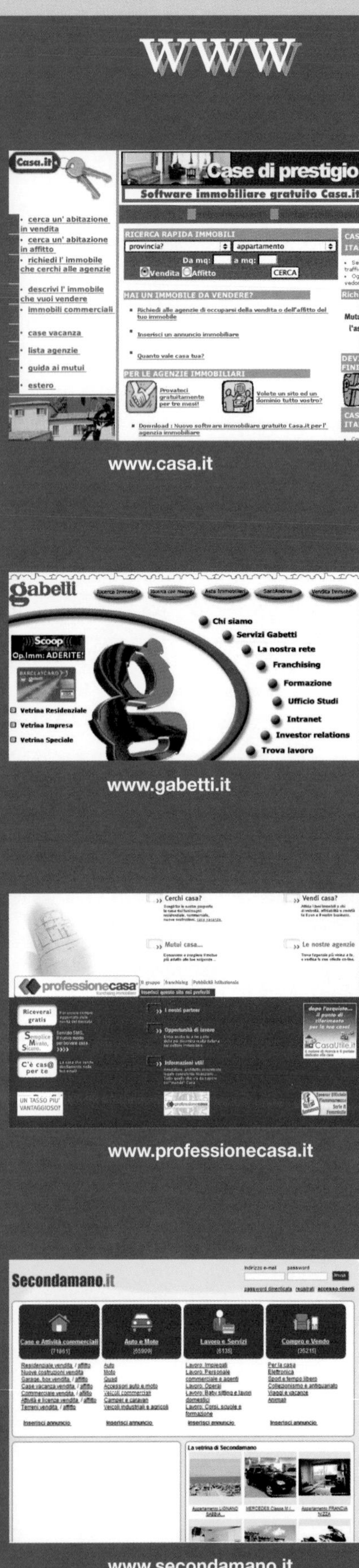

Common Words in Adverts

ACCESSORI	*fittings*
AFFITTO	*rent*
AGENZIA IMMOBILIARE	*estate agency*
AMMOBILIATO	*furnished*
ARMADIO	*wardrobe*
ARREDAMENTO	*furnishing*
APPARTAMENTO	*flat*
ASCENSORE	*lift*
BIANCHERIA	*linen*
BILOCALE	*two room flat*
BOX PER AUTO	*garage*
CASALINGHI	*household articles*
CASSAPANCA	*linen chest*
CASSETTI	*drawers*
COLLINA	*hill*
COMODINIO	*bedside table*
COMPRARE	*to buy*
CONDIVIDERE	*to share*
CONDOMINIO	*joint ownership*
CUCINA	*kitchen; cooker*
CUCINA COMPONIBILE	*fitted kitchen*
DIVANO LETTO	*bed settee*
DOPPI SERVIZI	*two bathrooms*
DOTATO DI	*equipped with*
ELETTRODOMESTICI	*electrical household appliances*
ENTROTERRA	*hinterland*
FORESTERIA	*guest-rooms*
GRATUITO	*free of charge*
IN BUONO STATO	*in good repair*
INQUILINO	*tenant*
INSERZIONE	*advert*
LETTO A CASTELLO	*bunk bed*
LOCALE	*room*
LUSSUOSO	*luxurious*
MESI ESTIVI/INVERNALI	*summer/winter months*
MONOLOCALE	*one room flat*
NUOVO DI ZECCA	*brand new*
OCCASIONI	*bargains*
ORA DI PRANZO	*lunch time*
ORARIO DI UFFICIO	*office hours*
ORE DEI PASTI	*meal time*
PAGAMENTO ANTICIPATO	*payment in advance*
PERMUTARE	*to exchange*
POMERIDIANO	*afternoon*
POSTI LETTO	*beds*
RISCALDAMENTO CENTRALE	*central heating*
RISTRUTTURARE	*to restore; to alter*
SEMINUOVO	*almost new*
SERVIZI	*kitchen and bathroom*
SIGNORILE	*exclusive, luxury*
STABILE	*building*
TERRENO	*land*
TRANQUILLO	*quiet*
TRATTABILI	*negotiable*
ULTERIORI INFORMAZIONI	*further information*
VANO	*room*
VENDERE	*to sell*

AMBIENTE

4

Dialoghi

1 **Kathy** Dove vivi?
Roberto Vivo in Italia, a Lucca.
Kathy Dove si trova Lucca?
Roberto Si trova in Toscana.
Kathy Lucca è una città grande?
Roberto Sì, abbastanza; ci sono circa novantamila abitanti.

2 **Massimo** Di dove sei?
Enrica Sono di Mussomeli.
Massimo Dove si trova?
Enrica Si trova in Sicilia.
Massimo Ci sono monumenti?
Enrica Sì, c'è un castello del XIV secolo.
Massimo Qual è la città più vicina?
Enrica È Caltanissetta.

3 **Janie** Di dove sei?
Paola Sono di Cervo.
Janie Dove si trova?
Paola Nel nord Italia.
Janie È una città grande?
Paola No, è un piccolo centro balneare.

4 **Janie** Dove abiti?
Paola Abito nel centro storico, davanti alla chiesa.
Janie Si vede il mare da casa tua?
Paola Purtroppo no.
Janie Quanto ci vuole per andare a casa tua dalla stazione?
Paola Circa quindici minuti a piedi.
Janie E quanto impieghi per andare a scuola?
Paola Dieci minuti in macchina.

5 **Roberto** Ti piacerebbe vivere in Italia?
Kathy Sì, moltissimo.
Roberto Dove ti piacerebbe vivere?
Kathy Nell'Italia centrale, in Umbria.
Roberto In una città o in un paese?
Kathy Forse a Orvieto o a Perugia.
Roberto Perché?
Kathy Per lo splendido paesaggio e per la gente.

Di dove sei?
Dove si trova?
Qual è la città più vicina?
È una città grande?
Dove ti piacerebbe vivere?
Perché?

ESERCIZIO 1

Rispondi alle seguenti domande.

1 **a** In che città vive Roberto?
b In che regione si trova?
c È una città grande?

2 **a** Dove si trova Mussomeli?
b Che cosa c'è di interessante da vedere a Mussomeli?
c Qual è la città più vicina a Mussomeli?

3 **a** Dove si trova Cervo?
b È una città grande?
c È lontana dal mare?

4 **a** Dove abita Paola?
b Si vede il mare da casa sua?
c Quanto ci vuole per andare a casa sua dalla stazione?
d Quanto impiega per andare a scuola?

5 **a** In quale parte d'Italia vivrebbe volentieri Kathy?
b In che città le piacerebbe vivere?
c Perché?

ESERCIZIO 2

Completa le domande.

Esempio: ....*C'è*.... un telefono, per favore?

1 Di .... sei?
2 .... la città più vicina?
3 .... il mare oggi?
4 .... un centro sportivo vicino a casa tua?
5 .... ci vuole per andare in centro?
6 .... si scrive il tuo nome?
7 .... anni hai?
8 .... è il tuo compleanno?
9 Nella tua città .... molti monumenti?
10 .... fai di solito il week-end?

ESERCIZIO 3 [10]

Completa con le preposizioni semplici.

di
a
in

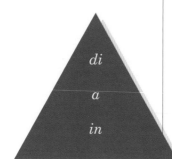

1 Vivo .... Italia, ... Roma.
2 .... dove sei?
3 Sono .... Parma.
4 Bergamo è vicino .... Milano.
5 Noi andiamo .... teatro.
6 Mi piacerebbe vivere .... Venezia.
7 Impiego quindici minuti .... piedi e cinque minuti .... macchina.
8 Com'è il clima .... Italia?

ESERCIZIO 4 [10.1]

Completa con le preposizioni articolate.

1	Vado	....	castello.
2	Vai	....	aeroporto?
3	Va	....	stadio.
4	Andiamo	....	laghi.
5	Andate	....	festa?
6	Vanno	....	università.
7	Vorrei andare	....	terme.

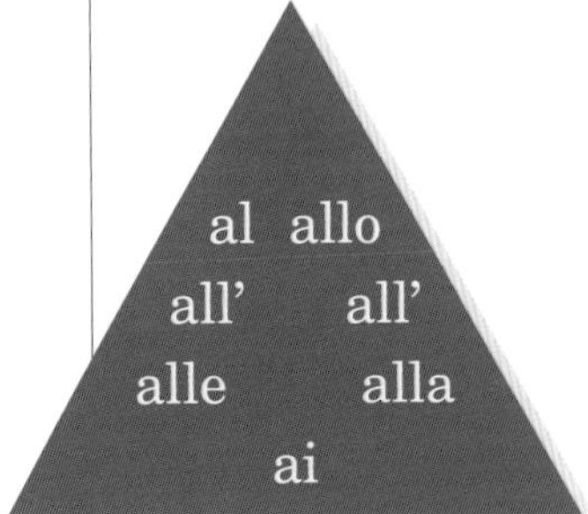

ESERCIZIO 5 [10.1]

Esercizio come il precedente.

1 Quanto ci vuole per andare .... museo?
2 La mia casa è in fondo .... strada.
3 Abito .... primo piano.
4 Vado .... spettacolo delle otto.
5 Il ristorante è davanti .... albergo.
6 La mia casa è vicina .... giardini pubblici.
7 Mi alzo .... sette.
8 Io pranzo .... una.
9 Vado .... cinema.
10 Vado .... mare.

 **Cinema** è maschile.

ESERCIZIO 6 [1.1][1.2]

Volgi al plurale.

Esempio: Il teatro è aperto. I teatri sono aperti.

1 Questa è la città più vicina. ....
2 Il bar è chiuso. ....
3 La discoteca apre alle 23.00. ....
4 Si vede la collina. ....
5 L'albergo è dietro la stazione. ....
6 C'è il traghetto per l'isola? ....

ESERCIZIO 7

Trova i contrari delle parole sottolineate.

1	f	È una grande città.	a	periferia
2		È vicino.	b	davanti
3		Abito in centro.	c	pochi
4		È dietro al duomo.	d	scendere
5		Bisogna salire.	e	lontano
6		Vicino all'albergo ci sono molti negozi.	f	piccola
7		La discoteca è in fondo, a destra.	g	sinistra

ESERCIZIO 8

Esercizio come il precedente.

1		È una bella giornata.	a	diminuzione
2		Oggi fa caldo.	b	sereno
3		Il mare è calmo.	c	brutta
4		Cielo nuvoloso su tutte le regioni.	d	mattino
5		Pioggia sulle regioni settentrionali.	e	mosso
6		Temperature in aumento.	f	freddo
7		Precipitazioni la sera.	g	meridionali

VIVERE	
....	viv**o**
....	viv**i**
....	viv**e**
....	viv**iamo**
....	viv**ete**
....	viv**ono**

PRESENTE INDICATIVO

ESERCIZIO 9 [7.1]

Completa con il verbo "vivere".

1 Io .... in Inghilterra.
2 (Tu) dove ....?
3 Il nostro professore .... a Londra.
4 Michele .... a Piacenza.
5 Noi non .... più in Italia.
6 Voi .... ancora a Chicago?
7 Lidia e Alessandro .... in America.
8 Loro dove .... ?
9 Ti piacerebbe .... in Italia?
10 Paul .... a Kingston.

ESERCIZIO 10

Collega le domande con le risposte.

1	☐	Dove vai di solito il lunedì sera?	**a**	Va a teatro.
2	a	Dove va Franco di solito il martedì sera?	**b**	Andiamo al ristorante.
3	☐	Dove andate di solito il mercoledì sera?	**c**	Vanno in discoteca.
4	☐	Dove vanno di solito il giovedì sera?	**d**	Vado al cinema.

ESERCIZIO 11

Esercizio come il precedente.

1	☐	Che cosa fai di solito il venerdì sera?	**a**	Fa qualche passeggiata.
2	☐	Che cosa fa Carlo il sabato mattina?	**b**	Faccio dello sport.
3	☐	Che cosa fate di solito la domenica?	**c**	Fa bel tempo.
4	☐	Che cosa fanno di solito il week-end?	**d**	Fanno gite in montagna.
5	☐	Che tempo fa?	**e**	Niente di particolare.

ESERCIZIO 12 [7.1]

Completa le frasi con il presente indicativo e risolvi il cruciverba.

ORIZZONTALI

1	Gianni .... in banca.	LAVORARE
2	Che cosa (noi) .... stasera?	FARE
3	(Tu) .... Mariella?	CONOSCERE
4	Io e Giovanna .... al mare.	ANDARE
5	Oggi (loro) .... il castello.	VISITARE
6	Oggi (io) non .... niente di particolare.	FARE
7	Durante le vacanze (io) .... molto.	CAMMINARE
8	(Io) .... visitare il museo.	PREFERIRE
9	(Tu) di dove .... ?	ESSERE

1 2 3 4 5 6 7 8 9

VERTICALE

1

A Come si dice in inglese: "Che bel paesaggio!"?

B Si dice: "What a beautiful .... !"

ESERCIZIO 13 [7.13]

Rispondi come nell'esempio.

Esempio: Com'è il tempo? *Sta nevicando* NEVICARE

1 Com'è il tempo? .... PIOVIGGINARE
2 Com'è il tempo? .... PEGGIORARE
3 Com'è il tempo? .... CAMBIARE
4 Com'è il tempo? .... COMINCIARE A PIOVERE
5 Com'è il tempo? .... MIGLIORARE
6 Com'è il tempo? .... PIOVERE
7 Com'è il tempo? .... GRANDINARE

ESERCIZIO 14 [7.1]

Completa la tabella e scrivi cinque frasi (una per ogni verbo).

	ESSERE	AVERE	ABIT**ARE**	VED**ERE**	PART**IRE**
io					
tu				vedi	
lui/lei		ha			
noi					partiamo
voi			abitate		
loro	sono				

1 ....
2 ....
3 ....
4 ....
5 ....

ESERCIZIO 15 

Fai le domande.

1 ....? Vivo in Italia.
2 ....? Ho quindici anni.
3 ....? Janie e Kathy sono inglesi.
4 ....? Lavoriamo in una fabbrica.
5 ....? Siamo in quattro in famiglia.
6 ....? Pagano 400 euro d'affitto.
7 ....? Di solito vado a dormire alle undici.
8 ....? I miei genitori vivono in Australia.
9 ....? Roberto è di Lucca.
10 ....? Abitiamo in centro.

Wordsearch

Come si chiama la più piccola e antica repubblica d'Europa?

Chiave (10, 2, 3, 6)

```
R E N O P P A I G A L L E S Q A R I
A U S T R I A E A L E U Z E N E V P
R B A I N A B L A A D N A L R I A R
G E U F R A N C I A B I R A N P O O
E L I B I A A I N A M R E G O L G M
N G S A S I A I O S B L H R L F R A
T I P A A L M I L C V I U A A I U N
I O A I I A A A O D L E G I N N B I
N A G H R R S M P T A O Z A D L M A
A R N C A T N M E I T A L I A A E I
A E A R G S R R S R I N D I A N S R
M Z I U L U R S O C I N A A I D S E
E Z Z T U A U P G R E C I A N I U H
S I O N B R O R P I C M A L T A L G
S V C E R I T R E A I B M O L O C N
I S S A F R I C A I G E V R O N O U
C S I R I A D N A L S I S R A E L E
O T T I G E T I O P I A I L A M O S
```

Africa
Albania
America
Argentina
Australia
Austria
Asia
Belgio
Bulgaria
Canada
Cina
Cipro
Colombia
Danimarca
Egitto
Eritrea
Etiopia
Europa
Finlandia
Francia
Galles
Germania
Giappone
Grecia
India
Inghilterra
Iran
Iraq
Irlanda
Islanda
Israele
Italia
Libia
Lussemburgo
Malta
Messico
Norvegia
Olanda
Polonia
Portogallo
Romania
Russia
Scozia
Siria
Somalia
Spagna
Svezia
Svizzera
Turchia
Ungheria
Venezuela

4 LOCAL ENVIRONMENT

Can you give and ask information about your home town or village and surrounding area and seek information from another person regarding...

Learning √	Revision √	
☐	☐	location, character, amenities, attractions, features of interest, entertainments? [1-2-3-4-5-6-7-8-9-10-11-12]
☐	☐	possibilities for sight-seeing? [See Tourist Information, p. 70]
☐	☐	full descriptions of your home town/village or that of others, and of the surrounding area and region? [See pp. 33, 36, 37]

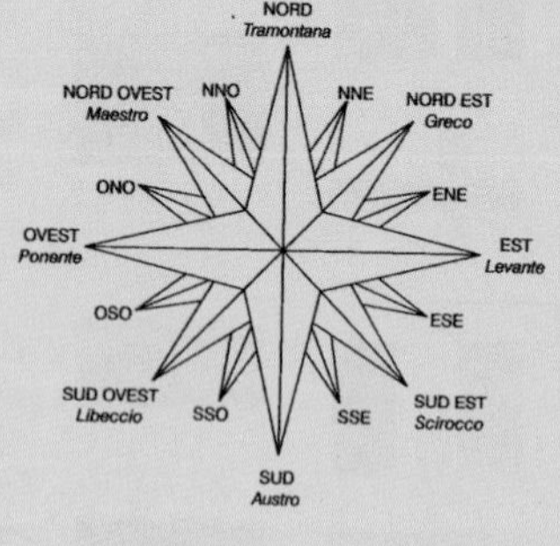

1 Dove vivi?	Vivo	in	Italia. Inghilterra. America.
		a	Roma. Londra. Chicago.
2 Di dove sei?	Sono di		Lucca. Abingdon.
3 Dove si trova?	Si trova	nell'Italia	settentrionale. centrale. meridionale.
		nel nord sud	Italia.
4 È una grande città?	No, è	un piccolo paese un villaggio	in montagna. in collina. sul mare. su un fiume. su un lago.

1 Where do you live?	I live in	Italy. England. America. Rome. London. Chicago.	
2 Where are you from?	I'm from	Lucca. Abingdon.	
3 Where is it?	It's in	northern central southern the north of the south of	Italy.
4 Is it a large city?	No, it is a village	in the mountains. on a hill. by the sea. on a river. on a lake.	

DIANO MARINA

A Diano Marina tutti i mesi sono adatti per una vacanza.
La cittadina offre una spiaggia fatta su misura per i bambini, una spaziosa passeggiata lungo il mare ed ogni martedì, un pittoresco mercatino artigianale dove fare "shopping". Particolarmente piacevoli sono le gite nell'entroterra o le escursioni in battello lungo la splendida costa. Per i turisti "golosi" Diano Marina riserva una gastronomia raffinata a base di pesci e crostacei, la possibilità di gustare un delizioso vino, e tante, tante cose ancora.

Imperia dalla "a" alla "z"

come arrivare

- autostrada: Genova-Ventimiglia uscita al casello di Imperia ovest/est
- strada statale "Aurelia"
- aeroporto di Genova
- aeroporto di Nizza
- stazione ferroviaria
- servizio autobus
- porto turistico

strutture ricettive

- hotel
- campeggi
- villaggi turistici
- ristoranti/trattorie
- tavole calde, bar
- agenzie di viaggio
- stabilimenti balneari
- spiagge libere

servizi pubblici

- ufficio postale
- polizia
- ospedale
- farmacie
- medici
- veterinari
- banche
- taxi
- parcheggi pubblici

attrezzature sportive e del tempo libero

- tennis
- piscina pubblica
- campo di calcio
- basket
- scuola di vela
- scuola di windsurf
- noleggio barche
- sci nautico

AMENITIES/FEATURES OF INTEREST

aeroporto, *airport*
albergo, *hotel*
abbazia, *abbey*
bosco, *wood*
campeggio, *camping site*
canale (m), *canal*
casa colonica, *farmhouse*
castello, *castle*
cattedrale (f), *cathedral*
chiesa, *church*
cinema (m), *cinema*
collina, *hill*
concerto, *concert*
costa, *coast, shore*
discoteca, *disco(theque)*
duomo, *cathedral*
edificio, *building*
fabbrica, *factory*
fattoria, *farm*
fiume (m), *river*
fontana, *fountain*
foresta, *forest*
industria, *industry*
isola, *island*
lago, *lake*
medievale, *medieval*
montagna, *mountain*
monumento, *monument*
municipio, *town-hall*
museo, *museum*
parco, *park*
pianura, *plain, flat country*
piscina, *swimming pool*
ponte (m), *bridge*
porto, *port*
scuola, *school*
spiaggia, *beach*
stadio, *stadium*
teatro, *theatre*

ANSWER THE QUESTIONS

1. Di dove sei?
2. Dove si trova?
3. È una città grande?
4. Qual è la città più vicina?
5. Quanto ci vuole per andare da casa tua alla stazione?
6. Quanto impieghi per andare a scuola/al lavoro?
7. Ti piacerebbe vivere in Italia?
8. Perché?
9. Dove ti piacerebbe vivere?
10. Perché?

5 Qual è la città più vicina?				È vicino/a a	Torino. Milano. Napoli. Catania.
6 Com'è il paesaggio?				È	collinare. incantevole. monotono. pittoresco. stupendo.
7 Dove abiti?				Abito	nel centro storico. in periferia. in campagna.
8 Dov'è la tua		scuola casa	?	Davanti alla chiesa. Dietro al duomo. In fondo alla strada. Di fronte al bar. In cima alla collina.	
9 Quanto	ci vuole impieghi	per andare	a casa? a scuola? in centro? al mare?	(Circa)	quindici minuti, a piedi. dieci minuti, in macchina.
10 Si	vede vedono	il mare il lago il fiume le colline le montagne	?	Sì, ma bisogna salire sul terrazzo. Purtroppo no.	

5 Which is the nearest city?				It's near	Turin. Milan. Naples. Catania.	
6 What's the countryside like?				It's	hilly. enchanting. monotonous. picturesque. wonderful.	
7 Where do you live?				I live in the	old part of town. suburbs. country.	
8 Where's your		school? house?		Opposite the church. Behind the cathedral. At the end of the road. In front of the bar. On top of the hill.		
9 How long	does it do you	take to go to	your house ? school? the town centre? the beach?	(About)	fifteen minutes, ten minutes,	on foot. by car.
10 Can you see the		sea? lake? river? hills? mountains?		Yes, but you have to go up onto the terrace. Unfortunately not.		

11	C'è		un aeroporto? un centro sportivo? un centro commerciale? un castello? una cattedrale?	Sì, No, non	c'è ...
12	Ci sono	molti	monumenti? negozi? giardini? teatri? viali?	Sì, No, non	ci sono ...
		molte	discoteche? fontane? industrie? fabbriche?		
13	Che cosa fai di solito il week-end?			Vado	al cinema. al lago. allo stadio. a teatro. a passeggio.

14	Ti	piace piacerebbe	vivere	in Italia? in Francia? a Genova? a Parigi?	Sì,	abbastanza. moltissimo.
					No,	preferirei vivere a Milano. mi piacerebbe vivere a Londra.

11	Is there	an airport? a sports centre? a shopping centre? a castle? a cathedral?	Yes, there is ... No, there isn't ...	
12	Are there many	monuments? shops? gardens? theatres? avenues? discotheques? fountains? industries? factories?	Yes, there are... No, there aren't ...	
13	What do you usually do at the weekend?		I go	to the cinema. to the lake. to the stadium. to the theatre. for a walk.
14	Do you like living Would you like to live	in Italy? in France? in Genoa? in Paris?	Yes,	quite a lot. very much.
			No,	I'd rather live in Milan. I'd like to live in London.

Weather

Learning √ **Revision** √

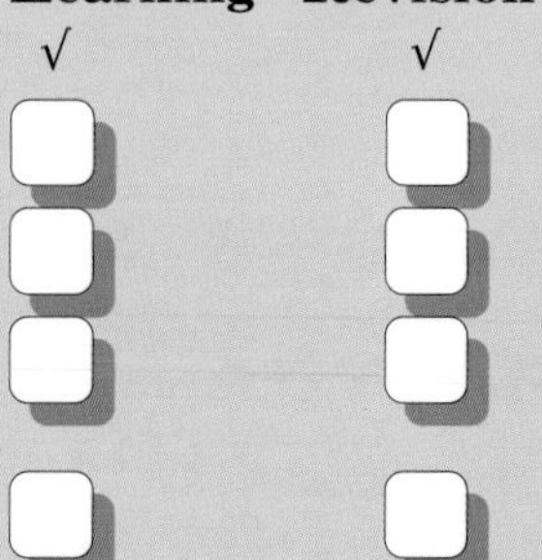

Can you...

- inquire about weather conditions in Italy? [1A-2]
- describe or comment on weather conditions? [1B]
- describe the climate of your own country and enquire about the climate in another country? [3]
- understand spoken and written weather forecasts? [4]

1 Che tempo fa?

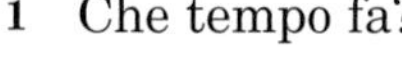

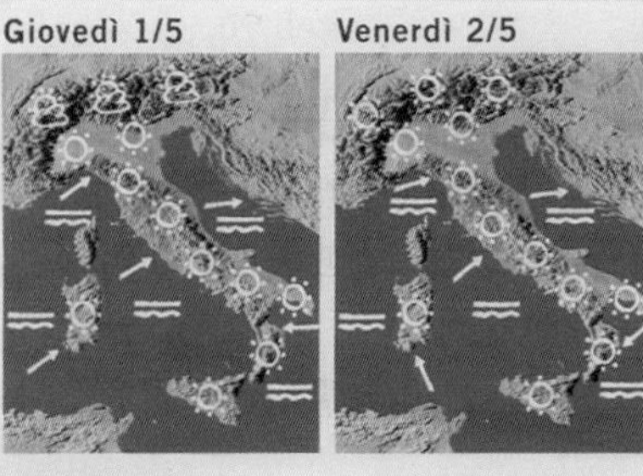

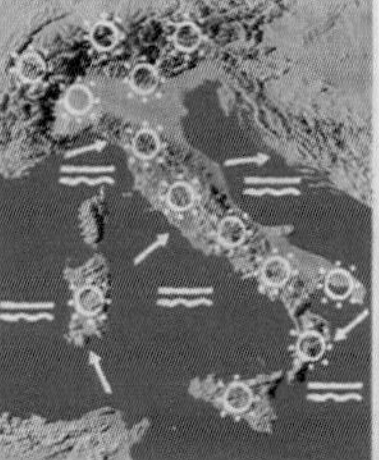

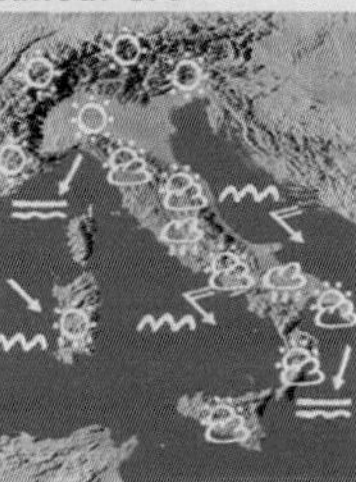

Fa	bel tempo. brutto tempo. caldo. freddo. fresco.	
Piove (a catinelle). Nevica. Grandina. Tuona.		
È una	bella brutta	giornata.
C'è	il sole. (il) ghiaccio. (il) temporale. neve. vento. nebbia. foschia.	
(Il cielo) è	nuvoloso. coperto. scuro. sereno. limpido.	

1 What's the weather like?

It's	fine/bad/hot/cold/cool.
It's	raining (cats and dogs). snowing. hailing. thundering.
It is a fine/bad day.	
It's	sunny. frosty. stormy. snowing. windy. foggy. misty.
(The sky) is	cloudy. overcast. dark. clear. limpid.

2	Com'è il mare oggi?		È	calmo. poco mosso. molto mosso. agitato.
3	Com'è il clima in	Italia? Spagna? Scozia? Australia?	È un clima	continentale. mediterraneo. mite. magnifico.

2	What's the sea like today?		It's	calm. choppy. rough. very rough.	
3	What's the climate like in	Italy ? Spain? Scotland? Australia?	It's a	continental mediterranean mild splendid	climate.

CROSSWORDS

Can you fit the months into their places?

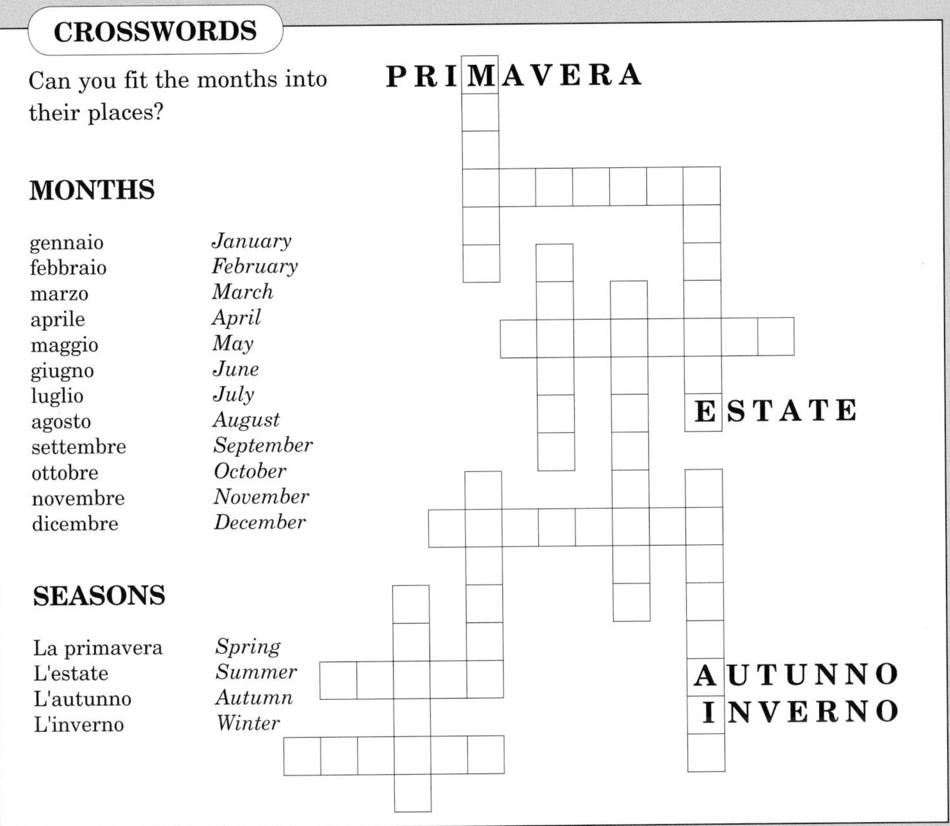

MONTHS

gennaio	*January*
febbraio	*February*
marzo	*March*
aprile	*April*
maggio	*May*
giugno	*June*
luglio	*July*
agosto	*August*
settembre	*September*
ottobre	*October*
novembre	*November*
dicembre	*December*

SEASONS

La primavera	*Spring*
L'estate	*Summer*
L'autunno	*Autumn*
L'inverno	*Winter*

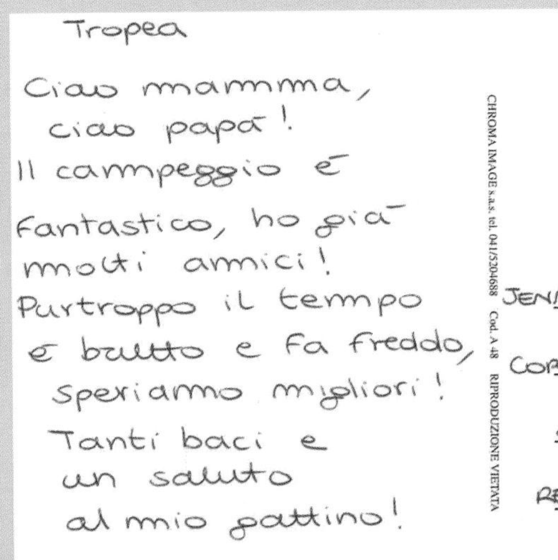

www.alice.it

www.meteo.it

www.tiscali.it

LE PREVISIONI PER IL WEEKEND

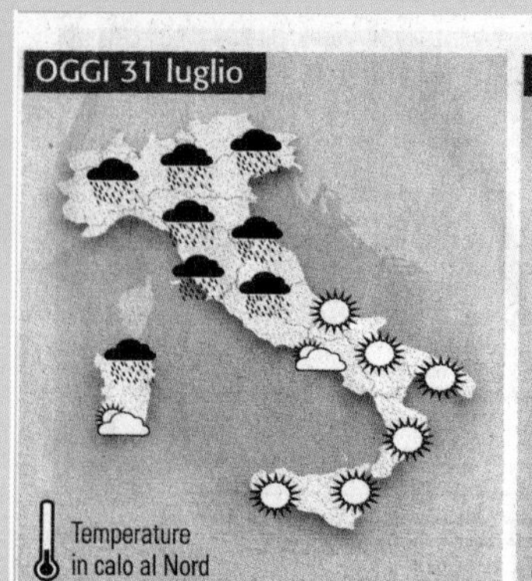

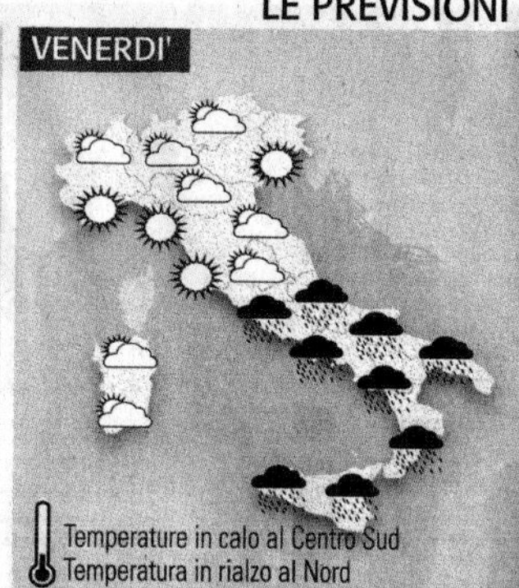

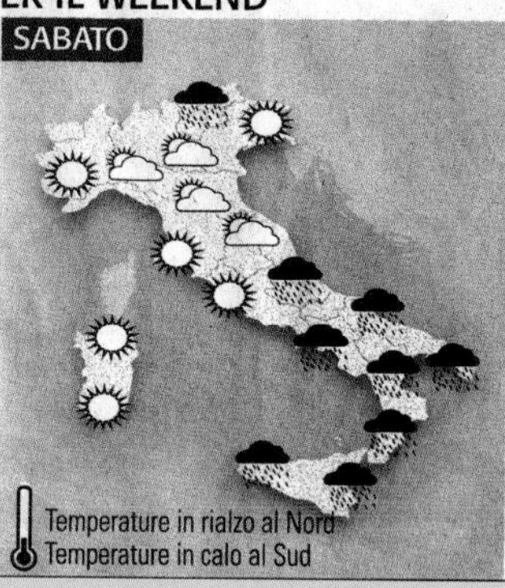

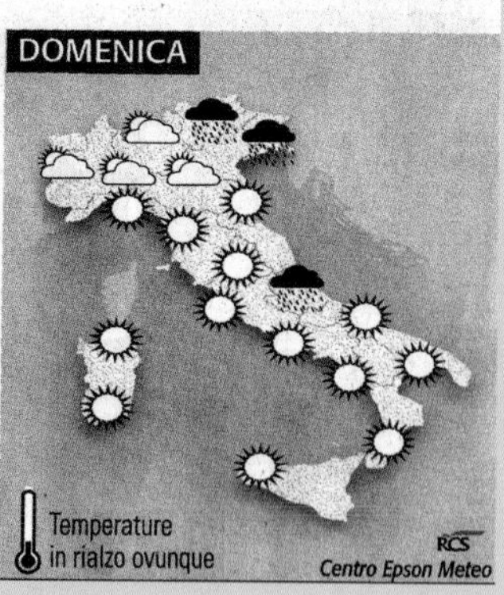

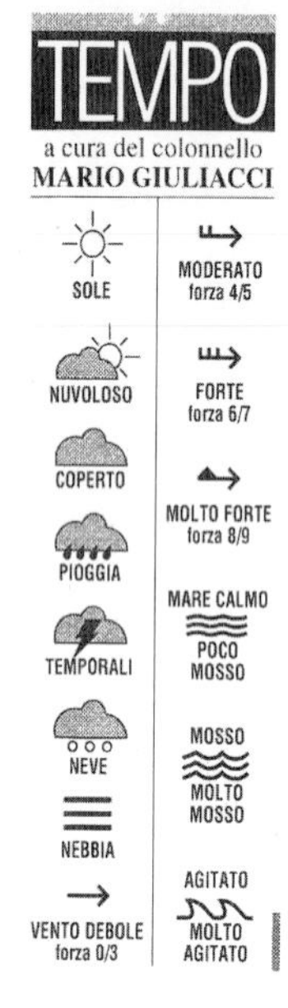

PREVISIONI METEOROLOGICHE

(Alla radio; alla televisione; al telefono; sui giornali)
Trasmettiamo ora le previsioni del tempo, a cura del Bollettino Meteorologico dell'Aeronautica valevoli 24 ore...

TEMPO PREVISTO PER OGGI

Sull'Italia: sulle regioni settentrionali annuvolamenti irregolari più concentrati sul settore orientale ove si potranno avere manifestazioni temporalesche mentre sul settore occidentale tenderanno a prevalere ampie schiarite. Sulle regioni meridionali prevalenza di cielo sereno o poco nuvoloso.
Sulla Liguria: soleggiato.
Venti: nord orientali deboli.
Mare: sotto costa e al largo mosso con moto ondoso in attenuazione.
Temperature: in aumento le massime.

DOMANI

Sull'Italia: su tutte le regioni prevalenza cielo sereno o poco nuvoloso con tendenza verso sera ad aumento di nuvolosità sulla Sardegna e sul settore nord occidentale.
Sulla Liguria: soleggiato al mattino, parzialmente nuvoloso nel pomeriggio.

MARTEDÌ

Al nord, al centro, sulla Sardegna e sulla Campania, molto nuvoloso o coperto con precipitazioni diffuse, più frequenti sulle regioni settentrionali e sulle zone appenniniche dove assumeranno carattere temporalesco. Sulle altre regioni generalmente nuvoloso.

Common words in weather forecasting

CHE TEMPO FARÀ? - What will the weather be like?

ACQUAZZONE (m), *downpour*
AFA, *sultriness*
ALLUVIONE (f), *flood*
ALTA PRESSIONE, *high pressure*
ANTICICLONE (m), *anticyclone*
ARCOBALENO, *rainbow*
ARIA UMIDA, *humid air*
ATMOSFERA, *atmosphere*
BANCO DI NEBBIA, *fog-bank*
BASSA PRESSIONE, *low pressure*
BRINA, *hoar-frost*
BUFERA, *storm*
BUFERA DI NEVE, *blizzard*
BUFERA DI VENTO, *windstorm*
BURRASCA, *storm*
CENTRALE, *central*
CICLONE (m), *cyclone*
DEPRESSIONE, *depression*
EST, *east*
FOSCHIA, *mist*
FRONTE CALDO/FREDDO, *warm / cold front*
GELATA, *frost*
GHIACCIO, *ice*
GRADI (centigradi), *degrees (centigrade)*
MAESTRALE (m), *north-west wind; mistral*
MALTEMPO, *bad weather*
MARE POCO MOSSO, *slight sea*
MARE MOLTO MOSSO, *rough sea*
MARE AGITATO, *very rough sea*
MASSA DI ARIA CALDA, *mass of hot air*
MASSA DI ARIA FREDDA, *mass of cold air*
MERIDIONALE, *southern*
MIGLIORAMENTO, *improvement*
NEBBIA, *fog*
NEVE (f), *snow*
NEVISCHIO, *sleet*
NORD, *north*
NUBE (f), *cloud*
NUBIFRAGIO *downpour, cloud-burst*
NUVOLOSITÀ, *cloudiness*
OCCIDENTE, *western*
ONDATA DI CALDO, *heatwave*
ONDATA DI FREDDO, *cold spell*
ORIENTALE, *eastern*
OVEST, *west*
PEGGIORAMENTO, *worsening*
PERTURBAZIONE ATMOSFERICA, *atmospheric disturbance*
PIANURA, *plain*
PIOVASCO, *squall*
PRECIPITAZIONE (f), *precipitation*
PREVISIONI DEL TEMPO, *weather forecast*
REGIONE ALPINA *Alpine region*
REGIONE PADANA, *Po region*
REGIONE ADRIATICA, *Adriatic region*
REGIONE APPENNINICA, *Apennine region*
REGIONE LIGURE-TIRRENICA, *Ligurian-Tyrrhenian region*
REGIONE MEDITERRANEA, *Mediterranean region*
ROVESCIO, *heavy rain; shower*
RUGIADA, *dew*
SCHIARITA, *clearing up*
SCIROCCO, *south-east wind, scirocco*
SETTENTRIONALE, *northern*
SICCITÀ, *drought*
SORGERE, *to rise*
SUD, *south*
TEMPERATURA, *temperature*
TEMPESTA, *storm*
TEMPO BELLO, *good weather*
TEMPO BRUTTO, *bad weather*
TEMPO NUVOLOSO, *cloudy weather*
TEMPORALE (m), *(thunder-) storm*
TEMPORALESCO, *stormy*
TENDENTE A ..., *tending to ...*
TENDENZA, (con ... a), *with a likelihood of / possibility of*
TIFONE (m), *typhoon*
TORNADO, *tornado*
TRAMONTANA, *north wind*
TRAMONTARE, *to set*
TROMBA D'ARIA, *whirlwind*
TROMBA MARINA, *waterspout*
UMIDITÀ, *dampness, humidity*
URAGANO, *hurricane*
VALANGA, *avalanche*
VENTO, *wind*
VENTO LEGGERO, *breeze*
VENTO MOLTO FORTE, *gale*
VISIBILITÀ SCARSA, *poor visibility*
ZERO; (sopra/sotto ...), *zero; (above / below ...)*

TEMPERATURE IN ITALIA

Città	min.	max.
Alghero	+ 18	+ 27
Ancona	+ 22	+ 29
Bari	+ 21	+ 32
Bologna	+ 16	+ 28
Cagliari	+ 24	+ 23
Catania	+ 22	+ 33
Firenze	+ 19	+ 33
Genova	+ 21	+ 28
Milano	+ 16	+ 27
Palermo	+ 22	+ 28
Perugia	+ 25	+ 30
Pescara	+ 21	+ 27
Reggio Calabria	+ 26	+ 33
Roma	+ 21	+ 29
Torino	+ 16	+ 26
Trieste	+ 16	+ 25
Venezia	+ 16	+ 27

WEATHER

afoso, *sultry*
alba, *dawn*
arcobaleno (m), *rainbow*
asciutto, *dry*
atmosfera, *atmosphere*
aver caldo/freddo ecc., *to be hot, cold etc.*
bagnato; (... fradicio), *wet; (soaked)*
bianco, *white*
bollettino; (... meteorologico), *bulletin; (weather forecast)*
brezza, *breeze*
buio, *dark*
calore (m), *heat*
caldo, *hot*
cambiamento, *change*
cambiare, *to change*
catinelle (piove a ...), *it rains cats and dogs*
che tempo fa?, *what's the weather like?*
chiaro, *clear*
cielo, *sky*
clima (m), *climate*
cominciare; (... a fare), *to begin; (... to)*
coperto, *cloudy, overcast*
far bel tempo/bello, *to be good weather/fine*
fulmine (m), *lightning*
brutto tempo, *to be bad weather*
caldo, *hot*
caldo (ondata di ...), *heatwave*
domani, *tomorrow*
dopodomani, *the day after tomorrow*
freddo, *cold*
fresco, *cool*
fresco, *fresh*
fulmine (m), *lightning*
fuori, *outside*
gelare, *to freeze*
ghiaccio, *ice*
giorno/giornata, *day*
grandine (f), *hail*
ieri, *yesterday*
impermeabile (m), *raincoat*
indossare, *to put on*
l'altro ieri, *the day before yesterday*
lampeggiare, *to lighten*
lampo, *flash of lightning*
limpido, *clear, limpid*
luna, *moon*
magnifico, *magnificent, splendid*
mare (m), *sea*
marea, *tide*
mattina/mattinata, *morning*
mese (m), *month*
migliorare, *to improve*
mite, *mild*
nero, *black*
nevicare, *to snow*
nevoso, *snowy*
notte (f), *night*
nuvola, *cloud*
oggi, *today*
ombra, *shadow, shade*
peggiorare, *to deteriorate*
pioggia, *rain*
piovere, *to rain*
piovigginare, *to drizzle*
piovoso, *rainy*
poco (fra ...), *in a short while*
pomeriggio, *afternoon*
prevedere, *to forecast*
previsioni meteorologiche, *weather forecast*
rado (di ...), *seldom*
raramente, *rarely*
ripararsi, *to shelter*
riparo, *shelter*
scivolare, *to slip*
scroscio, *downpour*
scuro, *dark*
secco, *dry*
segnare, *to indicate*
sempre, *always*
senza, *without*
sera/serata, *evening*
sereno, *clear, cloudless*
soffiare, *to blow*
sole (m), *sun*
soleggiato, *sunny*
solito; (di ...), *usual; (usually)*
splendido, *splendid*
stagione (f), *season*
stella, *star*
stufo, *fed up*
sudare, *to sweat*
sudore (m), *sweat*
tempaccio, *nasty weather*
tempesta, *storm*
tempestoso, *stormy*
tempo, *time, weather*
temporale (m), *thunderstorm*
termometro, *thermometer*
tirare, *to blow*
tramonto, *sunset*
tuono, *thunder*
tuonare, *to thunder*
umido, *damp*
variabile, *variable*
variazione, *variation*
vento, *wind*

PROVERBI / PROVERBS — RIMA / RHYME — SCIOGLILINGUA / TONGUE-TWISTER

1 Rosso di sera bel tempo si spera; rosso di mattina brutto tempo si avvicina.

2 Cielo a pecorelle acqua a catinelle.

3 Trenta giorni ha novembre
con aprile, giugno e settembre;
di ventotto ce n'è uno,
tutti gli altri ne hanno trentuno.

4 Se oggi sereno non è domani sereno sarà se non sarà sereno si rasserenerà.

---

1 Red sky at night shepherd's delight; red sky in the morning shepherd's warning.
2 A sky full of fleecy clouds means it will rain cats and dogs.
3 Thirty days has November, April, June and September; twenty-eight there is only one all the rest have thirty one.
4 If it is not fine today it will be fine tomorrow, if it will not be fine, fine it will become.

ENVIRONMENT

additivi, *additive*
acido, *acid*
alluminio, *aluminium*
alluvione (f), *flood*
ambientalista (m/f), *environmentalist*
ambiente (m), *environment*
amianto, *asbestos*
atmosfera, *atmosphere*
batteria, *battery*
benzina senza piombo, *unleaded petrol*
biodegradabile, *biodegradable*
biologico, *organic*
bosco, *wood*
bottiglia, *bottle*
carbone, *coal*
carburante (m), *fuel*
carestia, *famine*
carta, *paper*
causa, *cause*
centrale eolica, *wind farm*
centrale nucleare, *nuclear power station*
chiazza di petrolio, *oil slick*
chimico, *chemical*
clima (m), *climate*
coltivazione biologica, *organic farming*
concime (... chimico), *(chemical ...) fertilizer*
conseguenza, *consequence*
contenitore, *container*
danneggiare, *to damage*
desertificazione (f), *desertification*
deserto, *desert*
diossina, *dioxin*
disastro, *disaster*
disboscamento, *deforestation*
discarica (di rifiuti), *(rubbish) tip*
discarica di rifiuti tossici, *toxic waste dump*
distruggere, *to destroy*
ecologia, *ecology*
ecologico (equilibrio ...), *ecological (... balance)*
ecosistema (m), *ecosystem*
effetto serra, *greenhouse effect*
energia alternativa, *alternative energy*
energia atomica, *atomic energy*
energia solare, *solar energy*
epidemia, *epidemic*
equilibrio, *balance*
equo, *fair, just*
fabbrica, *factory*
fauna (protetta), *(protected) wildlife*
flora (protetta), *(protected) flora*
foresta tropicale, *tropical forest*
gas di scarico, *exhaust emission, fumes*
incendio, *fire*
industria, *industry*
inquinamento (... atmosferico/ acustico), *(air / noise ...) pollution*
inquinare, *to pollute*
isola/zona pedonale, *pedestrian zone*
lattina, *can, tin*
marmitta catalitica, *catalytic converter*
metallo, *metal*
metano, *methane*
natura, *nature*
ozono (il buco nell'...), *the hole in the ozone layer*
paesi (... in via di sviluppo/industrializzati), *(developing / developed ...) countries*
pericoloso, *dangerous*
pesticida, *pesticide*
petroliera, *(oil) tanker*
pila, *battery*
piogge acide, *acid rain*
plastica (sacchetto di ...), *plastic (... bag)*
proteggere, *to protect, to defend*
pulire, *to clean*
pulito, *clean*
raccogliere, *to pick up, to pick*
radioattivo, *radioactive*
riciclabile, *recyclable*
riciglaggio (... dei rifiuti), *(waste ...) recycling*
riciclare, *to recycle*
rifiuti (... domestici) (m, pl.), *(household ...) waste*
risparmio energetico, *energy conservation*
rispettare (la natura), *to respect nature*
rumore (m), *noise*
salute (f), *health*
scarichi industriali, *industrial waste*
scorie radioattive (f, pl.), *radioactive waste*
senza tetto (m/f), *homeless*
siccità, *drought*
smaltire, *to dispose*
smog (m), *smog*
sovraffollamento, *overcrowding*
sovraffollato, *overcrowded*
spazzatura (raccolta della ...), *rubbish (... collection)*
sporcare, *to dirty*
sporco, *dirty*
sprecare, *to waste*
suolo, *soil*
terremoto, *earthquake*
tutela dell'ambiente, *protection of the environment*
uccidere, *to kill*
vetro, *glass*

INQUINAMENTO

INQUINAMENTO DELL'ARIA

CAUSE: scarichi industriali, mezzi di trasporto, impianti di riscaldamento, incendi, ...

SOLUZIONI: ridurre le polveri e i gas pericolosi delle fabbriche e delle centrali termoelettriche, usare meno le automobili, usare combustibili puliti; usare il metano nei riscaldamenti domestici, prevenire gli incendi, ...

L'inquinamento atmosferico provoca il buco nell'ozono (assottigliamento dello strato dell'ozono, un gas che protegge la Terra dai raggi ultravioletti del sole) e l'effetto serra (strato artificiale di gas nell'atmosfera che trattiene il calore dei raggi del sole). buco nell'ozono + effetto serra = innalzamento della temperatura terrestre e sconvolgimenti climatici e ambientali.

INQUINAMENTO DELL'ACQUA E DEL SUOLO

CAUSE: scarichi industriali, fogne, detersivi, concimi chimici, antiparassitari, diserbanti, rifiuti organici, ...

SOLUZIONI: usare impianti di depurazione, ridurre l'uso di sostanze chimiche nell'agricoltura, riciclare i rifiuti, ...

L'inquinamento dell'acqua e del suolo provoca gravi problemi per la salute dell'uomo e per l'ambiente.

AMBIENTE

La regola delle tre R.R.R.

- *R come RIDURRE: utilizza meno e non sprecare*
- *R come RIUTILIZZARE: usa più volte una cosa prima di buttarla via*
- *R come RICICLARE: separa il vetro, la carta, il metallo e la plastica dagli altri rifiuti, perché possono essere trasformati in altri prodotti*

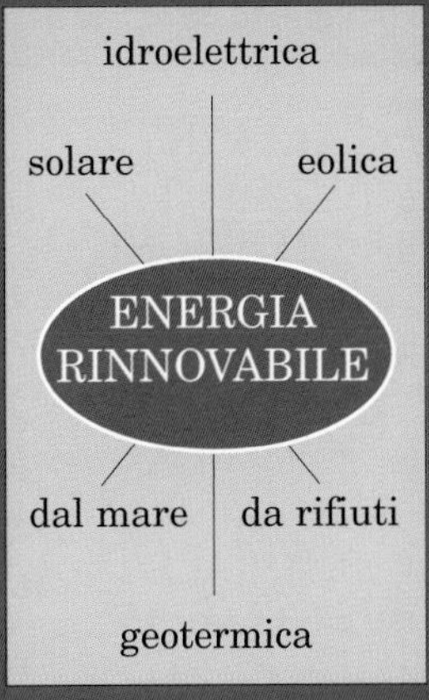

www.quirinale.it
→ simboli della repubblica
→ l'inno nazionale →

Ascolta l'inno
Registrazione storica del 1961.
Tenore Mario del Monaco

Fratelli d'Italia
L'Italia s'è desta,
Dell'elmo di Scipio
S'è cinta la testa.
Dov'è la Vittoria?
Le porga la chioma,
Ché schiava di Roma
Iddio la creò.
Stringiamci a coorte
Siam pronti alla morte
L'Italia chiamò ...

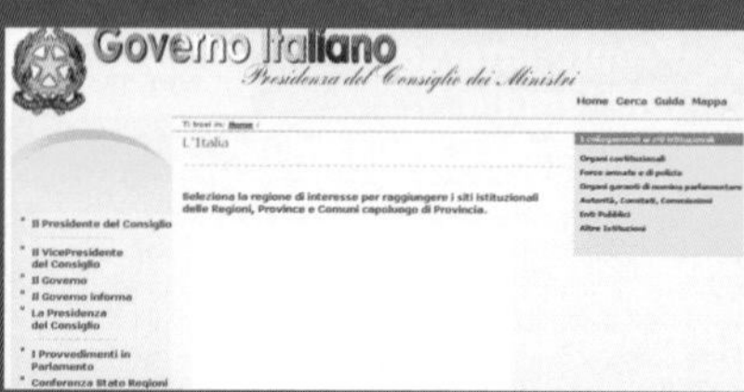

www.governo.it

www.parlamento.it

www.istat.it

ITALIA IN CIFRE:
UNA SELEZIONE DI DATI AGGIORNATI SULLA VITA ECONOMICA, SOCIALE E CULTURALE DELL'ITALIA

ITALY

Italy is a peninsula.

- **BORDERS:** France, Switzerland, Austria and Slovenia.
- **AREA:** 301,263 square km.
  Hills 39.7%;
  Mountains 38.7%;
  Plains 21.6%.
- **MOUNTAINS:** Alpi (Alps), Appennini (Appennines)...
- **VOLCANOES:** Vesuvio (Vesuvius), Stromboli, Vulcano, Etna.
- **ISLANDS:** Sicilia (Sicily), Sardegna (Sardinia), Elba, Ischia, Capri, ...
- **RIVERS:** Po, Adige, Tevere (Tiber), Adda, Oglio, Ticino, Arno, ...
- **LAKES:** Garda, Maggiore, Como, ...
- **SEAS:** Ligure (Ligurian), Tirreno (Tyrrhenian), Ionio (Ionian) and Adriatico (Adriatic).
- **POPULATION:** 57,800,000.
- **LANGUAGE:** Italian.
- **MONETARY UNIT:** Euro (€).
- **POLITICAL SYSTEM:** Democratic Parliamentary Republic.
- **REGIONS:** 20.
- **PROVINCES:** 103.
- **CAPITAL:** Roma (Rome).

NOTES

1 ***Italian*** *is a Latin language which developed from the dialect spoken in Florence in the 14th century. It became widespread, mainly through the work of three great writers: Dante, Petrarca and Boccaccio.*

- *Many dialects are spoken in Italy and these can be divided into two main groups: northern dialects and central-southern dialects.*
- *Italy contains ethnic groups who speak: Provencal, Franco-Provencal, German, Slovene, Serbo-Croat, Catalan, Albanian and Greek.*

2 ***The Parliament,*** *which consists of the Chamber of Deputies and Senate (Camera dei Deputati e Senato), holds legislative power and political control over the government programme.*

- *Executive power is vested in the Government (Consiglio dei Ministri headed by the Presidente del Consiglio).*
- *The President of the Republic, elected by Parliament and representatives from the 20 Regions, remains in power for seven years.*

3 ***The regions of Italy*** *are:*

NORTH
Valle d'Aosta, Piemonte (Piedmont), Lombardia (Lombardy), Trentino-Alto Adige, Friuli-Venezia Giulia, Veneto, Liguria, Emilia-Romagna;

CENTRE
Toscana (Tuscany), Marche (Marches), Umbria, Lazio (Latium), Abruzzo, Molise;

SOUTH
Campania, Puglia (Apulia), Basilicata, Calabria;

ISLANDS
Sicilia (Sicily), Sardegna (Sardinia).

VIAGGI E TRASPORTI

Dialoghi

Comprendere e dare indicazioni stradali

1 JANIE — Scusi!
PASSANTE — Sì, dica!
JANIE — Dov'è il museo?
PASSANTE — Il museo...sì, prenda la seconda a destra, vada fino al semaforo e attraversi la strada; il museo è lì, sulla sinistra.

2 PAOLA — Mi sa dire dov'è un ufficio postale?
PASSANTE — Sì, dunque (*)...vada fino all'incrocio, poi volti a sinistra e a cinquanta metri sulla sinistra trova l'ufficio postale.
PAOLA — Grazie!

3 ROBERTO — Scusi, c'è una banca qui vicino?
PASSANTE — Sì, nella via parallela a questa, di fronte alla stazione.
ROBERTO — Mille grazie!

Trasporto pubblico

4 ROBERTO — C'è un treno per Alassio?
BIGLIETTAIO — Sì, ce n'è uno alle sette e dieci.
ROBERTO — Mi dia un biglietto di andata e ritorno, per favore.
BIGLIETTAIO — Di prima classe?
ROBERTO — No, di seconda.
BIGLIETTAIO — Ecco a lei. Sono quindici euro.

5 SILVIA — A che ora parte la corriera per Roma?
BIGLIETTAIO — Parte alle sedici e trenta.
SILVIA — E a che ora arriva?
BIGLIETTAIO — Alle diciotto.
SILVIA — Grazie!

6 MARIA — A che ora parte il treno per Salerno?
BIGLIETTAIO — Parte alle quindici.
MARIA — A che ora arriva?
BIGLIETTAIO — Alle sedici e un quarto.
MARIA — Da che binario parte?
BIGLIETTAIO — Dal primo binario.

7 JANIE — Può dirmi quando devo scendere per Pisa?
BIGLIETTAIO — Tra due fermate.
JANIE — C'è subito la coincidenza per Firenze?
BIGLIETTAIO — No, deve aspettare mezz'ora.

Scusi!
Dov'è il museo?
A destra
A sinistra
Grazie!
C'è un treno per...
Un biglietto di andata e ritorno...
A che ora parte...?
A che ora arriva?
Da che binario parte?

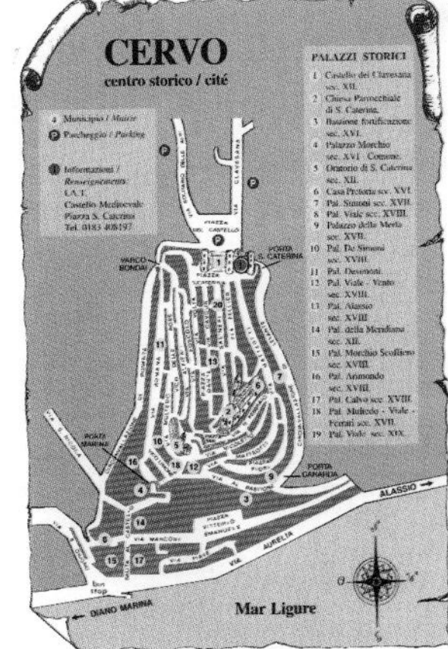

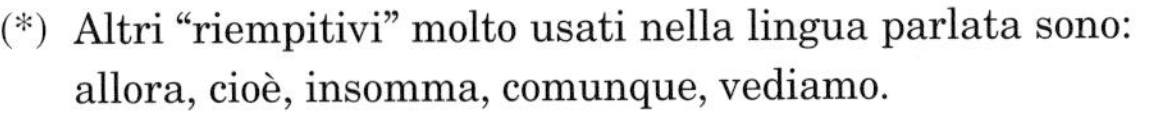
(*) Altri "riempitivi" molto usati nella lingua parlata sono: allora, cioè, insomma, comunque, vediamo.

Quanto costa ...?
Il pieno, per favore.
Trenta euro di super senza piombo.
Mi controlla la pressione delle gomme, per favore?

8
Carlo — Quanto costa un biglietto di sola andata per Viareggio?
Bigliettaio — Costa dodici euro.
Carlo — Ci sono riduzioni per studenti?
Bigliettaio — Sì, del 30% se ha la tessera.
Carlo — Per quanti giorni è valido il biglietto?
Bigliettaio — Per un mese.
Carlo — Grazie!

Viaggiare in aereo e via mare

9
Silvia — A che ora c'è un volo per Torino?
Impiegato — Il primo volo è alle diciannove.
Silvia — Quanto costa il biglietto di andata e ritorno?
Impiegato — Centoventi euro.

10
Massimo — A che ora parte l'aliscafo per Ponza?
Impiegato — Alle otto e cinque.
Massimo — Quanto costa il biglietto di andata e ritorno?
Impiegato — Diciannove euro.

Trasporto privato

11
Enrica — Buongiorno! Il pieno, per favore.
Benzinaio — Desidera altro?
Enrica — Sì, mi controlli l'olio, per favore.
Benzinaio — Ecco fatto.
Enrica — Quanto le devo?
Benzinaio — Allora...quarantasette euro di benzina e mezzo litro d'olio fanno... cinquantadue euro.
Enrica — Ecco a lei.
Benzinaio — Grazie e buon viaggio!

12
Benzinaio — Buongiorno! Desidera?
Valerio — Trenta euro di super senza piombo. Mi controlla anche la pressione delle gomme, per favore?
Benzinaio — Desidera altro?
Valerio — Mi sa dire qual è la strada per Viareggio?
Benzinaio — Sì, al prossimo incrocio volti a sinistra; la prima a destra è la statale per Viareggio.
Valerio — Mille grazie!
Benzinaio — Arrivederci!

ESERCIZIO 1

In base alle indicazioni dei tre passanti (vedi dialoghi 1, 2, 3), cerca sulla cartina:

1 il museo
2 l'ufficio postale
3 la banca

semaforo 

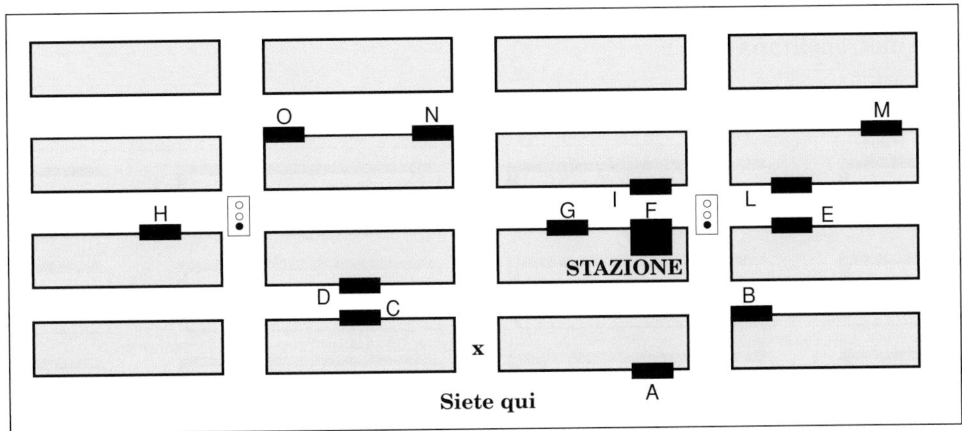

Rispondi alle seguenti domande.

4 **a** A che ora parte il primo treno per Alassio?
b Che biglietto compra Roberto?
c Quanto paga?

5 **a** A che ora parte la corriera per Roma?
b A che ora arriva a Roma?

6 **a** A che ora parte il treno per Salerno?
b A che ora arriva?
c Da che binario parte?

7 **a** Tra quante fermate deve scendere Janie?
b Dopo quanto tempo c'è la coincidenza?

8 **a** Quanto costa il biglietto per Viareggio?
b Chi ha diritto alla riduzione del 30%?
c Quanti giorni è valido il biglietto?

9 **a** A che ora parte il primo volo per Torino?
b Quanto costa il biglietto?

10 **a** A che ora parte l'aliscafo per Ponza?
b Quanto costa il biglietto?

11 **a** Quanta benzina vuole Enrica?
b Quanto olio aggiunge il benzinaio?
c Quanto paga Enrica per la benzina?
d Quanto paga in tutto?
e Che cosa dice il benzinaio, dopo aver dato il resto e ringraziato?

12 **a** Quanta benzina vuole Valerio?
b Che tipo di benzina vuole?
c Dove deve andare Valerio per prendere la statale per Viareggio?

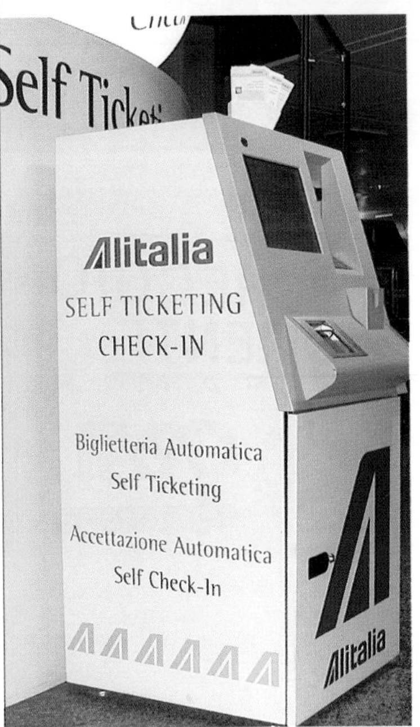

ESERCIZIO 2 (in coppia)

Lo studente A fa le domande e lo studente B risponde.

Studente A

Chiedi al compagno le indicazioni e cerca sulla cartina:
1 il castello [C] - **2** la questura [Q] - **3** un parcheggio [P]
4 una discoteca [D] - **5** un ufficio informazioni [I] - **6** la biblioteca [B]
7 la metropolitana [M] ...

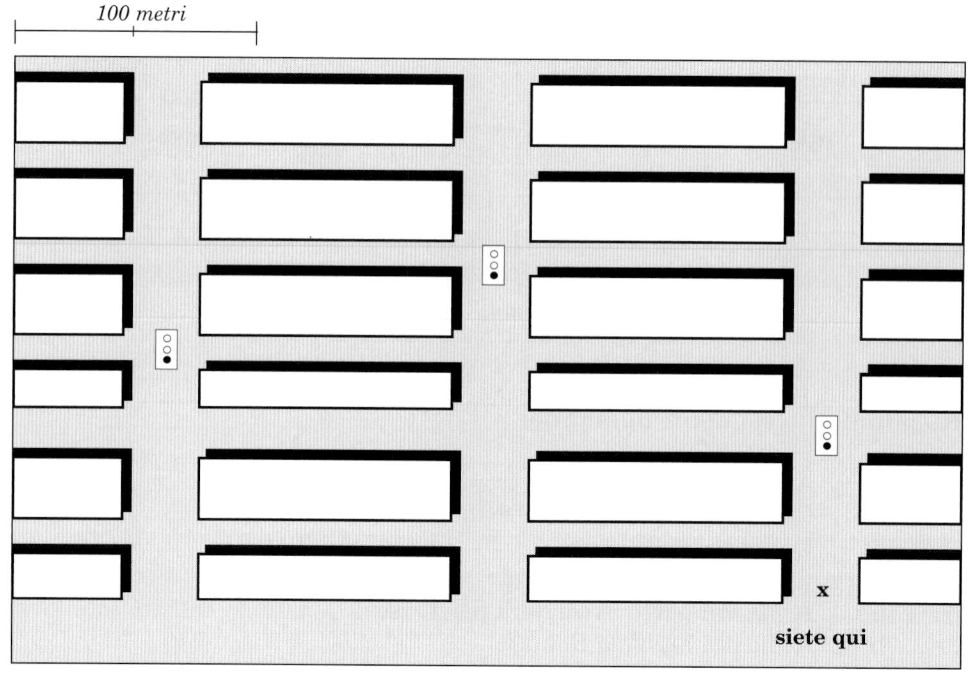

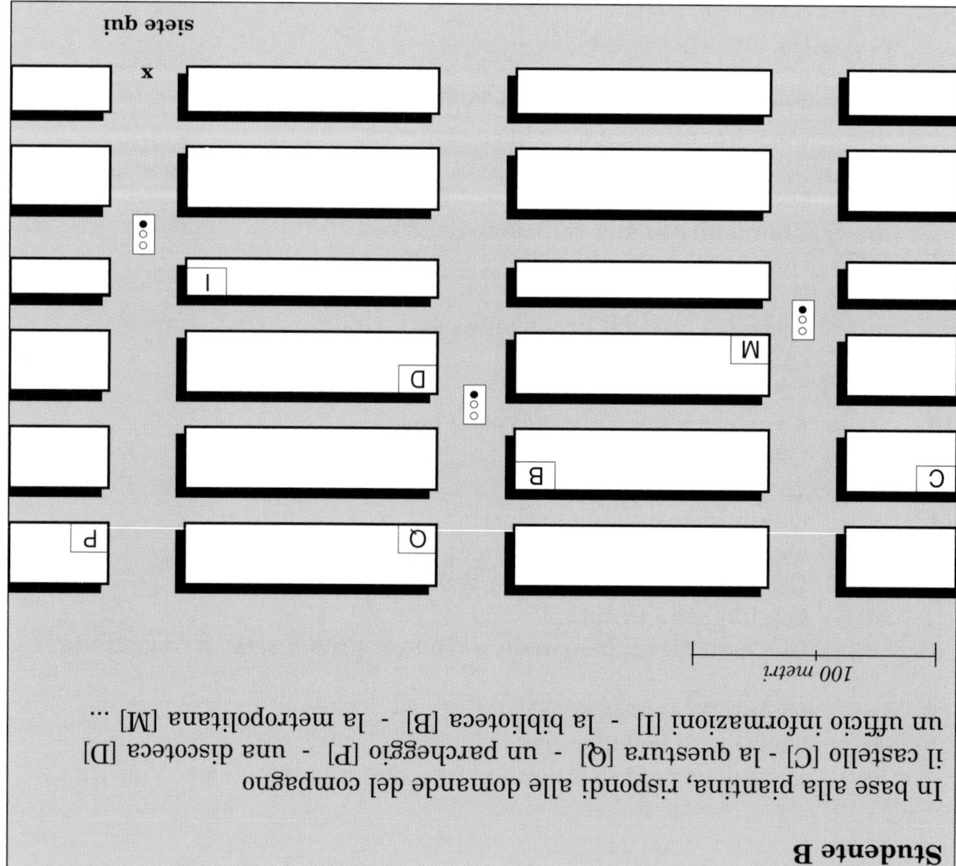

ESERCIZIO 3 [2.1]

Completa con gli articoli determinativi.

1	Scusi! Mi sa dire dov'è	.... metropolitana?
2		.... castello?
3		.... municipio?
4		.... mercato?
5		.... ostello della gioventù?
6		.... questura?
7		.... stazione?
8		.... stadio?
9		.... ufficio postale?
10		.... fermata delle corriere?

ESERCIZIO 4 [2.2]

Completa con gli articoli indeterminativi (un, uno, una, un').

1	Scusi, c'è	.... trattoria	qui vicino?
2		.... officina	
3		.... ufficio informazioni	
4		.... garage	
5		.... mercato	
6		.... piscina	
7		.... ristorante	
8		.... parcheggio	
9		.... stadio	
10		.... albergo	

ESERCIZIO 5 [3.13] [4]

Completa con "molto, molta, molti, molte".

1 È .... lontana la banca?
2 È .... lontano il castello?
3 Ci sono .... macchine.
4 Mario è .... gentile.
5 Maria è .... gentile.
6 Non ho .... moneta.
7 Ti piace viaggiare? Sì, ...
8 C'è un parcheggio .... grande.
9 Hai .... bagagli?
10 C'è .... traffico.

ESERCIZIO 6 [10]

Completa con le preposizioni.

di
da
a a a
per per
tra

1 Per il museo prenda la prima .... destra.
2 La farmacia è nella via parallela .... questa.
3 Vorrei un biglietto .... andata e ritorno.
4 Vorrei un biglietto .... Milano.
5 C'è un treno .... mezz'ora.
6 Ci sono riduzioni .... studenti?
7 A che ora arriva .... Londra?
8 .... che binario parte il treno per Trieste?

ESERCIZIO 7 [7.12]

Completa le frasi con l'imperativo e risolvi il cruciverba.

Esempio: ATTRAVERSARE (Lei) ...*attraversi*... la strada.

ORIZZONTALI

1	(Lei)	....	a sinistra.	GIRARE
2	(Lei)	....	a sinistra.	VOLTARE
3	(Lei)	....	l'autobus.	SEGUIRE
4	(Tu)	....	la strada.	ATTRAVERSARE
5	(Tu)	....	fino all'incrocio.	CONTINUARE
6	(Loro)	....	a destra.	GIRARE
7	(Lei)	....	la prima a destra.	PRENDERE
8	(Loro)	....	a destra.	VOLTARE
9	(Lei)	....	sempre dritto.	CONTINUARE
10	(Tu)	....	la seconda a sinistra.	PRENDERE

VERTICALE

1 Scusi, c'è un .... qui vicino?

GIRARE	
(tu)	gir**a**
(Lei)	gir**i**
(noi)	gir**iamo**
(voi)	gir**ate**
(Loro)	gir**ino**

IMPERATIVO

PREND**ERE**	
(tu)	prend**i**
(Lei)	prend**a**
(noi)	prend**iamo**
(voi)	prend**ete**
(Loro)	prend**ano**

IMPERATIVO

PART**IRE**	
(tu)	part**i**
(Lei)	part**a**
(noi)	part**iamo**
(voi)	part**ite**
(Loro)	part**ano**

IMPERATIVO

ESERCIZIO 8 [11]

Completa con le preposizioni articolate.

1 Per il castello continui dritto fino .... semaforo.
2 Mi controlla la pressione .... gomme?
3 Il treno parte .... 16.30.
4 Deve cambiare .... prossima fermata.
5 Il treno parte .... binario 4.
6 Deve scendere .... capolinea (m).
7 Vorrei l'orario .... treni.
8 Vorrei una piantina .... metropolitana.
9 Vorrei un posto accanto .... finestrini.
10 Vorrei un posto vicino .... corridoio.

ESERCIZIO 9 [7.6]

Completa con il futuro del verbo "partire".

1 A che ora .... (tu)?
2 Il treno per Firenze .... dal primo binario.
3 Valerio .... sabato prossimo.
4 (Loro) non .... domani.
5 A che ora .... (voi)?
6 Io .... tra una settimana.
7 I suoi amici .... alle nove.
8 Lei, professore, quando .... ?
9 Noi .... alle sette.
10 Valeria e Fabrizio .... domenica.

ABITARE
abit**erò**
abit**erai**
abit**erà**
abit**eremo**
abit**erete**
abit**eranno**

FUTURO

RIPETERE
ripet**erò**
ripet**erai**
ripet**erà**
ripet**eremo**
ripet**erete**
ripet**eranno**

FUTURO

PARTIRE
part**irò**
part**irai**
part**irà**
part**iremo**
part**irete**
part**iranno**

FUTURO

ESERCIZIO 10

Collega ogni parola del gruppo A con il suo contrario del gruppo B.

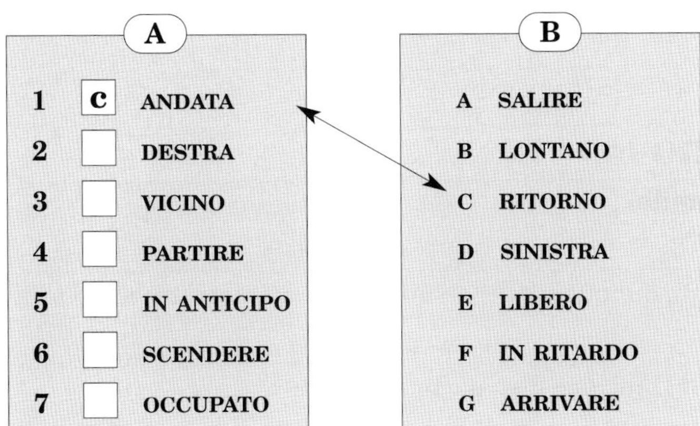

A			B	
1	c	ANDATA	A	SALIRE
2		DESTRA	B	LONTANO
3		VICINO	C	RITORNO
4		PARTIRE	D	SINISTRA
5		IN ANTICIPO	E	LIBERO
6		SCENDERE	F	IN RITARDO
7		OCCUPATO	G	ARRIVARE

ESERCIZIO 11

Scrivi almeno tre frasi, usando le parole del gruppo B dell'esercizio precedente.

Esempio: Il treno espresso è in ritardo.

ESERCIZIO 12 [7.6]

Completa con il futuro e risolvi il cruciverba.

ORIZZONTALI

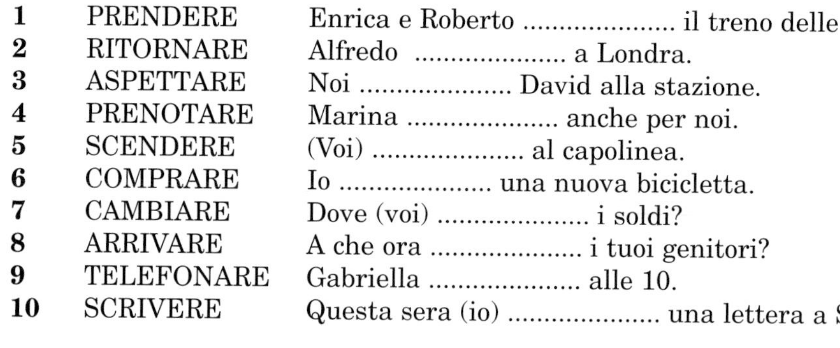

1	PRENDERE	Enrica e Roberto .... il treno delle sei.
2	RITORNARE	Alfredo .... a Londra.
3	ASPETTARE	Noi .... David alla stazione.
4	PRENOTARE	Marina .... anche per noi.
5	SCENDERE	(Voi) .... al capolinea.
6	COMPRARE	Io .... una nuova bicicletta.
7	CAMBIARE	Dove (voi) .... i soldi?
8	ARRIVARE	A che ora .... i tuoi genitori?
9	TELEFONARE	Gabriella .... alle 10.
10	SCRIVERE	Questa sera (io) .... una lettera a Silvia.

VERTICALE

1 Completa: l'altro ieri, ieri, oggi, domani, _ _ _ _ _ _ _ _ _ _ _ .

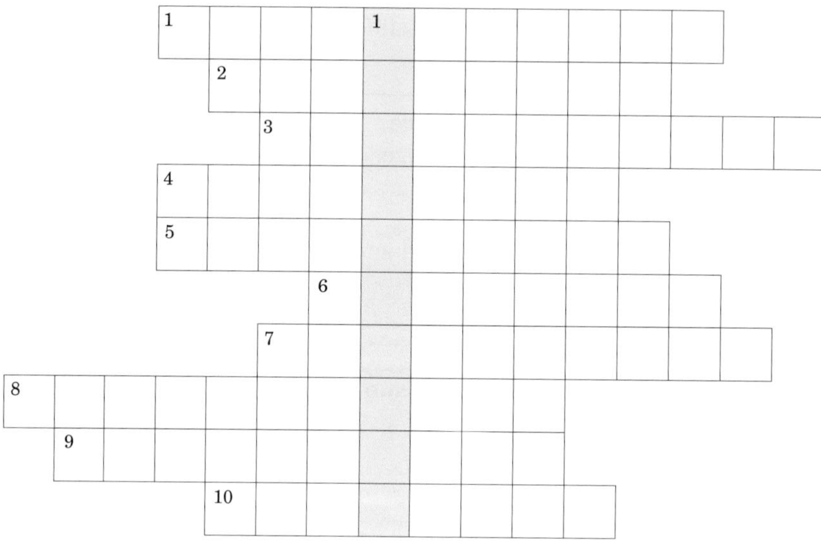

ESERCIZIO 13

Fai le domande.

1 **A** ....?
B Sì, dunque... volti a sinistra e a 50 metri troverà l'ufficio postale.

2 **A** ....?
B Il treno per Pisa parte alle sette.

3 **A** ....?
B Arriva a Salerno alle 16.50.

4 **A** ....?
B Parte dal primo binario.

5 **A** ....?
B Il biglietto di andata e ritorno costa 35 euro.

6 **A** ....?
B Questo biglietto è valido per un mese.

7 **A** ....?
B Partirò tra una settimana.

ESERCIZIO 14 (in coppia)

Lo studente A fa le domande e completa la tabella.
Lo studente B risponde alle domande.

Studente A

1 Sei in vacanza a Ventimiglia. Hai un appuntamento a Savona alle 8.00.
Telefona all'ufficio informazioni della stazione di Ventimiglia.
- Chiedi a che ora parte il primo treno.
- Chiedi a che ora arriva.
- Chiedi quanto costa un biglietto di 1ª classe.
- Chiedi quanto costa un biglietto di 2ª classe.
- Chiedi se è un treno espresso.

2 Sei ad Imperia. Devi incontrare alcuni amici ad Albenga per le 16.15.
Telefona all'ufficio informazioni della stazione di Imperia.
- Chiedi che treno devi prendere.
- Chiedi a che ora arriva.
- Chiedi quanto costa un biglietto di 1ª classe.
- Chiedi quanto costa un biglietto di 2ª classe.
- Chiedi se è un treno espresso.

3 Un tuo amico, in vacanza a San Remo, ha un appuntamento a Savona alle 10.00.
Telefona all'ufficio informazioni della stazione di San Remo.
- Chiedi che treno deve prendere.
- Chiedi a che ora arriva.
- Chiedi quanto costa un biglietto di 1ª classe.
- Chiedi quanto costa un biglietto di 2ª classe.
- Chiedi se è un treno diretto.

STAZIONE DI PARTENZA (città e ora)	STAZIONE DI ARRIVO (città e ora)	PREZZO 1ª CLASSE	PREZZO 2ª CLASSE	TRENI (locale, diretto, espresso, intercity)
Ventimiglia - 5.30				

Studente B

Sei impiegato all'ufficio informazioni della stazione.
Consulta l'orario e rispondi alle domande del compagno.

STAZIONE	LOCALE	DIRETTO	ESPRESSO	INTERCITY
VENTIMIGLIA	5.30	8.10	8.50	...
VALLECROSIA	...	...	...	...
BORDIGHERA	5.37	8.17	...	...
SAN REMO	5.46	8.26	...	...
TAGGIA-ARMA	5.52	8.32	9.05	...
IMPERIA P. MAURIZIO	6.03	8.43	...	15.21
IMPERIA ONEGLIA	6.07	8.47	9.18	...
DIANO MARINA	6.13	8.53	...	15.37
CERVO	6.17	...	...	...
ANDORA	6.23	9.00	...	...
LAIGUEGLIA	6.28	...	...	...
ALASSIO	6.32	9.08	...	15.52
ALBENGA	6.41	9.15	...	16.00
CERIALE	6.47	...	...	...
BORGHETTO S.S.	6.51	...	...	...
LOANO	6.55	9.26	...	...
PIETRA LIGURE	6.59	9.30	...	...
BORGIO VEREZZI	7.03	...	...	...
FINALE L. MARINA	7.08	9.37	...	16.18
SPOTORNO – NOLI	7.15	9.44	...	...
QUILIANO - VADO	7.22	...	...	...
SAVONA	7.28	9.54	10.45	16.32

PREZZI

VENTIMIGLIA – SAVONA
(solo 2ª classe:**EUR 9,19**)

IMPERIA - ALBENGA
1ª classe: **EUR 4,65**
2ª classe: **EUR 4,30**

ALBENGA - SAVONA
1ª classe: **EUR 6,51**
2ª classe: **EUR 4,85**

SAN REMO - SAVONA
1ª classe: **EUR 10,48**
2ª classe: **EUR 7,64**

SAN REMO - ALBENGA
1ª classe: **EUR 6,97**
2ª classe: **EUR 5,6**

Partenze/Departures

TRENI NAZIONALI

Il **Servizio Eurostar Italia** (ES*) assicura spostamenti veloci tra le maggiori città italiane.

Il **Servizio Intercity** (IC) copre di fatto tutta la rete ferroviaria principale anche con l'utilizzo di treni Eurocity (EC) in servizio interno.

Il **Servizio Notte** per la lunga percorrenza con treni **Intercity Notte** (ICN), **Euronight** (EN) ed **Espressi** (EXP), composti da vetture di posti a sedere, vagoni letto, cuccette tradizionali e comfort. Alcuni treni offrono anche il servizio auto al seguito.

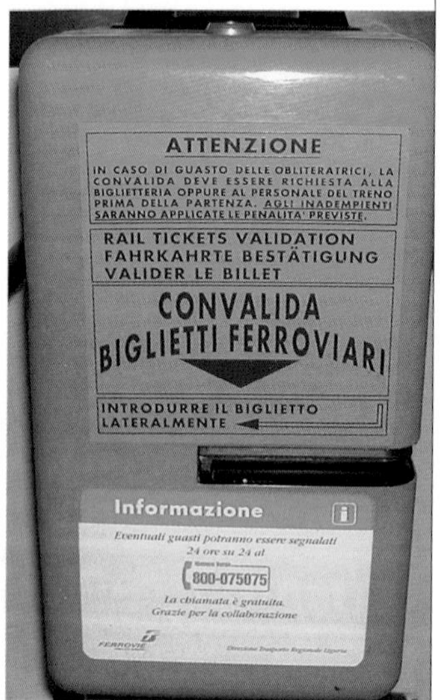

Il biglietto

Prima di salire a bordo di un treno IC **occorre convalidare il biglietto** nelle apposite macchinette "obliteratrici". La convalida può essere fatta anche sul treno, facendone richiesta, prima della partenza, al personale di bordo. In questo caso è previsto un costo di 8,00 Euro. Se in una qualsiasi stazione le macchinette obliteratrici non funzionano o mancano del tutto, il cliente può chiedere la convalida del biglietto alla biglietteria o al personale di bordo senza alcun costo aggiuntivo.

Se invece il cliente viaggia con il biglietto non convalidato dovrà pagare una penale di 15,45 Euro in aggiunta al costo della convalida effettuata sul treno pari a 8,00 Euro. Dalla convalida del biglietto decorre la medesima **validità oraria** prevista per tutti gli altri biglietti di corsa semplice: **6 ore**, per i viaggi fino a 200 Km; **24 ore**, per i viaggi oltre 200 Km.

In caso di scadenza del biglietto in corso di viaggio il cliente può proseguire fino a destinazione.

Il biglietto, acquistato presso le biglietterie Trenitalia e nelle Agenzie di viaggio autorizzate, **ha validità due mesi** e deve essere convalidato **prima della partenza**.

Qualora le macchinette obliteratrici fossero mancanti o temporaneamente non funzionanti, **la convalida può essere effettuata a bordo**, senza il pagamento del diritto di esazione. Anche in questo caso, il personale di bordo deve essere avvisato al momento della salita in treno.

www.trenitalia.it

5 TRAVEL AND TRANSPORT

Can you...

say how you get to school or place of work
(what means of transport, if any; duration of journey)? [1-2]

1	Come vai	a scuola? al lavoro?
2	Quanto	ci metti? impieghi?

In	autobus. macchina. treno. bicicletta. corriera/pullman.
A piedi.	
(Circa)	10 minuti. un'ora.

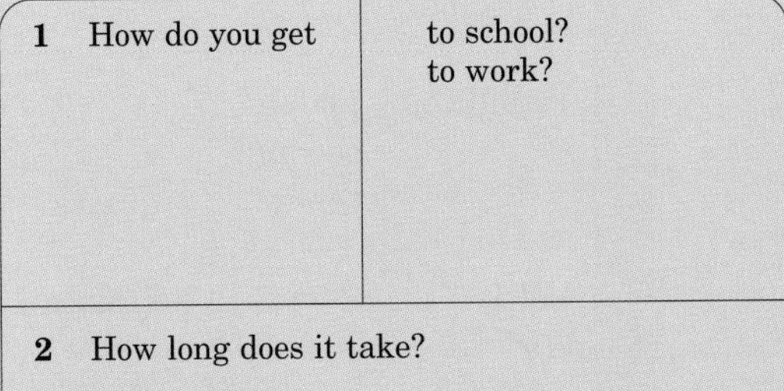

1	How do you get	to school? to work?
2	How long does it take?	

By	bus. car. train. bicycle. coach.
On foot.	
(About)	10 minutes. an hour ...

Finding the way

Learning √ Revision √

Can you...

- attract the attention of a passer-by? [1]
- ask the way to a place? [2A]
- understand directions? [2B]
- ask if there is a place nearby? [3]
- ask if it is a long way to a place? [4]
- say you do not understand? [5]
- ask someone to repeat what they have said? [6]
- thank someone? [7]

1	(Senta), scusi!	
2	(Mi sa dire) dov'è	il museo? il castello? l'ufficio postale? l'ufficio informazioni? la chiesa? la farmacia? la piscina? la questura? la sala d'aspetto? la fermata dell'autobus? la metropolitana? la stazione? un distributore di benzina? un parcheggio? un'officina? un'agenzia di viaggi? una discoteca?

Sì, (dica)!		
Prenda la	prima seconda terza	a destra.
Volti Giri		a sinistra.
Continui Vada	(sempre) dritto. fino al semaforo. fino all'incrocio.	
Attraversi	la strada. il passaggio pedonale.	
È lì, sulla destra.		

1	Excuse me!	
2	Can you tell me the way to	the museum? the castle? the post office? the information centre? the church ? the chemist? the swimming pool? the police headquarters? the waiting room? the bus stop? the underground? the station? a petrol station? a car park? a garage? a travel agent? a discotheque?

Yes.		
Take the	first second third	on the right. on the left.
Turn	right. left.	
Carry straight on.		
Go	as far as as far as	the traffic lights. the crossroads.
Cross	the road. the pedestrian crossing.	
It's there, on your right.		

3 Scusi, c'è	una banca una trattoria un ristorante	qui vicino ?	A 20 metri, sulla sinistra. Di fronte a ... Accanto a ... Vicino a ... Nella via parallela a questa.
4 È molto lontano da qui?			No, (circa) 10 minuti a piedi. Sì, deve prendere un taxi.
5 Come, scusi? Non capisco.			
6 Può	ripetere, parlare più piano,	per favore?	
7 Grazie! Mille grazie! È molto gentile!			

3 Excuse me, is there	a bank a "trattoria" a restaurant	near here?	20 metres, on the left. Opposite... Next to... Near... On the road parallel to this one.
4 Is it very far from here?			No, (about) ten minutes walk. Yes, you'll have to take a taxi.
5 Excuse me, what did you say? I don't understand.			
6 Could you	say it again, speak more slowly,	please?	
7 Thank you! Thank you very much! Very kind of you!			

INFORMAL - FORMAL

INFORMAL (tu)	FORMAL (Lei)
Scus**a**!	Scus**i**!
Sai dov'è il museo?	**Sa** dov'è il museo?
Prend**i** la prima a destra!	Prend**a** la prima a destra!
Volt**a** a sinistra!	Volt**i** a sinistra!
Gir**a** a destra!	Gir**i** a destra!
Vai fino al semaforo!	**Vada** fino al semaforo!
Attravers**a** la strada!	Attravers**i** la strada!

tu	Lei
scusa	scusi
sai	sa
prendi	prenda
volta	volti
gira	giri
vai	vada
tuo	suo
attraversa	attraversi
....	....

Travel by Public Transport

Can you...

Learning √	Revision √	
☐	☐	ask if there is a bus, train or coach to a particular place? [1-2]
☐	☐	buy tickets specifying: single or return and class? [3]
☐	☐	ask about the times of departure and arrival? [4-5A]
☐	☐	inform someone about times of departure and arrival? [5B]
☐	☐	ask and check whether it is: the right platform, bus, coach or stop? [8]
☐	☐	ask about the location of facilities (e.g. bus-stop, waiting room, information office, toilets)? [9-10]
☐	☐	ask if and/or where it is necessary to change trains, buses or coach? [11-12-13]
☐	☐	check or state whether a seat is free? [14]
☐	☐	reserve a seat? [15]
☐	☐	ask for information, timetables or a map of the metro? [15]
☐	☐	inquire about price reductions, supplements, etc? [16-17-18-19]
☐	☐	ask the time? [p. 59]

	Domanda	Risposta
1	C'è una corriera / un autobus per Firenze? / la stazione?	Mi dispiace, non lo so. / Sì, il numero 20.
2	C'è un treno per Padova?	Sì, ce n'è uno tra mezz'ora. / alle sette e dieci.
3	Vorrei un biglietto di andata. / andata e ritorno.	Di prima / seconda classe?
4	A che ora parte il treno / la corriera per Roma?	Parte alle 16.30.
5	A che ora / Quando parte da / arriva a Napoli? / Londra?	Parte / Arriva alle 15.00.
6	Scusi, è già arrivato il treno per Alassio?	Sì, è appena arrivato. / No, è in ritardo di dieci minuti.

	Question	Answer
1	Is there a coach / bus to Florence? / the station?	I'm sorry, I don't know. / Yes, number 20.
2	Is there a train to Padua?	Yes, there's one in half an hour. / at ten past seven.
3	I'd like a single / return ticket.	First / Second class?
4	What time is the next train / coach to Rome?	It leaves at 4.30 pm
5	What time does it leave / get to Naples? / London?	It leaves / gets in at 3.00 pm
6	Excuse me, has the train for Alassio already arrived?	Yes, it's just arrived. / No, it's ten minutes late.

7	Da che binario parte il treno, per Genova?			Parte dal	binario numero 3. primo binario.
8	Scusi, è	il binario (numero) tre? la fermata per ...? la corriera per ...?		Sì! No, è quello/a (laggiù).	
9	Dov'è	la fermata dell'autobus? la sala d'aspetto? l'ufficio informazioni? la biglietteria? il deposito bagagli? l'ufficio oggetti smarriti? il binario quattro? la carrozza ristorante? il vagone letto?			
10	Dove sono i gabinetti?				
11	Devo Quando devo	cambiare treno?		(Deve cambiare)	alla prossima fermata. a Savona.
12	(Può dirmi)	dove quando	devo scendere?	Deve scendere al capolinea. Tra due fermate.	
13	C'è subito la coincidenza per Firenze?			No, deve aspettare un'ora.	
14	Scusi,	è libero quel posto? c'è un posto libero?		Sì, è libero./No, è occupato. Sì, c'è./No, non c'è.	
15	Vorrei	prenotare	un posto. una cuccetta.		
		l'orario dei treni. una piantina della metropolitana.			

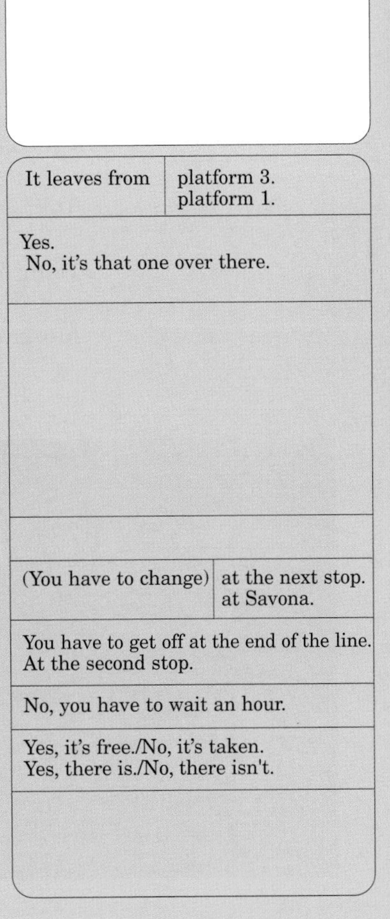

7	Which platform does the train to Genoa leave from?			It leaves from	platform 3. platform 1.
8	Excuse me, is	this platform 3? the stop for...? the coach for...?		Yes. No, it's that one over there.	
9	Where is	the	bus stop? waiting room? information centre? ticket office? left luggage office? lost property office? platform 4? restaurant car? sleeping car?		
10	Where are the toilets?				
11	Do I have When do I have	to change train?		(You have to change)	at the next stop. at Savona.
12	Can you tell me	where when	to get off?	You have to get off at the end of the line. At the second stop.	
13	Is there a connection for Florence straight away?			No, you have to wait an hour.	
14	Excuse me,	is that seat free? is there a seat free?		Yes, it's free./No, it's taken. Yes, there is./No, there isn't.	
15	I'd like	to reserve a	seat. couchette.		
		the train timetable. a map of the underground.			

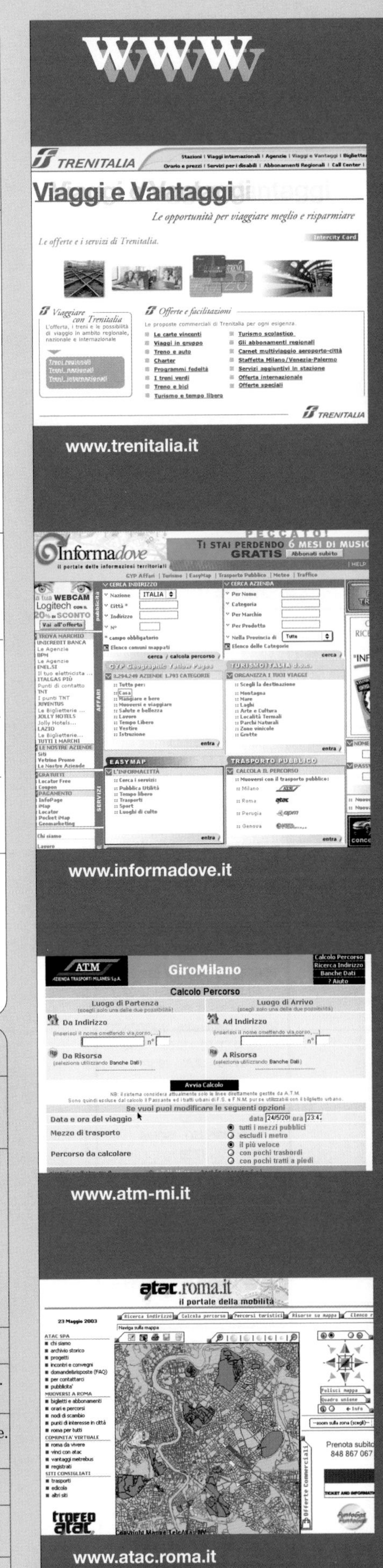

16 Ci sono riduzioni	per studenti? comitive? gruppi?
17 Devo pagare il supplemento?	
18 Quanto costa un biglietto per Nizza?	
19 Per quanti giorni è valido il biglietto?	

16 Are there reductions for	students? parties? groups?
17 Do I have to pay extra?	
18 How much is the ticket to Nice?	
19 How many days is the ticket valid for?	

ALISCAFO HYDROFOIL

SORRENTO - CAPRI
07.20° - 08.25 - 08.45 - 09.40 - 09.50
10.45 - 11.45 - 12.45 - 13.45
14.45 - 15.50 - 16.05 - 16.50 - 17.40°

CAPRI - SORRENTO
07.55° - 09.05 - 09.20 - 10.20
11.20 - 12.20 - 13.20 - 14.05 - 15.15
15.35 - 16.25 - 16.35 - 17.25 - 18.10°

SORRENTO - NAPOLI (Beverello)
07.20 - 08.20 - 09.45 - 12.00
14.20 - 16.15 - 18.40°

NAPOLI (Beverello) - SORRENTO
09.00 - 11.00 - 13.05 - 15.15
17.05 - 18.35 - 19.30°

SORRENTO - ISCHIA
09.30

SORRENTO - ISCHIA
17.20

° Solo feriali * Solo festivo ** Escluso sabato e domenica

BATTELLO - FERRY

SORRENTO - CAPRI
08.35 - 09.00 - 10.15 - 15.55 - 16.50

CAPRI - SORRENTO
09.25 - 15.05 - 16.05 - 16.55 - 17.45

CAREMAR
SORRENTO Tel. 0818073077
BATTELLO VELOCE
FAST FERRY

SORRENTO - CAPRI
07.45 - 10.40 - 14.15 - 19.15

CAPRI - SORRENTO
7.00 - 08.50 - 13.30 - 18.30

Call Centre 0818773600

WHAT'S THE TIME?

Example: Che ore sono a Londra? Sono le undici.

Che ora è	a	Londra?
Che ore sono		Roma?
		New York?
		Sidney?
		Chicago?
		Tokio?
		Hong Kong?
		Mosca?

LONDRA **11.00**	ROMA **12.00**
NEW YORK **6.00**	SIDNEY **9.00**
CHICAGO **5.00**	TOKIO **8.00**
HONG KONG **7.00**	MOSCA **2.00**

Travel by Air or Sea

Can you...

	Learning ✓	Revision ✓
ask about times of departure and arrival? [1-2]		
inquire about the cost of a flight or crossing? [3]		
buy a ticket specifying: destination, single or return and class? [4-5]		
say where you would like to sit? [6]		
inform someone about your proposed times of arrival and departure? [7]		
state whether you wish to declare anything at the customs? [8]		

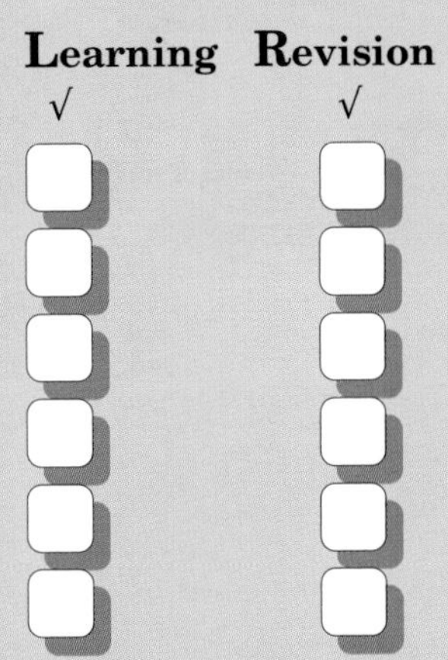

1 A che ora c'è un volo per			Venezia? Torino? Parigi?
2 A che ora	parte arriva	l'aliscafo la nave il traghetto	per ...? a ...?
3 Quanto costa un biglietto ...?			
4 Vorrei un biglietto di			andata per Roma. andata e ritorno.
5 In			classe turistica. prima classe.
6 Vorrei un posto			accanto ai finestrini. vicino al corridoio. tra i 'fumatori'. tra i 'non fumatori'.

1 What time is there a flight to			Venice? Turin? Paris?
2 What time does the		hydrofoil boat ferry	leave for..? arrive in...?
3 How much is a ticket ...?			
4 I'd like a			single ticket to Rome. return ticket.
5 In			tourist class. first class.
6 I'd like a seat			next to the window. near the corridor. in a smoking compartment. in a non-smoking compartment.

aliscafi

ORARIO

ANZIO - PONZA
Dal 1° Aprile al 31 Maggio
Escluso MARTEDÌ e GIOVEDÌ

PARTENZE da ANZIO
08.05* 16.30**

PARTENZE da PONZA
09.40* 15.00*** 18.10

* Solo venerdì ** Solo venerdì e domenica
*** Solo domenica

Kilometres to Miles

km	*miles*
1	0.62
10	6.21
20	12.43
30	18.64
40	24.85
50	31.07
60	37.28
70	43.50
80	49.71
90	55.92
100	62.14

To convert from kilometres to miles, multiply the kilometres by 0.62. To convert from miles to kilometres, multiply the miles by 1.61.

VIETATO FUMARE
NO SMOKING
Art. 1 Legge 584 del 10/11/75 e s.m.i. - Direttiva P.C.M. del 14/12/95
Ai trasgressori verrà applicata un'ammenda da € 25,00 a € 250,00

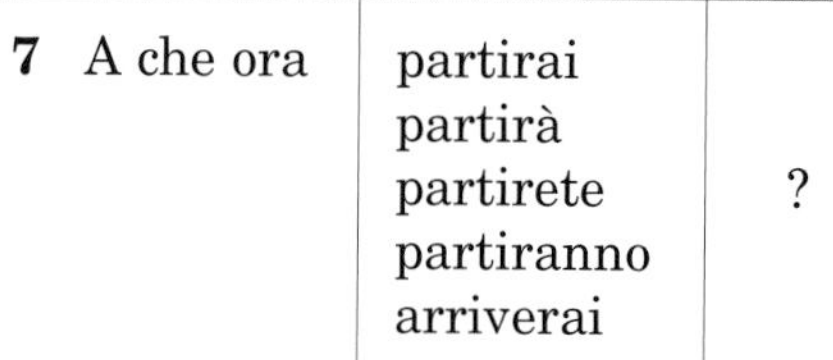

7 A che ora	partirai partirà partirete partiranno arriverai	?	
8 Ha nulla da dichiarare?			
9 Soffre il mal di	mare aereo	?	

Partirò Partirà Partiremo Partiranno Arriverò	alle	sei. sette. otto. nove. dieci.
Non ho nulla da dichiarare.		

7 At what time	are you is he/she are you are they	leaving ?
	are you arriving?	
8 Have you anything to declare?		
9 Do you get	seasick? airsick?	

I am He/she is We're They're	leaving	at	six. seven. eight. nine. ten.
I'm arriving			
I've nothing to declare.			

WORDSEARCH

How many hidden words can you find?
Can you make the remaining letters into an Italian greeting?

Key (9, 2, 6) ☐☐☐☐☐☐☐☐☐ ☐☐ ☐☐☐☐☐☐

AEREO
AUTOBUS
AUTOMOBILE
BENZINA
BICICLETTA
BINARIO
CURVA
DIRETTO
DOGANA
EST
MACCHINA
METROPOLITANA
MONETA
MOTOSCAFO
MULTA

NAVE
NORD
OFFICINA
ORARIO
OVEST
PARTIRE
PATENTE
RAPIDO
SOSTA
SUD
TARGA
TRAM
TRENO
TURISTA
UFFICIO
VIA

A	U	T	O	B	U	S	B	O	E	B
U	N	S	O	N	O	R	D	V	E	E
T	N	O	T	U	R	I	S	T	A	N
O	O	S	T	M	P	M	A	R	T	Z
M	F	T	E	A	N	A	V	E	A	I
O	F	A	R	C	U	R	V	A	N	N
B	I	C	I	C	L	E	T	T	A	A
I	C	M	D	H	O	N	E	R	T	D
L	I	O	V	I	T	S	E	L	I	U
E	N	N	I	N	U	T	U	I	L	S
O	A	E	A	A	I	M	N	I	O	A
I	R	T	E	T	N	E	T	A	P	N
R	P	A	R	T	I	R	E	G	O	A
A	A	E	R	E	O	T	A	R	R	G
N	U	F	F	I	C	I	O	A	T	O
I	T	S	E	V	O	L	I	T	E	D
B	O	F	A	C	S	O	T	O	M	A

Private Transport

Can you...

	Learning √	Revision √
buy petrol by grade, volume or price? [1]		
ask for the tank to be filled up? [2]		
ask someone to check oil, water and tyres? [3]		
ask if there is a place nearby? [4]		
check your route? [5]		
ask for technical help? [6-7]		
pay and ask for a receipt? [8-9]		

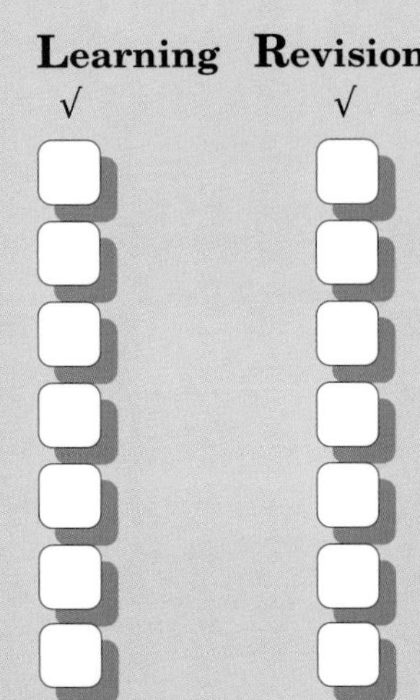

1	(Vorrei)	30 euro di 20 litri di	benzina (senza piombo). diesel.	
2	(Mi faccia) il pieno, per favore.			Desidera altro?
3	Mi controlli	l'olio, l'acqua, le gomme, la pressione delle gomme,	per favore.	
4	C'è	un'officina un'autostrada un parcheggio un lavaggio	qui vicino?	
5	Scusi,	qual è la strada per ... ? è questa la statale numero 10 ?		
6	Ho	bisogno di un meccanico. un guasto alla macchina. la macchina in panne. bucato una gomma. la batteria scarica.		
7	Sono rimasto senza benzina.			
8	Quant'è? Quanto le devo?			(Fanno/sono) 60 euro.
9	Mi può dare la ricevuta, per favore ?			Ecco a lei. Buon viaggio!

Numeri utili

Soccorso stradale
803.803

Automobile Club d'Italia

166.66.4477

Soccorso stradale

803.116

1	I'd like 30 Euros worth of / 20 litres (unleaded) petrol. / diesel.	
2	Fill it up, please.	Do you want anything else?
3	Can you check the oil, / water, / tyres, / tyre pressure, please?	
4	Is there a garage / motorway / car park / car wash near here?	
5	Excuse me, can you tell me the way to ...? / is this the A 10?	
6	I need a mechanic. My car has broken down. I've got engine trouble. I've had a puncture. My battery is flat.	
7	I've run out of petrol.	
8	How much is it? How much do I owe you?	(That makes/that's) 60 Euros.
9	Can you give me a receipt, please?	Here you are. Have a good journey!

VACANZE

6

Dialoghi 

1	Roberto	Dove vai di solito in vacanza?
	Kathy	Di solito vado in Italia.
	Roberto	Dove andrai quest'estate?
	Kathy	Resterò a Londra.
2	Carlo	Dove vai di solito in vacanza?
	Maria	Di solito vado al mare.
	Carlo	Dove andrai quest'anno?
	Maria	Anche quest'anno andrò al mare.
3	Maria	E tu dove passi di solito le vacanze?
	Carlo	Di solito vado in Umbria con i miei genitori.
	Maria	E ti diverti?
	Carlo	Non molto!
	Maria	Dove ti piacerebbe andare?
	Carlo	Mi piacerebbe restare a Cervo e andare al mare.
4	Valerio	Dove andrai in vacanza quest'estate?
	Enrica	Andrò a Venezia.
	Valerio	Con chi andrai?
	Enrica	Andrò con i miei amici.
	Valerio	Per quanto tempo resterai in vacanza?
	Enrica	Per una quindicina di giorni.
5	Valerio	Cosa fai di solito durante le vacanze?
	Enrica	Mah... di solito vado al mare e pratico qualche sport. E tu?
	Valerio	Di giorno anch'io vado al mare e di sera vado spesso in discoteca.
6	Janie	Dove sei andato in vacanza?
	Massimo	Sono andato in montagna con mio fratello. E tu?
	Janie	Io sono andata in Sicilia.
	Massimo	Con chi sei andata?
	Janie	Sono andata con due amici inglesi.
	Massimo	Ti sei divertita?
	Janie	Sì, moltissimo: ho conosciuto molti italiani, ho parlato italiano, ho visitato molti musei e ho mangiato benissimo. E tu cosa hai fatto?
	Massimo	Ho fatto qualche passeggiata con i miei parenti.
	Janie	Ti sei divertito?
	Massimo	Non molto, perché il tempo era sempre nuvoloso e pioveva spesso.

?

Dove vai di solito in vacanza?
Dove ti piacerebbe andare?
Dove andrai in vacanza quest'estate?
Dove sei andato/a in vacanza?
Con chi sei andato/a?
Ti sei divertito/a?

ESERCIZIO 1

Rispondi alle seguenti domande.

1 **a** Dove va di solito in vacanza Kathy?
b Dove andrà quest'estate?

2 **a** Dove va di solito in vacanza Maria?
b Dove andrà quest'anno?
3 **a** Dove va di solito in vacanza Carlo?
b Con chi va?
c Dove gli piacerebbe andare in vacanza?

4 **a** Dove andrà in vacanza Enrica?
b Con chi andrà?
c Per quanto tempo resterà in vacanza?
5 **a** Che cosa fa di solito Enrica durante le vacanze?
b Che cosa fa di solito Valerio durante le vacanze?

6 **a** Dove è andato in vacanza Massimo?
b Con chi è andato?
c Dove è andata in vacanza Janie?
d Con chi è andata?
e Si è divertita?
f Che cosa ha fatto Janie durante le vacanze?
g Che cosa ha fatto Massimo durante le vacanze?
h Si è divertito?
i Perché?

Mail Archivio Composizione Vista Casella Messaggio Formato Finestra Aiuto
Nuovo Messaggio
Invia Conversazione Allega Indirizzo Font Colori Registra come Bozza
A: Aeeln.pie.oi@supereva.it
Cc:
Oggetto: elena
Account: elena <elena.t@libero.it>

Da quando sono arrivata a Sorrento non faccio altro che andare alla spiaggia a prendere il sole, mangiare gelati e giocare a pallavolo.

Che vacanza da favola!

Vorrei rimanere qui per sempre.

ESERCIZIO 2 [10]

Completa con le preposizioni (a, in).

Sono andato Sono andata Vado Andrò Resterò Mi piacerebbe andare	.......*in*...... Africa. .... Australia. .... Belgio. .... Bruxelles. .... Firenze. ....*a*....... Genova. .... Irlanda. .... Italia. ....*in*..... Liguria. .... Londra. .... Milano. ....*a*....... Napoli. .... Parigi. .... Roma. .... Sardegna. .... Scozia. .... Sicilia. .... Torino. .... Toscana. .... Venezia.

⚠ Dopo il verbo, si usano le preposizioni:

- **in** davanti ai nomi di continenti, nazioni, grandi isole e regioni;
- **a** davanti ai nomi di città e piccole isole.

ESERCIZIO 3

Intervista quattro compagni e completa la tabella.

Esempi:

STUDENTE Dove vai di solito in vacanza?
CARLO Di solito vado in Umbria.
STUDENTE Dove sei andato l'anno scorso?
CARLO L'anno scorso sono andato in Austria.
STUDENTE Dove andrai in vacanza quest'estate?
CARLO Quest'estate andrò in Francia.
STUDENTE Con chi andrai?
CARLO Andrò con i miei genitori.

NOME	DOVE **VAI** DI SOLITO IN VACANZA?	DOVE **SEI ANDATO/A** L'ANNO SCORSO?	DOVE **ANDRAI** QUEST'ESTATE?	CON CHI ANDRAI?
1 Carlo	in Umbria	in Austria	in Francia	con i miei genitori
2 Enrica	a Roma	a Dublino	a Venezia	con due amici
3 Kathy	in Italia	in Italia	a Londra	da sola
4				
5				
6				
7				

P
MINI APPARTAMENTI
ESTIVI
PER INFORMAZIONI
TEL.0584 - 341135 - 341942

ESERCIZIO 4

Scrivi una breve relazione sulle vacanze dei compagni che hai intervistato.

Esempio:

Carlo di solito va in vacanza in Umbria, ma l'anno scorso è andato in Austria e quest'estate andrà in Francia con i genitori.
Kathy di solito va in vacanza in Italia. Anche l'anno scorso è andata in Italia, ma quest'estate resterà a Londra, da sola.

ESERCIZIO 5 [3.8] 

Rispondi alle domande come negli esempi.

Esempi: Con chi vai di solito in vacanza? (amici) Con **i miei** amici.
Con chi andrai in vacanza? (zio) Con **mio** zio.

1 Con chi sei andato in vacanza l'anno scorso? (fratello)
....
2 Con chi sei andata in vacanza due anni fa? (genitori)
....
3 Con chi andrai in vacanza a Natale? (cugino)
....
4 Con chi andrai in vacanza a Pasqua? (sorella)
....
5 Con chi vai di solito in vacanza? (migliore amico)
....
6 Con chi vai di solito in vacanza? (migliore amica)
....
7 Con chi sei andata in discoteca? (amiche)
....

i	le
miei	mie
tuoi	tue
suoi	sue
nostri	nostre
vostri	vostre
loro	loro

AGGETTIVI POSSESSIVI

 Fai attenzione all'uso dell'articolo davanti al possessivo [3.9]

ESERCIZIO 6

Esercizio come il precedente.

1 Con chi andrà in vacanza Riccardo? (sorella)
....
2 Con chi va in vacanza tuo fratello? (amici)
....
3 Con chi andate in vacanza? (amici)
....
4 Con chi vanno in vacanza i tuoi genitori? (amici)
....
5 Con chi andrai in vacanza? (sorelle)
....
6 Con chi andrà in vacanza Aldo? (fratello)
....
7 Con chi andrete in vacanza? (amiche)
....
8 Voi con chi siete andati in vacanza? (cugino)
....
9 Con chi sono andate in vacanza Tina e Rita? (amiche)
....
10 Voi con chi siete andati in vacanza? (cugina)
....

le mie
suo sua
nostro nostra
i loro le loro
i suoi i nostri
le nostre

ESERCIZIO 7 [7.4]

Ecco alcuni verbi che hai trovato nelle prime cinque unità: aiutandoti con il vocabolario, scrivi una frase al passato prossimo per ogni verbo.

1 ABIT**ARE** Ho abitato in Italia.
2 DORM**IRE** Ho dormito fino alle 9.00.
3 CAMMIN**ARE** ....
4 GIOC**ARE** ....
5 CUCIN**ARE** ....
6 RIEMP**IRE** ....
7 SPARECCHI**ARE** ....
8 SALUT**ARE** ....
9 PREFER**IRE** ....
10 ASCOLT**ARE** ....

ABIT**ARE**	
ho hai ha abbiamo avete hanno	abit**ato**

PASSATO PROSSIMO

RIPET**ERE**	
ho hai ha abbiamo avete hanno	ripet**uto**

PASSATO PROSSIMO

PUL**IRE**	
ho hai ha abbiamo avete hanno	pul**ito**

PASSATO PROSSIMO

ESERCIZIO 8 [7.4]

Fai una domanda per ogni verbo.

1 PAG**ARE** Quanto hai pagato?
2 COMPR**ARE** Che cosa hai comprato?
3 LAVOR**ARE** Con chi hai lavorato?
4 LAV**ARE** ....
5 PUL**IRE** ....
6 GUADAGN**ARE** ....
7 SEGU**IRE** ....
8 ASPETT**ARE** ....
9 VIAGGI**ARE** ....
10 AIUT**ARE** ....

ESERCIZIO 9 [7.4]

Completa con il passato prossimo.

Esempio: INCONTRARE Io *ho* *incontrato* Luisa.

1 PARLARE Peter .... italiano.
2 MANGIARE (Voi)........ .... bene?
3 INCONTRARE Susan .... i miei genitori.
4 AFFITTARE (Noi) .... un appartamento.
5 COMPRARE Mio padre .... una casa in Italia.
6 CERCARE I miei amici .... un campeggio.
7 DIMENTICARE (Io) .... gli occhiali in albergo.
8 GIOCARE Io e Marina .... a tennis.
9 VISITARE Il signor Welsh .... molti musei.
10 PRATICARE (Tu)........ .... qualche sport?

ESERCIZIO 10 [7.4]

Esercizio come il precedente.

1 PREFER**IRE** Il professore .... restare a casa.
2 SAP**ERE** Vanessa non .... rispondere.
3 DORM**IRE** (Io) .... fino alle nove.
4 DOV**ERE** (Noi) .... prenotare.
5 VOL**ERE** (Loro) .... visitare il museo.

ARRIVARE	
sono	arriv**ato/a**
sei	arriv**ato/a**
è	arriv**ato/a**
siamo	arriv**ati/e**
siete	arriv**ati/e**
sono	arriv**ati/e**

PASSATO PROSSIMO

PARTIRE	
sono	part**ito/a**
sei	part**ito/a**
è	part**ito/a**
siamo	part**iti/e**
siete	part**iti/e**
sono	part**iti/e**

PASSATO PROSSIMO

ESERCIZIO 11 [7.4]

Completa con il passato prossimo facendo attenzione alla concordanza.

Esempio: ANDARE Laura e Ada *sono* *andate* in macchina.

1 ARRIVARE Io e Aldo .... alle sette.
2 PARTIRE Io .... alle tre.
3 USCIRE Grazia .... con Cinzia.
4 ANDARE Adriano .... in Inghilterra.
5 ARRIVARE Valeria e Giuliana .... alle cinque.
6 SALIRE Valentino e Tommaso .... con l'ascensore.

ESERCIZIO 12 [7.5]

Completa con il passato prossimo.

1 SCRIVERE (Io) .... una cartolina.
2 LEGGERE (Voi) .... il giornale?
3 FARE (Tu) che cosa .... ieri?
4 DIRE Kim .... che andrà in Italia.
5 PRENDERE (Loro) .... il treno delle cinque.
6 CHIEDERE (Tu) .... dov'è il museo?
7 RISPONDERE (Lui) che cosa .... ?

ESERCIZIO 13

Completa la tabella.

IERI	OGGI	DOMANI
1 Ho studiato tedesco.	Studio italiano.	Studierò francese.
2 .... un museo.	Visito la città.	Visiterò la cattedrale.
3 .... al cinema.	Vado a teatro.	.... in Italia.
4 .... a mio zio.	.... a mia zia.	Telefonerò a Matteo.
5 Ho scritto una cartolina.	Scrivo una lettera.	.... ai miei genitori.
6 Ho pitturato la cucina.	.... il bagno.	Pitturerò il corridoio

ESERCIZIO 14

Scrivi cinque frasi (al passato o al presente o al futuro) con riferimento ai seguenti argomenti: i trasporti, la casa e le vacanze.

Esempio: Il treno per Napoli è partito.

1 ....
2 ....
3 ....
4 ....

ESERCIZIO 15

Scrivi la cronaca della tua giornata di ieri.

Esempio: Ieri mi sono svegliato alle 7.20, mi sono alzato e mi sono lavato.
Poi ho fatto colazione e alle 8.00 sono uscito. Sono andato ...

VERBI UTILI

Ho	mangiato	....
	bevuto	....
	pranzato	....
	cenato	....
	aiutato	....
	avuto	....
	apparecchiato	....
	sparecchiato	....
	lavato	....
	guardato	....
	ascoltato	....
	studiato	....
	finito	....
	incontrato	....
	visitato	....
	telefonato	....
	scritto	....
	letto	....
	fatto colazione	....
	fatto la spesa	....
	fatto i compiti	....

Sono	stato/a
	uscito/a
	andato/a
	partito/a
	arrivato/a
	entrato/a
	tornato/a
	rimasto/a

Mi sono	svegliato/a
	alzato/a
	lavato/a
	divertito/a
	annoiato/a

CONNETTIVI

e	....	quindi	....
poi	....		
dopo	....	perciò	....
inoltre	....	invece	....
anche	....	...	
...			
ma	....	in altri termini	....
tuttavia	....	in breve	....
comunque	....	...	
...			
per esempio	....	infine	....
cioè	....	per riassumere	....
come	....	...	
...			

ABIT**ARE**	abit**ato**
RIPET**ERE**	ripet**uto**
PART**IRE**	part**ito**

PARTICIPIO PASSATO

BERE	bevuto
SCRIVERE	scritto
LEGGERE	letto
FARE	fatto
DIRE	detto
ESSERE	stato
VENIRE	venuto

VERBI IRREGOLARI

ESERCIZIO 16

Lo studente A intervista lo studente B e scrive le risposte.

DOMANDE

1 A che ora hai cenato ieri? ....

2 Che cosa hai mangiato? ....

3 Che cosa hai bevuto? ....

4 Hai lavato i piatti? ....

5 Hai preparato da mangiare? ....

6 Hai apparecchiato la tavola? ....

7 Hai guardato la televisione? ....

8 Che cosa hai studiato? ....

9 A che ora sei andato/a a dormire?..

Esempi:

CARLO A che ora hai cenato ieri sera?
MARIA Ho cenato alle otto.
CARLO A che ora sei andata a dormire?
MARIA Sono andata a dormire a mezzanotte.

Scritto: Maria ha cenato alle otto ieri sera, è andata a dormire a mezzanotte, ...

ANDA**RE**
VISITA**RE**
SCRIVE**RE**
VIVE**RE**
AVE**RE**
PARTI**RE**

anda **-vo**
visita **-vi**
scrive **-va**
vive **-vamo**
ave **-vate**
parti **-vano**

IMPERFETTO INDICATIVO

ESERCIZIO 17 [7.2]

Completa con l'imperfetto.

Esempio: Quando eravamo in vacanza, Rita *dormiva* molto. DORMIRE

1. ANDARE, 2. VISITARE - SCRIVERE, 3. PASSEGGIARE,
4. VIVERE - AVERE, 5. GIOCARE, 6. PIOVERE,
7. VOLERE, 8. STUDIARE, 9. GUARDARE,
10. ASPETTARE, ASCOLTARE, LEGGERE

1 Durante le vacanze noi .... tutte le sere in discoteca.

2 Mentre io .... il museo, Paul .... le cartoline.

3 Quando era a Londra, mia sorella .... spesso nei parchi.

4 Quando (io) .... in Italia, (io) .... molti amici.

5 Noi .... tutti i giorni a tennis.

6 .... sempre.

7 I miei amici .... andare tutti i giorni al mare.

8 Alle due di notte Tommaso .... ancora.

9 Mentre (noi) .... la televisione, è arrivata Giuliana.

10 Mentre (noi) .... Roberto, io .... la radio e Paola .... un libro.

Alcuni verbi irregolari molto comuni sono:

ESSERE	ero, eri, era, eravamo, eravate, erano.
DIRE	dicevo, dicevi, diceva, dicevamo, dicevate, dicevano.
FARE	facevo, facevi, faceva, facevamo, facevate, facevano.

ESERCIZIO 18 [1.2] [2.1]

Completa con gli articoli, facendo attenzione al genere dei nomi.

1 È .... foto degli amici di Vanessa.
2 C'è .... neve.
3 .... Pro Loco è aperta anche la domenica.
4 Partirà .... week-end prossimo.
5 .... mare è mosso.
6 .... cinema Centrale è chiuso.
7 Ecco .... dépliant della città.
8 A Riccardo piace fare .... turista.
9 A Sarah piace fare .... turista.
10 .... clima in Italia è eccezionale.

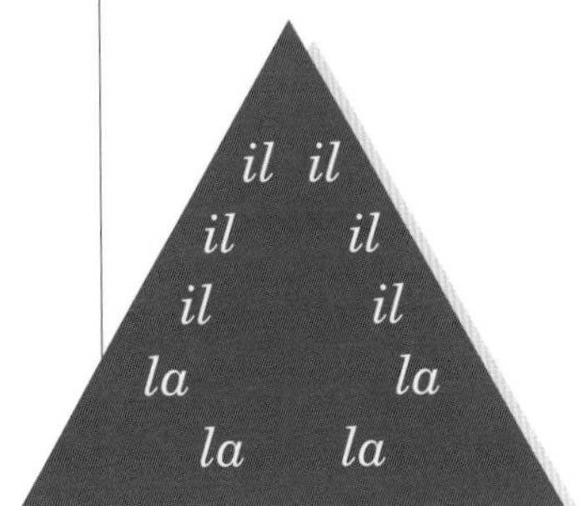

ESERCIZIO 19

Completa la tabella con l'aiuto di una cartina d'Italia.

Adda Appennini Dolomiti Ionio Sardegna Tirreno
Adige Arno Elba Ligure Sicilia Trasimeno
Adriatico Capri Etna Maggiore Stromboli Vesuvio
Alpi Como Garda Monte Bianco Tevere Vulcano

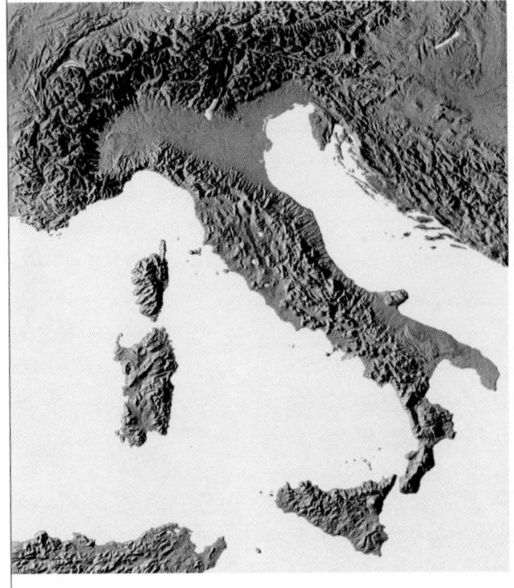

ISOLE	LAGHI	FIUMI	VULCANI	MARI	MONTAGNE
		Adda			
Elba					
			Stromboli		Dolomiti
	Trasimeno			Ionio	

ESERCIZIO 20 

Fai le domande.

1 A ....? B Di solito vado in vacanza in Italia.
2 A ....? B A Natale andrò a Dublino.
3 A ....? B A Pasqua andremo a Edimburgo.
4 A ....? B I miei genitori andranno in Francia.
5 A ....? B L'anno scorso sono andata a Londra.
6 A ....? B Sono andato con i miei amici.
7 A ....? B Siamo andati in macchina.
8 A ....? B Mi piacerebbe andare in Sicilia.
9 A ....? B Il tempo era bello.
10 A ....? B Sì, mi sono divertita moltissimo.

6 HOLIDAYS

HOLIDAYS (General)

Can you...

Learning √	Revision √	
☐	☐	say and enquire about where you and others normally spend holidays? [1]
☐	☐	describe your holiday plans? [2-3-4]
☐	☐	say how you spend your holidays and with whom? [5-6]
☐	☐	say whether you have been to Italy (and if so, give details)? [See p. 77]
☐	☐	describe a holiday? [See p. 77]

1 Dove	vai passi	di solito	in vacanza? le vacanze?	Di solito Spesso Qualche volta	vado	in Italia. in montagna. in campagna. al mare. all'estero.
2 Dove	andrai andrà andrete andranno	quest'anno quest'estate	in vacanza?	Andrò Andrà Andremo Andranno	a Firenze.	
				Resterò in Inghilterra.		
3 Dove ti piacerebbe andare in vacanza?				Mi piacerebbe andare	in Italia. in Liguria. a Imperia. a Venezia.	
4 Per quanto tempo	resterai stai	in vacanza?		Due settimane. Una quindicina di giorni.		

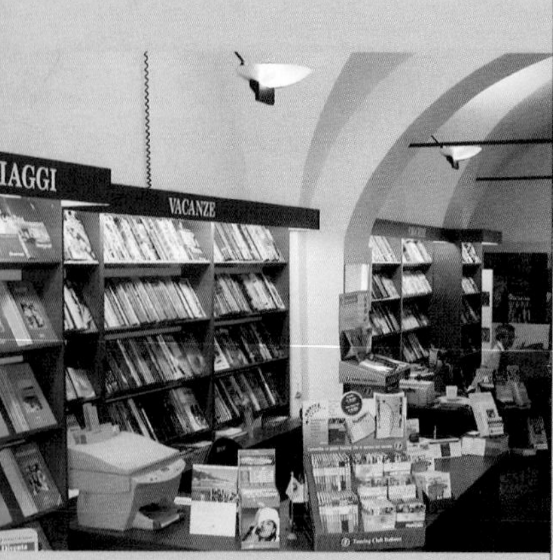

1 Where do you usually	go on holiday ? spend your holidays?			Usually Often Sometimes	I go	to Italy. to the mountains. to the countryside. to the seaside. abroad.
2 Where	are you is he/she are you are they	going on holiday this	year? summer?	I'm He/she is We're They're	going to Florence.	
				I'm staying in England.		
3 Where would you like to go on holiday?				I'd like to go to	Italy. Liguria. Imperia. Venice.	
4 How long will you	stay be	on holiday?		Two weeks. About a fortnight.		

CERCHI UN COMPAGNO DI VIAGGIO?

2. Parti con me, c'è lo sconto. Mio zio ha un'agenzia di viaggi e potrebbe aiutarci con indirizzi utili, prenotazioni di alberghi e voli. La destinazione? Australia. Periodo: dal 15/6 in poi.

3. Dappertutto con avventura. Vorrei amici per viaggi improvvisati, anche solo per un weekend. Per quest'estate: al mare in Italia.

4. In giro per il mondo. Mi piacerebbe visitare la Turchia, ma vanno bene anche la Grecia, la Tunisia e l'Egitto. Sono libera tutta l'estate e cerco amici simpatici, instancabili e curiosi come me.

5. A Londra con impegno. Chi vuol venire con me per una vacanza studio di uno o più mesi? Mi piacciono la musica, il teatro e la natura.

FESTE

Capodanno
New Year's Day

Epifania/Befana
Epiphany (6th January)

Pasqua
Easter

Lunedì dell'Angelo/di Pasqua
Easter Monday

25 aprile
25th April (Liberation Day)

Primo maggio
1st May

2 giugno
Festa della Repubblica
Italian National Day

15 agosto: Ferragosto
Assunzione
Assumption of the Virgin Mary; Mid-August bank holiday(s)

Tutti i Santi/Ognissanti
All Saints' Day (1st November)

Immacolata Concezione
Immaculate Conception (8th December)

Natale
Christmas

Santo Stefano
Boxing Day (26th December)

Vacanze in fattoria

Una pausa tra i colori, i profumi, i sapori della natura.

Agriturist
AGRITURISMO E VACANZE VERDI
1.450 AZIENDE - 28.000 POSTI LETTO - 750 RISTORI AGRITURISTICI - 250 AZIENDE CON TURISMO EQUESTRE 125 AZIENDE CON AGRICAMPEGGIO

www.agriturist.it

L'**AGRITURISMO** è un invito all'aria pura, ai cibi genuini, al contatto diretto con la natura e l'ambiente, con l'agricoltura e con l'artigianato.

Una proposta originale per tutti i gusti, per i giovani, le famiglie, gli anziani, a tutti i livelli.

Occasione unica per unire allo svago passeggiate, escursioni, gite a cavallo, pesca. Tutto a breve distanza da località di interesse artistico e culturale.

Associati all'**AGRITURIST**, diventerai protagonista di queste **"Vacanze verdi"**.

5 Che cosa fai di solito	in vacanza? durante le vacanze?	Faccio delle passeggiate. Pratico qualche sport.		
		Vado	in discoteca. a sciare. al mare.	
6 Con chi	passi le vacanze? andrai in vacanza?	Con i miei	amici. genitori.	

5 What do you usually do	on holiday ? during your holidays?	I go for walks. I do some sport.	
		I go	to the discotheque. skiing. to the seaside.
6 Who are you	spending your holidays with ? going on holiday with?	(I'm going) with my	friends. parents.

Holidays

abbronzarsi	*to get a tan*
abbronzato	*sun-tanned*
affittare	*to rent, to hire*
agenzia di viaggi	*travel agency*
andare	*to go*
andarsene	*to go away*
asciugamano	*hand-towel*
bagnino	*lifeguard*
bagno; (fare il ...)	*bath; (to bathe)*
barca	*boat*
benvenuto	*welcome*
campagna	*countryside*
costume da bagno (m)	*bathing costume*
crema solare	*suntan lotion*
di solito	*usually*
diapositiva	*slide, transparency*
dimenticare	*to forget*
estero (all'...)	*abroad*
estivo	*summer, summery*
ferie	*holidays*
foto (f)	*photograph*
galleria	*gallery*
giorno feriale	*weekday*
giorno festivo	*holiday*
giro	*trip*
gita	*excursion; school trip*
gruppo	*group*
guida	*guide*
in macchina	*by car*
insieme, (... a)	*together, (... with)*
interessante	*interesting*
intorno a	*around*
lago	*lake*
lontano da	*far from*
macchina fotografica	*camera*
mare (m)	*sea*
molto tempo	*a long time*
mondo	*world*
montagna	*mountain*
monumento	*monument*
occhiali da sole	*sun-glasses*
ombrellone (m)	*beach umbrella*
ospitalità	*hospitality*
passeggiata	*stroll, walk*
pattinare	*to skate*
piacere	*to please*
pista	*track, piste*
pomeriggio	*afternoon*
preferire	*to prefer*
progetti	*plans*
Pro loco (f)	*'local tourist office'*
prossimo	*next*
pullman (m)	*coach*
qualche volta	*sometimes*
quasi	*almost*
quindici giorni	*fortnight*
quindicina; (... di giorni)	*about fifteen; (a fortnight)*
restare	*to stay*
ricordarsi	*to remember*
rullino/rollino	*film (for camera)*
sabbia	*sand*
sagra	*festival, feast*
sciare	*to ski*
sedia a sdraio	*deck-chair*
settimana	*week*
sole (m)	*sun*
spiaggia	*beach*
splendere	*to shine*
stagione (f)	*season*
storico	*historic*
sulla riva del mare	*by the sea shore*
tempo	*time, weather*
tramonto	*sunset*
turismo	*tourism*
turista (m/f)	*tourist*
vacanza	*holiday*
viaggio	*journey*
villaggio	*village*
visitare	*to visit*
volta	*time*
week-end (m)	*week-end*

How to Describe a Previous Holiday

1 Where did you go last year?
2 How did you go/travel?
3 With whom?
4 For how long?
5 Where did you stay?
6 What was the weather like?
7 What did you visit?
8 What did you do?
9 Did you enjoy yourself?

1 Sono andato/a in Italia.
2 In macchina.
3 Con i miei genitori.
4 Ci siamo fermati una settimana a Roma.
5 Siamo stati in un albergo.
6 Il tempo era bello e faceva caldo.
7 Abbiamo visitato molti musei.
8 Io sono andato/a spesso in discoteca.
9 Mi sono divertito/a moltissimo.

Following the model, describe a previous holiday.

Tourist Information

a partire da	*starting from*
albergo	*hotel*
andare	*to go*
avere il tempo	*to have time*
ballare	*to dance*
campeggiare	*to camp*
capolavoro	*masterpiece*
cartina geografica	*(small) map*
cercare	*to look for*
certamente	*certainly*
cinema (m)	*cinema*
città	*town, city*
classico	*classic*
comprare	*to buy*
concerto	*concert*
depliant (m)	*leaflet, brochure*
divertente	*amusing*
divertimenti	*amusements*
domandare	*to ask*
fare delle passeggiate	*to go for walks*
generalmente	*generally, usually*
giocare (a tennis ecc.)	*to play (tennis etc.)*
informare	*to inform*
informarsi	*to enquire (about)*
interessarsi	*to be interested in*
moderno	*modern*
museo	*museum*
musica	*music*
negozio	*shop*
opera	*opera*
opuscolo	*booklet, brochure*
parco	*park*
pianta (della città)	*map (of the town)*
pubblicità	*advertisement, advertising*
regione (f)	*region, area*
ristorante (m)	*restaurant*
sempre	*always*
spettacolo	*show, performance*
sport (m)	*sport*
teatro	*theatre*
trascorrere	*to pass, to spend*
trovarsi	*to be*
ufficio informazioni	*information office*

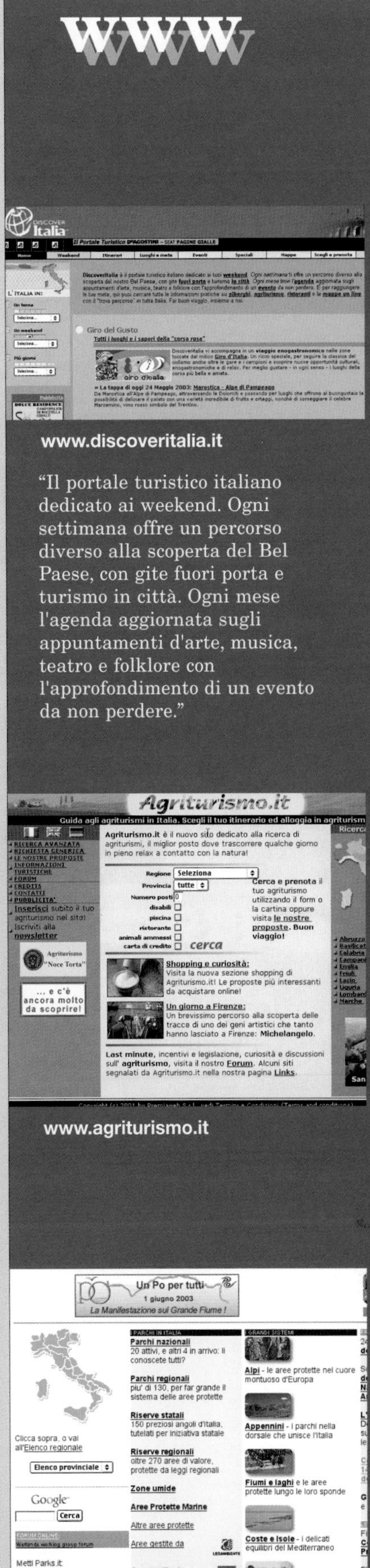

Tourist Information

Learning √ Revision √

Can you...

- ask for information about a town and region?
- ask for details of excursions, shows, places of interest (location, cost, time)?
- react to (i.e. welcome or reject) suggestions about activities and places of interest?
- write a short letter asking for information and brochures about a town, a region and its tourist facilities and attractions (see accommodation)?

1 Che cosa c'è di interessante da vedere in questa zona?		
2 Quali sono le principali attrattive di questa città?		
3 Organizzano Può consigliarmi	qualche giro turistico? delle escursioni? delle visite guidate?	
4 Quanto costa A che ora si parte per	l'escursione? (il tour) la gita?	
5 A che ora è previsto il ritorno?		
6 Potremmo Potresti	andare	al museo. al cinema. a teatro.

C'è	la cattedrale romanica. il museo. la passeggiata a mare.
Ci sono	molti itinerari turistici. molti monumenti storici.
Sì, è un'ottima idea.	
No,	sono stanco. non ne ho voglia. sono impegnato.

1 What places of interest are there to see ... ?		
2 What are this city's main attractions?		
3 Do they organize Could you recommend	any	tourist itineraries? excursions? guided tours?
4 How much is the excursion ? At what time does the tour leave?		
5 At what time should we get back?		
6 We You	could go to	the museum. the cinema. the theatre.

There's a	Romanic cathedral. museum. sea-front promenade.	
There are	a lot of	tourist itineraries. historical monuments.
Yes, that's a great idea.		
No,	I'm tired. I don't feel like it. I'm busy.	

WORDSEARCH

HOLIDAYS

In Italy the 15th August is called by a name that also indicates the holiday period that precedes and follows this date.
Do you know how to spell it and what it means?

Key (10) ☐☐☐☐☐☐☐☐☐☐

ABBRONZATO	MONTAGNA
AFFITTARE	NEVE
BAGNINO	OMBRELLONE
CAMPEGGIO	OPUSCOLO
COSTUME	SCIARE
ESTATE	SOLE
FOTO	TURISTA
GUIDA	VACANZE
MARE	

O	T	A	Z	N	O	R	B	B	A	F
L	E	E	R	A	T	T	I	F	F	A
O	M	B	R	E	L	L	O	N	E	M
C	A	M	P	E	G	G	I	O	O	T
S	O	L	E	E	R	A	M	N	S	U
U	E	S	T	A	T	E	T	I	C	R
P	F	O	T	O	R	A	R	N	I	I
O	A	D	I	U	G	A	G	G	A	S
O	E	V	E	N	M	S	T	A	R	T
V	A	C	A	N	Z	E	O	B	E	A

INFORMAL/FORMAL

INFORMAL (tu)	FORMAL (Lei)
Dove **vai** in vacanza?	Dove **va** in vacanza?
Dove **andrai** quest'estate?	Dove **andrà** quest'estate?
Dove **sei** andato l'anno scorso?	Dove **è** andato l'anno scorso?
Ti sei divertito?	Si **è** divertito?
Dove **ti** piacerebbe andare?	Dove **le** piacerebbe andare?

ANSWER THE QUESTIONS

1 Dove vai di solito in vacanza?
2 Dove andrai quest'estate?
3 Per quanto tempo resterai in vacanza?
4 Con chi andrai?
5 Che cosa fai di solito durante le vacanze?
6 Dove ti piacerebbe andare in vacanza?
7 Dove sei andato/a l'anno scorso?
8 Con chi sei andato/a?
9 Che cosa hai fatto?
10 Ti sei divertito/a?

WWW

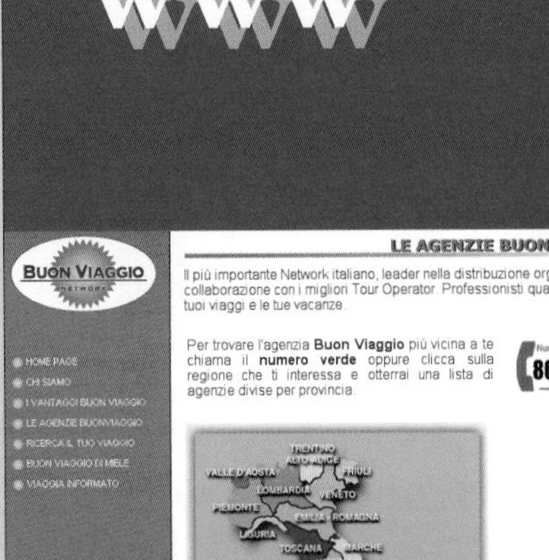

www.buonviaggio.it

"... è una rete di circa 300 agenzie di viaggi, leader nazionale nella distribuzione e nella vendita dei servizi turistici."

www.vacanze.it

Mare
Montagna
Laghi
Città d'Arte
Campagna
Crociere
Salute e Benessere
Single
Viaggi Nozze
Terza Età
Vacanze Sportive
Parchi-Gioco
Vacanze-Studio
Viaggi Religiosi
Eventi e Spettacoli
Altro

How to Write a Letter

Parts of the letter:

INFORMAL

1 Town, day month year
2 Addressee
4 Introduction
5 Main content
6 Ending
7 Signature

FORMAL

1 Town, day month year
2 Addressee
3 (Address of person the letter is going to)
4 Introduction
5 Main content
6 Ending
7 Signature
8 (Your Address)

MODELS

1 Oxford, 15 marzo 20...

2 Cara Teresa,

4 come va? Tutto bene? Quest'estate
5 verrò finalmente in Italia.
Non vedo l'ora!
Verrò in macchina con
i miei genitori.

Mi potresti mandare l'indirizzo
di un buon albergo e ...

6 Ciao, a presto.

7 Janie

---

1 Oxford, 3 aprile 20...

2 All'A.P.T.
3 Via Mazzini,2a
40100 Bologna

4 Sono una studentessa inglese.
5 Quest'estate vorrei visitare
la vostra città.
Vi sarei grata se mi poteste
inviare le seguenti
informazioni ...

6 Distinti saluti.

7 Janie Cole
8 3, Marsh Road,
Oxford, NW3

Note:
In business correspondence it is normal to include the address of the person to whom the letter is being sent.

How to Write a Letter

THE ENVELOPE

a)
```
Sig. Biemonti Silvio
Via Cascione 12
00151 ROMA
```

b)
```
Claudio Badano,Via Foce 3
40126 BOLOGNA
```

The sender's address is usually put on the back of the envelope and can be written on one line.
Claudio Badano - Via Foce 3 40126 BOLOGNA
The name is not preceded by a title.

c)
```
Sig.ra Maria Mesiano
Viale Principe 24
43100 PARMA
ITALY
```

d)
```
Sig.na Corinni Lucia
Corso Monti 134
18300 SAN REMO IM
```

If the address is not a province, the name of the province must be given.
IM = Imperia

e)
```
Sig. Giuseppe De Luca
Via Margutta 28/3
00187 ROMA
```

28 is the number of the road, third floor.

f)
```
Prof.ssa Ginatta Anna
Via Manzoni 7  2/1
10123 TORINO
```

7 is the number of the road, second floor, flat no.1

Abbreviations :

Sig. = Signore *(Mr.)*
Sig.ra = Signora *(Mrs.)*
Sig.na = Signorina *(Miss)*
Egr. Sig. = Egregio Signore *(Dear Sir)*,
Gent. Sig.ra = Gentile Signora *(Dear Mrs.)*,
A.P.T. = Azienda di promozione turistica *(Tourist Promotion Board)*,
c/o = presso *(care of)*,
C.A.P. = Codice di Avviamento Postale *(the postcode)*
Dott. = Dottore *(Dr.)*,
Dott.ssa = Dottoressa *(Dr.)*,
Ns.; n/ = Nostro *(our)*,
Mitt. = Mittente *(Sender)*
Prof. = Professore *(Professor; Teacher)*,
Prof.ssa = Professoressa *(Professor; Teacher)*
Prov. = provincia *(province, district)*,
Spett. Ditta = Spettabile Ditta *(Messrs.), Dear Sirs*
V.;V/ = Vostro,Vostra *(your)*
Vs.;Vs/ =Vostra lettera *(Your letter)*

Vocabulary :

Via *(road;street)*, **Corso** *(main road)*, **Viale** *(Avenue)*, **Piazza** *(square)*

WWW

offre:

- informazioni sui prodotti e sui servizi disponibili presso gli sportelli degli uffici postali;
- numerosi servizi online.

Alcuni prodotti di Poste Italiane:

- **Posta Prioritaria**
  Per spedire lettere in modo veloce in Italia e nel mondo.
- **Posta Ordinaria**
  è il prodotto più economico di Poste Italiane, con tariffe a partire da 0,41 euro
- **Posta Raccomandata**
  offre la certificazione legale della consegna e serve per dimostrare che la spedizione è stata fatta.
- **Posta Assicurata**
  consente di assicurare il contenuto della spedizione.
- **Postacelere**
  è offerto per spedizioni di documenti fino a 3 kg e dimensioni non superiori a 45,5 x 32 x 5 centimetri, con consegna in 1 giorno lavorativo, oltre quello di accettazione (festivi esclusi), in tutta Italia ...

How to Write a Letter

SOME SUGGESTIONS ABOUT THE DIFFERENT PARTS OF THE LETTER

	INFORMALE	FORMALE
1	• Luogo, giorno, mese e anno.	• Luogo, giorno, mese e anno.
2	• Caro/a/i/e..., • Carissimo/a ... ,	• A/Al/Alla/All'..., • Caro/a Signor/a ..., • Egregio Signor..., • Gentile Signore/a..., • Spett. Ditta/Spett.le Ditta
3		• Via ..., numero C.A.P. e luogo di destinazione
4	• scusami se non ti ho scritto prima ... • come va/stai? ... • da molto non mi scrivi ...	• Sono/siamo ... • Il/La sottoscritto/a ... • Le/Vi comunico ... • In risposta alla Sua lettera del ... • Con riferimento alla Sua del ...
5	• Sono stato promosso ... • Perché non vieni a trovarci ... • Potresti farmi un favore?	• Le sarei grato se potesse inviarci ... • Vi saremmo grati se poteste prenotare... • Vi preghiamo di annullare ...
6	• Ciao. • Saluta tutti da parte mia. • Un bacio, a presto. • Tanti cari saluti (a tutti). • Un abbraccio. • Affettuosi saluti.	• Distinti saluti. • Cordiali saluti. • In attesa di Vs. notizie, porgo distinti saluti .
7	• Nome	• Nome e cognome
8	• (Di solito si scrive sul retro della busta)	• Via ... , numero C.A.P. e luogo

How to Write a Letter

	INFORMAL	FORMAL
1	Place, day month year (e.g. Cheltenham, 30 gennaio 2004) • normally top right; place always followed by a comma • months in Italian are written in small letters (you may find a capital letter in formal letters)	
2	• Dear …,	• To • Dear Mr./Mrs. • Dear Sir • Dear Mr./Mrs. • Dear Sirs.
3		• Road …, number • Post code and town (of destination)
4	• sorry I haven't written for ages … • how are things/how are you? • you haven't written for ages …	• I am/we are … • The undersigned … • This is to inform you … • In answer to your letter of … • With reference to your letter of …
5	• I passed my exam … • Why don't you come and see us … • Could you do me a favour?	• I should be grateful if you could send us … • We would be grateful if you could book … • Please could you cancel …
6	• Bye, bye • Say hello to everyone for me. • Love and kisses, see you soon. • Lots of love (to everyone). • A big hug. • Love.	• Yours faithfully/sincerely … • Best regards/wishes (if you know the other person). • I look forward to hearing from you. Yours sincerely.
7	• Name	• Name, Surname
8	• (Usually you write this on the back of the envelope)	• Road, number • Post code and town

Greetings

Buon Natale! *(Happy Christmas!)*
Buon Anno! *(Happy New Year!)*
Felice anno nuovo! *(Happy New Year!)*
Buona Pasqua! *(Happy Easter!)*
Buone feste! *(Happy Holidays!)*
Buon compleanno! *(Happy Birthday!)*
Buon onomastico! *("Happy Saint's day")*
Con i migliori auguri! *(With all best wishes!)*

Thanks

- *Ti ringrazio per la lettera …*
  che ho ricevuto | *questa mattina …* / *ieri …* / *il 15 giugno …*
- *La ringrazio moltissimo per …*
  le informazioni …
  le fotografie …
  la Sua ospitalità …
  l'invito …

www.alice.it

www.cts.it

www.rivieradeifiori.org

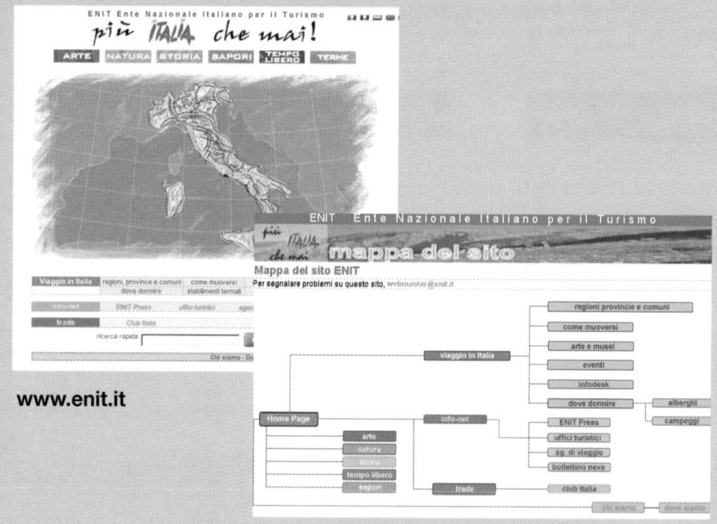

www.enit.it

Giardini Botanici Hanbury

"Spazio universale, 18 ettari di emozioni attorno ad una **villa antica rinnovata** da facoltosi proprietari inglesi a fine Ottocento.

Primo e inimitabile giardino botanico della Riviera, legato all'opera di insigni botanici. Un passaggio obbligato per capire le possibilità di acclimatazione delle piante esotiche nel territorio ligure, nonché il dialogo tra l'uomo e la terra su questo lembo di costa mediterranea.

Info: Corso Montecarlo 43 - La Mortola. Telefono: 0184 229507 Telefax: 0184 229507 E-mail: info@cooperativa-omnia.com

Durata: Almeno 2 ore. È consigliabile fermarsi l'intera giornata data l'ampiezza e la grandiosità del sito

Apertura: Dall'ultima domenica di settembre al 31 ottobre e dall'ultima domenica di marzo al 14 giugno tutti i giorni dalle 10.00 alle 17.00 con uscita entro le 18.00; dal 1 novembre all'ultima domenica di marzo (esclusa) dalle 10.00 alle 16.00 con uscita entro le 17 (chiuso il mercoledì); dal 15 giugno all'ultima domenica di settembre (esclusa) tutti i giorni dalle 9.00 alle 18.00 con uscita entro le 19.00

Tariffe: h 6.00 a persona; bambini sotto i 6 anni: gratuito; ragazzi dai 6 ai 14 anni h 3,50 a persona; famiglia di tre persone h 15,00; gruppi di almeno 20 persone h 4,00 a persona; scuole h 3,50 a persona

Visite guidate: Per gruppi di almeno venti persone: due visite guidate al mattino e due al pomeriggio previa prenotazione e salvo la disponibilità delle guide anche di lingua inglese, francese, tedesca"

ALBERGHI E CAMPEGGI

7

Dialoghi 

In albergo

1 **SIGNOR MARTINI** Buongiorno, sono il signor Martini.
IMPIEGATO Buongiorno. Desidera?
SIGNOR MARTINI Ho prenotato una camera matrimoniale.
IMPIEGATO Vediamo... sì, la camera numero 7, al primo piano.

2 **SILVIA** Buongiorno!
IMPIEGATO Buongiorno!
SILVIA Avete una camera singola?
IMPIEGATO Per quanto tempo?
SILVIA Per due settimane.
IMPIEGATO Abbiamo una camera con il bagno al secondo piano e una più piccola, senza bagno, al primo piano.
SILVIA Qual è il prezzo?
IMPIEGATO Cinquanta euro la camera senza bagno e ottanta euro la camera con bagno.

3 **SILVIA** È compresa la prima colazione?
IMPIEGATO Sì, è compresa nel prezzo.
SILVIA Potrei vedere la camera al primo piano?
IMPIEGATO Sì, certamente.
SILVIA È troppo piccola, preferisco quella con il bagno.

4 **IMPIEGATO** Ha un documento, per favore?
SILVIA Ho la carta d'identità.
IMPIEGATO Grazie. Ecco la chiave.
SILVIA A che ora servite la prima colazione?
IMPIEGATO Dalle sette alle nove.
SILVIA Grazie.

Avete una camera singola?
Qual è il prezzo?
È compresa la prima colazione?
A che ora servite la prima colazione?

In campeggio

5 **ROBERTO** C'è posto per una tenda?
IMPIEGATA Per quante persone?
ROBERTO Siamo in quattro.
IMPIEGATA Sì, è libera la piazzuola numero cinque.
ROBERTO Qual è il prezzo?
IMPIEGATA Quindici euro per una notte.

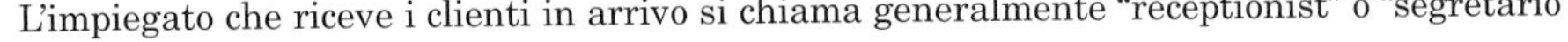
L'impiegato che riceve i clienti in arrivo si chiama generalmente "receptionist" o "segretario".

ESERCIZIO 1

Rispondi alle seguenti domande.

1 **a** Che cosa desidera il signor Martini?
b Dove si trova la camera numero 7?

2 **a** Che cosa chiede Silvia?
b Per quanto tempo?
c Dove si trova la camera con bagno?
d Qual è il prezzo della camera senza bagno?
e Qual è il prezzo della camera con bagno?

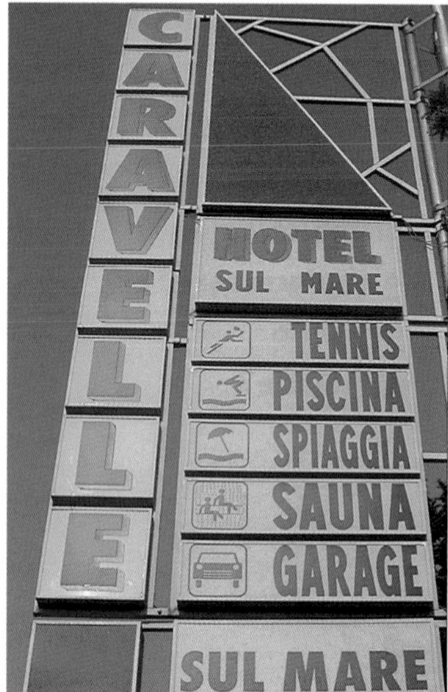

3 **a** Che cosa è compreso nel prezzo?
b Com'è la camera senza bagno?
c Quale camera preferisce Silvia?

4 **a** Che documento presenta Silvia?
b Che cosa dà l'impiegato a Silvia?
c A che ora servono la prima colazione?

5 **a** Che cosa desidera Roberto?
b Per quante persone?
c Quale piazzuola è libera?
d Qual è il prezzo per una notte?

ESERCIZIO 2 [7.4] [7.5] 

Rispondi alle domande come nell'esempio.

Esempio: Quando hai prenotato? (una settimana fa)

Ho prenotato una settimana fa.

1 Quando siete arrivati? (ieri)

....

2 Quando avete telefonato? (ieri sera)

....

3 Come hanno pagato i signori Vico? (con un assegno)

....

4 Chi ha risposto al telefono? (il direttore)

....

5 Quando ha telefonato il signor Giovi? (ieri mattina)

....

6 Dove hai parcheggiato la macchina? (davanti all'albergo)

....

7 A che ora avete fatto colazione? (alle 7.30)

....

8 Quando sei andata in Italia? (due settimane fa)

....

9 Chi ha chiesto il conto? (la signora Berio)

....

10 Quanto avete pagato? (100 euro)

....

ESERCIZIO 3 [7.4] [7.5]

Rispondi alle domande.

Esempi: Ha telefonato il signor Ferri? (appena) *Sì, ha* ***appena*** *telefonato.*
Sei già andato in Italia? (mai) *No, non sono* ***mai*** *andato in Italia.*

1	Hai prenotato?	(già)	Sì, ...
2	Avete pagato?	(già)	Sì, ...
3	Sono arrivati i signori Guidotti?	(appena)	Sì, ...
4	Avete fatto colazione?	(già)	Sì, ...
5	È uscita la signora Bozzi?	(appena)	Sì, ...
6	È arrivato il taxi?	(ancora)	No, non ....
7	Hanno pranzato i tuoi amici?	(ancora)	No, non ....
8	Siete andati in un campeggio?	(mai)	No, non ....
9	Hai trovato le chiavi?	(più)	No, non ....
10	Avete visto la camera?	(ancora)	No, non ....

ESERCIZIO 4 [5.4] 

Trasforma come nell'esempio.

Esempio: Mi potrebbe preparare il conto? Potrebbe preparar**mi** il conto?

1 Mi potrebbe svegliare alle sei? ....
2 Mi potrebbe chiamare alle sette? ....
3 Mi potrebbe dire dov'è l'ascensore? ....
4 Mi potrebbe aiutare? ....
5 Mi potrebbe scrivere l'indirizzo dell'albergo? ....

ESERCIZIO 5

Riscrivi le frasi con il contrario delle parole sottolineate.

Esempi: Abbiamo una camera con bagno.
Abbiamo una camera senza bagno.

1 Questa pensione è molto economica. ....
2 Io sono arrivato alle dieci. ....
3 Questo letto è molto comodo. ....
4 La mia camera è molto grande. ....
5 Il ristorante è chiuso. ....
6 C'è molto rumore. ....
7 L'uscita è laggiù. ....
8 Il bagno è sporco. ....
9 Questa camera è libera. ....
10 Fa molto freddo. ....

ESERCIZIO 6 [2.1]

Completa con gli articoli.

1 Potrebbe darmi .... chiave della camera numero sette?
2 A che ora servite .... colazione?
3 Ho lasciato .... bagagli in macchina.
4 Vorrei parlare con .... direttore.
5 Dov'è............. bar?
6 Qual è il prezzo per .... roulotte?
7 Si vede .... mare?
8 Dov'è .... ascensore?
9 .... taxi sarà qui tra cinque minuti.
10 Quant'è .... pensione completa?

ESERCIZIO 7 [10] [10.1]

da
con
della
con
alle al all'
per per per

Completa con le preposizioni.

1 Vorrei una camera .... bagno.
2 Avete una camera .... primo piano?
3 Avete una camera .... vista sul mare?
4 Mi dia la chiave .... camera numero 10.
5 C'è un ristorante vicino .... albergo?
6 Dov'è il campo .... tennis?
7 Potrebbe svegliarmi .... 6.30?
8 C'è posta .... me?
9 Qual è il prezzo .... una notte?
10 Ci sono riduzioni .... bambini?

ESERCIZIO 8

Collega le frasi della colonna A con le frasi della colonna B.

	A		B
1	☐ Avete una camera singola?	a	No, non sono compresi nel prezzo.
2	☐ Qual è il prezzo per una notte?	b	Ho il passaporto.
3	☐ Sono compresi i pasti?	c	Per quante notti?
4	☐ Questa camera è troppo piccola.	d	Ottanta euro.
5	☐ Ha un documento, per favore?	e	Desidera vedere un'altra camera?

ESERCIZIO 9

Fai le domande.

1 ....? Sono arrivato ieri.
2 ....? Ho pagato con un assegno.
3 ....? Ho telefonato al signor Massari.
4 ....? Ho parcheggiato davanti all'albergo.
5 ....? Ho prenotato una settimana fa.
6 ....? Ho pagato 72 euro.
7 ....? Ho scelto la camera con vista sul mare.
8 ....? Ha telefonato Silvia.

ESERCIZIO 10

Completa i dialoghi.

I

Cliente	**Impiegato**
....!	Buongiorno!
....?	Per quanto tempo?
....	Abbiamo una camera al primo piano.
....?	100 euro per una notte.
....?	Sì, la prima colazione è compresa nel prezzo.

II

	Ha un documento, per favore?
....	Grazie. Ecco la chiave.
....?	Serviamo la prima colazione dalle 7 alle 9.

In alcuni alberghi, la colazione, il pranzo e la cena vengono rispettivamente chiamati, prima colazione, colazione e pranzo.

ESERCIZIO 11 (in coppia)

Lo studente A è il turista e fa le domande allo studente B che è il direttore dell'albergo.

Studente A

Vuoi andare in vacanza a San Remo con i tuoi genitori.
Telefona all'hotel "SMERALDO", completa la tabella e prenota.

PERNOTTAMENTO E PRIMA COLAZIONE

Camera	Dal 02.01.03 al 30.05.03 dal 29.09.03 al 26.12.03	Dal 31.05.03 al 01.08.03 dal 01.09.02 al 28.09.03	Dal 02.08.03 al 31.08.03 week-end festivi
singola	€ 57,00	€ ...	€ ...
doppia	€ ...	€ ...	€ ...

Supplemento letto aggiunto € 25,00 al giorno per tutto l'anno
Parcheggio riservato € ... al giorno
Pasto serale (bevande escluse) € ...
Cucina aperta tutto l'anno escluse le domeniche invernali
Vista mare € ... **Vista mare e balcone** € ...

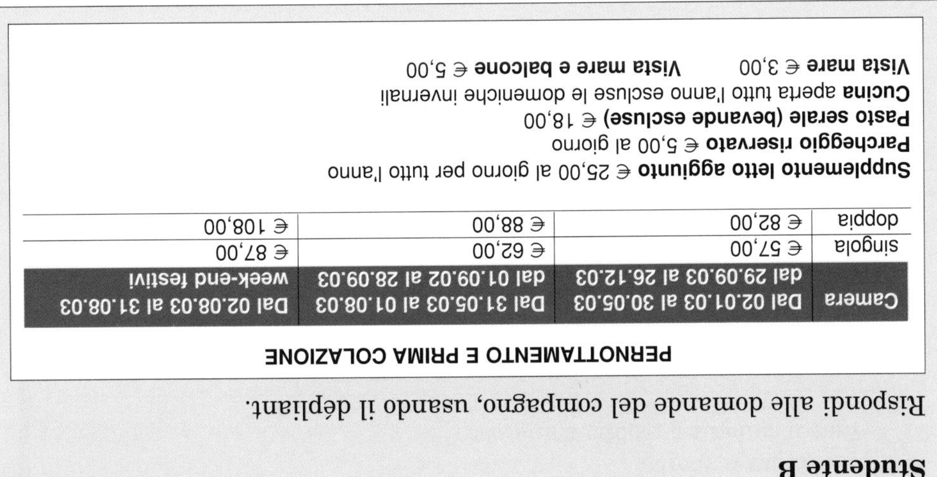

Studente B

Rispondi alle domande del compagno, usando il dépliant.

PERNOTTAMENTO E PRIMA COLAZIONE

Camera	Dal 02.01.03 al 30.05.03 dal 29.09.03 al 26.12.03	Dal 31.05.03 al 01.08.03 dal 01.09.02 al 28.09.03	Dal 02.08.03 al 31.08.03 week-end festivi
singola	€ 57,00	€ 62,00	€ 87,00
doppia	€ 82,00	€ 88,00	€ 108,00

Supplemento letto aggiunto € 25,00 al giorno per tutto l'anno
Parcheggio riservato € 5,00 al giorno
Pasto serale (bevande escluse) € 18,00
Cucina aperta tutto l'anno escluse le domeniche invernali
Vista mare € 3,00 **Vista mare e balcone** € 5,00

ESERCIZIO 12

Scrivi una lettera per confermare la prenotazione fatta nell'esercizio precedente.

7 ACCOMMODATION

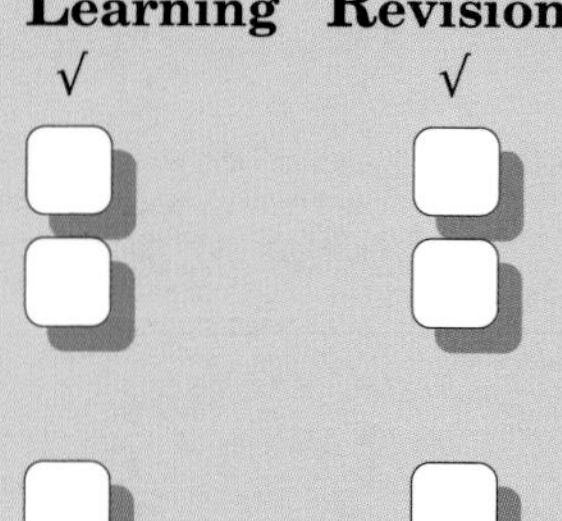

Can you...

- describe accommodation you use or have used? (see topic 3)
- write a short letter inquiring about availability and price of accommodation at a hotel, campsite or youth hostel and about amenities available? [1]
- write a short letter booking such accommodation? [2]

1

Bath, 15 aprile 20...

Spett.le Hotel Lombardi
Corso G. Mazzini, 29
71019 Vieste (FG)
Italia

Vorrei prenotare una camera doppia con bagno, dal 20 al 30 di luglio.
Vi sarei grato se mi poteste far sapere la disponibilità, il prezzo e se ci sono tariffe ridotte per bambini.
In attesa di Vostre notizie, porgo distinti saluti.

Vania Mills
5, Church Av.
Bath
Inghilterra

2

Varese, 17 agosto 20...

Spett.le Albergo Sole
Via Marina, 30
13490 Ancona

Vi prego di prenotarmi una camera singola con doccia, dal 3 al 10 settembre.
Gradirei, se possibile, una camera con vista sul mare. Arriverò in macchina, probabilmente la sera tardi.
In attesa di una Vostra conferma, saluto distintamente.

Lino Riva
Via Brenta, 18
15900 Varese
Tel/Fax. 07-697453
E-mail: Linor@tin.it

Complaints

La doccia Il riscaldamento L'aria condizionata Il telefono	non funziona.

Questa camera è troppo rumorosa.
La camera è sporca.
La pulizia lascia molto a desiderare.
Il servizio e la pulizia delle camere sono molto scadenti.
Mi dispiace, ma non sono per niente soddisfatto ...

1

15th April, 20...

Spett.le Hotel Lombardi,
Corso G. Mazzini, 29
71019 Vieste (FG)
Italy

Dear Sir,

I should like to book a double room with bath from 20th to 30th July.
I should be grateful if you could let me know about the availability, the cost and whether there are reductions for children.
I look forward to hearing from you.
Yours faithfully,

Vania Mills
5,Church Avenue,
Bath,
England

2

17th August, 20...

Spett.le Albergo Sole,
Via Marina, 30
13490 Ancona

Dear Sir,

Would you please reserve a single room with shower from 3rd to 10th September. I should like, if possible, a room with a view of the sea.
I will be arriving by car, probably late in the evening.
I await your confirmation.

Yours faithfully,

Lino Riva
Via Brenta,18
15900 Varese
Tel/Fax.: 07 - 697453
email: Linor@tin.it

Complaints

The	shower heating air-conditioning telephone	is not working.

This room is too noisy.
The room is dirty.
The standard of hygiene leaves a lot to be desired.
The room service and cleaning are very poor.
I am sorry, but I am not at all satisfied...

INQUIRIES - SOME COMMON PATTERNS

Che cosa? Come? Quando? Per quanto tempo? Inoltre...

- Vi sarei grato se poteste inviarmi | informazioni / qualche opuscolo / alcuni dèpliants | su ...
- circa la possibilità di | prenotare una camera doppia con bagno ... / alloggiare in un buon albergo vicino a ... / un soggiorno in un albergo di prima categoria per due persone ...
- nel mese di dicembre.
  per il periodo di Natale.
  verso la fine di agosto.
- dal... al ...
  per una settimana.
  per una notte.
- Vorrei, / Desidererei, | inoltre, sapere | i prezzi e se ci sono riduzioni per bambini ... / se c'è un ristorante/una piscina/un campo da tennis ...

Ferrara, 10 luglio 2003

Spett.le Hotel Verdi
Via Dante, 35
18038 San Remo

Egregi Signori,
Ho intenzione di trascorrere un periodo di vacanze nel Vs. albergo con la mia famiglia nel mese di agosto.

Vi sarei grato se mi faceste avere una proposta di soggiorno per una camera matrimoniale per me e mia moglie e una camera a due letti per i miei due bambini di 3 e 6 anni. Le camere dovrebbero essere comunicanti. Vi pregherei di darmi alcune informazioni sul vostro albergo e di farmi sapere se i bambini hanno diritto a tariffe particolari.

Distinti saluti.

Luciano Massari
Via Montebello 12
44100 Ferrara

INQUIRIES

What? How? When? For how long? Moreover ...

- I should be grateful if you could send me | information / some booklets / some leaflets | about ...
- about the possibility of | booking a double room with bathroom ... / staying in a good hotel near ... / staying in a first class hotel, for two people ...
- in (the month of) December.
  for the Christmas period.
  towards the end of August.
- from... to...
  for one week.
  for one night.
- Moreover, | I should like to know the prices and if there are reductions for children ... / if there is a restaurant/a swimming-pool/a tennis-court ...

San Remo, 14 luglio 2003

Luciano Massari
Via Montebello 12
44100 Ferrara

Gentile Signor Massari,
con riferimento alla Sua lettera del 10 luglio, La ringraziamo vivamente per la preferenza che intende accordarci, è con grande piacere che le inviamo, in allegato, un prospetto del nostro albergo, informandola che potremmo mettere a Sua disposizione
n. 1 camera matrimoniale e
n. 1 camera a due letti
per il mese di agosto.

Le condizioni giornaliere che Le praticheremo saranno di:
Euro 120 per persona
In mezza pensione

Euro 135 per persona
In pensione completa
Tasse e servizi inclusi.

La informiamo, inoltre, che per i bambini applichiamo uno sconto del 30% sulle suddette tariffe.

Nella speranza che le nostre condizioni incontrino la Sua approvazione, restiamo in attesa di una Sua conferma con l'indicazione delle date esatte di arrivo e di partenza e con l'occasione, Le porgiamo i nostri distinti saluti.

Mario Armandi,
Direttore

HOTEL

Learning √ Revision √

Can you...

- identify yourself? [1]
- say that you have (not) made a reservation? [2]
- ask whether rooms are available? [3]
- state when you require a room and for how long? [5-6]
- say what sort of room is required? [7-8]
- ask the cost per night, per person, per room? [9-10]
- ask if meals are included? [11]
- reject or accept a room? [12-13-14]
- ask for your key? [16]
- ask the times of meals? [17]
- ask if there is a particular facility in or near the hotel? [18]
- ask where facilities are? [19]
- say you would like to pay? [21]

1	Buongiorno, sono il signor Bini.	Buongiorno, desidera?
2	Ho prenotato una camera. Ho una camera prenotata. Non ho prenotato.	
3	Avete una camera singola? doppia?	Per il momento è tutto esaurito. Se ne libera una alle dieci ...
4		Per quanto tempo? Per quante notti?
5	Dal ... al ...	Con bagno / doccia o senza bagno? / doccia?
6	Per una notte. due settimane. tre giorni.	

1	Good morning, I'm Mr. Bini.	Good morning. Can I help you?
2	I booked a room. I have a room booked. I haven't booked.	
3	Do you have a single / double room?	At the moment it's all full. One will be available at ten ...
4		For how long? For how many nights?
5	From ... to ...	With or without bathroom? / shower?
6	For one night. two weeks. three days.	

WORDSEARCH

A tourist who does not speak very good Italian wishes to book a room in a hotel in San Remo. He can choose a room with either a view of the sea or one of the hills. Can you help the receptionist understand which one the tourist has chosen?

Key (6, 3, 5, 3, 4)

□□□□□□ □□□ □□□□□ □□□ □□□□

ALBERGO
ARRIVARE
ASCENSORE
BAGAGLIO
BAGNO
BAR
CAMERA
CARO
CHIAVE
COLAZIONE
CONTO
COMODO
COMPLETO
DIRETTORE
DIREZIONE
DOCCIA
DOPPIA
ENTRATA
GABINETTI
LETTO
LIBERA
NOTTE
PAIO
PARTIRE
PASSAPORTO
PENSIONE
PICCOLA
PRENOTARE
RISTORANTE
SALA
SERVIZI
SINGOLA
SVEGLIA
USCITA
VALIGIA

C	R	A	B	D	I	R	E	Z	I	O	N	E	A	E
A	E	M	N	E	P	A	R	T	I	R	E	O	R	R
R	R	C	O	L	A	Z	I	O	N	E	A	T	E	O
E	A	A	T	C	O	G	R	E	B	L	A	N	N	S
B	T	R	T	O	S	V	E	G	L	I	A	O	T	N
I	O	O	E	N	O	N	E	V	A	I	H	C	R	E
L	N	E	V	G	S	P	I	C	C	O	L	A	A	C
B	E	T	O	A	I	U	S	C	I	T	A	G	T	S
A	R	N	I	B	N	I	O	S	E	T	A	A	A	A
G	P	A	A	A	G	D	S	U	N	L	R	B	I	A
A	M	R	P	C	O	M	O	D	O	A	R	I	G	I
G	C	O	M	P	L	E	T	O	I	R	I	N	I	P
L	E	T	T	O	A	A	L	A	S	E	V	E	L	P
I	A	S	E	R	V	I	Z	I	N	M	A	T	A	O
O	D	I	R	E	T	T	O	R	E	A	R	T	V	D
O	T	R	O	P	A	S	S	A	P	C	E	I	R	E

7 Con bagno. doccia. servizi.	Abbiamo una camera al ... ... primo piano. ... secondo piano.
8 C'è il televisore? l'aria condizionata? il telefono? il balcone?	Sì, c'è ... No, non c'è ...
9 Qual è il prezzo per una notte? persona? camera?	... euro in alta bassa stagione.
10 Quant'è la pensione completa? mezza pensione?	
11 È compresa la (prima) colazione? Sono compresi i pasti?	Sì, è tutto compreso. No, non sono compresi nel prezzo.
12 È troppo cara. È troppo rumorosa. Non mi piace.	Desidera vedere un'altra camera?
13 Potrei vedere una camera .... più grande? ... meno costosa? ... al primo piano? ... con vista sul mare? ... sul davanti? ... sul retro?	Sì, certamente.
14 Va bene, la prendo.	Ha un documento, per favore?
15 Ho il passaporto. la carta d'identità. la patente.	
16 Mi dia la chiave della (camera numero) 7.	
17 A che ora servite la (prima) colazione? il pranzo? la cena?	Alle ...
18 C'è un ristorante parcheggio negozio .... vicino all'albergo?	

No.				Answer		
7	With	bathroom. shower. private facilities.		We have a room on the	first second	floor.
8	Is there	a television set? air-conditioning? a telephone? a balcony?		Yes, there is... No, there is no...		
9	How much is it	for one	night? person? room?	... Euros in	high low	season.
10	How much is it	for	full board? half board?			
11	Is breakfast Are meals	included?		Yes, it's all included. No, it's not included in the price.		
12	It is too expensive. It is too noisy. I do not like it.			Would you like to see another room?		
13	Could I see a	bigger room? less expensive room?		Yes, certainly.		
		room	on the first floor? with a view of the sea? at the front? at the back?			
14	All right, I'll take it.			Do you have any identification, please?		
15	I have my	passport. identity card. driving licence.				
16	Could you give me the key to (room no.) 7?					
17	At what time is	breakfast lunch dinner	served?	At ...		
18	Is there	a restaurant car park shop ...	near the hotel?			

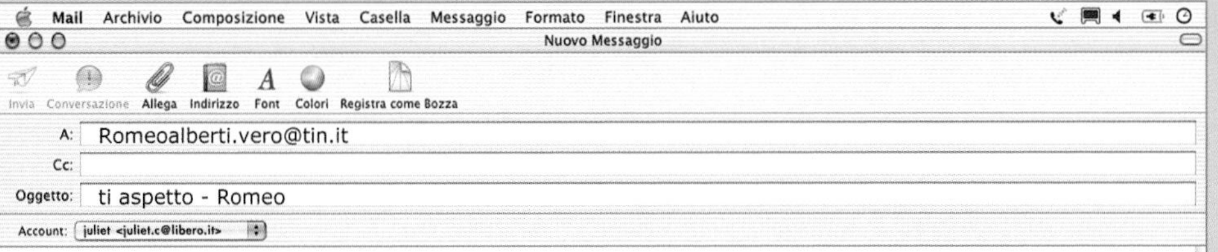

Buongiorno! Sembra un sogno, ma finalmente siamo in vacanza.

L'albergo è magnifico! Ci sono un'enorme piscina, una discoteca e una palestra. La mia camera è bellissima e ho un balcone con vista sul mare: che fortuna!

Manchi solo tu.
Un bacione

WWW
www.lagodigardamagazine.com
www.amicidellatoscana.it
www.rivieradeifiori.org
→ Ospitalità

19 Dov'è	il bar? l'ascensore? il ristorante? la piscina? la spiaggia? il campo da tennis? il giardino?	Sul retro. Vicino all'entrata, a destra.
20 Dove posso lasciare la macchina?		Nel piazzale, davanti all'albergo.
21 Vorrei il conto, per favore. Potrebbe prepararmi il conto, per favore.		Ecco a Lei, grazie.
22 Potrei Potremmo	avere la (prima) colazione in camera?	Sì, naturalmente!
23 Potrebbe svegliarmi alle 6.30?		Certo, signore!
24 Desidero non essere disturbato prima delle 10.		
25 C'è qualche messaggio per me? Mi ha telefonato qualcuno?		Sì, ha telefonato il signor Rossi richiamerà più tardi.
26 C'è posta per me?		Sì, queste lettere.
27 Per favore, potrebbe chiamarmi un taxi?		Sarà qui tra cinque minuti.

19 Where is the	bar? lift? restaurant? swimming-pool? beach? tennis-court? garden?	At the back. Near the entrance, on the right.
20 Where can I leave the car?		In the parking area, in front of the hotel.
21 I should like the bill, please. Could you prepare the bill, please?		Here you are, thank you.
22 Could	I have breakfast in my room? we have breakfast in our room?	Certainly, Sir!
23 Could you wake me up at 6.30?		Yes, Sir!
24 I do not wish to be disturbed before ten.		
25 Are there any messages for me? Has anyone phoned for me?		Yes, Mr. Rossi phoned; he will phone again later.
26 Is there any mail for me?		Yes, these letters.
27 Could you call me a taxi, please?		It will be here in five minutes.

Common Words in Accommodation

ACQUA POTABILE	*drinking water*
AZIENDA DI SOGGIORNO	*Tourist Board*
BIANCHERIA	*linen*
CATEGORIA DI LUSSO	*de luxe category*
CAPARRA	*deposit*
CASSAFORTE	*safe*
COSTA DI SABBIA/GHIAIA/SCOGLIO	*sandy / pebbly / rocky beach*
DIVIETO DI CAMPEGGIO	*no camping*
FUORI SERVIZIO	*out of order*
I.V.A.	*V.A.T.*
LOCANDA	*inn*
MEZZA PENSIONE	*half board*
OSTELLO DELLA GIOVENTÙ	*youth hostel*
PARCHEGGIO CUSTODITO	*attended car-park*
PENSIONE COMPLETA	*full board*
PERMESSO DI SOGGIORNO	*residence permit*
PRIMA CATEGORIA	*first category*
SPIAGGIA PRIVATA	*private beach*
SPIAGGIA LIBERA/PUBBLICA	*public beach*
STAZIONE BALNEARE	*seaside resort*
STAZIONE TERMALE	*spa*
STOVIGLIE	*crockery*
TASSA/IMPOSTA DI SOGGIORNO	*visitor's tax*
TUTTO COMPRESO	*all included*
USCITA DI SICUREZZA	*emergency exit*
VIETATO CAMPEGGIARE	*no camping*
VIETATO L'INGRESSO	*no admittance*
VIETATO IL PARCHEGGIO	*no parking*
VITTO E ALLOGGIO	*board and lodging*

LE PRENOTAZIONI HANNO VALORE SOLO SE EFFETTUATE E CONFERMATE PER ISCRITTO.

(Reservations are valid only if they are made and confirmed in writing)

Tariffe Giornaliere Del Campeggio:	*Giugno & Settembre*	*Luglio & Agosto*
Adulti	**1,30**	**3,00**
Bambini 2/10 anni	**1,00**	**2,00**
Tenda/caravan/camper	**1,30**	**3,00**
Presa corrente	**0,60**	**0,60**
Auto	**0,70**	**0,70**
Moto	**0,50**	**0,50**

CAMPING

(see also Hotel)

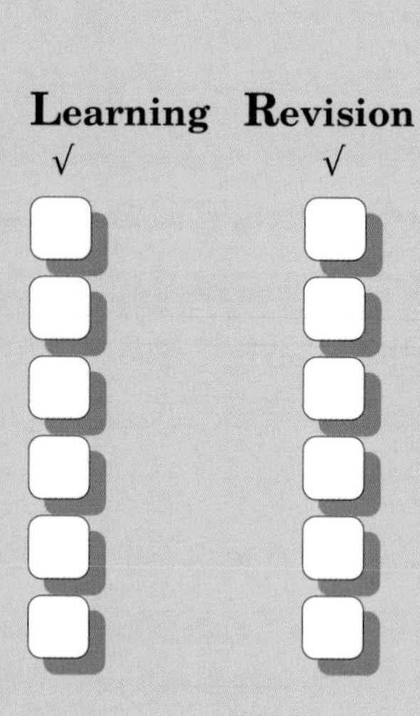

Can you...

- ask the cost per person or night? [2]
- say it is too expensive? [3]
- ask if there is any room? [4]
- say how many children and adults are in the group? [5]
- ask for information? [6-7-8]
- inquire about rules and regulations? [9]

1		Dicano, signori ?
2 Qual è il prezzo per	persona? la tenda? la roulotte? per l'auto?	La tariffa per ... è...
3 È (un po') troppo caro per noi.		
4 C'è Avete posto per	una tenda ? una roulotte?	Per quante persone?
5 Siamo	due ragazze. due ragazzi. in quattro. due adulti e un bambino.	
6 Dove sono	le toilettes. le docce.	
7 Dov'è	la pattumiera? una presa elettrica? lo spaccio? la piazzuola n. 5?	
8 C'è	un negozio di alimentari un ristorante una sala giochi un campeggio un ostello della gioventù qui vicino?	
9 Posso Possiamo	avere una copia del regolamento? avere un posto all'ombra? cucinare...? lavare...? noleggiare una tenda? noleggiare un sacco a pelo?	

CAMPING VILLAGGIO

PORTO VERDE

È gestito da una cooperativa di giovani.
Si trova in una località balneare molto tranquilla con spiaggette isolate facilmente accessibili. Lo si può raggiungere percorrendo la suggestiva strada orientale che collega Cervo a Imperia. Bar - Ristorante - Pizzeria - Market - Acqua in abbondanza - Docce calde - Parco giochi - Tennis - Bocce - Bungalows - Animazione - Scuola Windsurf (a 100 metri) - Pensione completa o 1/2 pensione.

Prezzi convenientissimi per contratti annuali.

COOP. OLIVETO - Porto Verde
Tel. (0183) 9970172

1			
2	What is the charge per	person? tent? caravan? car?	
3	It is a bit too expensive for us.		
4	Is there Do you have	space for a	tent? caravan?
5	We are two girls. We are two boys. There are four of us. We are two adults and a child.		
6	Where are the	toilets? showers?	
7	Where is	the dust-bin? a socket? a shop? camping space n. 5?	
8	Is there	a grocer a restaurant an amusement arcade a camping site a youth hostel	near here?
9	Can I Can we	have a copy of the regulations? have a place in the shade? cook ...? wash ...? hire a tent? hire a sleeping-bag?	

Can I help you?
The charge per ...is ...
For how many people?

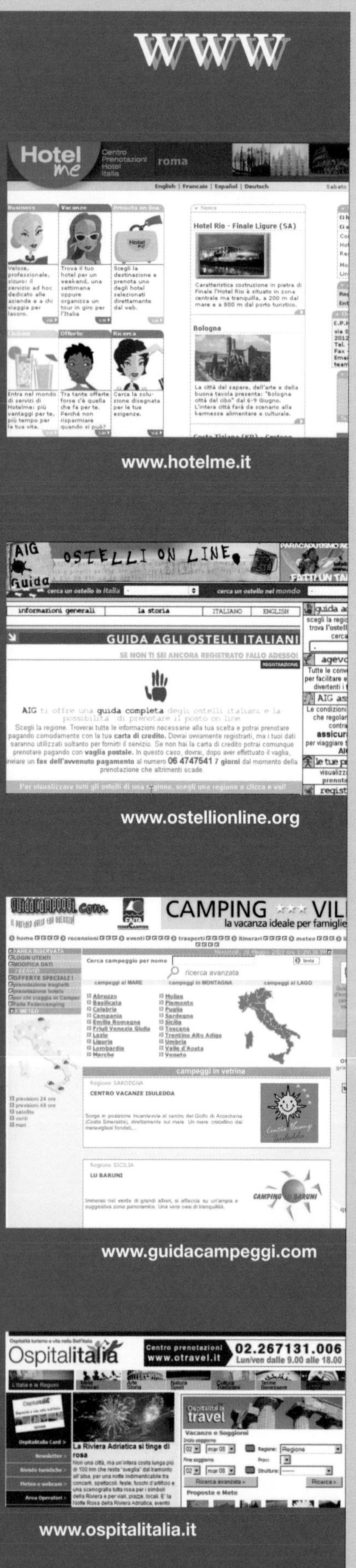

Hotel - Camping

Hotel

albergo	*hotel*
arrivare	*to arrive*
ascensore (m)	*lift*
bagagli (m, pl.)	*luggage*
bagno (m)	*bathroom / toilet*
camera	*room*
... per due persone	*double ...*
... per una persona	*single ...*
... matrimoniale	*double ...*
... a due letti	*... with twin beds*
... a un letto	*... with a single bed*
... con (il) bagno	*... with a bath*
... con (la) doccia	*... with a shower*
caro	*expensive*
chiamare	*to call*
chiave (f)	*key*
ciascuno	*each*
colazione (prima ...)	*breakfast*
comodo	*comfortable*
completo	*full*
compreso, incluso	*inclusive*
conto	*bill, amount*
data	*date*
di gran lusso	*luxurious*
direttore (m)	*manager*
direzione (la ...)	*direction, management*
doppia	*double*
entrata	*entrance, hallway*
grande	*large, big*
impiegato	*employee*
lamentarsi	*to complain*
libero	*free*
lista	*list, menu*
locanda	*inn*
lontano da	*far*
mandare	*to send*
mezza pensione	*half board*
notte (f)	*night*
numero (uno, ecc.)	*number (one, etc.)*
ospitalità	*hospitality*
padrone (m)	*owner*
pagare	*to pay*
partire	*to leave*
passaporto	*passport*
passare	*to pass, to spend*
pensione (... completa)	*board (full ...)*
piano	*floor, storey*
pianterreno	*ground floor*
piccolo	*small*
portare	*to carry, to bring, to take*
premere (il bottone)	*to press (the button)*
prenotare	*to book*
prezzo massimo	*maximum price*
prezzo minimo	*minimum price*
quanto	*how much*
ricevuta	*receipt*
riservare	*to reserve*
ristorante (m)	*restaurant*
rumore (m)	*noise*
scale	*stairs*
seminterrato	*basement*
servire	*to serve*
servito	*served*
svegliare	*to wake*
telefono	*telephone*
televisore (m)	*television set*
uscita di sicurezza	*emergency exit*
valigia	*suitcase*
vista	*view*
vitto e alloggio	*board and lodging*

Youth Hostel (Ostello della Gioventù)

affittare	*to rent*
aiutare	*to help*
aperto	*open*
bagno	*bathroom*
chiuso	*closed*
completo	*full*
coperta	*blanket*
cucina	*kitchen*
doccia	*shower*
dormire	*to sleep*
dormitorio	*dormitory*
gabinetti	*toilets*
letto	*bed*
ospite (m)	*guest*
pagare	*to pay*
paio, (un ... di lenzuola)	*pair, (a ... of sheets)*
pasto	*meal*
pasto pronto	*ready-to-eat meal*
pattumiera	*dustbin*
per giorno/persona/ notte	*per day / person / night*
pranzare	*to have lunch*
prenotare	*to book*
sacco a pelo	*sleeping bag*
sala giochi	*games room, amusement arcade*
sala da pranzo	*dining room*
silenzio	*silence*
singola	*single*
soggiorno	*stay; living room*
tariffa	*price list, charge*
tutto l'anno	*all year round*

Camping

acqua (non) potabile	*(non) drinking water*
adulto	*adult*
albero	*tree*
bicchiere (m)	*beaker, glass*
borraccia	*water bottle*
branda	*camp bed*
bussola	*compass*
campeggiare	*to camp*
campeggiatore (m)	*camper*
campeggio; (andare in ...)	*campsite; (to go camping)*
cercare	*to look for*
coltello	*knife*
corda	*cord, rope*
cucchiaio	*spoon*
dispensa portatile	*food box*
elettrico	*electric*
fiammiferi	*matches*
forchetta	*fork*
fornello a spirito/gas	*spirit / gas stove*
gabinetti	*toilets*
griglia (alla ...)	*grilled*
lampada a gas	*gas lamp*
lavabo	*wash basin*
lavare	*to wash*
lavatrice (f)	*washing machine*
mazzuolo	*mallet*
municipale	*municipal, of the town*
nodo	*knot*
picchetto	*tent-peg*
pila	*battery; 'torch'*
posizione (f)	*position, situation*
presa (di corrente)	*socket*
pulito	*clean*
regolamento	*regulations*
roulotte (f)	*caravan*
sacco per i rifiuti	*rubbish bag*
seggiolino, (... pieghevole)	*stool, (folding stool)*
settimana	*week*
spina (elettrica)	*(electric) plug*
sporco	*dirty*
supplemento	*supplement*
tavola pieghevole	*folding table*
tenda	*tent*
termos (m)	*thermos flask*
terreno	*ground*
torcia elettrica	*(electric) torch*
veicolo	*vehicle*
veranda	*verandah*
zaino	*rucksack*

CIBO E BEVANDE

Dialoghi

Mangiare e bere

1 **Roberto** Ti piace la cucina italiana?
Janie Sì, moltissimo!
Roberto E qual è il tuo piatto preferito?
Janie Gli spaghetti al pesto.
Roberto Li mangi spesso?
Janie Almeno una volta al mese.

2 **Maria** A che ora fai colazione?
Carlo Di solito faccio colazione alle sette e un quarto.
Maria Dove fai colazione?
Carlo A casa, con i miei genitori.
Maria Che cosa mangi?
Carlo Caffellatte e biscotti.

Al telefono

3 **Sig. Martini** Pronto, Ristorante "Noce"?
Cameriere Sì, dica!
Sig. Martini Vorrei prenotare un tavolo per due persone.
Cameriere Per che ora?
Sig. Martini Per le otto.
Cameriere Va bene. Qual è il Suo nome?
Sig. Martini Martini.
Camreriere D'accordo, arrivederla.

Al bar

4 **Valerio** Cameriera!
Cameriera Prego! Desidera?
Valerio Vorrei un cappuccino e un cornetto.
Cameriera Subito, signore!
Valerio Quant'è?
Cameriera Un euro e venti (centesimi).

?

Ti piace la cucina italiana?
Qual è il tuo piatto preferito?
Vorrei prenotare un tavolo per .... persone.
(Vorrei) un cappuccino.
Quant'è?

€1,20 = uno e venti = un euro e venti (centesimi)
€1,05 = uno e cinque = un euro e cinque (centesimi)
€0,95 = zero novantacinque = novantacinque centesimi

Come antipasto (vorrei) ...
Come primo (piatto) ...
Da bere ...
Di secondo (vorrei) ...
Con contorno di ...
Avete del gelato ...?
Il conto, per favore.

Al ristorante

5 CAMERIERE Buongiorno! Desidera?
SILVIA Allora, come antipasto vorrei dei peperoni ripieni.
CAMERIERE E come primo piatto?
SILVIA Come primo vorrei delle tagliatelle al pomodoro.
CAMERIERE E da bere che cosa desidera?
SILVIA Da bere vorrei dell'acqua minerale.

6 SILVIA Cameriere!
CAMERIERE Prego! Desidera?
SILVIA Di secondo che cosa mi consiglia?
CAMERIERE Le consiglio la parmigiana.
SILVIA Che cos'è?
CAMERIERE È un piatto a base di melanzane, con mozzarella e sugo di pomodoro.
SILVIA Va bene, prendo la parmigiana con contorno di patate fritte.

7 SILVIA Avete del gelato al limone?
CAMERIERE Mi dispiace, l'abbiamo finito. Abbiamo del gelato alla fragola, al cioccolato, al pistacchio e alla vaniglia.
SILVIA Mi porti un gelato al cioccolato e alla vaniglia, per favore.

8 SILVIA Cameriere?
CAMERIERE Desidera?
SILVIA Il conto, per favore.
CAMERIERE Subito, signora.
SILVIA Il servizio è incluso?
CAMERIERE Sì, è tutto compreso.

A casa

9 ENRICA Ho molta fame oggi. Che cosa c'è da mangiare?
PAOLA Ci sono gli spaghetti alle vongole, la frittura di pesce e l'insalata mista...Buon appetito!
ENRICA Buon appetito!... Mi passi il vino bianco?
PAOLA Eccolo. Vuoi ancora un po' di sugo?
ENRICA No, grazie!... Questi spaghetti sono molto buoni!

ESERCIZIO 1

Rispondi alle seguenti domande.

Mangiare e bere

1 a Qual è il piatto preferito di Janie?
b Quante volte al mese lo mangia?

2 a A che ora fa colazione Carlo?
b Dove fa colazione?
c Con chi fa colazione?
d Che cosa prende a colazione?

Al telefono

3 a Che cosa desidera il signor Martini?
b Per che ora?

Al bar

4 a Che cosa ordina Valerio?
b Quanto paga?

Al ristorante

5 a Che antipasto chiede Silvia?
b Che cosa ordina come primo piatto?
c Che cosa desidera da bere?

6 a Che cosa consiglia il cameriere?
b Quali sono gli ingredienti di questo piatto?
c Che cosa prende Silvia di secondo?
d Che contorno desidera Silvia?

7 a Che gelato desidera Silvia?
b Che gelati hanno in questo ristorante?
c Che gelato ordina Silvia?

8 a Che cosa chiede Silvia?
b Il servizio è incluso?

A casa

9 a Che cosa chiede Enrica a Paola?
b Che cosa c'è come primo?
c Che cosa c'è come secondo?
d Che cosa pensa Enrica del primo piatto?

ESERCIZIO 2 (in coppia) [2.1]

1 **Completate con gli articoli.**

2 **Lo studente A intervista il compagno e completa la tabella, segnando con una X le risposte.**

			Sì, molto	Abbastanza	Non molto	No
Ti piace	....	formaggio?				
	....	frutta?				
	....	verdura?				
	......*la*........	carne?				
	......*il*........	pesce?				
	....	riso?				
	......*il*.......	minestrone?				
	....	pizza?				
	....	birra?				
	....	cappuccino?				
	......*il*........	caffè?				
	......*il*........	latte?				
	....	tè?				
	....	vino?				
	....	gelato?				
Ti piacciono	......*i*.........	dolci?				
	......*le*........	patate fritte?				
	....	ravioli?				
	....	lasagne?				
	....	cannelloni?				
	....	spaghetti?				
	....	tagliatelle?				

Non confondere **l'uva** con **le uova** e **il pesce** con **le pesche**:
- Ti piace l'uva (grapes)? • Ti piacciono le uova (eggs)?
- Ti piace il pesce (fish)? • Ti piacciono le pesche (peaches)?

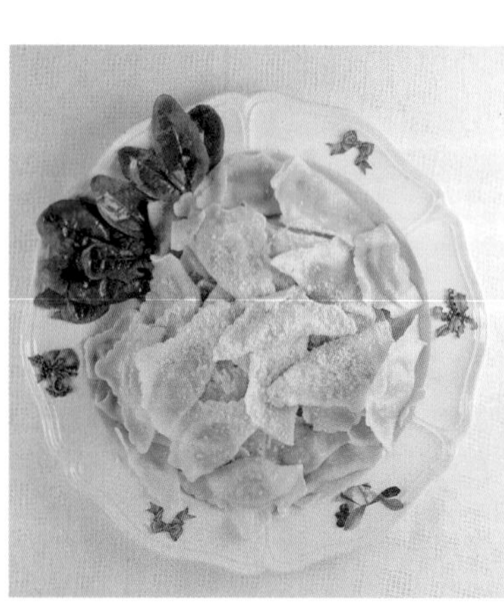

ESERCIZIO 3 (in coppia) [5.2]

Inventa 4 dialoghi, usando i pronomi (lo, la, li, le).

Esempi:

A Ti piace il formaggio? **B** Sì, abbastanza.
A **Lo** mangi spesso? **B** No, una volta alla settimana.

A Ti piacciono le patate fritte? **B** Sì, moltissimo.
A **Le** mangi spesso? **B** Sì, due volte alla settimana.

ESERCIZIO 4 (in coppia)

Lo studente A intervista il compagno e sottolinea il cibo o la bevanda da lui preferiti.*

Esempio: **A** Preferisci i panini al formaggio o al prosciutto?
B Preferisco i panini al formaggio.

* Quando la risposta del compagno è: "nessuno dei due/nessuna delle due", lo studente A fa un'altra domanda e la aggiunge alla tabella.

STUDENTE A

Preferisci	i panini al <u>formaggio</u> o al prosciutto? il vino rosso o il vino bianco? il pane o i grissini? le fragole o i lamponi? l'uva o le mele? gli spaghetti al pomodoro o al pesto? la cucina cinese o la cucina indiana? ....? ....? ....?

ESERCIZIO 5

Collega ogni parola del gruppo A con il suo contrario del gruppo B.

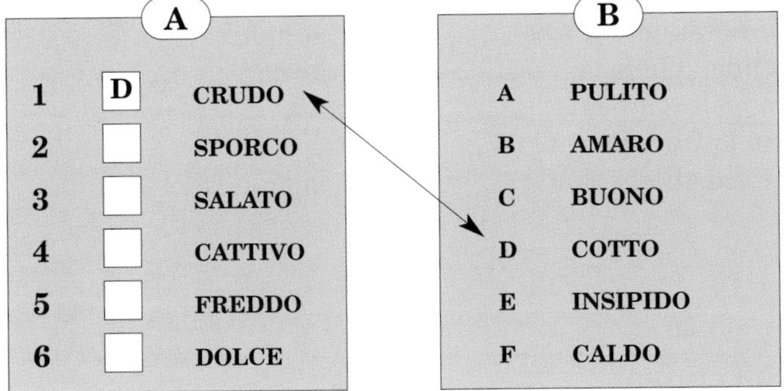

A
1 D CRUDO
2 SPORCO
3 SALATO
4 CATTIVO
5 FREDDO
6 DOLCE
B
A PULITO
B AMARO
C BUONO
D COTTO
E INSIPIDO
F CALDO

ESERCIZIO 6

Scrivi una frase per ognuna delle parole del gruppo B dell'esercizio precedente.

della
del del
dell' dell'
dell' dei
dello delle degli

ESERCIZIO 7 [2.3]

Completa.

1 Vorrei .... ravioli.
2 Vorrei .... prosciutto.
3 Vorrei .... insalata.
4 Vorrei .... tagliatelle.
5 Vorrei .... spaghetti.
6 Vorrei .... acqua minerale.
7 Vorrei .... frutta.
8 Vorrei .... zucchero.
9 Vorrei .... formaggio.
10 Vorrei .... olio.

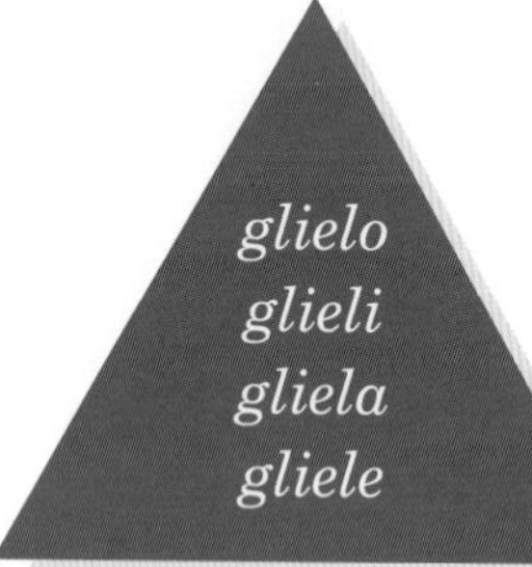

ESERCIZIO 8 (in coppia) [5.7]

Lo studente A è il cliente e legge le frasi dell'esercizio precedente. Lo studente B è il cameriere e risponde come negli esempi.

Esempi: Vorrei dei ravioli. — **Glieli** porto subito.
Vorrei del prosciutto. — **Glielo** porto subito.

ESERCIZIO 9 [10.1]

Completa.

1 Ti piacciono gli spaghetti .... aglio, olio e peperoncino?
2 Anche tu prendi gli spaghetti .... pomodoro?
3 Claudio prende i tortellini .... panna.
4 Nicoletta prende le penne .... formaggi.
5 Noi prendiamo gli spaghetti .... vongole.
6 Anche voi prendete il riso .... funghi?
7 Loro prendono le lasagne .... forno.
8 Mi piace molto la pasta .... uovo.
9 Io prendo le trenette .... pesto.
10 Io preferisco gli spaghetti .... sugo.

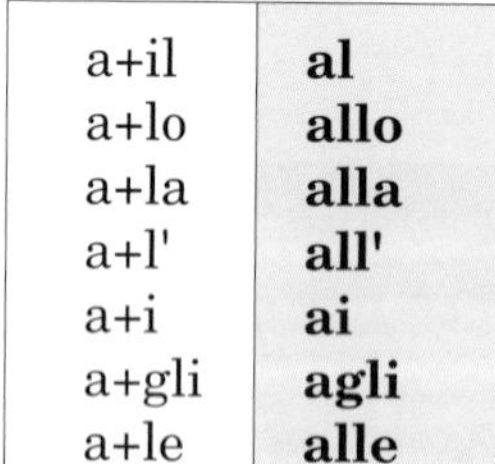

a+il	**al**
a+lo	**allo**
a+la	**alla**
a+l'	**all'**
a+i	**ai**
a+gli	**agli**
a+le	**alle**

PREPOSIZIONI ARTICOLATE

ESERCIZIO 10 [5.7]

Rispondi come negli esempi.

Esempi: Il caffè è freddo. — Mi dispiace, **gliene** porto **un** altro.
La pizza è bruciata. — Mi dispiace, **gliene** porto **un'**altra.

1 Questa forchetta è sporca. ....
2 Questo bicchiere è rotto. ....
3 Il pesce non è fresco. ....
4 La bistecca è troppo cruda. ....

ESERCIZIO 11 [3.21] 

Trasforma come negli esempi.

Esempi: Questi ravioli sono molto buoni. Sono buon**issimi**.
Questa minestra è molto salata. È salat**issima.**

1 Queste cozze sono molto fresche. ....
2 Questo ristorante è molto pulito. ....
3 Queste lasagne sono molto calde. ....
4 Quest'acqua è molto fredda. ....
5 Questo caffè è molto amaro. ....
6 Questi piatti sono molto sporchi. ....
7 Questa torta è molto dolce. ....
8 Questi peperoni sono molto piccanti. ....
9 Questo pane è molto duro. ....
10 Questo ristorante è molto caro. ....

Bell**issimo**
Bell**issima**
Bell**issimi**
Bell**issime**

SUPERLATIVO ASSOLUTO

ESERCIZIO 12 [10] [10.1]

Completa con le preposizioni.

1 Andiamo .... ristorante?
2 Vorrei prenotare un tavolo .... due.
3 Ci porti una bottiglia .... vino rosso.
4 Vorrei il vino .... casa.
5 .... secondo che cosa avete?
6 Le consiglio il piatto .... giorno.
7 Io prendo la frittura .... pesce.
8 Io prendo questo, con contorno .... insalata mista.
9 Di solito faccio colazione .... bar.
10 Facciamo un brindisi .... Cristina!

per
della
a al al
di di di di
del

ESERCIZIO 13

Intervista tre compagni e completa la tabella.

Che cosa mangi di solito la domenica a ...

NOME	COLAZIONE	PRANZO	MERENDA	CENA
Carlo	cappuccino cornetto	spaghetti pesce	tè al limone biscotti	minestra formaggio
Maria	niente	lasagne arrosto	niente	riso verdura

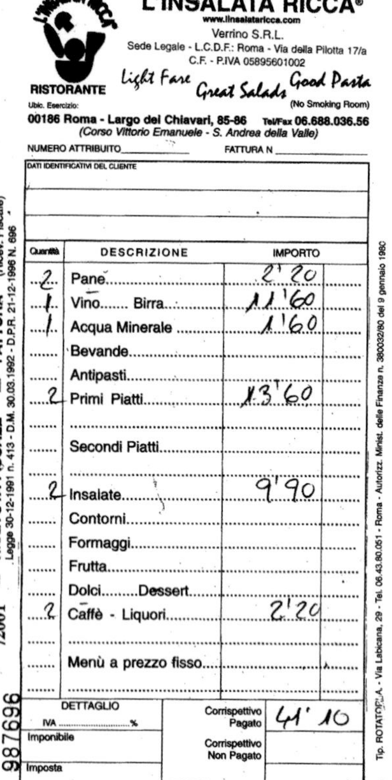

L'INSALATA RICCA®
www.linsalataricca.com
Verrino S.R.L.
Sede Legale - L.C.D.F.: Roma - Via della Pilotta 17/a
C.F. - P.IVA 05895601002
RISTORANTE
Light Fare Great Salads Good Pasta
Ubic. Esercizio: (No Smoking Room)
00186 Roma - Largo del Chiavari, 85-86 Tel/Fax 06.688.036.56
(Corso Vittorio Emanuele - S. Andrea della Valle)
NUMERO ATTRIBUITO______ FATTURA N ______
DATI IDENTIFICATIVI DEL CLIENTE

☐ RICEVUTA FISCALE ☐ FATTURA (Ricev. Fiscale)
Legge 30-12-1991 n. 413 - D.M. 30.03.1992 - D.P.R. 21-12-1996 N. 696

Quantità	DESCRIZIONE	IMPORTO
2	Pane	2'20
1	Vino....... Birra	11'60
1	Acqua Minerale	1'60
	Bevande	
	Antipasti	
2	Primi Piatti	13'60
	Secondi Piatti	
2	Insalate	9'90
	Contorni	
	Formaggi	
	Frutta	
	Dolci........Dessert	
2	Caffè - Liquori	2'20
	Menù a prezzo fisso	

DETTAGLIO IVA ....%	Corrispettivo Pagato	41'10
Imponibile	Corrispettivo Non Pagato	
Imposta	SERVIZIO ....%	
TOTALE	Totale [L]	
Data 01/03/002	Totale [€]	41'10

XAB 987696 /2001

Tip. ROTATOR.A. - Via Labicana, 29 - Tel. 06.43.80.051 - Roma - Autorizz. Minist. delle Finanze n. 380032/80 del 9 gennaio 1980

ESERCIZIO 14

Riordina il dialogo.

Al telefono

[ ]	SIGNOR MARTINI	Per le otto.
[ ]	CAMERIERE	Sì, dica!
[ ]	CAMERIERE	Va bene. Qual è il Suo nome?
[ ]	SIGNOR MARTINI	Vorrei prenotare un tavolo per due persone.
[1]	SIGNOR MARTINI	Pronto, Ristorante "Noce"?
[ ]	CAMERIERE	D'accordo, arrivederla.
[ ]	CAMERIERE	Per che ora?
[ ]	SIGNOR MARTINI	Signor Martini.

ESERCIZIO 15

Collega le domande con le risposte.

1 [ ] Che cosa desidera come antipasto?
2 [ ] Che cosa desidera come primo piatto?
3 [ ] Che cosa desidera come secondo?
4 [ ] Come contorno che cosa desidera?
5 [ ] Da bere che cosa desidera?
6 [ ] Desidera della frutta?
7 [ ] Desidera del gelato?
8 [ ] Desidera del formaggio?
9 [ ] Desidera un caffè?

a Sì, mi porti dell'uva.
b No, grazie. Mi porti il conto, per favore.
c Sì, mi porti una coppa al limone.
d Una bottiglia di vino rosso.
e L'insalata russa.
f Sì, mi porti una mozzarella.
g Gli spaghetti al pomodoro.
h La frittura di pesce.
i Insalata mista.

WORDSEARCH

Bevande

Sai che cosa dicono gli Italiani quando fanno un brindisi?
(Si dice anche a chi starnutisce.)

Chiave (6) ☐☐☐☐☐☐

Acqua
Aperitivo
Aranciata
Bevanda
Bibita
Birra
Caffè
Camomilla
Cappuccino
Cioccolata

S	A	A	D	N	A	V	E	B	O	O	S
U	T	E	L	L	I	M	O	N	A	T	A
C	A	T	A	L	A	N	I	T	B	A	P
C	I	N	T	L	I	C	U	I	I	L	E
O	C	A	T	V	C	M	R	U	B	L	R
E	N	M	E	U	E	R	O	T	I	U	I
F	A	U	P	R	A	T	E	M	T	R	T
F	R	P	P	E	A	U	Q	C	A	F	I
A	A	S	A	S	O	S	S	A	G	C	V
C	C	I	O	C	C	O	L	A	T	A	O

Frullato
Gassosa
Latte
Limonata
Spremuta
Spumante
Succo
Tè
Vino

ESERCIZIO 16 (in coppia)

Lo studente A è il cameriere e fa le domande allo studente B che è il cliente.

Studente A

Fai le domande dell'esercizio 15 al tuo compagno e compila la "ricevuta".

Tavolo N. ______	QUANTITÀ	EURO
Coperti		
Bevande		
Antipasto		
Primo piatto		
Secondo piatto		
Contorno		
Formaggio		
Frutta		
Dessert		
Caffè		
	TOTALE >>> (IVA INCLUSA)	

Studente B

Sei il cliente e, consultando il menu, rispondi alle domande del compagno.

Pane e coperto € 1,50

ANTIPASTI

Antipasti della casa	€ 9,30
Cozze alla marinara	€10,50
Prosciutto crudo e melone	€ 6,80
Pomodori ripieni di riso	€ 6,20

PRIMI PIATTI

Trenette al pesto	€ 7,90
Penne all'arrabbiata	€ 7,50
Spaghetti alle vongole	€10,50
Ravioli alla casalinga	€ 9,50
Spaghetti alla carbonara	€10,10
Tagliatelle al pomodoro	€ 7,40
Minestrone alla genovese	€ 8,70
Lasagne al forno	€ 9,50

SECONDI PIATTI

• CARNE

Pollo arrosto	€ 9,30
Agnello	€ 9,60
Bistecca ai ferri	€ 9,30

• PESCE

Pesce arrosto	€ 9,30
Sogliole fritte	€ 9,30
Frittura di pesce	€11,50
Trote alla griglia	€ 9,30

• VEGETARIANO

Piatto del giorno	€ 9,30

CONTORNI

Patatine fritte	€ 3,10
Insalata mista	€ 4,20
Pomodori	€ 3,10
Verdure cotte	€ 3,10

FORMAGGI

Formaggi misti	€ 4,20
....	€ ......

FRUTTA

Frutta di stagione	€ 4,20
Macedonia di frutta	€ 4,20

DESSERT

Dolce della casa	€ 4,20
Gelato	€ 4,20
....	€ ......

BEVANDE

Acqua minerale	€ 1,50
Birra nazionale	€ 4,10
Vino della casa	€ 7,90
Caffè	€ 1,00
....	€ ......

Menu Turistico € 17

8 FOOD AND DRINK

Can you...

Learning √	Revision √	
☐	☐	discuss your likes, dislikes and preferences and those of others? [1-2-3]
☐	☐	discuss your typical meals and meal times? [4-5-6-7-8]
☐	☐	describe a dish? [9]

	Question	Answer
1	Ti piace la cucina italiana?	Sì, mi piace molto. No, preferisco quella greca.
2	Che cosa preferisci mangiare? Qual è il tuo piatto preferito?	La pizza margherita. napoletana. ai funghi. Il minestrone. Il pollo alla diavola. Le trenette al pesto. Le cozze alla marinara. I ravioli. I calamaretti ripieni.
3	La / Lo / Le / Li mangi spesso ?	
4	Che cosa mangi di solito ...?	Di solito mangio la pasta e ...
5	A che ora fai colazione / merenda ? A che ora pranzi / ceni ?	Alle ...
6	Dove fai colazione, di solito?	A casa, con i miei genitori. Di solito non faccio colazione. Al bar.

	Question	Answer
1	Do you like Italian cooking?	Yes, I like it very much. No, I prefer Greek cooking.
2	What do you prefer to eat? Which is your favourite dish?	'Pizza with tomatoes and mozzarella'. Neapolitan Pizza. Pizza with mushrooms. Vegetable soup. Barbecued/grilled chicken. Small flat noodles with 'pesto' sauce. Mussels 'Marinara'. Ravioli. Stuffed squid.
3	Do you eat it / them often?	
4	What do you usually eat ...?	I usually eat pasta and...
5	At what time do you have breakfast? / afternoon tea? / lunch? / supper?	At...
6	Where do you usually have breakfast?	At home with my parents. I usually don't have breakfast. At the Cafè.

7 Che cosa mangi a colazione?	Prendo un cappuccino e un cornetto. Mangio uova con la pancetta.
8 Dove mangi di solito, a mezzogiorno?	A scuola. Alla mensa. A casa. Al ristorante.

un uov**o**
due uov**a**

7 What do you eat for breakfast?	I have a cappuccino and a 'cornetto'. I eat eggs and bacon.
8 Where do you usually have lunch?	At school. At the canteen. At home. At the restaurant.

Answer the Questions

1. Ti piace la cucina italiana?
2. Perché?
3. Qual è il tuo piatto preferito?
4. Che cosa mangi di solito a cena?
5. Che cosa mangi di solito a colazione?
6. A che ora fai colazione?
7. A che ora fai merenda?
8. A che ora pranzi?
9. A che ora ceni?
10. Dove fai colazione, di solito?
11. Dove ceni, di solito?
12. Con chi ceni?

Quali sono gli alimenti che giornalmente devono essere presenti nella nostra tavola?

Gli alimenti che non possono mancare sono compresi in sette gruppi:

Gruppo 1: carne, pesce e uova sono alimenti che hanno la funzione principale di fornire proteine d'alta qualità biologica, vitamine del gruppo B, ferro, ...

Gruppo 2: latte e derivati riforniscono il nostro organismo di calcio, indispensabile per la formazione di ossa e denti... Gli alimenti del gruppo 2 contengono, inoltre, un buon tenore di proteine, vitamine, ...

Gruppo 3: fanno parte di questo gruppo una serie di alimenti come pasta, riso, pane, patate e altri cereali come mais, orzo, avena e farro in grado di fornire energia facilmente utilizzabile.
Sono nutrienti indispensabili per il funzionamento del sistema nervoso, dei globuli rossi e del sistema muscolare...

Gruppo 4: legumi. Sono alimenti caratteristici della alimentazione mediterranea.
Sono importanti non solo perché ricchi di svariati nutrienti ..., ma anche per il fatto che se consumati insieme a pasta, riso o pane costituiscono il cosiddetto "piatto unico" con il quale è possibile sostituire perfettamente la carne, esempio tipico sono i vegetariani dove gli alimenti del gruppo IV, rappresentano la fonte proteica per eccellenza.

Gruppo 5: comprende i grassi sia di origine animale che vegetale... Il loro apporto deve essere limitato al 25% dell'energia introdotta giornalmente, poiché un consumo eccessivo, specie di grassi saturi, può facilitare lo sviluppo di malattie ...

Gruppo 6: ortaggi e frutta fonti di vitamina A: albicocche, broccoli, carote, cicoria, indivia, lattuga, melone giallo, pesche, peperoni, zucca gialla. Contengono inoltre fibra alimentare, minerali, acqua e fruttosio.

Gruppo 7: ortaggi e frutta fonti di vitamina C: arance, broccoli, cavolfiori, fragole, lamponi, limoni, mandarini, peperoni, pomodori, pompelmi...

www.ministerosalute.it

RICETTE (RECIPES)

[9.1]

IL PESTO

Ingredienti:
Un mazzetto di basilico fresco
30 g di parmigiano grattugiato
30 g di pecorino grattugiato
2 spicchi d'aglio
1 cucchiaio di pinoli
olio d'oliva

- Pestare in un mortaio (o frullare) le foglie di basilico fresco, l'aglio, i pinoli e i formaggi.
- Sciogliere il tutto con olio sufficiente per formare una pasta densa e cremosa.

PEPERONATA

Ingredienti:
600g di peperoni rossi, verdi e gialli
5 pomodori
una cipolla
uno spicchio d'aglio
olio
sale

- Fare soffriggere con olio una cipolla tagliata a fettine e l'aglio.
- Aggiungere i peperoni tagliati a fette (senza i semi) e salare.
- Quando i peperoni saranno quasi cotti, aggiungere i pomodori tagliati a pezzi.
- Servire calda o fredda.

SPIEDINI DI FUNGHETTI

Ingredienti (per 6 persone):

700 g di champignons
400 g di piccoli pomodori maturi
1 spicchio d'aglio
prezzemolo tritato
olio, sale, pepe

- Tagliare i pomodori a rotella, togliere i semi
- Metterli a marinare per mezz'ora nell'olio,
- Aggiungere l'aglio a pezzetti, il prezzemolo tritato, il sale e il pepe.
- Formare degli spiedini con i funghi e i pomodori.
- Ungere gli spiedini con la marinata.
- Grigliare a fuoco medio vivo per 10 minuti circa.

(Al posto dei pomodori si possono usare quadretti di peperoni o melanzane.)

SPAGHETTI ALL'AGLIO, OLIO E PEPERONCINO

Ingredienti (per 4 persone):

400 g di spaghetti
2 spicchi d'aglio
un peperoncino rosso
4 cucchiai d'olio d'oliva
sale

- Cuocere gli spaghetti al dente
- Fare rosolare l'aglio e il peperoncino a pezzi in tre cucchiai d'olio
- Condire gli spaghetti
- Aggiungere un cucchiaio d'olio e servire.

Common Words in Recipes

Come si fa ...?
Quali sono gli ingredienti ...?
Che cos'è ...?

ABBRUSTOLIRE	*to toast, to roast*
AFFETTARE	*to slice, to cut*
AGGIUNGERE	*to add*
AROMI	*herbs*
ARROSTO	*roast*
BOLLIRE	*to boil*
CONDIRE	*to dress, to add the sauce to*
CUOCERE	*to cook*
CUOCERE AL FORNO	*to bake*
CUOCERE IN UMIDO	*to stew*
CUOCERE A BAGNOMARIA	*to steam*
CUOCERE AI FERRI	*to grill*
FARCIRE	*to stuff*
FRIGGERE	*to fry*
FRULLARE	*to whisk, to whip*
GRATINARE	*to cook 'au gratin'*
GRATTUGIARE	*to grate*
IMPASTARE	*to knead*
INFARINARE	*to flour*
LESSARE	*to boil*
LIEVITARE	*to rise*
MESCOLARE	*to mix, to stir*
MESTOLO	*ladle*
METTERE	*to put*
PADELLA	*frying pan*
PANE GRATTUGIATO	*breadcrumb*
PELARE	*to peel*
PENTOLA	*saucepan, pot, pan*
RIPIENO	*stuffing*
ROSOLARE	*to brown*
SALTARE	*to sauté*
SBATTERE	*to beat, to whip*
SBOLLENTARE	*to parboil*
SBUCCIARE	*to peel, to shell*
SOFFRIGGERE	*to fry lightly*
SPREMERE	*to squeeze*
STROFINARE	*to rub*
TAGLIARE	*to cut*
TEGLIA	*baking/roasting tin*
TERRINA	*tureen, bowl*
TRITARE	*to mince, to chop*
UNGERE	*to grease*

APPARECCHIARE

bicchiere (m), *glass*
bottiglia, *bottle*
coltello, *knife*
cucchiaino, *teaspoon*
cucchiaio, *spoon*
forchetta, *fork*
piattino, *saucer*
piatto, *plate*
tazza, *cup*
tazzina, *(small) cup*
tovaglia, *table cloth*
tovagliolo, *napkin*

Cafè, Restaurant and Other Public Places

Can you...

Learning √	Revision √	
☐	☐	ask for a table? [1-2-3]
☐	☐	attract the waiter's attention? [4]
☐	☐	order a drink or a snack? [5]
☐	☐	order a meal? [6-7-8-9]
☐	☐	ask for an explanation? [10]
☐	☐	accept or reject suggestions? [11]
☐	☐	ask about the availability of dishes? [12]
☐	☐	express an opinion about a meal or dish? [13-14-15]
☐	☐	ask for the bill? [16]
☐	☐	ask if the service charge is included? [17]

1	Pronto, ristorante "Noce"?		Sì, dica!
2	Vorrei (prenotare) un tavolo per	due. cinque.	Per che ora?
3	Per le otto.		Va bene. Qual è il Suo nome?
4	Cameriere/a!		Prego, (cosa) desidera?

1	Hello, is that "Noce" restaurant?		Yes, what can I do for you?
2	I'd like (to book) a table for	two (people). five.	For what time?
3	For eight o'clock.		Fine, what's your name?
4	Waiter/Waitress!		Yes, what would you like?

5 Vorrei	un caffè. un cappuccino. un tramezzino. un panino al formaggio. un cornetto. un'aranciata. una bibita. una focaccia. una pizzetta. vedere il menù (turistico).	Subito, signore/a!	
6 Come antipasto vorrei	dei sottaceti. del prosciutto e melone. dei peperoni ripieni.	E come primo piatto?	
7 Come primo vorrei	delle tagliatelle al pomodoro. delle penne all'arrabbiata. degli spaghetti alla carbonara.	E da bere ... (cosa desidera)?	
8 Da bere vorrei	un'aranciata. una bottiglia di vino rosso/bianco. il vino della casa. dell'acqua minerale (naturale/gassata).		
9 Di secondo che cosa	mi consiglia? avete?	Le consiglio	il piatto del giorno. questo piatto. la frittura di pesce. la parmigiana.
10 Che cos'è	la parmigiana? questo?	È ...	
11 Va bene, prendo Grazie, ma preferisco	questo, con contorno di insalata mista. patatine fritte. verdure cotte. pomodori.		
12 Avete	del dolce del dessert del gelato del formaggio della frutta fresca ?	Mi dispiace, l'abbiamo finito/a. Glielo/la porto subito	

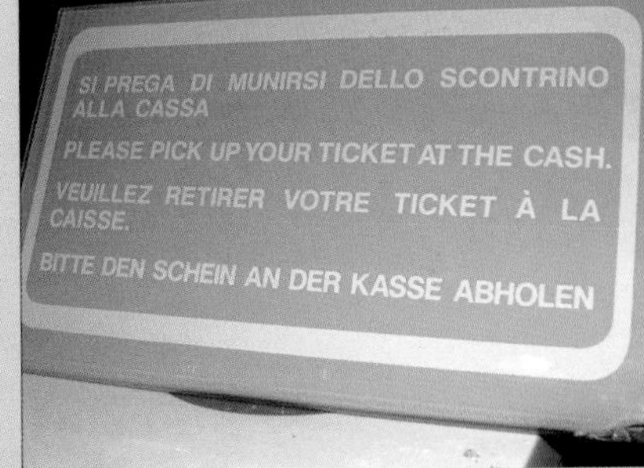

SI PREGA DI MUNIRSI DELLO SCONTRINO ALLA CASSA
PLEASE PICK UP YOUR TICKET AT THE CASH.
VEUILLEZ RETIRER VOTRE TICKET À LA CAISSE.
BITTE DEN SCHEIN AN DER KASSE ABHOLEN

⚠

il pane	*bread*
la panna	*cream*
la pasta	*pasta*
le paste	*pastries*
il pasto	*meal*
le pesche	*peaches*
il pesce	*fish*

Coni e Coppe
2 GUSTI € 1,20
3 GUSTI € 1,50
4 GUSTI € 2,00
5 GUSTI € 2,50
GELATO € 12,00

5	I'd like	a coffee. a cappuccino. a sandwich. a cheese roll. a croissant. an orangeade. a soft drink. a 'focaccia'. a small pizza. to see the menu (the fixed-price menu).		Right away, Madam/Sir!
6	For hors-d'oeuvres I'd like	some pickles. ham and melon. stuffed peppers.		And what would you like as first course?
7	For first course I'd like (some)	tagliatelle with tomato sauce. penne, tomatoes, garlic, chilli. spaghetti, bacon, eggs, fresh cream.		And what would you like to drink?
8	I'd like	an orangeade. a bottle of red/white wine. the house wine. some natural/fizzy mineral water.		
9	For the second course what do you	recommend? have?	I recommend	the dish of the day. this dish. the fried fish. the 'parmigiana' (aubergines in cheese and tomato sauce).
10	What's	the 'parmigiana'? this?		It is ...
11	All right, I'll have Thanks, but I prefer	this with mixed salad. French fries. cooked vegetables. tomatoes.		
12	Do you have	some sweet/cake a dessert (some) ice-cream (some) cheese (some) fresh fruit	?	I'm sorry, it's finished. I'll bring it at once.

13 È tutto molto buono. È buonissimo.	
14 Questo piatto del giorno è ottimo. squisito. eccellente.	
15 La minestra è salata/insipida. La carne è troppo cotta/cruda. La pizza è bruciata. Il piatto/bicchiere è sporco. Il caffè è troppo lungo/freddo.	Mi dispiace, provvedo ... immediatamente. gliene porto un'altra. gliene porto un altro.
16 Mi porta il conto, per favore?	Subito, signore.
17 Il servizio è incluso?	Sì, è tutto compreso. No, il servizio è a parte.
18 Tenga pure il resto. Questo è per Lei.	
19 Mi porta un altro po' di pane, per favore? l'oliera, il sale, il pepe, gli stuzzicadenti,	

13 It's all very nice. very nice.	
14 The dish of the day is very nice. delicious. excellent.	
15 The soup is too salty/needs more salt. The meat is over-cooked/underdone. The pizza is burnt. The plate/glass is dirty. The coffee is too weak/cold.	I'm sorry, I'll see to it immediately. I'll bring you another.
16 Can I have the bill, please?	Right away, Sir.
17 Is service included?	Yes, everything is included. No, service is not included.
18 You can keep the change. This is for you.	
19 Could you please bring me some bread? the cruets? the salt? the pepper? the tooth-picks?	

AT HOME

Learning √ Revision √

Can you...

- express hunger or thirst? [1-2]
- ask about time and place of meals? [3-4]
- ask for food and table articles? [5]
- react to offers of food? [6-7]
- express appreciation and pay compliments? [8-9]
- respond to the toast, "Salute!"? [10]

1	Ho	fame! sete!		
2	C'è qualcosa da	mangiare? bere?		
3	A che ora	si pranza? mangiamo?	Alle...	
4	Dove mangiamo?		Oggi mangiamo	in giardino. fuori. sul terrazzo. sulla spiaggia.
5	Mi passi	il sale? il pepe? l'olio? l'aceto? gli spaghetti? gli antipasti?		
6	Vuoi ancora un po' di...? Ne vuoi ancora?		No, grazie,	oggi non ho molta fame! sono sazio/a! sono a dieta!

1	I'm hungry! I'm thirsty!			
2	Is there anything	to eat? to drink?		
3	At what time are we going to have lunch? At what time are we going to eat?		At ...	
4	Where are we going to eat?		Today we'll eat	in the garden. outside. on the terrace. on the beach.
5	Could you pass me	the salt? the pepper? the oil? the vinegar? the spaghetti? the hors d'oeuvres?		
6	Would you like	a bit more...? some more?	No thanks, I'm	not very hungry today! full (up)! on a diet!

7 C'è ancora	della pasta ? dell' insalata? del succo di frutta?	Chi ne vuole dell'altra/o?
8 Continuerei a mangiare! Ne mangerei un altro piatto! Il pranzo è stato eccellente!		
9 Sei un' ottima cuoca! Sei un ottimo cuoco!		
10 Salute! Facciamo un brindisi a ... Alla tua!		(Alla) Salute! Cin, cin! Prosit!
11 A tavola!		
12 Buon appetito!		Altrettanto! Buon appetito!
13 Mi sento pieno!		

7 Is there any more	pasta? salad? fruit juice?	Who would like some more ....?
8 I'd carry on eating. I could eat another plateful. Lunch was superb.		
9 You are an excellent cook!		
10 Cheers! Let's toast to... To your health!		Cheers!
11 Dinner's ready!		
12 Enjoy your meal!		You too! Enjoy your meal!
13 I feel full up.		

COSA MANCA OGGI?

ACETO
● ACQUA MINERALE
BIRRA
CAFFÈ
CARNE
FARINA
FORMAGGIO
FRUTTA
LATTE
LIMONI
OLIO
● PANE
....
....

PASTA
● PATATE
PESCE
POMODORI
SALE
SPEZIE
SUCCO DI FRUTTA
TÈ
● UOVA
VERDURA
VINO
ZUCCHERO
....
....

SHOPPING LIST

aceto, *vinegar*
acqua minerale, *mineral water*
aranciata, *orangeade*
bibita, *(soft) drink*
birra, *beer*
biscotto, *biscuit*
burro, *butter*
caffè (m), *coffee*
cappuccino, *cappuccino*
carne (f), *meat*
farina, *flour*
formaggio, *cheese*
frutta, *fruit*
gassosa, *fizzy lemonade*
gelato, *ice cream*
latte (m), *milk*
limonata, *lemonade*
limone (m), *lemon*
maionese (f), *mayonnaise*
marmellata, *marmalade, jam*
olio, *oil*
pane (m), *bread*
pasta, *pasta; pastry*
patata, *potato*
pepe (m), *pepper*
pesce (m), *fish*
pomodoro, *tomato*
riso, *rice*
sale (m), *salt*
spezie (f, pl.), *spices*
succo di frutta, *fruit juice*
tè (m), *tea*
torta, *cake*
uovo, *egg*
vino, *wine*
zucchero, *sugar*

WORDSEARCH

You have found a part-time job in a greengrocer's shop in Florence.

- Can you find what a customer asks you for?

Vorrei ...

dell'	AGLIO
delle	ALBICOCCHE
un	ANANAS
un'	ANGURIA
delle	ARANCE
delle	BANANE
del	BASILICO
delle	BIETOLE
dei	BROCCOLI
dei	CARCIOFI
delle	CAROTE
delle	CASTAGNE
dei	CAVOLFIORI
dei	CAVOLI
delle	CILIEGE
delle	CIPOLLE
dei	FAGIOLI
dei	FICHI
delle	FRAGOLE
della	FRUTTA
dell'	INSALATA
dei	LAMPONI
dei	LIMONI
dei	MANDARINI
delle	MELANZANE
delle	MELE
un	MELONE
della	MENTA
delle	MORE
delle	NOCCIOLE
delle	NOCI
delle	OLIVE
delle	PATATE
dei	PEPERONI
delle	PERE
delle	PESCHE
dei	PISELLI
dei	POMODORI
dei	POMPELMI
delle	PRUGNE
della	SALVIA
del	SEDANO
degli	SPINACI
dell'	UVA
della	VERDURA
degli	ZUCCHINI

```
F I C H I U A T N E M N M O R E
A M E N G U R P E E T O R A C E
L I A L B I C O C C H E A V C N
S R P O M P E L M I C N A E A G
E O I O E E A A L L I A T R R A
D I S S M H L V G I P Z A D C T
A F E I A O C O U E O N L U I S
N L L M O N D S N G L A A R O A
O O L E F R A O E E L L S A F C
C V I L P R N N R P E E N E I P
I A O E C N A R A I L M I L N E
L C R A I R U G N A E V O O O P
I E A N O C C I O L E I L T P E
S I N I H C C U Z L G C I E M R
A F R U T T A I L A E O V I A O
B M A G L I O E F D I N E B L N
C S A L V I A I L O C C O R B I
M A N D A R I N I O E N A N A B
D P A T A T E I T C A V O L I O
R S P I N A C I N I N O M I L O
```

- A customer tells you a proverb that you will certainly know in English as well.
- Can you find it by using the remaining letters?

Key (3, 4, 2, 6, 4, 2, 6, 2, 5)

□□□ □□□□ □□ □□□□□□ □□□□ □□
□□□□□□ □□ □□□□□

Fruit, vegetables, spices and herbs

aglio, *garlic*
albicocca, *apricot*
alloro; (foglia di ...), *bay; (... leaf)*
ananas (m), *pineapple*
anguria, *water melon*
arancia, *orange*
asparago, *asparagus*
banana, *banana*
barbabietola (rossa), *beetroot*
basilico, *basil*
bietola, *'bietola'; (Swiss) chard*
broccoli, *broccoli*
cannella, *cinnamon*
carciofo, *artichoke*
carota, *carrot*
castagna, *chestnut*
cavolfiore (m), *cauliflower*
cavolo, *cabbage*
cetriolo, *cucumber*
ciliegia, *cherry*
cipolla, *onion*
coriandolo, *coriander*
erba cipollina, *chive*
fagioli, *beans*
fagiolini, *string beans, French beans*
fava, *broad bean*
fico, *fig*
finocchio, *fennel*
fiore di zucca (m), *courgette flowers*
fragola, *strawberry*
frutta; (... fresca/secca), *fruit; (... fresh / dried)*
fungo, *mushroom*
granoturco/mais, *sweetcorn, maize*
insalata; (... mista), *salad, lettuce; (mixed ...)*
insalata verde, *green salad*
lampone (m), *raspberry*
lattuga, *lettuce*
limone (m), *lemon*
maggiorana, *(sweet) marjoram*
macedonia (... di frutta), *fruit salad*
mandarino, *tangerine*
mela, *apple*
melanzana, *aubergine*
melone (m), *melon*
menta, *mint*
mora, *blackberry*
nocciola, *hazelnut*
noce, *walnut*
noce moscata, *nutmeg*
oliva, *olive*
origano, *oregano, origan*
patata, *potato*
pepe (m), *pepper*
peperoncino, *paprika, hot pepper*
peperone (m); (... rosso/verde), *pepper; (red / green ...)*
pera, *pear*
pesca, *peach*
piselli, *peas*
pomodoro, *tomato*
pompelmo, *grapefruit*
porro, *leek*
prezzemolo, *parsley*
prugna, *plum*
purè di patate (m), *mashed potatoes*
rapa; (cime di ...), *turnips; (... tops)*
ravanello, *radish*
rosmarino, *rosemary*
salvia, *sage*
sedano, *celery*
spezie (f, pl), *spices*
spinaci, *spinach*
tartufo, *truffle*
timo, *thyme*
uva (f, sing.), *grapes*
verdura (f, sing.), *vegetables, greens*
zafferano, *saffron*
zenzero, *ginger*
zucca, *pumpkin*
zucchino, *courgette*

Meat and Fish

acciuga, *anchovy*
affumicato, *smoked*
agnello, *lamb*
alla griglia (carne ...), *grilled (... meat)*
al sangue (carne ...), *underdone (... meat)*
anguilla, *eel*
anatra, *duck*
aragosta, *lobster*
aringa, *herring*
arrosto, *roast*
baccalà (m), *dried salted cod*
bistecca, (... ai ferri), *steak, (grilled ...)*
bollito, *boiled meat*
braciola, (... di maiale), *chop, (pork ...)*
branzino, *bass*
calamaro, *squid*
capretto, *kid (goat)*
carne bianca (f), *white meat*
carne di cervo, *venison*
carne congelata, *frozen meat*
carne in scatola, *tinned / canned meat*
carne tritata, *minced meat*
cinghiale (m), *wild boar*
coniglio, *rabbit*
cotoletta, (... di vitello), *cutlet, (veal ...)*
cozze (f, pl.), *mussels*
fagiano, *pheasant*
farcito, *stuffed*
fegato, *liver*
filetto, *fillet*
fritto, *fried*
frittura di pesce, *(mixed) fried fish*
frutti di mare (m, pl.), *seafood, shellfish*
gambero, *crayfish*
gamberetti grigi/rossi, *shrimps / prawns*
granchio, *crab*
hamburger (m), *hamburger*
involtini, *roulade, rolled fillets*
lingua, *tongue*
maiale (m), *pork*
manzo, *beef*
merluzzo, *cod*
montone (m), *mutton*
mortadella, *'mortadella'*
nasello, *whiting*
orata, *gilthead bream*
ostrica, *oyster*
pesce (m), *fish*
pescespada (m), *swordfish*
platessa/pianuzza, *plaice*
pollo, (... arrosto), *chicken, (raost ...)*
polpette (... di carne), *meatballs*
polpo, *octopus*
prosciutto, *ham,*
salame (m), *salami*
salmone (m), *salmon*
salsiccia, *(pork) sausage*
sardina, *sardine*
scaloppina, *escalope*
scampi, *scampi*
selvaggina (f, pl), *game*
seppia, *cuttlefish, squid*
sgombro, *mackerel*
sogliola, *sole*
spezzatino, *(meat) stew*
stoccafisso, *dried cod, stockfish*
storione (m), *sturgeon*
tacchino, *turkey*
tenero, *tender*
tonno, *tuna*
triglia, *(red) mullet*
trippa, *tripe*
trota, *trout*
vitello; (... tonnato), *veal; (... with tuna sauce)*
vongola, *clam*
zampone (m), *"zampone", (stuffed pig's trotter)*
zuppa (... di pesce), *(fish) soup*

www

www.slowfood.it

www.viaggiesapori.it

www.kataweb.it
→ Cucina

www.cucinaitaliana.it

RICETTE TRADIZIONALI

BRUSCHETTA

Ingredienti (per 4 persone)
- *4 fette di pane*
- *2 spicchi d'aglio*
- *olio extra vergine d'oliva*
- *sale*

Bruschetta classica
- fare abbrustolire le fette di pane
- strofinare il pane con l'aglio
- aggiungere l'olio di oliva e il sale

Variante al pomodoro
- coprire le bruschette con pomodori tagliati a cubetti
- aggiungere origano e foglie di basilico

Variante al pomodoro e alla mozzarella
- coprire le bruschette con mozzarella e pomodori tagliati a dadini
- aggiungere alcune foglie di basilico

VERDURE GRIGLIATE

Ingredienti (antipasto per 4 persone)
- *2 melanzane*
- *2 zucchini*
- *olio extra vergine d'oliva*
- *sale*
- *origano*
- *1 spicchio d'aglio*

- tagliare le melanzane e gli zucchini nel senso della lunghezza (circa un centimetro)
- cuocere le verdure da tutte e due le parti su una griglia (molto calda)
- mettere le verdure su un piatto
- salare
- aggiungere l'olio, l'origano e l'aglio tagliato a pezzettini
  Si possono aggiungere due peperoni grigliati (uno rosso e uno giallo)

ZUCCHINI ALL'ACETO

Ingredienti (per 4 persone)
- *1 kg di zucchini*
- *2 spicchi d'aglio*
- *olio extra vergine d'oliva*
- *aceto*
- *menta (o prezzemolo)*
- *sale*

- tagliare gli zucchini a fettine e friggerli
- mettere gli zucchini in un piatto
- salare
- aggiungere l'aglio tritato
- aggiungere alcune foglioline di menta (o il prezzemolo tritato)
- aggiungere alcune gocce d'aceto

PASTA E CECI

Ingredienti (per 4 persone)
- *300 grammi di pasta corta*
- *una scatola di ceci (o 200 gr di ceci secchi da lasciare in acqua fredda per una notte)*
- *una scatola di pomodori pelati (o 4 pomodori maturi)*
- *aglio*
- *rosmarino (o salvia)*
- *olio d'oliva*
- *sale*
- *formaggio (parmigiano o pecorino)*

- soffriggere nell' olio, l'aglio ed il rosmarino (o la salvia)
- aggiungere il pomodoro
- fare cuocere per alcuni minuti
- aggiungere 1 litro e mezzo di acqua
- salare
- aggiungere i ceci e farli cuocere
- aggiungere la pasta
- quando la pasta è cotta, aggiungere alcune gocce d'olio e di pepe
- servire con il formaggio

PENNE ALL'ARRABBIATA

Ingredienti (per 4 persone)
- *400 grammi di penne*
- *una scatola di pelati*
- *peperoncino*
- *uno spicchio d'aglio*
- *olio extra vergine d'oliva*
- *sale*

- fare rosolare l'aglio e il peperoncino
- aggiungere i pomodori
- salare

- cuocere le penne al dente (in abbondante acqua salata) e condirle con il sugo
  Si può aggiungere il prezzemolo tritato e il pecorino o il parmigiano

CAPRESE

Ingredienti (per 4 persone)
- *500 grammi di mozzarella*
- *400 grammi di pomodori*
- *alcune foglioline di basilico*
- *olio extra vergine d'oliva*
- *sale*
- *pepe*

- tagliare la mozzarella a fette
- tagliare i pomodori a fette
- mettere in un piatto le fette di mozzarella e di pomodoro (alternate)
- condire con olio, sale e pepe
- aggiungere il basilico

COMPRARE

Dialoghi 

1 ROBERTO Scusi, a che ora aprono i negozi di abbigliamento?
PASSANTE Aprono alle otto e mezzo.
ROBERTO E a che ora chiudono?
PASSANTE Chiudono alle otto. (*)

2 ROBERTO Scusi, mi sa dire dov'è il reparto abbigliamento?
COMMESSO Sì, è al terzo piano, sulla destra, dopo il reparto profumi.
ROBERTO C'è l'ascensore?
COMMESSO No, ma può usare la scala mobile.
ROBERTO Grazie mille!

3 ROBERTO Vorrei una maglia.
COMMESSA Come la vuole? Di lana o di cotone?
ROBERTO Di cotone.
COMMESSA E di che colore la desidera?
ROBERTO Mah, non saprei...la vorrei molto chiara: azzurra o bianca.
COMMESSA Le va bene questa?
ROBERTO Avete qualcosa di più sportivo?
COMMESSA Abbiamo questo nuovo modello.
ROBERTO Quanto costa?
COMMESSSA Centoventi euro.
ROBERTO È molto bella, ma è troppo cara.

4 JANIE Avete l'ultimo CD di Boccelli?
COMMESSO Sì, lo trova nello scaffale in fondo, sotto la B.
JANIE Quanto costa?
COMMESSO Ventidue euro e novanta (centesimi).
JANIE Posso pagare con la carta di credito?
COMMESSO Mi dispiace, ma non accettiamo carte di credito.
JANIE Va bene. Ecco a lei cinquanta euro.
COMMESSO Ecco il resto e lo scontrino. Arrivederci!

5 VALERIO Dove fai di solito la spesa?
SILVIA La spesa settimanale la faccio alla COOP, perché ha un grande parcheggio; altrimenti vado in un negozio vicino a casa mia. E tu dove vai?
VALERIO Due volte alla settimana vado al mercato, perché è molto economico e qualche volta vado al CONAD perché fanno il servizio a domicilio e ci sono spesso offerte speciali.

6 COMMESSO Buongiorno! Desidera?
PAOLA Ieri ho comprato questa macchina fotografica, ma non funziona.
Potrebbe cambiarmela?
COMMESSO Ha la ricevuta?
PAOLA Sì, eccola.
COMMESSO Bene, gliela cambio subito.

(*) Sono pochi i negozi che fanno orario continuato; la maggioranza chiude dalle 12.30 alle 15.30.

Scusi, a che ora aprono i negozi...?
A che ora chiudono?
Dov'è il reparto abbigliamento?
Vorrei una maglia.
Di cotone/di lana...
Azzurra/bianca...
Quanto costa?
Posso pagare con un assegno/con la carta di credito?

ESERCIZIO 1

Rispondi alle seguenti domande.

1	**a**	A che ora aprono i negozi di abbigliamento?
	b	A che ora chiudono?
2	**a**	A che piano si trova il reparto abbigliamento?
	b	Dopo quale reparto si trova?
	c	Roberto come può raggiungere il reparto abbigliamento?
3	**a**	Che cosa vuole comprare Roberto?
	b	Come la vuole?
	c	Di che colore la vuole?
	d	Che modello desidera?
	e	Quanto costa il nuovo modello?
	f	Che cosa pensa Roberto del nuovo modello?
4	**a**	Quale compact disc di Boccelli vuole comprare Janie?
	b	Dove lo può trovare?
	c	Quanto costa?
	d	Perché Janie non può pagare con la carta di credito?
	e	Quanto denaro dà Janie al commesso?
	f	Che cosa riceve insieme al resto?
5	**a**	Dove fa la spesa settimanale Silvia?
	b	Perché?
	c	Dove fa la spesa gli altri giorni?
	d	Dove fa la spesa Valerio due volte alla settimana?
	e	Perché?
	f	Dove fa la spesa qualche volta?
	g	Perché?
6	**a**	Che cosa ha comprato Paola?
	b	Quando l'ha comprata?
	c	Perché la vuole cambiare?
	d	Che cosa le chiede il commesso?
	e	Che cosa fa il commesso?

WORDSEARCH

Come si dice 'shopping centre' in italiano?

Chiave (6, 11) ☐☐☐☐☐☐ ☐☐☐☐☐☐☐☐☐☐☐

MATERIE

Argento
Carta
Cotone
Ferro
Lana
Legno
Metallo
Oro
Pelle
Plastica
Seta
Stoffa
Velluto
Vetro

```
G C E D R E V I O L A E N
I T A O S S O R P E L L E
A B F T R R O L A N A N N
L I F C E O A O L O C E O
L A O M M S E N R A O R R
O N T C T A R G E N T O R
R C S I I A V E T R O E A
R O C O T U L L E V N O M
E A R A N C I O N E E R L
F A T R A C G R I G I O E
```

COLORI

Arancione
Bianco
Giallo
Grigio
Marrone
Nero
Rosa
Rosso
Verde
Viola

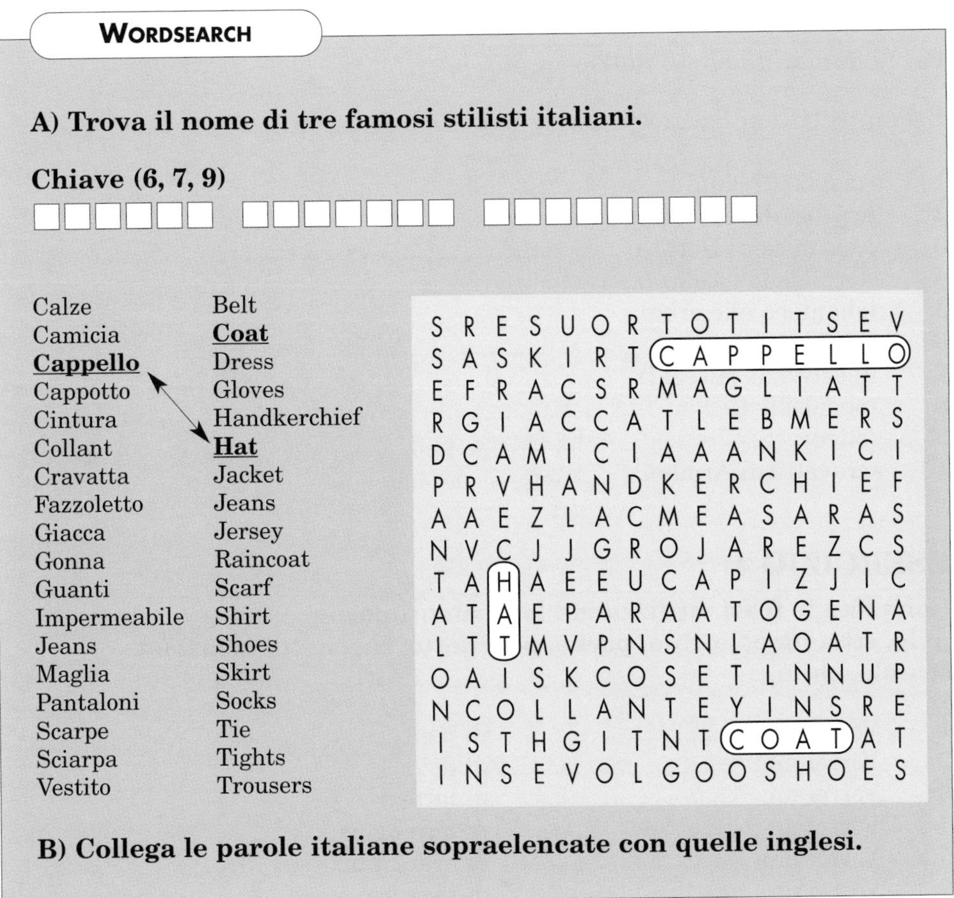

WORDSEARCH

A) Trova il nome di tre famosi stilisti italiani.

Chiave (6, 7, 9)

☐☐☐☐☐☐ ☐☐☐☐☐☐☐ ☐☐☐☐☐☐☐☐☐

Calze	Belt
Camicia	**Coat**
Cappello	Dress
Cappotto	Gloves
Cintura	Handkerchief
Collant	**Hat**
Cravatta	Jacket
Fazzoletto	Jeans
Giacca	Jersey
Gonna	Raincoat
Guanti	Scarf
Impermeabile	Shirt
Jeans	Shoes
Maglia	Skirt
Pantaloni	Socks
Scarpe	Tie
Sciarpa	Tights
Vestito	Trousers

```
S R E S U O R T O T I T S E V
S A S K I R T C A P P E L L O
E F R A C S R M A G L I A T T
R G I A C C A T L E B M E R S
D C A M I C I A A A N K I C I
P R V H A N D K E R C H I E F
A A E Z L A C M E A S A R A S
N V C J J G R O J A R E Z C S
T A H A E E U C A P I Z J I C
A T A E P A R A A T O G E N A
L T T M V P N S N L A O A T R
O A I S K C O S E T L N N U P
N C O L L A N T E Y I N S R E
I S T H G I T N T C O A T A T
I N S E V O L G O O S H O E S
```

B) Collega le parole italiane sopraelencate con quelle inglesi.

ESERCIZIO 2

Collega le parole della colonna A con quelle della colonna B.

In che negozio compreresti ... ?

		A		B
1	f	le banane	a	Alimentari
2	☐	la carne	b	Cartoleria
3	☐	i francobolli	c	Edicola
4	☐	i gelati	d	Farmacia
5	☐	i giornali	e	Fioraio
6	☐	i libri	f	Fruttivendolo
7	☐	i fiori	g	Gelateria
8	☐	gli spaghetti	h	Gioielleria
9	☐	le medicine	i	Libreria
10	☐	gli orecchini	l	Macelleria
11	☐	il pesce	m	Panetteria
12	☐	i profumi	n	Pasticceria
13	☐	i quaderni	o	Pescheria
14	☐	il pane	p	Profumeria
15	☐	le torte	q	Tabaccheria

ESERCIZIO 3 [2.3] 

Fai le domande come nell'esempio.

Esempio: (CD di Pavarotti) Avete **dei** CD di Pavarotti?

1 (maglie di lana) ....
2 (orologi di Benetton) ....
3 (ceramica di Deruta) ....
4 (formaggio locale) ....
5 (shampoo alle erbe) ....
6 (aglio) ....
7 (giacche di Missoni) ....
8 (olio d'oliva) ....
9 (olive) ....
10 (cravatte di Armani) ....

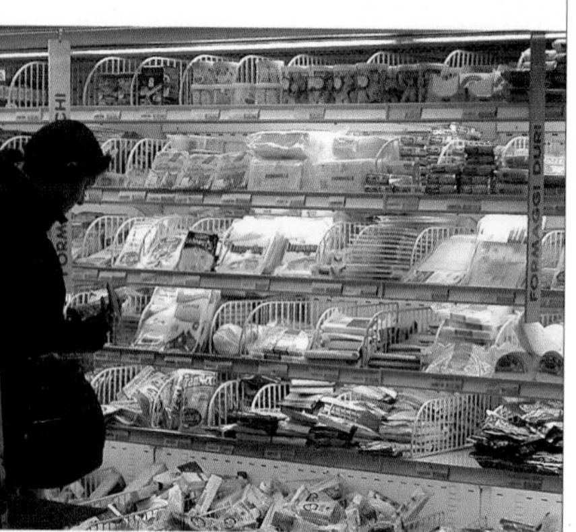

ESERCIZIO 4

Completa le frasi, utilizzando le seguenti parole:
paio, etto, litro, lattina, pacco, pacchetto, sacchetto, dozzina, scatola, chilo.

1 Vorrei un .... di pane.
2 Vorrei una .... di uova.
3 Vorrei un .... di latte.
4 Vorrei un .... di formaggio.
5 Vorrei una .... di aranciata.
6 Vorrei un .... di plastica.
7 Vorrei una .... di fiammiferi.
8 Vorrei un .... di spaghetti.
9 Vorrei un .... di caramelle.
10 Vorrei un .... di scarpe.

 Il plurale di **uovo** è **uova**.

ESERCIZIO 5

A) Completa le frasi con l'espressione adatta.

Esempio: Vorrei delle calze *di cotone* (di ferro/**di** cotone)

1 Vorrei una maglia .... (di lana/di legno)
2 Vorrei una giacca .... (di pelle/d'oro)
3 Vorrei una collana .... (di carta/d'argento)
4 Vorrei una pentola .... (di plastica/d'acciaio)

B) Scrivi una frase per ognuna delle espressioni che non hai usato.

ORARIO

Inverno

mattina: dalle 9.00 alle 12.30
pomeriggio: dalle 15.30 alle 19.00

Estate

mattina: dalle 9.00 alle 12.30
pomeriggio: dalle 16.00 alle 20.00

Lunedì mattina e festivi: chiuso.

ESERCIZIO 6 

Fai le domande come nell'esempio.

Esempio: Vorrei una maglia. Di che colore **la** desidera?

1 Vorrei un cappotto. ....
2 Vorrei una borsa. ....
3 Vorrei una giacca. ....
4 Vorrei un impermeabile. ....
5 Vorrei delle scarpe. ....
6 Vorrei dei pantaloni. ....
7 Vorrei un pullover. ....
8 Vorrei delle calze. ....
9 Vorrei una camicia. ....
10 Vorrei dei fazzoletti. ....

ESERCIZIO 7

Collega le parole della colonna A con quelle della colonna B.

		A		B
1	h	argento	**a**	cloth
2	☐	carta	**b**	gold
3	☐	cotone	**c**	glass
4	☐	ferro	**d**	silk
5	☐	lana	**e**	paper
6	☐	legno	**f**	cotton
7	☐	metallo	**g**	velvet
8	☐	nailon	**h**	silver
9	☐	oro	**i**	wool
10	☐	pelle	**l**	iron
11	☐	plastica	**m**	nylon
12	☐	seta	**n**	wood
13	☐	stoffa	**o**	leather
14	☐	vetro	**p**	metal
15	☐	velluto	**q**	plastic

ESERCIZIO 8

Completa la tabella.

Di che colore è ...
1 l'aglio, **2** l'arancia, **3** il basilico, **4** la carota, **5** il sale, **6** la castagna, **7** la fragola, **8** il limone, **9** la noce, **10** il pomodoro, **11** il pompelmo, **12** la lattuga.

ARANCIONE	BIANCO	GIALLO	MARRONE	ROSSO	VERDE
		il limone			
la carota					

ESERCIZIO 9 [5.2]

Fai le domande come nell'esempio.

Esempio: (maglia) **La** posso provare, per favore?

1 (cappello) ....?
2 (camicia) ....?
3 (cintura) ....?
4 (giacca a vento) ....?
5 (impermeabile) ....?
6 (jeans) ....?
7 (scarpe) ....?
8 (pantaloni) ....?
9 (vestito) ....?
10 (pullover) ....?

ESERCIZIO 10 [8.1]

Scrivi in lettere le cifre sottolineate.

Esempio: La gonna costa € 42,50. Quarantadue euro e cinquanta (centesimi).

1 Il cappello costa € 22,90. ....
2 La camicia costa € 43,00. ....
3 La cintura costa € 24,00. ....
4 La giacca a vento costa € 75,00. ....
5 L'impermeabile costa € 147,00. ....
6 I jeans costano € 66,00. ....
7 Le scarpe costano € 123,00. ....
8 I pantaloni costano € 68,00. ....
9 Il vestito costa € 315,00. ....
10 Il pullover costa € 79,00. ....

ESERCIZIO 11

Risolvi il cruciverba con il contrario delle parole sottolineate.

ORIZZONTALI

1 Questo pullover è troppo leggero.
2 Questo vestito è troppo stretto.
3 Questo cappotto è troppo corto.
4 Questo costume è troppo piccolo.
5 Questo è un nuovo modello.

VERTICALE

1 Come si dice "sales" in italiano?

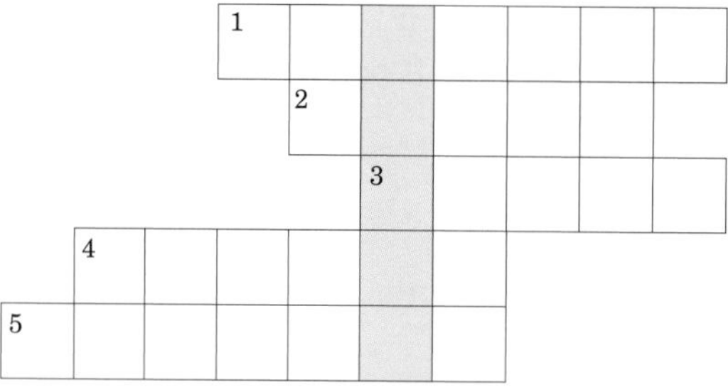

ESERCIZIO 12

Volgi al plurale le frasi dell'esercizio precedente.

Esempio: Questi pullover sono troppo leggeri.

1 ....
2 ....
3 ....
4 ....

ESERCIZIO 13

Volgi al plurale.

Esempio: Questa collana è troppo cara. Queste collane sono troppo care.

1 Questa stoffa è troppo leggera. ....
2 Questa camicia è troppo stretta. ....
3 Questa gonna è troppo lunga. ....
4 Questa giacca è troppo larga. ....
5 Questa è una nuova marca. ....

⚠ I nomi e gli aggettivi femminili in **-ca** e **-ga**, fanno nel plurale **-che** e **-ghe**.
Esempio: giacca, giacche.

ESERCIZIO 14

Scrivi cinque frasi simili a quelle dell'esercizio precedente.

Esempio: (borsa) Questa borsa è troppo cara.

1 (maglia) ....

2 (cappello) ....

3 (impermeabile - m) ....

4 (pigiama - m) ....

5 (scarpa) ....

ESERCIZIO 15 [10] [10.1]

Completa con le preposizioni.

1 I negozi aprono .... otto e mezzo.
2 Dov'è un'agenzia .... cambio?
3 Vorrei un giocattolo .... un bambino di sei anni.
4 Vorrei un chilo .... pane.
5 Accettate la carta .... credito?
6 Avete delle calze .... cotone?
7 Andiamo spesso .... supermercato.
8 Vorrei un paio .... occhiali.
9 Noi facciamo la spesa .... COOP.
10 Posso pagare .... un assegno?

ESERCIZIO 16 [5.7] 

Completa come nell'esempio.

Esempio: Questa borsa è rotta. **Me la** cambia, per favore?

me lo
me la
me li
me le

1 Questa maglia è sporca. ....
2 Questo orologio non funziona. ....
3 Queste scarpe sono larghe. ....
4 Questi pantaloni sono stretti. ....
5 Questa radio non funziona. ....
6 Questo vestito non mi va bene. ....
7 Questi stivali sono stretti. ....
8 Questo cappotto è troppo lungo. ....
9 Questa gonna è troppo corta. ....
10 Queste calze non sono di cotone. ....

ESERCIZIO 17 [5.4] [5.7] 

Completa come nell'esempio.

Esempio: Questa borsa è rotta. Potrebbe cambiar**mela**, per favore?

1 Questa maglia è sporca. ....?
2 Questo orologio non funziona. ....?
3 Queste scarpe sono larghe. ....?
4 Questi pantaloni sono stretti. ....?
5 Questa radio non funziona. ....?
6 Questo vestito non mi va bene. ....?
7 Questi stivali sono stretti. ....?
8 Questo cappotto è troppo lungo. ....?
9 Questa gonna è troppo corta. ....?
10 Queste calze non sono di cotone. ....?

ESERCIZIO 18 [5.7]

Rispondi alle domande dell'esercizio precedente.

Esempio: Potrebbe cambiarmela, per favore? **Gliela** cambio subito.

1 ....
2 ....
3 ....
4 ....
5 ....
6 ....
7 ....
8 ....
9 ....
10 ....

ESERCIZIO 19

Collega le frasi della colonna A con quelle della colonna B.

		A		B
1	d	A che ora aprono i negozi?	a	È a cento metri, sulla destra.
2	☐	Dov'è una panetteria?	b	Al primo piano.
3	☐	Dov'è il reparto alimentari?	c	Quaranta euro.
4	☐	Vorrei una borsa.	d	Alle otto e mezzo.
5	☐	Quanto costa?	e	Di che colore la desidera?

BANCONOTE
Le banconote sono uguali per tutti i paesi che aderiscono all'euro, con immagini che rappresentano tappe della storia dell'arte europea.

MONETE ITALIANE
A differenza delle banconote, una facciata delle otto monete dell'euro è uguale per tutti i paesi, mentre l'altra è stata decisa dai Paesi dell'unione monetaria, scegliendo dei simboli nazionali.

- Castel del Monte
- Mole Antonelliana
- Colosseo
- "Venere" di Botticelli
- "Forme uniche nella continuità dello spazio" di Umberto Boccioni
- Il Marco Aurelio
- "L'Uomo" di Leonardo
- Dante Alighieri

COME NASCE L'EURO
"I governi degli Stati membri sono gli artefici dell'euro, il cui nome è stato adottato dal Consiglio europeo di Madrid del dicembre 1995.

La Banca centrale europea (BCE), istituita il 1º giugno 1998, ha sede a Francoforte sul Meno, in Germania. Essa ha il compito di mantenere la stabilità dei prezzi e di condurre una politica monetaria unica per tutta l'area dell'euro.

La BCE svolge le funzioni ad essa assegnate direttamente o in collaborazione con le banche centrali nazionali..."

Sito Internet della Banca Centrale Europea: **www.ecb.int.**

Sito Internet della Banca d'Italia: **www.bancaditalia.it**

9 SHOPPING

Learning √ **Revision** √

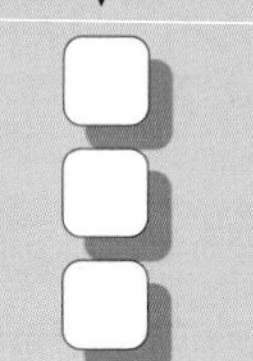

Can you...

- find out about opening and closing times? [1]
- ask where specific shops and departments are? [2-3-4]
- ask for particular items (with, if appropriate, a brief description)? [6-7-9-10-11]
- express quantity required (including expressions of weight, volume, container)? [12]
- find out how much things cost? [13]
- say an item is (not) satisfactory or too expensive, small, big, etc.? [15-16-17]
- say that is all you require? [19]
- discuss routine, preferences and facilities? [22-23]
- ask for small change? [24]
- return unsatisfactory goods and ask for a refund or replacement? [25-26]

			Risposta
1 A che ora	aprono chiudono	i negozi di abbigliamento?	Aprono alle otto e mezzo. Chiudono alle ...
2 C'è Dov'è	un	supermercato? centro commerciale? mercato? fruttivendolo?	
	un negozio di	articoli sportivi? giocattoli?	
	una	agenzia di cambio? farmacia? drogheria? latteria? macelleria? panetteria? pasticceria? salumeria? gioielleria? profumeria?	
3 Dove posso trovare		della porcellana? delle camicie? delle maglie?	
4 Dov'è il reparto		alimentari? cancelleria? vestiti? libri? profumi? elettricità?	
5			Buongiorno, desidera?
6 Avete		dei jeans ? dei CD di ...? delle riviste inglesi?	
7 Vorrei un giocattolo		non troppo caro. per un bambino di sei anni.	
8 Può farmi una confezione regalo?			

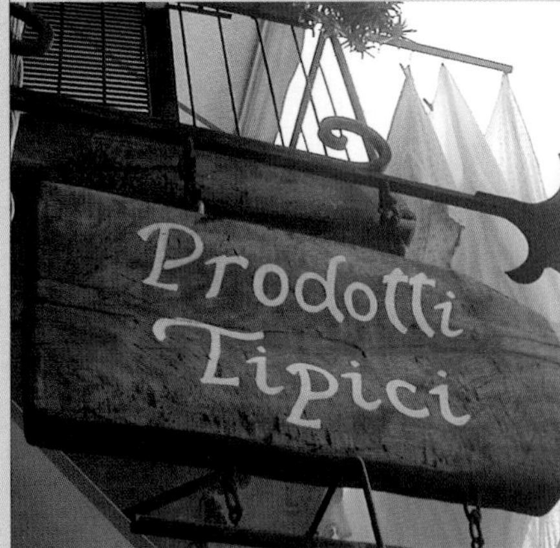

Questo negozio effettua

ORARIO CONTINUATO

dal LUNEDÌ al SABATO

Lunedì dalle 14.30 alle 19.30
Martedì/Sabato dalle 9.30 alle 19.30

CHIUSO

PER FERIE

dal **13 agosto** al **2 settembre**

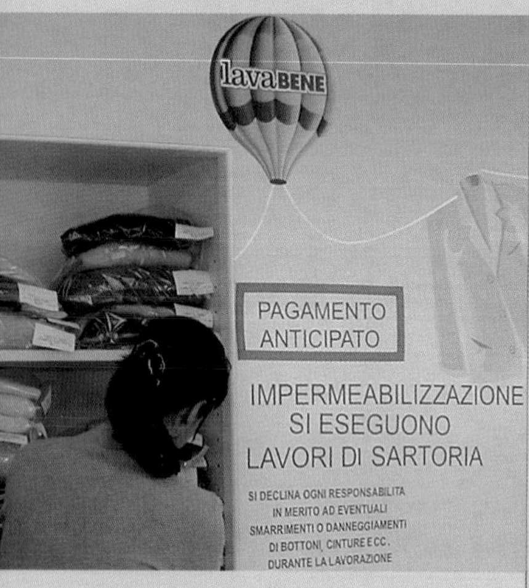

1 At what time do clothes shops		open? close?	They open at eight thirty. close at...
2 Is there Where is	a	supermarket? shopping centre? market? greengrocer?	
		sports shop? toy shop?	
		bureau de change? chemist's? grocer's? dairy? butcher's? baker's? confectioner's (shop)? delicatessen? jeweller's? perfume shop?	
3 Where can I find		some china? shirts? jumpers?	
4 Where's the	food stationery clothing book perfume electrical	department?	
5			Good morning, can I help?
6 Do you have any		jeans? CDs by ... ? English magazines?	
7 I'd like a toy		that is not too expensive. for a six year old (child).	
8 Could you gift-wrap it for me?			

WORDSEARCH

In August, while on holiday in Rome, you want to buy a CD but the shop is closed - like many other shops in the city.
Can you find out why?

Key (6, 3, 5) ☐☐☐☐☐☐ ☐☐☐ ☐☐☐☐☐

ALIMENTARI	NEGOZIO
BARATTOLO	PACCO
CAMICIA	PROFUMO
CASSA	REPARTO
CINTURA	RICEVUTA
CHIARO	SACCHETTO
COMPRARE	SALDI
COTONE	SCARPE
CRAVATTA	SCONTO
DISCO	SETA
FARMACIA	SPESA
GONNA	STOFFA
LANA	VELLUTO
MERCATO	VESTITO
METRO	VETRINA

```
O T I T S E V V E L L U T O
A S E T A N E G O Z I O L A
N A L I M E N T A R I O C T
A C F H E I A N I R T E V T
L C U A T C S C S T O F F A
C H I A R O A E A S S A C V
A E O E O M P R O F U M O A
R T M P I R A T U V E C I R
U T E C A B C C E N O T O C
T O I C R F C E I S A L D I
N A S A N N O G R A S E P S
I I D I S C O M P R A R E E
C S C O N T O O T R A P E R
```

Signs and Notices

Match the numbers and the letters: 1c, ...

1c	**LIQUIDAZIONE TOTALE**	*a.*	*sale*
2	**OFFERTA SPECIALE**	*b.*	*open / closed*
3	**PREZZI SPECIALI**	*c.*	*clearance sale*
4	**PREZZI FISSI**	*d.*	*closed for holidays*
5	**SVENDITA**	*e.*	*free entrance*
6	**SALDI ESTIVI**	*f.*	*upper floor*
7	**SALDI INVERNALI**	*g.*	*summer sales*
8	**SALDI DI FINE STAGIONE**	*h.*	*pull / push*
9	**VENDITA PROMOZIONALE**	*i.*	*end of season sales*
10	**APERTO/CHIUSO**	*j.*	*entrance / exit*
11	**ASCENSORE**	*k.*	*special offer*
12	**CHIUSO PER FERIE**	*l.*	*sales promotion*
13	**CHIUSO PER TURNO**	*m.*	*special prices*
14	**CHIUSO PER RIPOSO SETTIMANALE**	*n.*	*lift*
15	**ENTRATA/USCITA**	*o.*	*closed on rota*
16	**ENTRATA LIBERA**	*p.*	*winter sales*
17	**LISTINO PREZZI**	*q.*	*fixed prices*
18	**PIANO SUPERIORE**	*r.*	*price list*
19	**TIRARE/SPINGERE**	*s.*	*weekday closing*

Shops

abbigliamento (negozio di ...)	*clothes shop*
alimentari (negozio di ...)	*grocer's (shop)*
cartoleria	*stationery (shop)*
centro commerciale	*shopping centre*
drogheria	*grocer's (shop)*
edicola	*newspaper kiosk*
farmacia	*pharmacy; chemist's (shop)*
fioraio	*florist*
fruttivendolo	*greengrocer's (shop)*
gelateria	*ice-cream (shop)*
gioielleria	*jeweller's (shop)*
giornalaio	*newsagent*
grande magazzino	*department store*
latteria	*dairy*
lavanderia	*laundry*
lavasecco/lavanderia a secco	*dry-cleaner's (shop)*
libreria	*bookshop*
macelleria	*butcher's (shop)*
mercato	*market*
panetteria/fornaio	*baker's (shop)*
parrucchiere (m)	*hairdresser*
pasticceria	*confectioner's (shop)*
pastificio	*pasta factory*
pescheria	*fishmonger's (shop)*
profumeria	*perfume shop*
rosticceria	*roast meat shop, 'rôtisserie'*
salumeria	*delicatessen (shop)*
supermercato	*supermarket*
tabaccheria	*tobacconist's (shop)*
tintoria	*dry-cleaner's (shop)*

9 Vorrei	un pullover. un impermeabile. un ombrello. una borsa. un fazzoletto. una giacca. un cappotto. un paio di occhiali da sole. un paio di scarpe. un paio di pantaloni. un paio di sandali. un paio di stivali.	Come lo / la / li / le	vuole?
10 Di	nailon. pelle. plastica. porcellana. seta. stoffa. metallo. cotone. velluto.	Di che colore lo / la / li / le	desidera?
11	Azzurro. Bianco. Blu. Celeste. Giallo. Rosso. Chiaro. Scuro.	Le va bene questo?	
12 Vorrei	un litro di latte. un chilo di pane. una dozzina di uova. un pacco di spaghetti. un pacchetto di caramelle. una scatola di fiammiferi. un sacchetto di plastica. una bottiglia di vino. una lattina di aranciata. un etto di formaggio.		

9 I'd like	a pullover. a raincoat. an umbrella. a bag. a handkerchief. a jacket. a coat.	
	a pair of	sun glasses. shoes. trousers. sandals. boots.
10 Made of	nylon. leather. plastic. china. silk. material. metal. cotton. velvet.	
11 Azure. White. Blue. Light blue. Yellow. Red. Light. Dark.		
12 I'd like a	litre of milk. kilo of bread. dozen eggs. packet of spaghetti. packet of sweets. box of matches. plastic bag. bottle of wine. can of orangeade. 100 grams of cheese.	

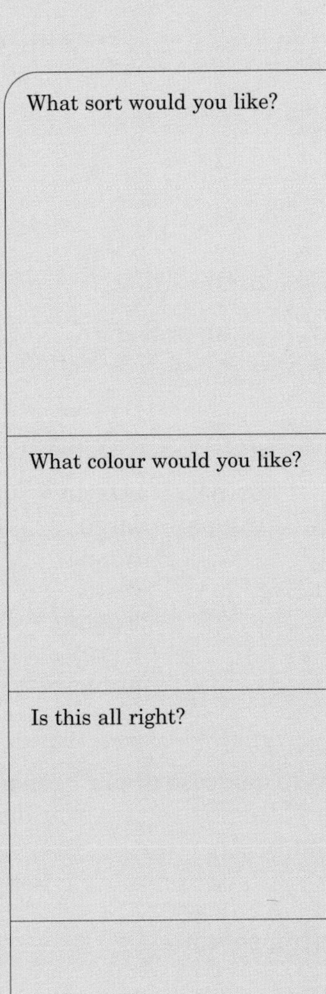
What sort would you like?

What colour would you like?

Is this all right?

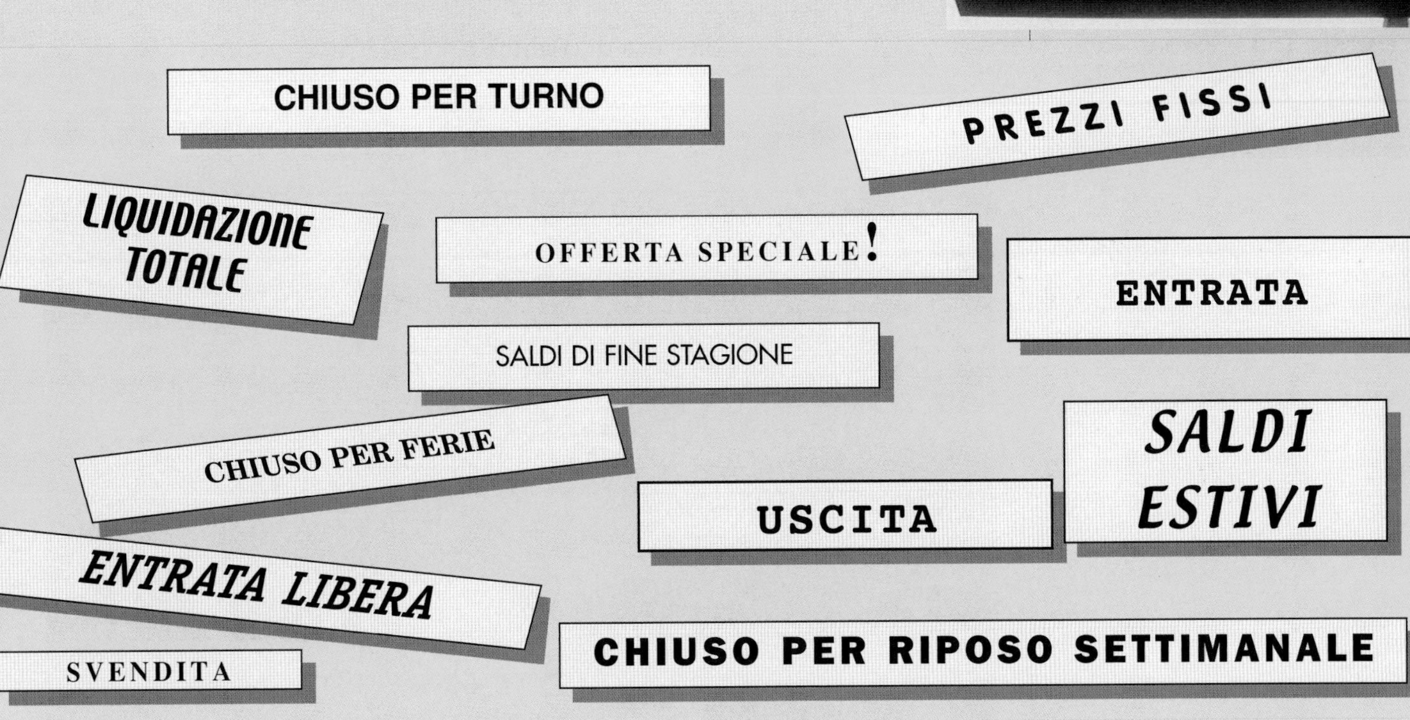

13	Quanto costa?			Cinque Dieci Venti Trenta Cinquanta Cento	euro.
14	Lo La Li Le	posso provare ?		Sì, prego.	
15	È	un po' troppo	stretto. largo. lungo. corto. leggero. pesante. grande. caro.	Vuole provare	questo? questa? questi? queste?
16	Avete qualcosa di più	elegante? comodo? sportivo? economico?		Abbiamo questo nuovo modello.	
17	È (troppo) caro.				
18				È tutto? Nient'altro?	
19	Grazie, è tutto.	Quanto le devo? Quanto pago? Quant'è?		(Sono) ottanta euro.	
20	Posso pagare con	un assegno? la carta di credito?			
21	Ecco a lei. Arrivederci!				

13 How much?			Five Ten Twenty Thirty Fifty A hundred	Euros.
14 Can I try it /them on?			Yes, certainly.	
15 It's	a bit too	tight. large. long. short. light. heavy. big. expensive.	Would you like to try this/these?	
16 Have you anything	more	elegant? comfortable? casual?	We have this new model.	
		cheaper?		
17 It's (too) expensive.				
18			Is that all? Anything else?	
19 Thank you, that's all.	How much do I owe you? How much do I pay? How much is it?		(It's) 80 Euros.	
20 Can I pay by	cheque ? credit card?			
21 Here you are. Good bye!				

secondo piano | 2
- la DONNA
- il BAMBINO
- il SERVIZIO CLIENTI

primo piano | 1
- l'UOMO
- gli ACCESSORI UOMO
- l'INTIMO UOMO

piano terra | T
- la PROFUMERIA
- gli ACCESSORI DONNA
- il PARRUCCHIERE

sottopiano | -1
- la LISTA NOZZE
- la CASA
- i GIOVANI
- lo SPORT
- la CANCELLERIA
- la VALIGERIA
- la CAFFETTERIA

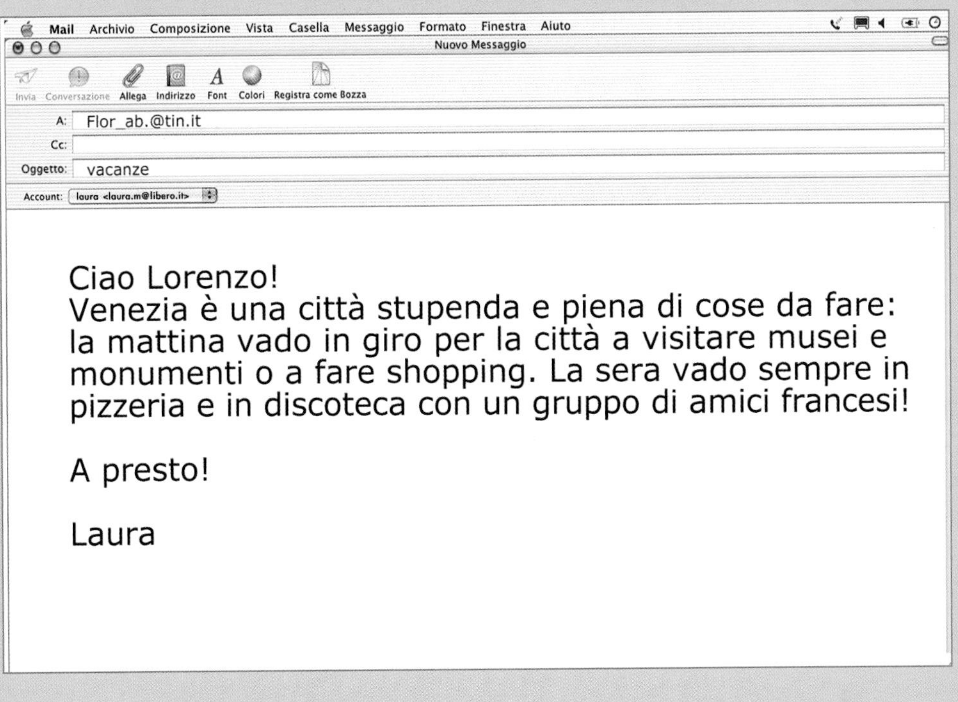
Mail Archivio Composizione Vista Casella Messaggio Formato Finestra Aiuto

Nuovo Messaggio

A: Flor_ab.@tin.it

Cc:

Oggetto: vacanze

Ciao Lorenzo!
Venezia è una città stupenda e piena di cose da fare: la mattina vado in giro per la città a visitare musei e monumenti o a fare shopping. La sera vado sempre in pizzeria e in discoteca con un gruppo di amici francesi!

A presto!

Laura

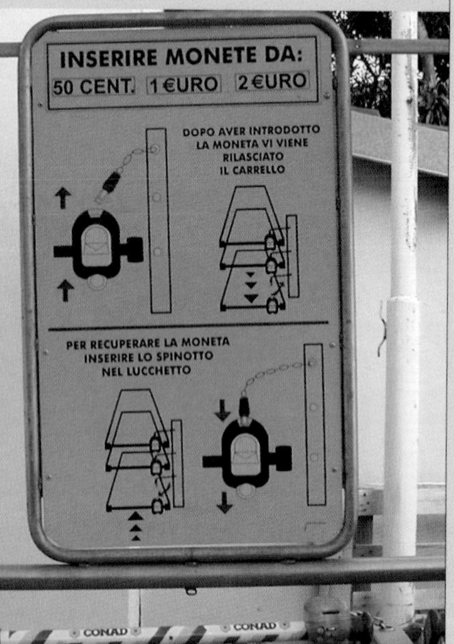

22 Noi preferiamo fare la spesa settimanale alla COOP ... Due volte alla settimana andiamo al mercato, perché è più economico.		
23 Andiamo spesso al ... supermercato, Ci serviamo in quel negozio,	perché	ha un grande parcheggio per i clienti. fanno spesso sconti. ci sono spesso offerte speciali. fanno il servizio a domicilio. accettano le carte di credito. sono onesti e gentili. è vicino a casa nostra. è il più vicino. si trova di tutto. i prezzi sono convenienti.
24 Ha	da cambiare dieci euro? della moneta?	
25 Questa	radio non funziona. maglia è scucita. giacca non mi va bene. borsa è rotta.	
26 Potrebbe cambiarmela?		Gliela cambio subito. Ha lo scontrino?

22 We prefer to do our weekly shopping at the COOP... We go to the market twice a week because it's cheaper.		
23 We often go to the supermarket We use that shop	because	it has a large car park for customers. they often have discounts. they often have special offers. they deliver to your home. they accept credit cards. they are honest and kind. it's near our house. it's the nearest one. you can find everything. the prices are low.
24 Have you	change for 10 Euros? any change?	
25 This	radio doesn't work. jersey has come undone. jacket doesn't fit me. bag is broken.	
26 Could you change it for me?		I'll change it at once. Do you have the receipt?

Clothes

abbigliamento (negozio di ...), *clothes (... shop)*
abito, *suit, dress*
accappatoio, *bathrobe*
allargare (i pantaloni), *to let out (the trousers)*
allungare (il vestito), *to lengthen (the dress)*
bikini (m), *bikini*
blusa/camicetta, *blouse*
calze, *socks, stockings*
calzini, *socks*
calzoni, *trousers*
camicia, *shirt*
cappello, *hat*
cappotto, *(over) coat*
cintura, *belt*
collant, (un paio di ...), *tights, (a pair of ...)*
costume da bagno (m), *swimming costume*
cravatta, *tie*
fazzoletto, *handkerchief*
felpa, *sweatshirt*
giacca a vento, *windcheater; anorak*
giacca, *jacket*
gonna, *skirt*
guanti, *gloves*
impermeabile (m), *raincoat*
jeans (m, pl.), *jeans*
maglia, *jersey*
maglietta/T-shirt (f), *T-shirt*
maglione, *jumper, sweater*
moda, fashion
mutande (f, pl), *underpants, panties,briefs*
pantaloni, (paio di ...), *trousers, (pair of ...)*
pigiama (m), *pyjamas*
pullover (m), *pullover*
reggiseno, *bra*
sandali, *sandals*
scarpe (f, pl.), *shoes*
sciarpa, *scarf*
soprabito, *overcoat*
stivale (m), *boot*
stoffa, *cloth, material*
strappato (un vestito ....), *a torn dress*
stretto, *tight*
stringere (la giacca), *to take in (the jacket)*
taglia, *size*
tasca, *pocket*
tuta (sportiva/da ginnastica), *tracksuit*
vestiti/abiti, *clothes*
vestito, *suit, dress*

Materials - Colours - Weights

Materials

argento, *silver*
carta, *paper*
cotone (m), *cotton*
ferro, *iron*
lana, *wool*
legno, *wood*
lino, *linen*
metallo, *metal*
nailon, *nylon*
oro, *gold*
pelle/cuoio, *leather*
plastica, *plastic*
seta, *silk*
stoffa, *cloth, material*
velluto, *velvet*
vetro, *glass*

Colours

arancione, *orange*
azzurro, *azure,*
bianco, *white*
blu, *blue*
celeste, *light blue*
chiaro, *light*
colore, *colour*
giallo, *yellow*
grigio, *grey*
lilla, *lilac*
marrone, *brown*
nero, *black*
porpora, *purple*
rosa, *pink*
rosso, *red*
scuro, *dark*
verde, *green*
viola, *violet*

Weights and measurements

abbastanza, *enough*
leggero, *light*
mezzo, *half*
pesante, *heavy*
pesare, *to weigh*
peso, (...netto), *weight, (net ...)*

cg centigrammo, *centigramme*
g grammo, *gramme*
hg ettogrammo, *hectogramme*
kg chilogrammo, *kilogramme*
q quintale, *quintal, 100 kg*
t tonnellata, *tonne, 1,000 kg*

ml millilitro, *millilitre*
cl centilitro, *centilitre*
l litro, *litre*

mm millimetro, *millimetre*
cm centimetro, *centimetre*
m metro, *metre*
km chilometro, *kilometre*

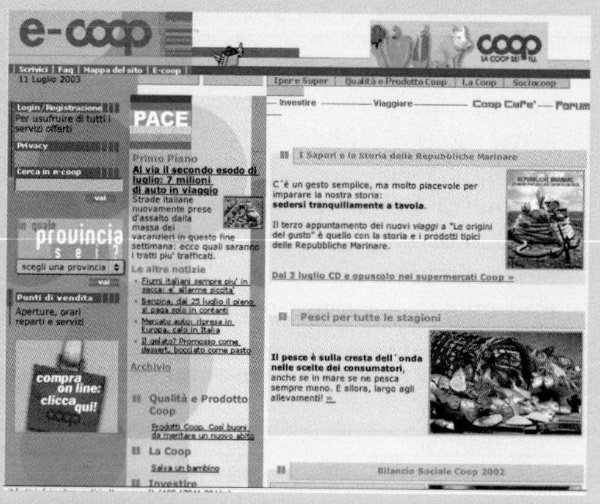

www.coop.it

www.oliviero.it

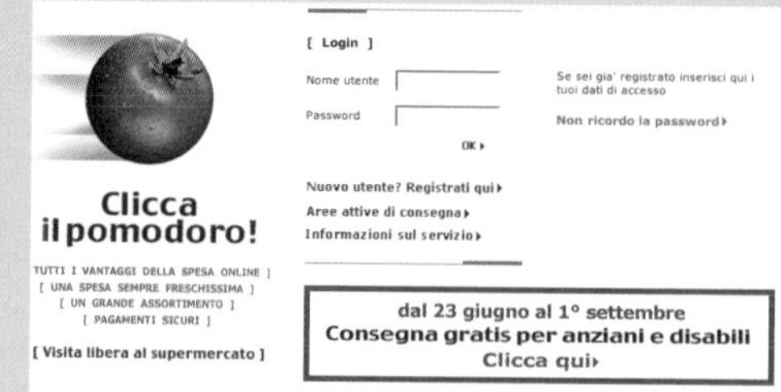

www.shop.esselunga.it

www.ebay.it

www.volendo.com

www.vorrei.it

www.modaitalia.net

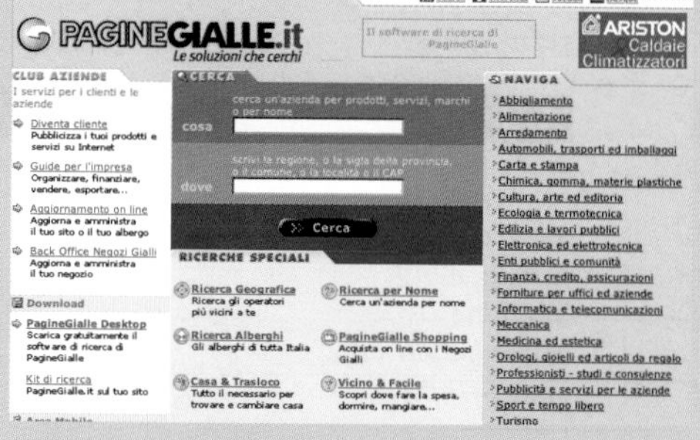

www.paginegialle.it

SERVIZI

10

Dialoghi

In tabaccheria

1	TABACCAIO	Buongiorno!
	MARIA	Buongiorno! Vorrei una cartolina.
	TABACCAIO	Desidera altro?
	MARIA	Sì, vorrei anche un francobollo.
	TABACCAIO	Ecco a lei.
	MARIA	Quanto le devo?
	TABACCAIO	Sono due euro e cinquanta (centesimi) in tutto.

All'ufficio postale

2	CARLO	Mi dia due francobolli per lettera, per favore.
	IMPIEGATA	Per dove?
	CARLO	Per l'Australia.
	IMPIEGATA	Ecco a lei. Desidera altro?
	CARLO	Sì, vorrei spedire questo pacco.
	IMPIEGATA	Deve andare allo sportello dei pacchi, in fondo a destra.
	CARLO	Grazie!

Ai telefoni

3	JANIE	Buongiorno!
	IMPIEGATA	Buongiorno! Desidera?
	JANIE	Che numero devo fare per telefonare in Inghilterra?
	IMPIEGATA	Lo 0044, seguito dal prefisso della località, senza lo zero.
	JANIE	Mille grazie!
4	MARIA	Vorrei una scheda telefonica.
	IMPIEGATA	Da quanto la vuole?
	MARIA	Da dieci euro.
	IMPIEGATA	Ecco a lei.
	MARIA	Grazie!
5	MARIA	Pronto!
	PAOLA	Pronto! Chi parla?
	MARIA	Sono Maria. C'è Carlo?
	PAOLA	Sì, te lo chiamo subito.
6	SIGNOR MARTINI	Pronto!
	SIGNORA BADO	Pronto! Chi parla?
	SIGNOR MARTINI	Sono il signor Martini. Potrei parlare con il dottor Bado?
	SIGNORA BADO	Mi dispiace, ma mio marito è appena uscito.
	SIGNOR MARTINI	Potrebbe dirgli di richiamarmi, per favore?
	SIGNORA BADO	Sì, certamente. Qual è il suo numero di telefono?
	SIGNOR MARTINI	Il prefisso è 0183 e il numero è 357136.

Vorrei una cartolina.
Vorrei un francobollo.
Vorrei spedire un pacco.
Vorrei una scheda telefonica.
Vorrei una ricarica ... (per il cellulare).
Pronto! Chi parla?

Vorrei cambiare ... dollari.
Potrebbe darmi un biglietto da ...euro.
Quant'è il cambio del franco svizzero?
Ho perso ...

In banca

7	JANIE	Buongiorno! Vorrei cambiare cento dollari di travellers' cheque.
	IMPIEGATO	Ha un documento, per favore?
	JANIE	Sì, ho il passaporto.
	IMPIEGATO	Firmi questo modulo, per favore.
	JANIE	Potrebbe darmi un biglietto da cinquanta euro?
	IMPIEGATO	Sì, ecco a lei. E il resto come lo vuole?
	JANIE	In biglietti da dieci.
8	SILVIA	Quant'è il cambio del franco svizzero?
	IMPIEGATO	Oggi la quotazione è 0,69.
	SILVIA	Vorrei cambiare cento franchi.
	IMPIEGATO	Allora... fanno sessantanove euro. Come li vuole?
	SILVIA	Come preferisce.
	IMPIEGATO	Ecco a lei. Grazie e arrivederci!

All'ufficio oggetti smarriti

9	ENRICA	Ho perso la borsa.
	IMPIEGATO	Quando è successo?
	ENRICA	Giovedì mattina, al mercato.
	IMPIEGATO	Aveva oggetti di valore?
	ENRICA	Purtroppo avevo tutti i miei documenti!

ESERCIZIO 1

Rispondi alle seguenti domande.

1 **a** Che cosa compra Maria?
b Quanto paga?

2 **a** Che cosa compra Carlo?
b Per quale Paese?
c Che cosa vuole spedire?
d Dov'è lo sportello di cui ha bisogno?

3 **a** Che numero bisogna fare per telefonare in Inghilterra?

4 **a** Che cosa desidera Maria?
b Quanto paga?

5 **a** Con chi vuole parlare Maria?
b È in casa?

6 **a** Che cosa desidera il signor Martini?
b Dov'è il dottor Bado?
c Che cosa deve dire la signora Bado a suo marito?
d Qual è il numero di telefono del signor Martini?

7 **a** Che cosa vuole cambiare Janie?
b Che cosa le chiede l'impiegato?
c Che cosa deve firmare Janie?
d Che tipo di banconote desidera Janie?

8 **a** Quant'è il cambio del franco svizzero?
b Quanto vuole cambiare Silvia?
c Quanto le dà l'impiegato in euro?
d Che tipo di banconote preferisce Silvia?

9 **a** Che cosa ha perso Enrica?
b Quando?
c Dove?
d Che cosa conteneva?

ESERCIZIO 2

Completa le frasi, utilizzando i seguenti verbi: parlare, cambiare, spedire, fare, spiegare, ricevere, compilare, telefonare, denunciare, avere.

1 Vorrei .... questo pacco in Germania.
2 Vorrei .... la corrispondenza presso questo ufficio postale.
3 Deve .... questo modulo.
4 Mi potrebbe .... che cos'è il fermo posta?
5 Potrei .... con il dottor Brandi?
6 Vorrei .... una telefonata interurbana.
7 Vorrei .... in Australia.
8 Posso .... dei francobolli?
9 Vorrei .... 100 dollari.
10 Vorrei .... il furto dei documenti.

ESERCIZIO 3 [5.4]

Trasforma come nell'esempio.

Esempio: Mi puoi richiamare più tardi? Puoi richiamar**mi** più tardi?

1 Ti posso telefonare tra dieci minuti? ....
2 Gli puoi spedire questa lettera? ....
3 Scusi! Mi può cambiare dieci euro? ....
4 Vi possiamo telefonare più tardi. ....
5 Ci potete prestare la macchina? ....
6 Vi possono aspettare. ....
7 Ti devo parlare. ....
8 Ti devi ricordare di telefonare. ....
9 Ti deve richiamare. ....
10 La voglio invitare. ....

ESERCIZIO 4 [5.2][5.3]

Rispondi alle domande come negli esempi.

Esempi: Hai comprato il quaderno? No, **lo** comprerò domani.
Hai spedito i telegrammi? No, **li** spedirò domani.

1 Hai comprato i francobolli? ....
2 Hai comprato la carta telefonica? ....
3 Hai spedito la lettera? ....
4 Hai spedito le cartoline? ....
5 Hai spedito il pacco? ....
6 Hai cambiato i travellers' cheque? ....
7 Hai compilato il modulo? ....
8 Hai telefonato a Carlo? ....
9 Hai telefonato a Maria? ....
10 Hai telefonato ai tuoi genitori? ....

ESERCIZIO 5 [5.6] 

Completa come negli esempi.

Esempi: Devi spedire le cartoline. **Le** ho già spedit**e**.
Devi spedire il pacco. **L'**ho già spedit**o**.

1	Devi scrivere la lettera.	...............ho già scritt_.
2	Devi comprare il libro.	...............ho già comprat_.
3	Devi cambiare i soldi.	...............ho già cambiat_.
4	Devi compilare il modulo.	...............ho già compilat_.
5	Devi restituire il martello.	...............ho già restituit_.
6	Devi pulire la tua camera.	...............ho già pulit_.
7	Devi trovare le chiavi.	...............ho già trovat_.
8	Devi ringraziare i tuoi amici.	...............ho già ringraziat_.
9	Devi ringraziare le tue amiche.	...............ho già ringraziat_.
10	Devi riparare la bicicletta.	...............ho già riparat_.

ESERCIZIO 6 [5.6] [5.7] 

Completa come negli esempi.

Esempi: Gli hai comprato le cartoline? Sì, **gliele** ho comprate.
Mi hai comprato il libro? Sì, **te l'**ho comprato.

1	Gli hai comprato i francobolli?	Sì, ...ho comprati.
2	Gli hai comprato la cartolina?	Sì, ...ho comprata.
3	Gli hai spedito le lettere?	Sì, ...ho spedite.
4	Gli hai spedito il telegramma?	Sì, ...ho spedito.
5	Mi hai comprato le buste?	Sì, ...ho comprate.
6	Mi hai comprato il giornale?	Sì, ...ho comprato.
7	Mi hai comprato le riviste di musica?	Sì, ...ho comprate.
8	Mi hai comprato la penna?	Sì, ...ho comprata.

ESERCIZIO 7 [10][10.1]

Completa con le preposizioni.

1 Scusi, dov'è una buca .... lettere?
2 Gli uffici postali il sabato chiudono .... mezzogiorno.
3 L'ufficio postale è vicino .... banca.
4 L'ufficio postale apre .... 8.15.
5 Mi dia un francobollo .... la Gran Bretagna, per favore.
6 Mi dia un francobollo .... un euro, per favore.
7 Vorrei spedire questa lettera .... via aerea.
8 Quanto costa spedire una lettera .... Australia?
9 Lo sportello .... raccomandate è in fondo, a destra.
10 Dov'è lo sportello .... fermo posta?

ESERCIZIO 8

Esercizio come il precedente.

1 C'è un telefono accanto .... edicola.
2 Mi dia le pagine gialle .... Firenze, per favore.
3 Vorrei telefonare .... Canada.
4 Qual è il prefisso .... Como?
5 Vorrei una scheda telefonica .... 10 euro.
6 Potrei parlare .... il dottor Brandi?
7 Potrebbe telefonare .... dieci minuti?
8 Potrebbe dire a Claudio .... richiamarmi?
9 Posso telefonare .... miei genitori?
10 Devi telefonare .... Sandra.

ESERCIZIO 9

Collega le parole della colonna A con le parole della colonna B.

		A		B
1	☐	Scusi, dov'è un ufficio postale?	a	Come preferisce.
2	☐	Vorrei spedire un telegramma.	b	Dove è successo?
3	☐	Qual è il prefisso di Firenze?	c	Ho il passaporto.
4	☐	C'è Gabriella?	d	È rossa.
5	☐	Ha un documento, per favore?	e	Di quante parole?
6	☐	E il resto come lo vuole?	f	È 055.
7	☐	Ho perso la borsa.	g	Non lo so, mi dispiace.
8	☐	Di che colore è?	h	Sì, te la chiamo subito.

ESERCIZIO 10

Sigle e abbreviazioni.

Che cosa vuol dire ...?

1 all. ....
2 C.A.P ....
3 I.V.A ....
4 mitt. ....
5 Prof. ....
6 Prof.ssa ....
7 P.T. ....
8 Sig. ....
9 Sig.na ....
10 Sig.ra ....

Il **codice di avviamento postale** si scrive nell'ultima riga dell'indirizzo prima della località di destinazione

C.A.P	CITTÀ
50100	Firenze FI
16100	Genova GE
18100	Imperia IM
55100	Lucca LU
20100	Milano MI
93014	Mussomeli CL
00100	Roma RM
84100	Salerno SA
53100	Siena SI

ESERCIZIO 11

Trova le parole che mancano.

1 Ho perso i ....
Erano nuovi. Erano di lana molto morbida.
Li avevo comprati perché avevo sempre le mani fredde.

2 Mi hanno rubato il ....
È rettangolare e abbastanza piccolo.
È di pelle nera. Ha due tasche interne.
C'erano cinquanta euro e la carta di credito.

3 Per il mio compleanno mi hanno regalato un bellissimo .... di ceramica. È abbastanza grande e di forma ovale; è bianco, con un piccolo disegno moderno nel mezzo. L'ho messo nel soggiorno, sopra il tavolo.

ESERCIZIO 12 (in coppia)

Seguendo la guida a p. 185, lo studente A descrive alcuni oggetti e lo studente B cerca d'indovinare quali sono.

ESERCIZIO 13

Risolvi il cruciverba.

Due turisti hanno perso 15 oggetti sul treno Firenze-Roma.

a Quali oggetti hanno perso?
b A quale ufficio devono rivolgersi per ritrovarli?

Per scoprirlo, devi:

a aggiungere le vocali nel cruciverba;
b leggere la colonna 1 verticale.

ESERCIZIO 14 (in coppia)

Lo studente A fa le domande e lo studente B risponde.

STUDENTE A

Fai le domande al compagno e completa la tabella.

Esempio: **A** Quant'è il cambio del dollaro?
B È 0, 98 euro. (98 centesimi).

Quant'è il cambio	del dollaro americano?	€ 0,98
	del franco svizzero?	€
	del dollaro canadese?	€
	del dollaro australiano?	€
	della sterlina inglese?	€
	dello yen giapponese?	€
	della corona norvegese?	€

STUDENTE B

Consultando il listino dei cambi, rispondi alle domande del compagno.

Esempio: **A** Quant'è il cambio del dollaro?
B È 0, 98 euro. (98 centesimi).

CAMBI

Valore estero	Quot. x 1 euro
Dollaro USA	0,98 *
Yen giapponese	121,11
Sterlina inglese	0,63
Franco svizzero	1,46
Corona islandese	85,32
Corona norvegese	7,43
Dollaro australiano	1,76
Dollaro canadese	1,52
Dollaro neozelandese	2,02
Rand sudafricano	10,00

*(1 EUR = 0,98 USD)

10.1 POST OFFICE

Learning √ **Revision** √

Can you...

- ask where a post office, "tabaccheria" or letter box is? [1]
- find out opening and closing times? [2]
- ask how much it costs to send letters, postcards or parcels to a particular country or within Italy? [3]
- buy stamps of a particular value? [4-5]
- say whether you would like to send letters, postcards or parcels? [6]
- ask for information? [7]

1	Scusi, dov'è	un ufficio postale? una tabaccheria? una buca delle lettere?		È là, vicino alla banca. È laggiù, sulla destra. Mi dispiace, non lo so.
2	A che ora	apre chiude	l'ufficio postale?	Apre alle otto e quindici. Chiude alle quattordici.
3	Quanto costa spedire	una lettera una cartolina un pacco un pacchetto un biglietto d'auguri	in	Germania? Belgio? Irlanda? Spagna?
4	Mi dia un francobollo	per	la Gran Bretagna, lettera, cartolina,	per favore?
		da un euro,		
5	Che francobollo devo mettere	per	la Francia? la Grecia? il Lussemburgo? il Portogallo?	
6	Vorrei spedire	questa lettera per via aerea questo pacco una raccomandata (con ricevuta di ritorno)	in	Olanda. Danimarca. Germania. Australia.
7	Dov'è Qual è	lo sportello	dei pacchi? delle raccomandate? dei conti correnti? dei vaglia?	In fondo, a destra. Lo sportello accanto.

DA QUI
SPEDIZIONI ESPRESSE
DI BUSTE E PACCHI
IN ITALIA E NEL MONDO
TNT
Point

1 Excuse me, where is a	post-office? "tobacconist's" ? letter-box?	It's there, near the bank. It's down there, on the right. I'm sorry I don't know.
2 At what time does the post-office	open ? close?	It opens at eight fifteen. It closes at 2.00 pm.

3 How much is it to send a	letter card parcel small parcel greetings card	to	Germany? Belgium? Ireland? Spain?

4 Would you give me	a stamp	for	Great Britain, a letter, a card,	please?
	a one Euro stamp,			

5 What stamp do I have to put for	France? Greece? Luxemburg? Portugal?

6 I'd like to send	this letter by air-mail this parcel a registered letter (with advice of receipt)	to	Holland. Denmark. Germany. Australia.

7 Where is the	parcel registered letter current account postal-order	counter?	At the end, on the right. The next counter.

e-scrivimi

"Da oggi puoi inviare cartoline in modo nuovo, semplice e sicuro. Scegli la tua cartolina, scrivi il testo e paga con carta di credito. Il postino la consegnerà direttamente nelle mani del destinatario in forma cartacea.

Il catalogo delle cartoline e-scrivimi può soddisfare tutte le tue esigenze: cartoline d'amore, per invitare gli amici a una festa o a una cena, per augurare buon compleanno...
Il catalogo viene costantemente aggiornato e arricchito di nuove cartoline. Puoi inviare via e-mail gratuitamente tutte le cartoline di e-scrivimi. Per usufruire del servizio e-scrivimi devi essere registrato Poste.it.

Scegli la cartolina che desideri inviare all'interno del ricco catalogo di e-scrivimi, scrivi il testo e paga in modo sicuro con le carte di credito VISA e Master Card.
La tua cartolina verrà recapitata in tutta Italia in forma cartacea con Posta Prioritaria direttamente al destinatario."

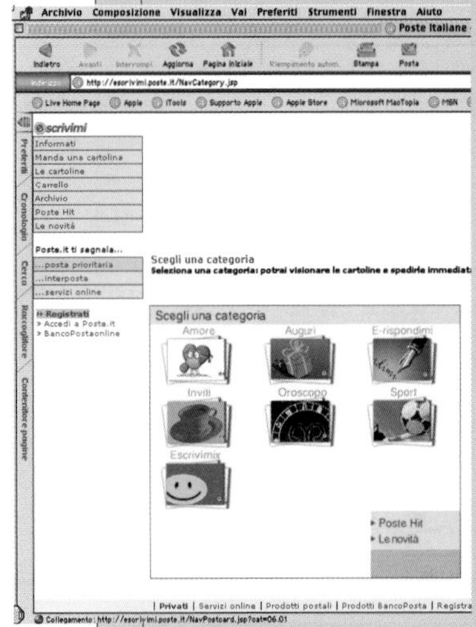

www.poste.it

CHE COSA VUOL DIRE ...?

ABBREVIATIONS & SIGNS

A.R. AVVISO DI RICEVIMENTO	*notice of delivery*
C.A.P. CODICE DI AVVIAMENTO POSTALE	*post code*
C/C CONTO CORRENTE	*current account*
c/o PRESSO	*care of*
P.T. POSTE E TELEGRAFI	*post office*
R.R. RICEVUTA DI RITORNO	*return receipt*
CASSA	*cash, (cash-) desk*
POSTA CENTRALE	*general post office*
CONTRO ASSEGNO	*cash on delivery*
FERMO POSTA	*poste restante*
LETTERA RACCOMANDATA	*registered letter*
ORARIO PER IL PUBBLICO	*hours of business*
ORARIO DI APERTURA/CHIUSURA	*opening/closing time*
TARIFFA (POSTALE/TELEFONICA)	*rates (postal/telephone)*
UFFICIO CONTI CORRENTI POSTALI	*postal current account office*
UFFICIO SUCCURSALE P.T.	*branch post office*
UFFICIO VAGLIA E RISPARMI	*money orders and savings office*
ULTIMA ORA	*(mail) closing time*
VAGLIA POSTALE	*postal order*

CROSSWORDS

POST OFFICE AND TELEPHONE

ACROSS

1 number
3 telephone
4 code number
5 address
6 stamp
7 to receive
8 postcard
9 to send
10 account
11 postman
12 letter
13 parcel
14 form
15 telegram

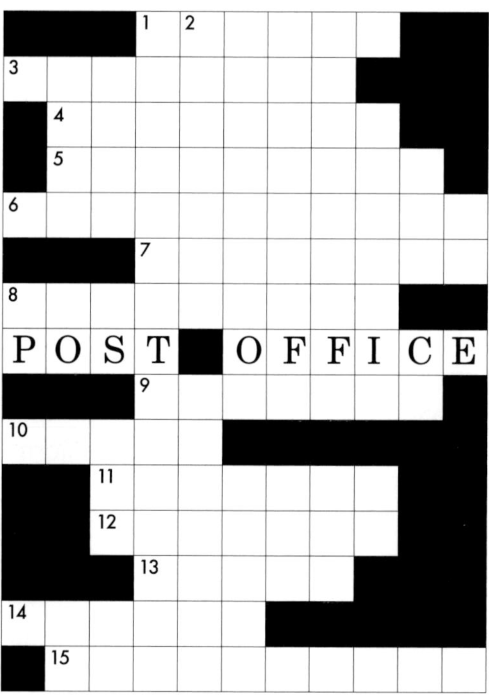

KEY: DOWN 2. Come si dice 'post office' in italiano? Come si scrive?

10.2 TELEPHONE

Can you...

	Learning √	Revision √
give and seek information about where phone calls can be made? [1]		
ask for information? [2-3-4-5]		
ask for coins or phone-card? [6-7]		
answer a telephone call, stating name? [8-9]		
make a phone call and ask to speak to someone? [10]		
make arrangements to contact and be contacted by phone, fax, E-mail? [11]		
take or leave a simple telephone message? [12]		
ask for and give a telephone number? [13]		
ask someone to telephone you? [14]		
ask if you can make a call? [15]		

1 Dov'è	una cabina telefonica? un telefono (pubblico)?				- In Piazza Dante, accanto all'edicola. - A cento metri, sulla destra.
2 Mi dia	l'elenco telefonico le pagine gialle	di	Firenze, Como, San Remo,	per favore?	
3 Vorrei	telefonare in Inghilterra. fare una telefonata urbana/interurbana. il numero del cinema Roma.				
4 Qual è il prefisso di Firenze?					(Il prefisso di Firenze) è 055.
5 Che numero devo fare per la Gran Bretagna?					0044, seguito dal prefisso della località, senza lo zero e dal numero della persona che vuole chiamare.

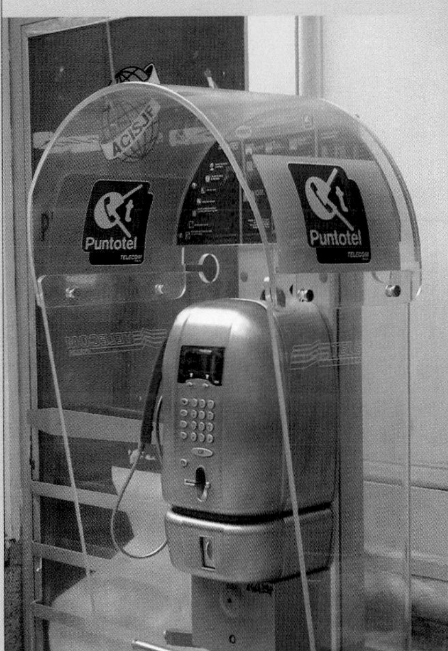

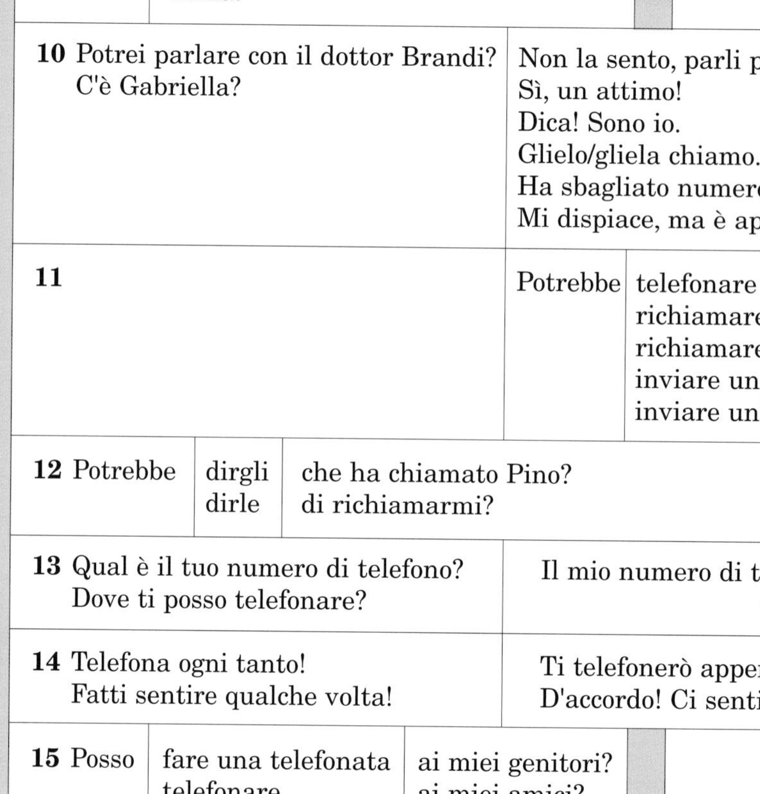

6	Posso avere delle monete da due euro?	Quante ne desidera?
7	Vorrei una scheda/carta telefonica da cinque euro. due e cinquanta.	
8	Pronto!	Pronto! Chi parla?
9	Sono il signor Costantini. Anna.	
10	Potrei parlare con il dottor Brandi? C'è Gabriella?	Non la sento, parli più forte! Sì, un attimo! Dica! Sono io. Glielo/gliela chiamo. Ha sbagliato numero. Mi dispiace, ma è appena uscito/a.
11		Potrebbe telefonare stasera? richiamare più tardi? richiamare tra 10 minuti? inviare un fax? inviare un'e-mail?
12	Potrebbe dirgli / dirle che ha chiamato Pino? di richiamarmi?	
13	Qual è il tuo numero di telefono? Dove ti posso telefonare?	Il mio numero di telefono è 0183 357136.
14	Telefona ogni tanto! Fatti sentire qualche volta!	Ti telefonerò appena possibile. D'accordo! Ci sentiamo presto.
15	Posso fare una telefonata / telefonare ai miei genitori? ai miei amici? a Sandra? a Carlo?	

Usual Messages

SMS

ARRIVERÒ TARDI	I WILL BE LATE
BUON COMPLEANNO	HAPPY BIRTHDAY
COME STAI?	HOW ARE YOU?
CONGRATULAZIONI!	CONGRATULATIONS!
DOVE SEI?	WHERE ARE YOU?
MI MANCHI!	I MISS YOU!
NON ASPETTARE	DON'T WAIT
PRANZIAMO INSIEME?	OK FOR LUNCH?
RICHIAMAMI	PLEASE CALL
TI AMO	I LOVE YOU
TI ASPETTO	I'M WAITING FOR YOU
TI RICHIAMO	I WILL CALL YOU

1	Where is the nearest phone-box? / public phone?	In Piazza Dante, next to the newspaper kiosk. A hundred metres on your right.
2	Would you give me the telephone directory / the yellow pages for Florence, / Como, / San Remo, please?	
3	I'd like to phone England. / to make a local/long distance call. / the number of the Cinema "Roma".	
4	What is the code for Florence?	(The code for Florence) is 055.
5	What number do I have to dial for Great Britain?	0044 followed by the area code without the zero and the number of the person you want to call.
6	Can I have two Euro coins?	How many would you like?
7	I'd like a five / 2.50 Euros phone-card.	
8	Hallo!	Hallo! Who's speaking?
9	This is Mr. Costantini. / Anna.	
10	Could I speak to Dr. Brandi? Is Gabriella there?	I can't hear you, speak more loudly! Yes, one moment! Yes, It's me. I'll call him/her for you. You've got the wrong number. I'm sorry, but he/she has just gone out.
11		Could you phone tonight? / call back later? / call back in ten minutes? / send a fax? / send an E-mail (message)?
12	Could you tell him that Pino called? / tell her to call me back?	
13	What's your phone number? Where can I phone you?	My number is 0183 357136.
14	Phone every now and then! Let's hear from you sometime!	I'll call you as soon as possible. O.K. I'll hear from you soon.
15	Can I make a phone call to / phone my parents? / my friends? / Sandra? / Carlo?	

Tilt your head to the left to see the little faces (emoticon).

FACCINE

:-)	felice, sorridere
:- (	triste
:- [	depresso
:- *	bacio
:'- (	piangere
:- D	risata

POST OFFICE AND TELEPHONE

bolletta, *bill*
buca/cassetta delle lettere, *letter box*
busta, *envelope*
cabina (telefonica), *telephone box*
carta telefonica, *phone-card*
cartolina (postale), *postcard*
corrispondenza, *correspondence, mail*
destinatario, *addressee*
elenco telefonico, *telephone directory*
fare il numero, *to dial the number*
francobollo, *stamp*
fuori servizio, *out of service*
guasto, *out of order*
impostare/imbucare, *to post*
indirizzo, *address*
interno, *extension*
lettera, *letter*
mittente (m/f), *sender*
modulo, *form*
numero, *number*
occupato, *engaged*
pacchetto (postale), *(small) parcel*
pacco, *parcel*
Pagine Gialle, *Yellow Pages*
posta, *mail*
posta aerea, *air mail*
postino/portalettere *postman*
prefisso, *area code (telephone)*
raccomandata, *registered letter*
segreteria telefonica, *answering machine*
spedire, *to send*
tabaccheria, *tobacconist's (shop)*
telefonare, *to telephone*
telefono, *telephone*
ufficio postale, *post office*

10.3 BANK OR EXCHANGE OFFICE

Learning √	Revision √
☐	☐
☐	☐
☐	☐
☐	☐
☐	☐

Can you...

- ask about opening/closing times? [1]
- say you would like to change travellers' cheques or money? [2]
- give proof of identity (e.g. show passport)? [3]
- ask for notes or coins of a particular denomination? [4-5]
- ask for the exchange rates? [6]

1	A che ora	aprono chiudono	le banche?
2	Vorrei cambiare	dei travellers' cheque. dei dollari americani. dei dollari australiani. dei dollari canadesi. delle sterline. degli euro.	
3	Sì, ho	il passaporto. la carta d'identità.	
4	Potrebbe darmi	dei biglietti da 20 (euro)? due biglietti da 50 (euro)? della moneta?	
5	Vorrei dei biglietti da dieci (euro). Non importa! Come vuole lei!		
6	Quant'è il cambio Qual è la quotazione	del dollaro USA? del dollaro australiano? del dollaro canadese? del franco svizzero? dello yen? della sterlina?	

Aprono Chiudono	alle...
Ha un documento, per favore?	
Firmi qui, per favore!	
E il resto come lo vuole?	
La quotazione è ... euro per un dollaro.	

Orario di Sportello
Da Lunedi a Venerdi
8,20–13,20
14,50–15,50

Sportello automatico - Cash Dispenser

Si prega di attendere	please wait
Inserire la carta	please insert the card
Digitare il codice/il numero segreto	please enter your PIN number
Scegliere l'operazione desiderata	please choose a service
Saldo	balance
Estratto conto	statement of account
Prelievo (con ricevuta)	cash (with receipt)
Scegliere l'importo	please select the amount
Premere "esegui"	press "enter" to confirm
Annulla	cancel
Ritirare la carta	please remove your card
Ritirare le banconote	please take your cash
Ritirare il promemoria	please take your advice slip

		They / open / close / at ...
1 When do the banks	open? close?	They open / close at ...
2 I'd like to change	some travellers' cheques. U.S. Dollars. Australian Dollars. Canadian Dollars. Pounds. Euros.	Have you any means of identification?
3 Yes, I have my	passport. identity card.	Sign here, please!
4 Could you give me	some 20 Euro notes? two 50 Euro notes? some change?	And the change, how would you like it?
5 I'd like it in ten Euro notes. It doesn't matter! As you like!		
6 What is the exchange rate for the ...	U.S. Dollar? Australian Dollar? Canadian Dollar? Swiss Franc? Yen? Pound?	The rate is ... Euros to the Dollar.

CHE COSA VUOL DIRE ...?

SIGNS AND KEY WORDS

ASSEGNO	*Cheque*
ASSEGNO TURISTICO/ TRAVELLERS'CHEQUE	*Traveller's cheque*
BANCA	*Bank*
BOLLETTA	*Bill, note*
BORSA	*Stock Exchange*
CAMBIO	*Exchange*
CARTA ASSEGNI	*Cheque card*
CARTA DI CREDITO	*Credit card*
CASSA	*Cash desk*
CASSA CONTINUA	*Night safe*
CASSA DI RISPARMIO	*Savings bank*
CASSETTA DI SICUREZZA	*Safe deposit box*
GIRARE	*To endorse*
LIBRETTO DI ASSEGNI	*Cheque book*
MODULO	*Form*
MONETA	*Coin*
MUTUO	*Loan*
RISCUOTERE/VERSARE	*To cash / To pay*
SPICCIOLI	*Small change*
SPORTELLO	*Counter*
SPORTELLO AUTOMATICO	*Cash till*
VALUTE ESTERE	*Foreign currency*

10.4 LOST PROPERTY

Learning √	Revision √
☐	☐

Can you...

report a loss or theft, saying what you have lost, when and where it was lost or left, describing the item (size, shape, colour, make, contents)? [p.185]

1 Ho perso	la mia borsa. l'ombrello. i guanti.		
2 Vorrei denunciare il furto di...		Quando Dove	è successo?
3 Mi hanno rubato	il portafoglio. la borsa. la macchina fotografica. i documenti. i travellers' cheque. la macchina/l'automobile. la bicicletta.		
4 Oggi, al mercato. Ieri (sera), al cinema. Questo pomeriggio, sulla spiaggia.		Aveva oggetti di valore?	
5 Purtroppo avevo tutti i miei	soldi! documenti!	Me lo/la	può descrivere?
6		Adesso, firmi il verbale! La informeremo, appena avremo notizie.	

1 I have lost my bag/my umbrella/my gloves.				
2 I would like to report the theft of ...			When Where	did it happen?
3 I've had my	wallet bag camera documents travellers' cheques car bicycle	stolen.		
4 Today, at the market. Yesterday (evening), at the cinema. This afternoon, on the beach.			Did you have anything of value?	
5 Unfortunately I had all my	money! documents!		Can you describe it to me?	
6			Would you now sign the statement? We'll let you know, as soon as we have some information.	

How to Describe an Object ...

When describing an object, you must be systematic, accurate and use, when possible, all your senses*.

1	**Describe why:**	ho perso ..., mi hanno rubato ..., vorrei comprare ..., ho comprato ..., mi hanno regalato ..., ho visto ...
2	**Describe what:**	una borsa, una macchina fotografica, un telefonino, un portafoglio, ...
3	**Where is it/was it:**	in un negozio, in un museo, in camera, al cinema, ...
4	**Value:**	caro, economico, a buon prezzo, costa un occhio della testa, vecchio, antico, nuovo di zecca, un affare, un ricordo, ha un valore sentimentale, ...
5	**Shape:**	di forma ..., quadrato, rettangolare, rotondo, triangolare, ovale ...
6	**Size:**	grande, piccolo, più grande di ..., meno grande di ..., più piccolo di ... piccolissimo, grande come, ...
7	**Material:**	di plastica, di pelle, di ferro, di metallo, di legno, di vetro, d'oro, d'argento, di ceramica, ...
8	**Colour:**	bianco, nero, marrone, chiaro, scuro, ...in tinta unita, a righe, a pallini, a quadri, ...
9.	**Contents:**	documenti, libretto degli assegni, chiavi, borsellino, patente, vuoto, ...

All'ufficio oggetti smarriti

(1) Ieri ho perso
(2) la mia borsa.
(3) Non ricordo se l'ho dimenticata al ristorante o sull'autobus.
(4) È nuova di zecca: l'avevo appena comprata.
(5) È rettangolare e
(6) abbastanza grande.
(7) È di plastica
(8) nera con la base di pelle marrone.
(9) Conteneva tutti i miei documenti, cento euro, le chiavi di casa e l'agendina con tutti gli indirizzi dei miei amici in Italia.
Anche se la borsa mi piaceva molto, sarei felicissima di ritrovare almeno i miei documenti e l'agendina.

Following the guidelines and the model, describe the following objects:
UNA VALIGIA, UNA BICICLETTA, UNA GIACCA, UN OROLOGIO

***GLI ORGANI DI SENSO SONO:**
(The sense organs are):

La lingua per il **GUSTO:** amaro/dolce; squisito/disgustoso; saporito/insipido ...

Il naso per l'**OLFATTO:** un buon odore/ un cattivo odore; profumo/puzzo; fragranza; aroma ...

La pelle per il **TATTO**: morbido/duro; liscio/ruvido; pesante/leggero; caldo/freddo ...

Gli occhi per la **VISTA**: i colori, la luce ...

Le orecchie per l'**UDITO**.

Learning √ ☐ Revision √ ☐

Can you...

express surprise, pleasure, anger?

	Italian	English
1	Che bella sorpresa! Non credo ai miei occhi! Davvero! No! (È impossibile!/ È incredibile!)	What a nice surprise! I can't believe my eyes! Really! No! (It's impossible! It's incredible!)
2	Mi fa molto piacere che tu abbia trovato la borsa. Meno male! Sono soddisfatto della mia nuova macchina.	I'm very pleased you've found your bag. Thank Heaven! I'm pleased with my new car.
3	Sono molto seccato! / arrabbiato! / contrariato! / irritato!	I'm very annoyed! / angry ! / put out! / irritated!
4	Basta!	Stop it!
5	Lasciami perdere!	Leave me alone!
6	È una vergogna!	It's a shame!
7	Lei è un maleducato!	You're bad mannered!

DENUNCIA DI FURTO

Il/La sottoscritto/a (indicare: nome, cognome, data e luogo di nascita, residenza, nazionalità, domicilio in Italia, numero del passaporto)

____

____

____

Denuncia di essere stato/a derubato/a dei seguenti oggetti: ______________

____

il giorno ______________ alle ______________ in località

____

Circostanze e modalità con le quali è stato commesso il furto: ______________

____

____

Il danno ammonta a euro ______________ Coperto/non coperto da

assicurazione ______________________________

Data ______________ Firma ______________

BANCHE (banks)

Le banche sono generalmente aperte al pubblico dalle 8.30 alle 13.30 e dalle 14.40 alle 16.10, esclusi il sabato, la domenica e i giorni festivi e semifestivi.

I giorni festivi in cui le banche restano chiuse sono: il primo dell'anno, il lunedì di Pasqua, il 25 aprile, il primo maggio, il 15 agosto, il primo novembre, il 25 e il 26 dicembre.

I giorni semifestivi con chiusura degli sportelli alle 11.30 sono: il 14 agosto, il 24 dicembre, l'ultimo giorno dell'anno e il giorno del Santo Patrono di ogni singola città.

Giorni festivi, *holidays*
Semifestivi, *half-holidays*
Primo dell'anno, *New Year's Day*
Lunedì di Pasqua, *Easter Monday*
Santo Patrono, *patron saint*

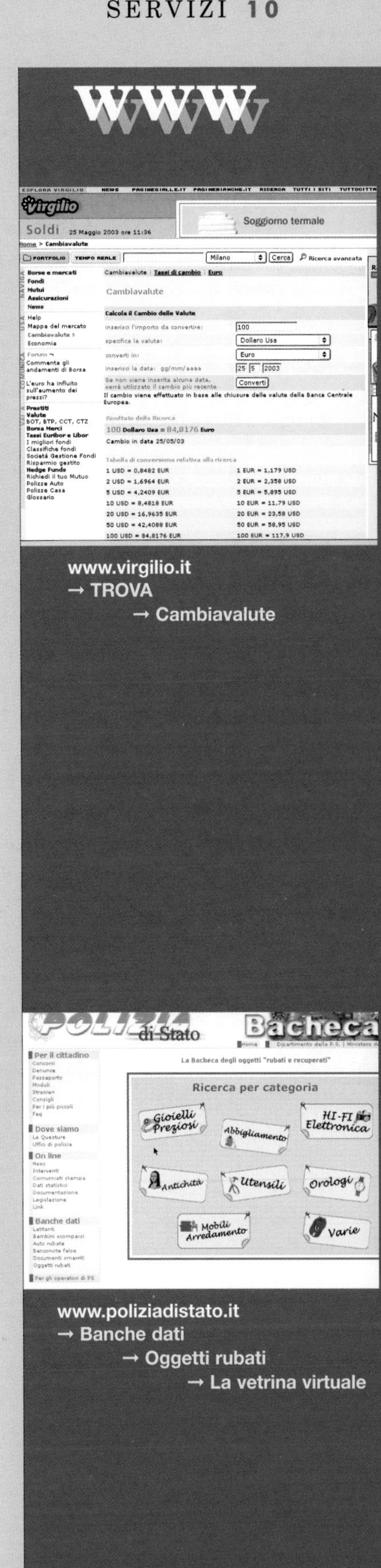

Oggetti rubati

"La bacheca degli oggetti rubati recuperati dalla Polizia di Stato"
Ti è stato rubato un oggetto? Cercalo consultando la bacheca divisa per categorie e se riconosci qualcosa che ti appartiene clicca sull'immagine. Potrai conoscere il numero di telefono della Questura che ha recuperato l'oggetto. Ti invitiamo a telefonare anche se la città è diversa da quella dove risiedi o dove hai subito il furto, perché gli oggetti potrebbero essere stati ritrovati anche in altre zone.

La "vetrina virtuale"
Numerosissime fotografie di oggetti rubati, recuperati dalla Polizia di Stato, sono esposte online. Orecchini, collane e pietre preziose, orologi da polso, quadri e sculture, ma anche telefoni cellulari e macchine fotografiche. Sono queste le principali tipologie di oggetti ritrovati dalla Polizia. Ma la bacheca contiene anche capi di abbigliamento, tra cui pellicce e abiti da sposa, utensili da lavoro, biciclette, occhiali e penne.

Come ottenere la restituzione
Se pensate di aver riconosciuto qualche oggetto che vi appartiene, contattate direttamente gli operatori di polizia delle singole questure per chiedere ulteriori informazioni, telefonando ai numeri indicati sopra l'immagine che avete ingrandito.

Vi ricordiamo che per ottenere la restituzione è necessario essere in possesso di una copia della denuncia di furto.

Puoi estendere la tua ricerca consultando la bacheca degli oggetti "rinvenuti e sequestrati" dell'Arma dei Carabinieri.
www.poliziadistato.it

10.5 HAVING THINGS REPAIRED

Can you...

Learning √ | Revision √

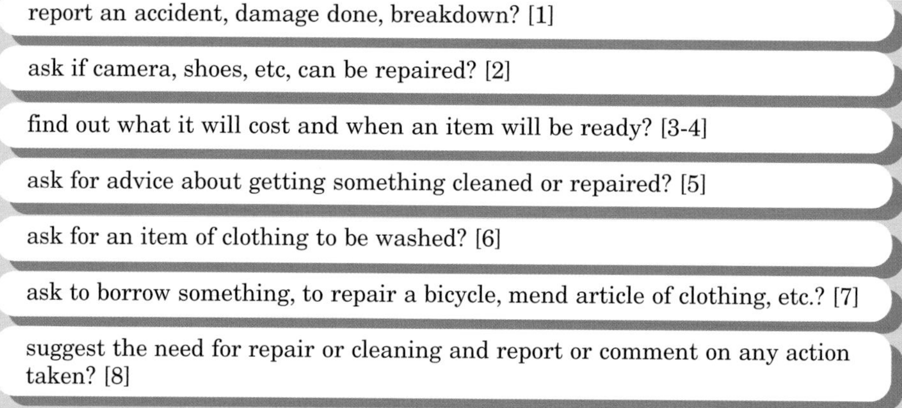

- report an accident, damage done, breakdown? [1]
- ask if camera, shoes, etc, can be repaired? [2]
- find out what it will cost and when an item will be ready? [3-4]
- ask for advice about getting something cleaned or repaired? [5]
- ask for an item of clothing to be washed? [6]
- ask to borrow something, to repair a bicycle, mend article of clothing, etc.? [7]
- suggest the need for repair or cleaning and report or comment on any action taken? [8]

1 Ho	avuto un incidente. la batteria scarica. bucato una gomma.		
	il flash il rubinetto il radiatore	che non funziona. guasto. rotto.	
2 Potrebbe ripararmi		la macchina fotografica? i sandali? le scarpe? il registratore?	Mi dispiace, ma stiamo chiudendo. Non ne vale la pena. Lo/la/li/le lasci pure. Qual è il suo nome?
3 Quando	posso ritirarlo? sarà pronto? saranno pronti/e?		Provi stasera. Passi domani mattina. (Torni) tra due ore.
4 Quanto costa (fare) riparare	questa giacca?		

1 I've	had an accident. a flat battery. punctured a tyre.		
	The flash doesn't work. The tap is faulty. The radiator is broken.		
2 Could you repair my		camera? sandals? shoes? tape recorder?	I'm sorry but we are closing. It's not worth it. You can leave it/them. What is your name?
3 When	can I collect it ? will it be ready? will they be ready?		Try this evening. Call tomorrow morning. (Come back) in two hours.
4 How much is it to get this jacket mended?			

5	Dove posso trovare		un'autorimessa/un'officina? un meccanico? un calzolaio? un elettricista? un idraulico? una lavanderia a secco?
6	Vorrei lavare (a secco) questa		maglia. camicia. gonna. cravatta.
7	Mi presti Mi potrebbe prestare		un cacciavite? una chiave inglese? un martello? dei chiodi? del filo (per cucire)? delle forbici? un ago? una pila?
8	Bisogna fare	riparare aggiustare	il televisore. la doccia. la finestra.
		pulire il tappeto. lavare le tende.	

5	Where can I find	a garage? a mechanic? a shoemaker? an electrician? a plumber? a dry cleaner's?	
6	I'd like to have this	jersey shirt skirt tie	(dry) cleaned.
7	Can you lend me Could you lend me	a screwdriver? a spanner? a hammer? some nails? some cotton thread? a pair of scissors? a needle? a battery?	
8	The	TV shower window	needs repairing.
		carpet needs cleaning. curtains need washing.	

HAVING THINGS REPAIRED OR CLEANED

aggiustare, *to mend*
autorimessa, *garage*
cambiare, *to change*
controllare/verificare, *to check*
elettricista (m), *electrician*
freno, *brake*
funzionare, *to work*
guasto, *out of order; breakdown*
idraulico, *plumber*
imprestare/prestare, *to lend*
lavanderia (automatica), *launderette*
lavatura a secco, *dry cleaning*
lavandino, *sink*
lavare, *to wash*
meccanico, *mechanic*
motore (m), *engine*
non ne vale la pena, *it is not worth it*
perdita, *leak*
provare, *to try*
pulire, *to clean*
pulito, *clean*
ricevuta, *receipt*
rimborsare, *to refund*
riparare, *to repair*
rompersi, *to break*
rotto, *broken*
rumore (m), *noise*
sporco, *dirty*

Learning √ ☐ **Revision** √ ☐

Can you...

thank, complain, express disappointment/surprise/pleasure/anger?

	Italian	English
1	Grazie (mille/infinite)! Grazie tante! Non so come ringraziarla. È molto gentile! La vorrei ringraziare ... La ringrazio!	Thank you very much! Many thanks! I don't know how to thank you. You're very kind! I'd like to thank you... Thank you!
2	Prego! Non c'è di che! Di niente! Si figuri!	Don't mention it! You're welcome! It's nothing! That's all right!
3	Non sono molto soddisfatto ... C'è una macchia ... È macchiato. Non è ancora pronto? È rotto. Costa troppo. Vorrei essere rimborsato/a.	I' m not very satisfied... There is a stain... It's stained. Isn't it ready yet? It's broken. It costs too much. I would like a refund.
4	Non le nascondo il mio dispiacere per... Mi dispiace! È davvero un peccato! Questa non ci voleva (proprio)! Adesso non so come fare! Proprio oggi doveva capitare! Che seccatura!	I can't conceal my disappointment at... I'm sorry! It's a real pity! We (really) didn't need this! I don't know what to do now! It had to happen today of all days! What a nuisance!
5	Meno male! È venuto benissimo! Sembra nuovo! Magnifico! Ha fatto un ottimo lavoro. Mi ha fatto molto piacere sapere ...	Just as well! It has come out very well! It looks new! Magnificent! You have done an excellent job. I was very pleased to hear ...

SALUTE E BENESSERE

Dialoghi

Come stai?
Che cos'hai?
Ho mal di testa.
Ho mal di gola.
Ho un dolore qui ...
Ho la febbre ...

A casa

1 **CARLO** Come stai?
PAOLA Non molto bene.
CARLO Che cos'hai?
PAOLA Ho mal di testa.

2 **JANIE** Come stai?
ROBERTO Non molto bene.
JANIE Che cos'hai?
ROBERTO Ho mal di gola.

Dal dottore

3 **DOTTORE** Dove ha male?
PAOLA Ho un dolore qui, alla spalla.
DOTTORE Da quanto tempo?
PAOLA Da una settimana.

Al telefono

4 **DOTTORESSA** Pronto!
SIG. MARTINI Pronto, dottoressa? Sono il signor Martini.
DOTTORESSA Mi dica.
SIG. MARTINI Non sto molto bene. Penso di avere l'influenza.
DOTTORESSA Che disturbi ha?
SIG. MARTINI Ho la febbre a 38, mal di testa e mal di stomaco.
DOTTORESSA Da quanto tempo ha questi sintomi?
SIG. MARTINI Da questa mattina.
DOTTORESSA Non si preoccupi, si metta a letto e riposi; verrò il più presto possibile.

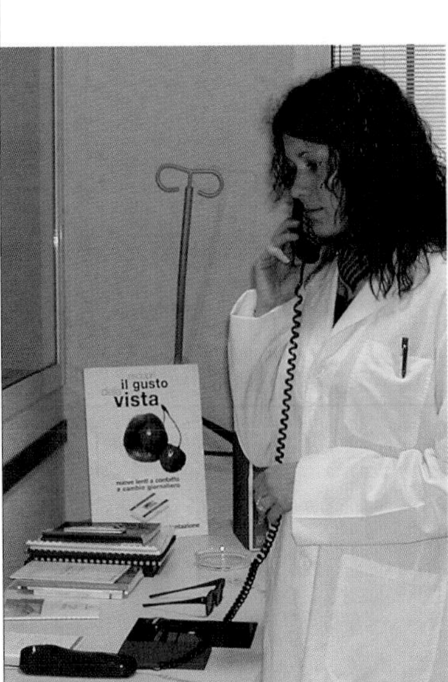

In farmacia

5 **SILVIA** Buongiorno!
FARMACISTA Buongiorno! Mi dica.
SILVIA Vorrei qualcosa per le punture d'insetti.
FARMACISTA Applichi questa pomata da due a quattro volte al giorno.

6 **ROBERTO** Buongiorno! Vorrei dello sciroppo per la tosse.
FARMACISTA Ecco a Lei.
ROBERTO Mi può dire quanto ne devo prendere?
FARMACISTA Ne prenda un cucchiaio prima dei pasti.

Che cos'è successo?
Com'è successo?
Ci sono dei feriti?
Pronto!
C'è stato un incidente.

In questura

7

POLIZIOTTO	Che cos'è successo?
MARIA	C'è stato un incidente.
POLIZIOTTO	Dove?
MARIA	Vicino alla mia scuola, un'ora fa.
POLIZIOTTO	Com'è successo?
MARIA	Un autotreno ha tamponato un furgone.
POLIZIOTTO	Ci sono dei feriti?
MARIA	No, per fortuna i conducenti non si sono fatti niente.
POLIZIOTTO	E il furgone?
MARIA	Il furgone ha subito gravi danni al paraurti e alla portiera.

Al telefono

8

VALERIO	Pronto! 113?
POLIZIOTTO	Sì! Dica!
VALERIO	C'è stato un incidente.
POLIZIOTTO	Dove?
VALERIO	Davanti alla stazione.
POLIZIOTTO	Ci sono dei feriti?
VALERIO	Sì, uno... e perde molto sangue.
POLIZIOTTO	Ha già chiamato l'ambulanza?
VALERIO	Sì, ho telefonato all'ospedale.
POLIZIOTTO	Bene, arriviamo subito.

Roma, 18 ottobre

Tanti saluti da Roma!
Ieri ho visto il Colosseo (GRANDIOSO) e domani andrò a vedere i Fori Romani!
Davide mi ha detto che hai l'influenza, guarisci presto!
Un bacione e un abbraccio,
Lisa!

CHROMA IMAGE s.a.s. tel. 041/5204688 Cod. A 48 RIPRODUZIONE VIETATA

GABRIELLA MATERIA
VIALE MARGHERITA 37
98057
MILAZZO (ME)

ESERCIZIO 1

Rispondi alle seguenti domande.

1 **a** Come sta Paola?
b Che cos'ha?

2 **a** Che cos'ha Roberto?

3 **a** Dove ha male Paola?
b Da quanto tempo ha quel dolore?

4 **a** A chi telefona il signor Martini?
b Che cosa pensa di avere il signor Martini?
c Che disturbi ha?
d Da quanto tempo ha quei sintomi?
e Che cosa deve fare?

5 **a** Che cosa vuole Silvia?
b Quali sono le istruzioni?

6 **a** Che cosa vuole Roberto?
b Quanto ne deve prendere?
c Quando lo deve prendere?

7 **a** Che cosa è successo?
b Dove?
c Quando?
d Come è successo?
e Come stanno i conducenti?
f Che danni ha subito il furgone?

8 **a** Quante telefonate ha fatto Valerio?
b A chi ha telefonato?
c Che cosa è successo?
d Dove?
e Che cosa dice Valerio della persona ferita?

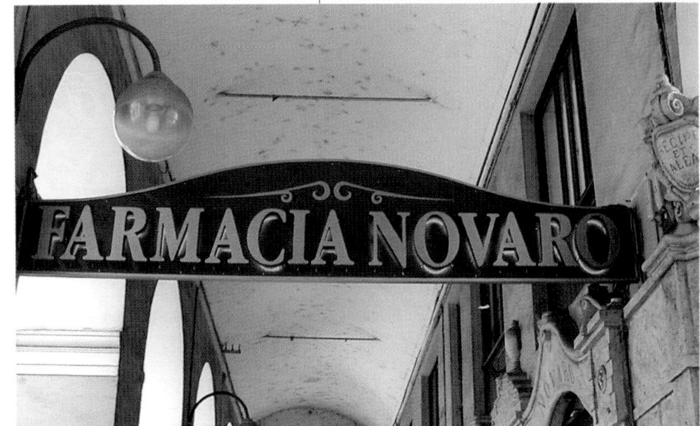

VERBI RIFLESSIVI [7.15]

SVEGLIARSI

	PRESENTE	PASSATO PROSSIMO
(io)	**mi** sveglio	**mi** sono svegliato/a
(tu)	**ti** svegli	**ti** sei svegliato/a
(lui, lei, Lei)	**si** sveglia	**si** è svegliato/a
(noi)	**ci** svegliamo	**ci** siamo svegliati/e
(voi)	**vi** svegliate	**vi** siete svegliati/e
(loro)	**si** svegliano	**si** sono svegliati/e

ESERCIZIO 2 [7.15]

Completa con il presente.

Esempio: (Tu) Di solito a che ora....*ti svegli*..............? SVEGLIARSI

1 Luigi .... ogni inverno. AMMALARSI
2 Io non .... mai i capelli. ASCIUGARSI
3 (Tu) .... tutti i giorni? FARSI LA BARBA
4 Io .... i capelli tutti i giorni. LAVARSI
5 Lui .... sempre! ARRABBIARSI
6 Oggi (io) non .... bene. SENTIRSI
7 (Tu) .... troppo! PREOCCUPARSI
8 Di solito (io) .... alle sette. ALZARSI
9 Di solito (lei) .... con eleganza. VESTIRSI
10 (Noi) .... molto in Italia. DIVERTIRSI

ESERCIZIO 3 [7.15]

Completa con il passato prossimo.

Esempio: (Tu) A che ora ....*ti sei alzato*............ ieri? ALZARSI

1 Durante le vacanze Carlo .... AMMALARSI
2 Giovanna non .... le mani. ASCIUGARSI
3 Ieri (noi) .... molto tardi. ADDORMENTARSI
4 (Io) questa mattina non .... FARSI LA BARBA
5 Ieri Silvana e Gabriella non .... DIVERTIRSI
6 È colpa sua. Non .... allo stop. FERMARSI
7 Quando (tu) ....? FARSI MALE
8 (Loro) non .... per il ritardo. SCUSARSI
9 Ieri sera (io) .... male. SENTIRSI
10 Ieri la professoressa .... ARRABBIARSI

ESERCIZIO 4 [7.11]

Completa con il congiuntivo.

Esempio: (Lui) aspetta il medico. **Penso che** lui *aspetti* il medico.

1 Antonella soffre molto.
Credo che Antonella .... molto.
2 (Loro) aspettano il medico.
Penso che .... il medico.
3 Io telefono al Consolato.
Bisogna che io .... al Consolato.
4 (Lui) abita ancora a Roma.
Credo che lui .... ancora a Roma.
5 L'ambulanza arriva subito.
Spero che l'ambulanza .... subito.
6 Claudio guida con attenzione.
È meglio che Claudio .... con attenzione.
7 Il dottore non parla l'inglese.
È un peccato che il dottore non.......................... l'inglese.
8 (Io) non conosco l'italiano.
È un peccato che io non .... l'italiano.
9 (Lui) non prende troppe medicine.
Spero che lui non .... troppe medicine.
10 (Loro) non capiscono il problema.
Ho paura che non .... il problema.

ESERCIZIO 5 [7.11]

Completa con il congiuntivo (verbi irregolari).

1 (Lei) sta bene.
Spero che lei .... bene.
2 (Loro) stanno meglio.
Spero che loro .... meglio.
3 (Tu) hai ragione.
Dubito che tu .... ragione.
4 Antonella è ammalata.
Penso che Antonella .... ammalata.
5 (Loro) sono ammalati.
Penso che loro .... ammalati.
6 Marco ha mal di testa.
Credo che Marco .... mal di testa.
7 (Loro) hanno il raffreddore.
Credo che loro .... il raffreddore.
8 Il medico non può venire.
Temo che il medico non .... venire.
9 Mio fratello oggi va dal dentista.
Penso che mio fratello oggi.............................. dal dentista.
10 Viene anche mia sorella.
Spero che .... anche mia sorella.

ABITARE
abit**i**
abit**i**
abit**i**
abit**iamo**
abit**iate**
abit**ino**

CONGIUNTIVO PRESENTE

RIPETERE
ripet**a**
ripet**a**
ripet**a**
ripet**iamo**
ripet**iate**
ripet**ano**

CONGIUNTIVO PRESENTE

PARTIRE
part**a**
part**a**
part**a**
part**iamo**
part**iate**
part**ano**

CONGIUNTIVO PRESENTE

ESERCIZIO 6 [7.12] 

Trasforma come nell'esempio.

	"tu"	**"Lei"**
Esempio:	Accomodati!	*Si accomodi!*

1 Scusami! ....!
2 Fermati! ....!
3 Alzati! ....!
4 Chiamalo! ....!
5 Telefonagli! ....!
6 Preparati! ....!
7 Svegliala! ....!
8 Prendilo! ....!
9 Salutamela! ....!
10 Diglielo! ....!

ESERCIZIO 7 [7.12]

Trasforma come negli esempi.

	"tu"	**"Lei"**
Esempi:	Non parlare a voce alta!	Non parli a voce alta!
	Non fermarti in curva!	Non si fermi in curva!

1 Non scrivere sul libro! ....!
2 Non bruciarti con quella pentola! ....!
3 Non farti male con il martello! ....!
4 Non tagliarti con il coltello! ....!
5 Non arrabbiarti sempre! ....!
6 Non attraversare con il rosso! ....!
7 Non mettere le medicine sul tavolo! ....!
8 Non protestare continuamente! ....!
9 Non sorpassare in curva! ....!
10 Non aspettare fuori! ....!

ESERCIZIO 8 [7.12]

Trasforma come nell'esempio.

Esempio: Prendi la medicina! Prendi**la**!

1 Chiama il poliziotto! ....!
2 Compra le medicine! ....!
3 Aspetta tua sorella! ....!
4 Sorpassa la bicicletta! ....!
5 Prendi lo sciroppo! ....!
6 Segui le istruzioni! ....!
7 Aspetta le tue amiche! ....!
8 Disinfetta la ferita! ....!
9 Compila il modulo! ....!
10 Avverti i familiari! ....!

ESERCIZIO 9 [7.12]

Volgi alla seconda persona singolare.

	"voi"	"tu"
Esempio:	Andate piano.	Va' piano!

1 Fate silenzio! ....!
2 Dite la verità! ....!
3 State attenti! ....!

ESERCIZIO 10 [7.12]

Volgi dal "tu" al "Lei" le frasi dell'esercizio precedente.

Esempio: Va' piano! Vada piano!

ESERCIZIO 11

Trova i contrari delle parole sottolineate.

		A		B
1	☐	Come stai? - Sto <u>male</u>.	a	sporco
2	☐	Che cos'ha? - Ha <u>freddo</u>.	b	alta
3	☐	Come si sente? - Sta <u>meglio</u>.	c	ridere
4	☐	Che cos'hai? Ho la pressione <u>bassa</u>.	d	bene
5	☐	Devo prendere questa medicina <u>prima</u> dei pasti.	e	vera
6	☐	Non <u>piangere</u> sempre!	f	peggio
7	☐	Il bagno è <u>pulito</u>.	g	piano
8	☐	È <u>vivo</u>.	h	caldo
9	☐	La sua dichiarazione è <u>falsa</u>.	i	morto
10	☐	Andava molto <u>veloce</u>.	l	dopo

ESERCIZIO 12

Fai le domande.

UN INCIDENTE

1	Che cos' è successo?	C'è stato un incidente.
2	....?	Una macchina ha investito un pedone.
3	....?	Davanti al municipio.
4	....?	Questa mattina.
5	....?	Alle 18.50.

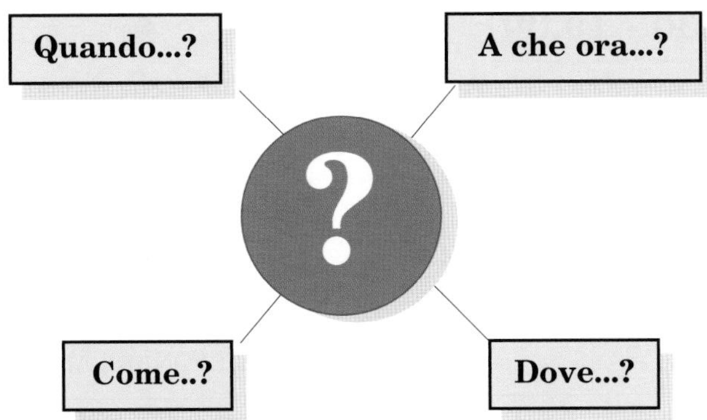

WORDSEARCH

A) Sai qual è l'augurio per chi deve sostenere un esame?

CHIAVE (2, 5, 2, 4) ☐☐ ☐☐☐☐☐ ☐☐ ☐☐☐☐ !

O L L O C C U O R E I I
S G A M B A A T S E T T
I P O N A M S B O L O N
V I A I N C I O I I A E
S E D L H L B C H N I D
T D O I L C C C C G L C
O E E E T A C A C U G P
M N P A A O L E O A I E
A A S A N G U E R L V L
C U O I C C A R B O A L
O P G F E G A T O O C E

...............bocca
...............braccio
...............capelli
...............caviglia
...............collo
...............cuore
...............denti
...............dito
...............fegato
...............gamba
...............ginocchio
...............lingua
...............mano
...............occhio
...............orecchio
...............pelle
...............piede
...............sangue
...............schiena
...............spalla
...............stomaco
...............testa
...............viso

B) Completa con gli articoli la lista delle parole sopraelencate.

Fai attenzione ai seguenti plurali irregolari:
il braccio/le braccia; il dito/le dita, la mano/le mani.

ORARIO

Mattino:

8.30 - 12.30

Pomeriggio:

15.30 - 19.30

FARMACIA DI TURNO
Farmacia GALASSO

SOLO SE IN POSSESSO DI RICETTA
MEDICA URGENTE
TELEFONARE AL 495987

1

Fatti aiutare e sostenere: comunica la tua scelta ad amici e parenti perché non fumino in tua presenza e ti incoraggino, parla col tuo medico, informati sui centri antifumo, chiama il numero verde 800-554088.

2

Getta le sigarette e allontana dalla tua vista accendini e posacenere.

3

Ricorda che i piccoli disturbi di mancanza di sigarette (nervosismo, bocca secca, senso di fame) si possono vincere.

4

Bevi più acqua del solito e soprattutto prima dei pasti per sentirti pieno.

5

Porta con te stuzzicadenti o analoghi da tenere tra le labbra al posto della sigaretta.

DECALOGO PER SMETTERE DI FUMARE

www.ministerosalute.it
→ Campagne informazione

6

Gratificati: nei primi giorni di astinenza cerca di fare le cose che ti piacciono; premiati ogni giorno che non hai fumato facendoti un regalo; pensa ai risparmi che fai ogni giorno e programma qualcosa di bello e interessante per il tuo futuro.

7

Se hai voglia di ricominciare pensa al tuo corpo: non "puzzi" più di tabacco, l'alito torna normale, i denti ritorneranno bianchi, la pelle diventerà più elastica, le rughe si attenueranno, la tosse ed il catarro spariranno, il respiro diventerà più agevole.

8

Evita le situazioni che abitualmente associavi alle sigarette e non frequentare ambienti o persone che fumano.
Passa invece più tempo in luoghi dove è vietato fumare come teatri, cinema, musei.

9

Se pratichi sport o qualche altra attività fisica, potenziala, in quanto contribuisce, fra l'altro, a ridurre la fame.

10

Se ricadi e fumi una sigaretta non ti scoraggiare, una debolezza non compromette nulla. Ricominciare da capo può succedere, analizza però i motivi della ricaduta.

11 HEALTH AND WELFARE

Can you...

Learning √	Revision √	
☐	☐	ask others how they feel and say how you feel? [1]
☐	☐	refer to parts of the body where you are in pain or discomfort? [2-3]
☐	☐	ask about taking a bath or shower? [5-6]
☐	☐	ask for soap, toothpaste, towel? [7]
☐	☐	say you would like to rest or go to bed? [8-9]
☐	☐	call for help? [10]
☐	☐	warn about danger? [11]

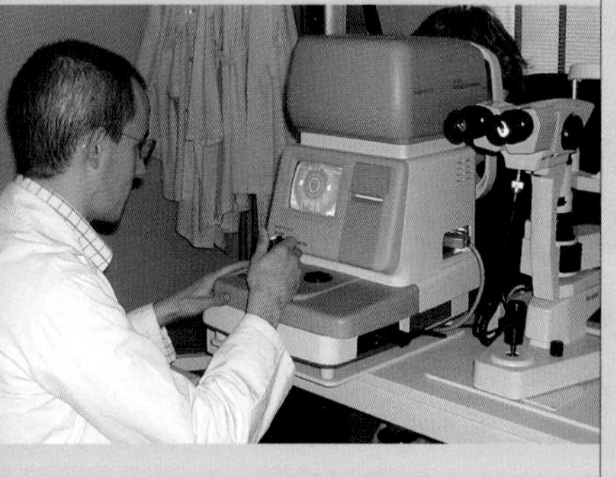

1 Come	stai? va? ti senti?	(Sto)	bene. male.
		Mi sento	debole. stanco. meglio.
2 Che cos'hai? Cos'è che non va? Cosa ti succede?		Ho mal di	cuore. denti. gola. pancia. schiena. testa.
3		Ho male	al naso. all' orecchio. ai piedi. agli occhi. alla gamba. alle mani.
4		Ho	caldo. freddo. fame. sete.
5 Vorrei fare	il bagno. la doccia.		
6 Potrei lavarmi	le mani? i denti?		
7		Vuoi C'è	il sapone? l'asciugamano? il pettine? il dentifricio? lo spazzolino da denti?

8	Vorrei	riposare ancora un po'. andare a riposare.
9	Vado a	fare un sonnellino. letto.
10	Aiuto! Al fuoco!	
11	Stai attento!/Attento! È pericoloso! Non toccare!	

Numeri di Emergenza

SOCCORSO PUBBLICO DI EMERGENZA	113
CARABINIERI	112
VIGILI DEL FUOCO	115
EMERGENZA SANITARIA	118

1	How	are you? is it going? do you feel?	I am	well. not well.
			I feel	weak. tired. better.
2	What's	the matter with you? wrong? happening to you?	I've a pain in my heart.	
			I've got	toothache. a sore throat. stomach ache. back ache. a headache.
3			My	nose hurts. ear hurts. feet hurt. eyes hurt. leg hurts. hands hurt.
4			I'm	hot. cold. hungry. thirsty.
5	I would like to have a	bath. shower.		
6	Could I	wash my hands? brush my teeth?		
7			Do you want some soap?	
			Is there	a towel? a comb? any toothpaste? a toothbrush?
8	I would like	to rest a little longer. to go and rest.		
9	I am going	to have a nap. to bed.		
10	Help! Fire!			
11	Be careful!/Look out! It's dangerous! Don't touch!			

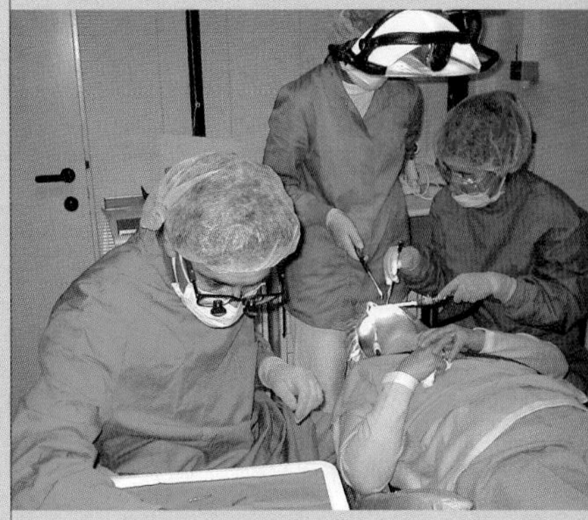

Illness and Injury

Learning √ Revision √

Can you...

- report minor ailments and injuries? [2-3]
- say you would like to lie down? [4]
- say you would like to see a doctor or dentist? [4]
- respond to questions about how long an ailment or symptom has persisted? [7]

IL CHIROPRATICO RICEVE IL LUNEDI E IL GIOVEDI DALLE ORE 8.30 ALLE ORE 19.00

1		Dove ha male? Che disturbo sente?/Che disturbi ha?
2	Ho un dolore qui. un ascesso. un crampo. preso un colpo di sole. la diarrea. rimesso/vomitato. la febbre. il raffreddore da fieno. l'influenza. la pressione alta/bassa.	
3	Mi sono bruciato. fatto male. ferito. punto. tagliato.	
4	Ho bisogno di / Vorrei distendermi. coricarmi. un dottore. un dentista.	
5		Le devo fare un'iniezione. un prelievo (di sangue). un'otturazione.
6		Da quanto tempo ha questo dolore? È la prima volta che ha questi sintomi?
7	Da una settimana. È la prima volta. Non mi era mai successo.	Sta prendendo / Prende qualche medicina?
8		È assicurato? Ha il modulo E111?
9	A che ora apre l'ambulatorio?	Alle otto e trenta.
10	Qual è l'orario delle visite ?	
11	Vorrei prenotare una visita specialistica.	

1				Where does it hurt? What do you feel?
2	I've	a pain here. an abscess. got cramp. got sunstroke. got diarrhoea. vomited. a temperature. got hay-fever. got 'flu. got high/low blood pressure.		
3	I've	burnt hurt injured pricked cut	myself.	
4	I need I would like		to lie down. to go to bed. to see a doctor. to see a dentist.	
5				I have to give you an injection. I have to take a sample. You need a filling.
6				How long have you had this pain? Is it the first time you've had these symptoms?
7	A week. It's the first time. It's never happened to me before.			Are you taking any medicines?
8				Are you insured ? Have you got the E111 form?
9	At what time does the surgery open?			At half past eight.
10	What are the surgery hours?			
11	I would like to see a specialist.			

ALL'OSPEDALE

Ho bisogno di un	dermatologo. ginecologo. oculista. otorinolaringoiatra. dentista.

DERMATOLOGIA *Dermatology*
GINECOLOGIA *Gynaecology*
OCULISTICA *Oculistics*
OTORINOLARINGOIATRIA *Ear, Nose and Throat Dept.*
ODONTOIATRIA *Dentistry*
ORTOPEDIA *Orthopaedics*
NEUROLOGIA *Neurology*
PSICHIATRIA *Psychiatry*
RADIOLOGIA *Radiology*
CARDIOLOGIA *Cardiology*
CHIRURGIA *Surgery*

AT THE CHEMIST

Learning √ ☐ Revision √ ☐

Can you...

ask for items in a chemist's and ask if they have anything for the particular ailments? [1-2-3]

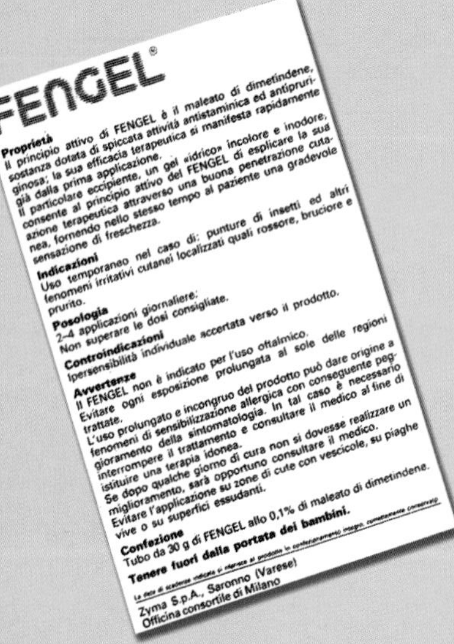
FENGEL®

Proprietà
Il principio attivo di FENGEL è il maleato di dimetindene, sostanza dotata di spiccata attività antistaminica ed antipruriginosa; la sua efficacia terapeutica si manifesta rapidamente già dalla prima applicazione.
Il particolare eccipiente, un gel «idrico» incolore e inodore, consente al principio attivo del FENGEL di esplicare la sua azione terapeutica attraverso una buona penetrazione cutanea, fornendo nello stesso tempo al paziente una gradevole sensazione di freschezza.

Indicazioni
Uso temporaneo nel caso di: punture di insetti ed altri fenomeni irritativi cutanei localizzati quali rossore, bruciore e prurito.

Posologia
2–4 applicazioni giornaliere;
Non superare le dosi consigliate.

Controindicazioni
Ipersensibilità individuale accertata verso il prodotto.

Avvertenze
Il FENGEL non è indicato per l'uso oftalmico.
Evitare ogni esposizione prolungata al sole delle regioni trattate.
L'uso prolungato e incongruo del prodotto può dare origine a fenomeni di sensibilizzazione allergica con conseguente peggioramento della sintomatologia. In tal caso è necessario interrompere il trattamento e consultare il medico al fine di istituire una terapia idonea.
Se dopo qualche giorno di cura non si dovesse realizzare un miglioramento, sarà opportuno consultare il medico.
Evitare l'applicazione su zone di cute con vescicole, su piaghe vive o su superfici essudanti.

Confezione
Tubo da 30 g di FENGEL allo 0,1% di maleato di dimetindene.

Tenere fuori dalla portata dei bambini.

Zyma S.p.A., Saronno (Varese)
Officina consortile di Milano

INDICAZIONI: Terapia sintomatica delle affezioni dell'albero respiratorio accompagnate da tosse e catarro.
POSOLOGIA: Sciroppo: adulti da 3 a 6 cucchiai al giorno (uno ogni due ore).
Bambini: da 3 a 6 cucchiaini al giorno (uno ogni due ore).
Pastiglie: da 6 a 8 pastiglie al giorno lontano dai pasti.
NON SUPERARE LE DOSI CONSIGLIATE.
AVVERTENZE: Dopo breve periodo di trattamento senza risultati apprezzabili consultare il medico. Il preparato contiene saccarosio nella quantità specificata; di ciò si tenga conto nei soggetti diabetici o in quelli a dieta ipocalorica.
CONTROINDICAZIONI: Ipersensibilità individuale accertata verso il prodotto.
CONFEZIONI: Flacone da g. 200 - Scatola da 24 pastiglie.
Tenere fuori dalla portata dei bambini.

1 Vorrei	delle aspirine. delle bende. dei cerotti. delle compresse di ... del cotone. delle pastiglie. delle pillole. della pomata antisettica. dello sciroppo per la tosse. un disinfettante. una fascia elastica.	
2 Vorrei qualcosa per	il mal di testa. le scottature. le punture d'insetti.	
3 Prenda	un cucchiaino di questa medicina tre gocce una compressa due pastiglie un antibiotico metà dose...	due volte al giorno. ogni due ore. prima dei pasti. dopo i pasti. a digiuno. la sera.

Indicazioni
Punture d'insetti, pruriti.

Posologia
2-4 applicazioni giornaliere.
Non superare le dosi consigliate.

Controindicazioni
Ipersensibilità individuale accertata verso il prodotto.

Avvertenze
Evitare ogni esposizione prolungata al sole delle regioni trattate.

1 I would like	some aspirin. some bandages. some plasters. some tablets. some cotton wool. some lozenges, pastilles. some pills. an antiseptic cream. a cough syrup. a disinfectant. an elastic bandage.	
2 I would like something	for a headache. to treat a scald. for an insect bite.	
3 Take	one spoonful of this medicine three drops one tablet two lozenges an antibiotic half a dose ...	twice a day. every two hours. before each meal. after each meal. on an empty stomach. in the evening.

CONTRO-INDICAZIONI	Ipersensibilità individuale accertata verso il farmaco
EFFETTI COLLATERALI	In rari casi possono manifestarsi eruzioni cutanee su base allergica, vertigini.
POSOLOGIA	Sciroppo: Alla confezione è annesso un bicchierino-dose con indicate tacche di livello rispondenti alle capacità di ml 2,5 -ml 5 - ml 10. **Bambini al di sotto di 1 anno:** 1 dose da ml 2,5 ogni 4-6 ore. **Bambini da 1 a 4 anni:** 1 dose da ml 2,5 o 1 dose da ml 5 ogni 4-6 ore. **Bambini oltre i 4 anni:** 1 dose da ml 5 o 1 dose da ml 10 ogni 4-6 ore. **Adulti:** 1 dose da ml 10, ogni 4 ore. Compresse **Adulti:** 1 compressa 3-4 volte al giorno.

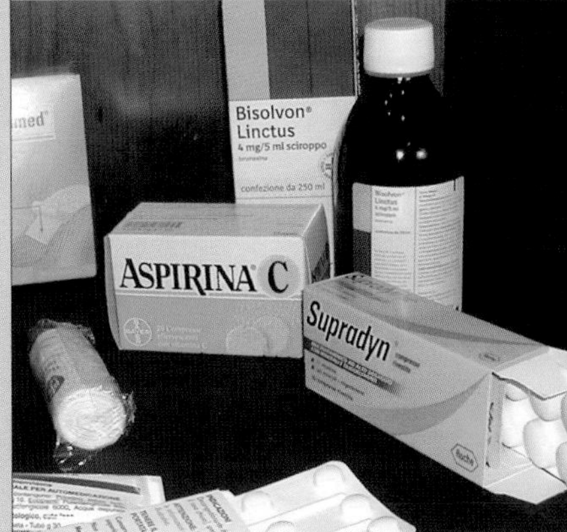

MEDICINALI (MEDICINES)

Match the numbers and the letters : e.g. 1c, ...

1c	ATTENZIONE	*a. side-effects*
2	DATA DI SCADENZA	*b. dosage*
3	DA VENDERSI SOLO DIETRO PRESENTAZIONE DI RICETTA MEDICA	*c. warning*
4	CONTROINDICAZIONI	*d. keep out of reach of children*
5	CREMA ANTISETTICA	*e. by prescription only*
6	EFFETTI COLLATERALI	*f. internal use*
7	È UN MEDICINALE	*g. avoid long-term use*
8	EVITARE L'USO PROLUNGATO	*h. expiry date*
9	LEGGERE ATTENTAMENTE LE AVVERTENZE	*i. contra-indications*
10	MODALITÀ D'USO	*j. duration*
11	PERIODO DI VALIDITÀ	*k. mode of application*
12	POSOLOGIA	*l. use with caution*
13	PRODOTTO DIETETICO	*m. read warnings carefully*
14	RICETTA	*n. antiseptic cream*
15	TENERE FUORI DALLA PORTATA DEI BAMBINI	*o. this is a drug*
16	USARE CON CAUTELA	*p. dietary product*
17	USO ESTERNO	*q. external use*
18	USO INTERNO	*r. prescription*

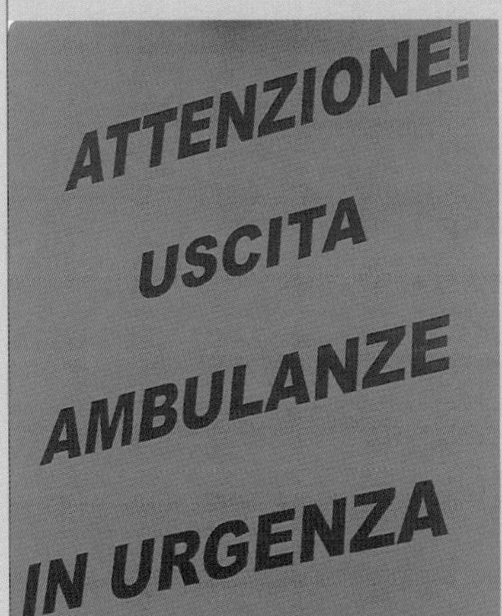

ACCIDENT

Learning √ **Revision** √

Can you...

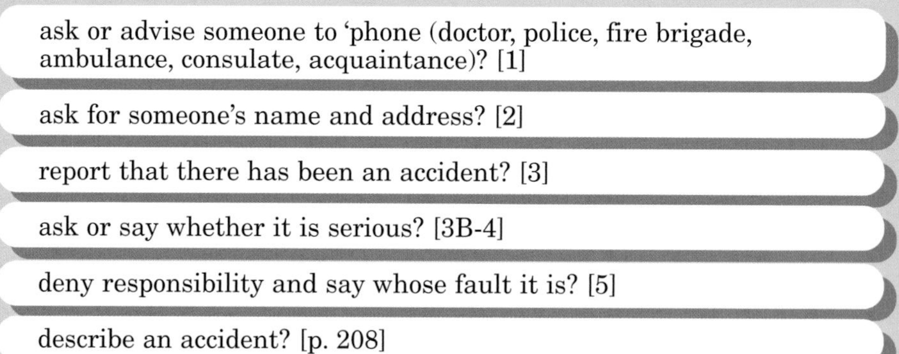

- ask or advise someone to 'phone (doctor, police, fire brigade, ambulance, consulate, acquaintance)? [1]
- ask for someone's name and address? [2]
- report that there has been an accident? [3]
- ask or say whether it is serious? [3B-4]
- deny responsibility and say whose fault it is? [5]
- describe an accident? [p. 208]

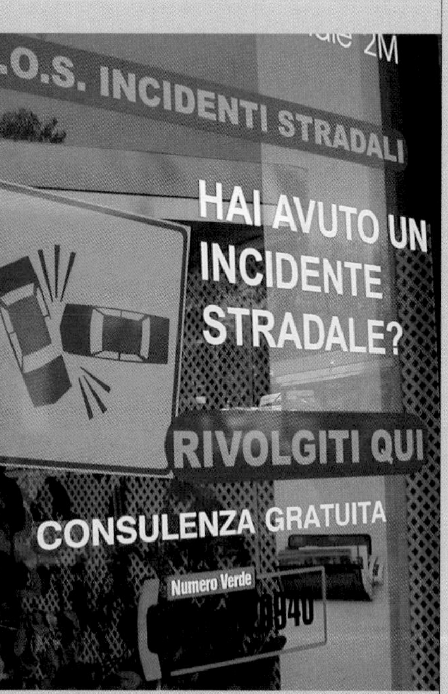

1	Bisogna chiamare	un dottore! la polizia! i vigili del fuoco! un'ambulanza! il consolato! un parente! il 113!	
2	Mi dia Mi scriva	il suo nome e indirizzo!	
3	C'è stato un	incidente. incendio.	È molto grave?
4	Non molto, ma ... Sì, ci sono dei feriti. Uno ha perso molto sangue. C'è un morto.		
5	Non è colpa mia! Mi ha attraversato la strada. Mi dispiace, non l'ho visto/a! È colpa sua! È passato con il rosso. Non si è fermato allo stop. Non ha rispettato la precedenza.		È falso/Non è vero! Ho un testimone. Vuole fare da testimone?

SIGNS

Rallentare	*Slow down*	**Non attraversare**	*Do not cross*
Pronto soccorso	*First aid*	**Non toccare**	*Do not touch*
Attenzione	*Watch out!*	**Ospedale**	*Hospital*
Pericolo	*danger*	**Attenti al cane**	*Beware of the dog*
In caso di emergenza rompere il vetro	*Break glass in emergency*	**Estintore**	*Fire extinguisher*
Uscita di emergenza	*Emergency exit*	**Guasto**	*Out of order*
Lavori in corso	*Work in progress*	**Allarme**	*Alarm*

1 We have to call	a doctor! the police! the fire brigade! an ambulance! the Consulate! one of his/her relatives! 113 (the Public Emergency Assistance)!		
2 Would you	give me write down	your name and address.	
3 There has been	an accident. a fire.		Is it very serious?
4 Not very, but.... Yes, there are some casualties. One of them has lost a lot of blood. Someone is dead.			
5 It's not my fault! He cut in front of me. I'm sorry, I didn't see him/her! It's his/her fault! He jumped the red light. He didn't stop to give way. He didn't give way.			It's not true! I've a witness. Do you want to be a witness?

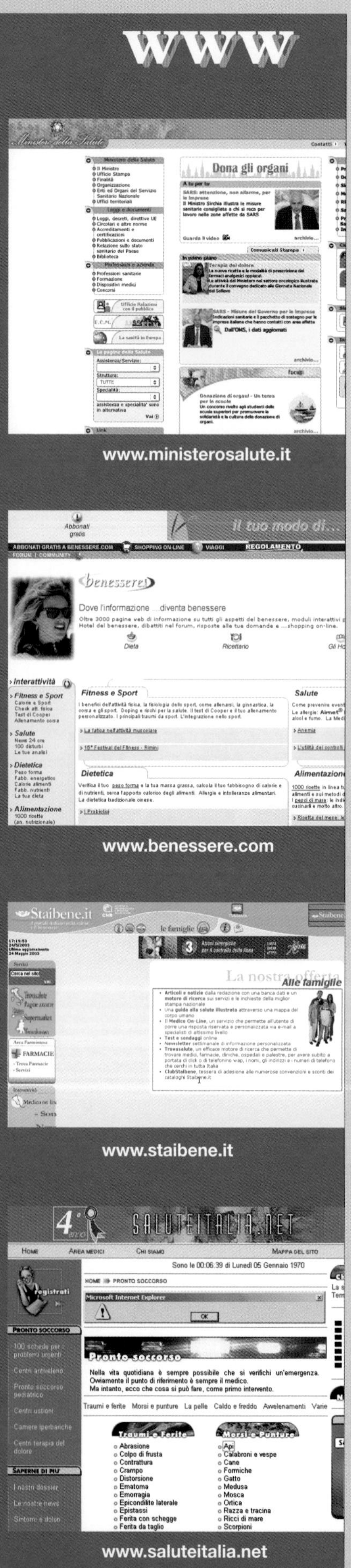

How to Describe an Accident

You should be able to describe the facts clearly and in detail:

1	**WHAT HAPPENED**	Un incidente, un tamponamento, un investimento, ...
2	**WHERE**	In via Centrale ..., davanti alla scuola ...
3	**WHEN**	Ieri sera, questa mattina, oggi alle nove, ...
4	**HOW**	Mentre sorpassava/girava a destra, attraversava la strada, ...
5	**HOW MANY VEHICLES/ PEOPLE INVOLVED**	Due macchine, una macchina e un pedone, un motorino, ...
6	**INJURIES/DEATHS**	Un ferito grave, un morto e due feriti, ...
7	**DAMAGE**	Al paraurti, alla portiera, ...
8	**WITNESSES**	(Nome, cognome, indirizzo, telefono)
9	**NOTES ...**	

Ieri, alle otto e mezzo, mentre andavo a scuola, c'è stato un incidente.
All'inizio di via Bonfante, un autotreno ha tamponato un furgone che non si era fermato allo stop.
Per fortuna i conducenti non si sono fatti niente, ma il furgone ha avuto gravi danni. Io ero l'unico testimone e ...

Accident

(moto) ciclista, *(motor) cyclist*
aiutare, *to help*
all'improvviso, *suddenly*
ambulanza, *ambulance*
assicurato, *insured*
attraversare, *to cross*
autista (m/f), *driver*
autobus (m), *bus*
autocarro, *lorry*
autotreno, *lorry with trailer*
avere la precedenza, *to have the right of way*
avvertire, *to warn, to inform*
bagnato, *wet*
barella, *stretcher*
bruciare, *to burn*
cadere, *to fall*
camion (m), *lorry*
camminare, *to walk*
carabiniere, *policeman*
chiamare, *to call*
collisione (f), *collision*
colpa, *fault*
conduttore (m), *driver*
consolato, *consulate*
correre, *to run, to speed*
corriera, *coach*
danno, *damage*
dichiarare, *to declare*
dichiarazione (f), *statement*
falso, *false*
fare attenzione, *to be careful*
ferito, *wounded*
fermarsi, *to stop*
fortunatamente, *luckily*
furgone (m), *(delivery) van*
girare, *to turn*
grave, *serious*
guidatore (m), *driver*
immediatamente, *immediately*
improvvisamente, *suddenly*
incidente (m), *accident*
investire, *to collide with, to run over*
macchina, *car*
marca, *make*
marciapiede (m), *pave-ment*
medico, *doctor*
morto, *dead*
motorino, *moped*
niente, *nothing*
ospedale (m), *hospital*
pagare, *to pay*
paraurti, *bumper*
passante (m/f), *passer-by*
passare, *to pass*
patente (f), *driving licence*
pedone (m), *pedestrian*
pericolo, *danger*
polizia, *police*
pompiere (m), *fireman*
portiera, *door*
presto!, *quick!*
purtroppo, *unfortunately*
quasi, *almost*
questura, *police headquarters*
qui, qua, *here*
rallentare, *to slow down*
riempire/compilare, *to fill in*
riparare, *to repair*
rischio, *risk*
rispettare, *to respect*
rovesciarsi, *to overturn*
sbrigarsi, *to hurry up*
scontro, *collision, crash*
scusarsi, *to apologize*
semaforo, *traffic lights*
senso unico, *one way*
slittare, *to slide*
sorpassare, *to overtake*
strada, *road*
subito, *immediately*
tamponamento, *collision*
tamponare, *to collide with ..., to run into ...*
targa, *number plate*
testimone (m/f), *witness*
urgente, *urgent*
urto, *collision, impact*
veicolo, *vehicle*
vero, *true*
vigili del fuoco, *firemen*

TEMPO LIBERO

12

Dialoghi

1 **Maria** Qual è il tuo passatempo preferito?
Carlo La fotografia.
Maria Che cosa ti piace fotografare?
Carlo Soprattutto i paesaggi.

2 **Maria** Che cosa fai di solito la sera?
Carlo Guardo la televisione o leggo qualche libro.
Maria Ti piace leggere?
Carlo Sì, abbastanza.

3 **Maria** Che tipo di musica preferisci?
Carlo La musica pop.
Maria Qual è il tuo cantante preferito?
Carlo Senz'altro Riccio! È il mio idolo!

4 **Enrica** Che cosa fai durante il fine settimana?
Massimo Dipende, spesso vado a ballare con i miei amici.
Enrica Non vai mai ai concerti?
Massimo Sì, qualche volta.

5 **Enrica** Pratichi qualche sport?
Massimo Sì, faccio corsa e salto in alto.
Enrica Hai partecipato a qualche gara?
Massimo Sì, l'anno scorso ho fatto i cento metri.
Enrica E come è andata?
Massimo Sono arrivato secondo.

6 **Roberto** Che tipo di film preferisci?
Paola Mi piacciono i film comici.
Roberto Perché?
Paola Mah! ... Perché mi divertono.

7 **Roberto** Ti è piaciuto l'ultimo film di Bertolucci?
Paola Non molto.
Roberto Come mai?
Paola Era troppo lungo e noioso.

Al cinema

8 **Silvia** A che ora inizia il prossimo spettacolo?
Impiegato Comincia alle otto.
Silvia E quanto dura?
Impiegato Un'ora e cinquanta.

9 **Silvia** Vorrei un biglietto.
Impiegato Per la platea o la galleria?
Silvia Quanto costa in galleria?
Impiegato Dieci euro.
Silvia Va bene. Ecco a lei.

Qual è il tuo passatempo preferito?
Che cosa fai di solito la sera?
Che tipo di musica preferisci?
Che cosa fai durante il fine settimana?
Pratichi qualche sport?
Che tipo di film preferisci?
Ti è piaciuto l'ultimo film di ...
A che ora inizia il prossimo spettacolo?
Vorrei un biglietto.

Cinema Centrale
VIA F. CASCIONE, 52 - IMPERIA
Tel. 0183.63.871
(con servizio di segreteria telefonica)
ORARIO SPETTACOLI:
Feriali: 20.15 - 22.40
Sabato e Festivi:
15.30 - 18.00 - 20.15 - 22.40
parcheggi consigliati:
P.zza Duomo ed ex Consorzio Agrario

ESERCIZIO 1

Rispondi alle seguenti domande.

1 **a** Qual è il passatempo preferito di Carlo?
b Che cosa gli piace fotografare?

2 **a** Che cosa fa di solito Carlo la sera?
b Gli piace leggere?

3 **a** Che tipo di musica preferisce Carlo?
b Qual è il suo cantante preferito?

4 **a** Che cosa fa Massimo durante il fine settimana?
b Va spesso ai concerti?

5 **a** Quali sport pratica Massimo?
b A quale gara ha partecipato?
c Come è andata?

6 **a** Che tipo di film preferisce Paola?
b Perché?

7 **a** È piaciuto a Paola l'ultimo film di Bertolucci?
b Perché?

Al cinema

8 **a** A che ora inizia lo spettacolo?
b Quanto tempo dura?

9 **a** Che biglietto compra Silvia?
b Quanto paga?

ESERCIZIO 2

Collega le parole con le figure.

1 ☐ calcio
2 ☐ salto in alto
3 ☐ salto con l'asta
4 ☐ pallacanestro
5 ☐ corsa a ostacoli
6 ☐ cento metri
7 ☐ nuoto
8 ☐ lancio del peso
9 ☐ lancio del disco

b a c d e f g h i

ESERCIZIO 3 [7.4]

Volgi al passato prossimo come nell'esempio.

Esempio: Che cosa fai di solito **la sera**? **Guardo** la televisione.
Che cosa hai fatto **ieri sera**? **Ho guardato** la televisione.

1 Che cosa fai di solito la sera? Ascolto musica classica.
....
2 Che cosa fai di solito la sera? Esco con gli amici.
....
3 Che cosa fai di solito la sera? Leggo un libro.
....
4 Che cosa fai di solito la sera? Gioco a carte.
....
5 Che cosa fai di solito la sera? Faccio i compiti.
....
6 Che cosa fai di solito la sera? Vado al bar.
....
7 Che cosa fai di solito la sera? Ripasso le lezioni.
....
8 Che cosa fai di solito la sera? Scrivo ai miei amici.
....
9 Che cosa fai di solito la sera? Non faccio niente di particolare.
....

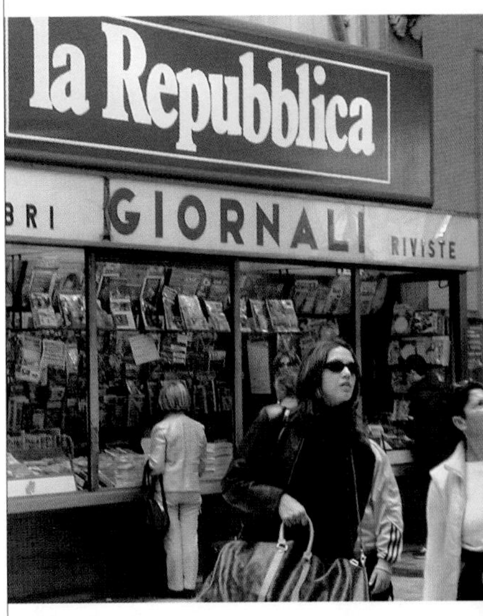

ESERCIZIO 4 [7.6]

Volgi al futuro le frasi dell'esercizio precedente.

Esempio: Che cosa farai **domani sera**? **Guarderò** la televisione.

1 ....
2 ....
3 ....
4 ....
5 ....
6 ....
7 ....
8 ....
9 ....

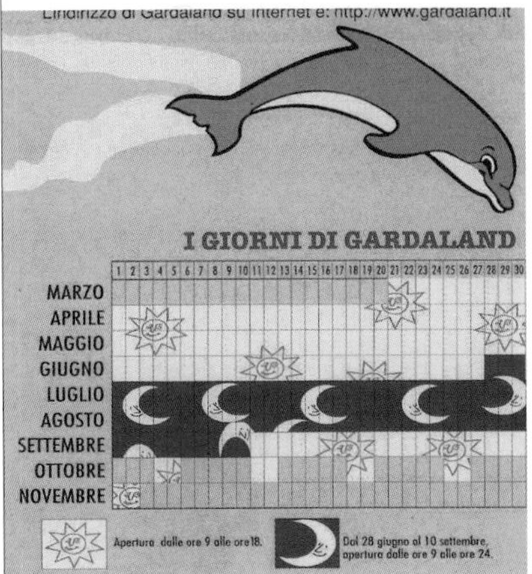

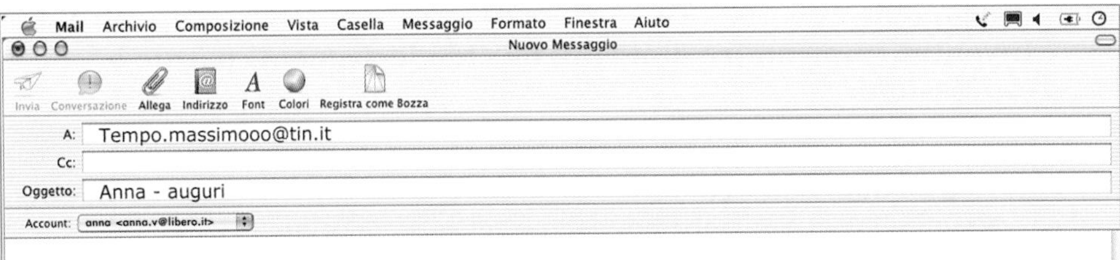

Mail Archivio Composizione Vista Casella Messaggio Formato Finestra Aiuto
Nuovo Messaggio
Invia Conversazione Allega Indirizzo Font Colori Registra come Bozza
A: Tempo.massimooo@tin.it
Cc:
Oggetto: Anna - auguri
Account: anna <anna.v@libero.it>

Ciao Martin!
Come va? Qui dai miei nonni mi annoio un po'. Reggio è una bella città sul mare, si trova in Calabria, nel sud d'Italia. Un posto davvero magnifico ma non c'è molto da fare!

Spero di tornare presto a Londra.

Un saluto a tutti gli amici e ancora tanti auguri per il tuo compleanno.

ESERCIZIO 5

A) Intervista cinque compagni e compila la tabella con le seguenti sigle:

S = spesso　　**Q** = qualche volta　　**M** = mai

Esempio　　**A** Vai spesso a ballare?　　**B** No, non **ci** vado mai!
B Sì, **ci** vado spesso!
B Qualche volta!

NOMI	a ballare?	a cavallo?	a giocare a ...?	a pescare?	a trovare i parenti?	a trovare gli amici?	al cinema?	al ristorante?	al mare?	al club?	ai concerti?	in discoteca?	in montagna?	..................?
1. CARLO	Q	S	M	S	S	Q	Q	M	S	S	M	M	Q	Q
2. IO														
3.														
4.														
5.														
6.														

B) **(In coppia)**
Inventate almeno tre dialoghi, usando le seguenti parole o espressioni:

- quasi mai, sempre;
- ogni giorno, ogni settimana, ogni mese, ogni anno;
- una volta al giorno/alla settimana/al mese/all'anno;
- due volte al giorno ...

ESERCIZIO 6 [5]

Trasforma come negli esempi.

Esempi: A me piace la musica. — **Mi** piace la musica.
A Paola piace la musica. — **Le** piace la musica.

1 A me piace collezionare francobolli. ....
2 A te piace l'elettronica? ....
3 A lui piace il modellismo. ....
4 A lei piace suonare la chitarra. ....
5 A Lei, professore, piace passeggiare? ....
6 A noi piace giocare a tennis. ....
7 A voi piace giocare a scacchi? ....
8 A loro piace la danza classica. ....
9 Ai miei amici piace ballare. ....
10 A Carlo piace la fotografia. ....

ESERCIZIO 7

Collega le domande con le risposte.

1 ☐ Ti è piaciuto il film di Fellini? — **a** Mi è piaciuto moltissimo.

2 ☐ A Maria è piaciuta la commedia di Goldoni? — **b** Gli è piaciuta moltissimo.

3 ☐ A Mario è piaciuta la commedia di Dario Fo? — **c** Mi è piaciuto moltissimo.

4 ☐ Professore, le è piaciuto il libro di Baricco? — **d** Ci sono piaciute moltissimo.

5 ☐ Vi sono piaciute le canzoni del Festival? — **e** Le è piaciuta moltissimo.

ESERCIZIO 8

Completa e rispondi alle domande.

1 Ti piace l'art_ moderna? ....
2 Vai spesso al cinem_? ....
3 Conosci una canzon_ di Natale? ....
4 Hai mai fatto collezion_ di francobolli? ....
5 Hai mai letto un giornal_ italiano? ....
6 Ascolti spesso la radi_? ....
7 Guardi spesso la television_? ....
8 Sai suonare il pianofort_? ....
9 Conosci un cantant_ italiano? ....
10 Sai chi è il regist_ del film "La Dolce Vita"? ....

ESERCIZIO 9 (in coppia)

Intervista il compagno e scrivi una breve relazione in base alle risposte.

Domande:

1 Qual è il tuo passatempo preferito?

....

2 Che cosa ti piace leggere?

....

3 Che tipo di musica preferisci?

....

4 Quali sono i programmi televisivi che preferisci?

....

5 Vai spesso al cinema?

....

6 Che tipo di film preferisci?

....

7 Pratichi qualche sport?

....

8 Hai mai partecipato a qualche competizione?

....

9 Che cosa fai di solito il sabato sera?

....

10 Che cosa fai di solito la domenica?

....

Esempio:

Il passatempo preferito di Carlo è la fotografia, però gli piace anche leggere e ascoltare la musica, soprattutto quella pop.

I suoi programmi televisivi preferiti sono i documentari sulla natura e lo sport.

A Carlo piace moltissimo lo sport: gioca a calcio e fa salto in alto. L'anno scorso ha partecipato ad una competizione di salto in alto ed è arrivato terzo.

Carlo va al cinema una volta alla settimana; i suoi film preferiti sono quelli di fantascienza.

Il sabato sera di solito va a ballare e la domenica va a trovare gli amici.

ESERCIZIO 10

Volgi dal "tu" al "Lei" le domande dell'esercizio precedente.

Esempi: - Qual è il Suo passatempo preferito? - Che cosa Le piace leggere?

Museo dell'Olivo

Visite

La visita al Museo dell'Olivo è libera ed aperta a tutti.
L'orario delle visite è **dalle 9.00 alle 12.00 e dalle 15.00 alle 18.30 dal lunedì al sabato. Giorno di chiusura: domenica.**

L'ingresso al Museo dell'Olivo è gratuito e, per le visite di gruppi e scuole è necessaria la prenotazione. Durante il periodo della raccolta delle olive (indicativamente da dicembre a marzo) è inoltre possibile vedere il modernissimo frantoio della Fratelli Carli in funzione.
Le visite allo stabilimento sono riservate ai visitatori singoli e seguono orari prestabiliti mentre i gruppi devono prenotare con quanto più anticipo possibile. Alla visita dello stabilimento non sono ammesse le scolaresche per motivi di sicurezza.

Museo dell'Olivo - Via Garessio, 11 - 18100 Imperia
Tel :+39 0183 295762 - Fax :+39 0183 293236 - Email info@museodellolivo.com

FAMIGLIA TV

ACCADDE / IL 24 MAGGIO 1968 GLI STUDENTI OCCUPANO L'UNIVERSITA' CATTOLICA DI MILANO. CINQUE GIORNI DOPO E' IL TURNO DELLA STATALE

MATTINO — POMERIGGIO — SERA

RAI UNO

- 6.30 **Tg1** (anche ore 7, 7.30, 8, 9, 11.30) **- Meteo**
- 6.40 **Unomattina** Varietà
- 7.05 **Rassegna stampa**
- 8.30 **Tg1 flash Lis**
- 9.30 **Tg1 flash**
- 9.40 **Linea Verde - Meteo verde**
- 9.45 **Dieci minuti di...**
- 9.55 **La mamma di un angelo** Film ●●●★★
- 11.35 **La vecchia fattoria**
- 12.25 **Che tempo fa**
- 12.30 **Tg1 flash**
- 12.35 **La signora in giallo** TF
- 13.30 **Telegiornale**
- 14.00 **Tg1 Economia**
- 14.05 **Anteprima Alle 2 su Raiuno** Giocajolly
- 14.35 **Alle 2 su Raiuno**
- 16.00 **Solletico** Varietà per ragazzi. All'interno: **GT Ragazzi** (17.00)
- 17.45 **Tg Parlamento**
- 17.50 **Prima del Tg**
- 18.00 **Tg1**
- 18.10 **Prima - La cronaca prima di tutto**
- 18.35 **In bocca al lupo!** All'interno **Meteo** (19.25)
- 20.00 **Telegiornale**
- 20.35 **Zitti tutti! Parlano loro** con C. Conti
- 20.50 **Sister Act 2 - Più svitata che mai** Film (comm., 1993) ●●●●★★★
- 22.55 **Tg1**
- 23.00 **Porta a porta**
- 0.20 **Tg1 Notte** Replica
- 0.55 **Rai Educational**
- 1.25 **Sottovoce**
- 2.00 **Spensieratissima**
- 2.15 **R come ricorrenze: Eduardo**

RAI DUE

- 7.00 **Go cart mattina**
- 9.50 **Amiche nemiche** TF
- 10.35 **Rai educational**
- 10.50 **Tg2 Medicina 33**
- 11.10 **Meteo**
- 11.15 **Tg2 Mattina**
- 11.30 **Anteprima I fatti vostri**
- 12.00 **I fatti vostri** Varietà
- 13.00 **Tg2 Giorno**
- 13.30 **Tg2 costume e società**
- 13.45 **Tg2 Salute**
- 14.00 **Affari di cuore**
- 14.30 **Al posto tuo** Rubrica
- 15.15 **Il meglio di "La vita in diretta"** All'interno **Tg2 flash** (16 - 17.30)
- 18.10 **In viaggio con Sereno variabile**
- 18.30 **Tg2 flash Lis - Meteo**
- 18.40 **Sportsera**
- 19.00 **Il clown** Telefilm
- 20.00 **Il lotto alle otto** Gioco
- 20.30 **Tg2 - 20.30**
- 20.50 **Le ragazze di Piazza di Spagna 3** Miniserie con R. Mondello, V. Belvedere
- 22.40 **Comici mica da ridere** "Incroci veloci"
- 23.30 **Estrazioni del lotto**
- 23.35 **Tg2 Notte**
- 0.05 **Neon libri**
- 0.10 **Tg Parlamento**
- 0.20 **Meteo 2 - Appuntamento al cinema**
- 0.30 **Fino alla follia** Film (dr., 1994) con A. Parillaud, B. Dalle ●●★★
- 2.05 **Italia interroga**
- 2.10 **Questa Italia cinema**
- 2.45 **Cosa accade nella stanza del Direttore** Incontro con...

RAI TRE

- 6.00 **Rai News 24**
- 8.05 **Rai educational**
- 9.30 **È la stampa... Bellezza** con O. Pirrotta
- 10.00 **Cominciamo bene** con M. Di Centa
- 11.00 **Giromattina 2000**
- 12.00 **T3 - Rai sport notizie**
- 12.25 **T3 Italie**
- 13.00 **T3 dentro il Giubileo**
- 13.30 **T3 Cultura & Spettacolo**
- 13.45 **T3 Articolo 1**
- 14.00 **T3 Regionali - Meteo Regionali**
- 14.20 **T3 - T3 Meteo**
- 14.50 **T3 Leonardo**
- 15.00 **T3 Neapolis**
- 15.10 **La Melevisione**
- 15.30 **83° Giro d'Italia** 11ª tappa - Giro corsa - Giro all'arrivo - Processo alla tappa
- 18.00 **Geo & Geo** Doc.
- 18.40 **Meteo**
- 19.00 **T3 - Meteo regionali**
- 20.00 **83° Giro d'Italia - TGiro**
- 20.30 **Un posto al sole** SO
- 20.50 **Mi manda Raitre** con P. Marrazzo
- 22.40 **T3**
- 23.05 **Il valore della memoria** dal Teatro San Carlo di Napoli festa per i 100 anni dalla nascita di Eduardo - **T3 Meteo**
- 0.15 **T3 - T3 Edicola**
- 0.20 **Appuntamento al cinema**
- 0.25 **83° Giro d'Italia - Giro notte**
- 0.55 **Art'è** con S. Raule

CANALE 5

- 6.00 **Tg5 Prima pagina**
- 7.55 **Traffico**
- 8.00 **Tg5 Mattina**
- 8.45 **La casa dell'anima** con V. Sgarbi
- 8.55 **La casa nella prateria** Telefilm
- 10.05 **Maurizio Costanzo Show** Talk-show (R)
- 11.30 **A tu per tu** con G. Funari
- 13.00 **Tg5**
- 13.40 **Beautiful** Soap opera
- 14.10 **Vivere** Soap opera
- 14.40 **Uomini e donne** Talk show
- 16.00 **Voglia di ricominciare** Film-tv (dramm., 1994) con D. Mills
- 18.00 **Verissimo** Attualità con C. Parodi
- 19.00 **Chi vuol esser miliardario** Gioco
- 20.00 **Tg5**
- 20.30 **Striscina la notizina - La vocina dell'interferenzina**
- 20.45 **Calcio: Real Madrid-Valencia** Champions League
- 22.45 **Pressing Champions League** con M. De Luca
- 23.15 **Maurizio Costanzo Show** Talk-show
- 1.00 **Tg5 Notte**
- 1.30 **Striscina la notizina** Replica
- 2.00 **La casa dell'anima** Replica
- 2.20 **La famiglia Brock** TF
- 3.10 **Mannix** Telefilm
- 4.15 **Tg5**
- 4.45 **Verissimo** Replica

12 HOBBIES AND ENTERTAINMENT

Learning √	Revision √	Can you...
☐	☐	say what your hobbies and interests are and inquire about those of others? [1-2]
☐	☐	discuss your evening, weekend and holiday activities? [3-4-5-6]
☐	☐	give and seek information about leisure facilities? [7]
☐	☐	discuss your interest and involvement in sport and sporting events? [8-9-10]
☐	☐	express simple opinions about TV, films, etc.? [11-12-13]
☐	☐	ask if a film or event was good? [14]
☐	☐	find out the starting and finishing time (of a film or concert)? [15]
☐	☐	ask for information? [16-17]
☐	☐	buy entry tickets for cinema, theatre (for circle or stalls), concert, etc.? [18]

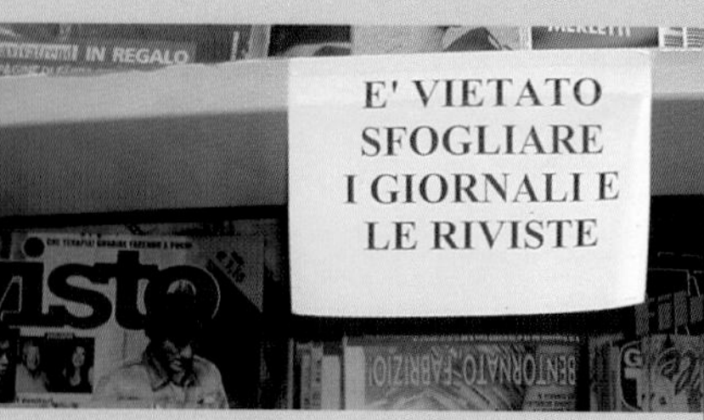
IN REGALO
E' VIETATO
SFOGLIARE
I GIORNALI E
LE RIVISTE

1	Qual è il tuo	passatempo preferito? hobby?
2	Come passi il tuo Che cosa fai nel	tempo libero?

Mi piace	collezionare	francobolli. cartoline. adesivi.
	giocare a	dama. scacchi. carte. biliardo.
		la fotografia. il modellismo. il computer. il calcio. la musica. suonare ... (la chitarra.) danza classica. passeggiare.

3 Che cosa fai di solito la sera? Come passi le serate?	Guardo la televisione. Ascolto musica. Esco con gli amici. Leggo qualche libro. Gioco a carte. Non faccio niente di particolare.
4 Che cosa ti piace leggere?	Mi piacciono i libri di avventura. i libri di fantascienza. i giornali sportivi. i fumetti. le riviste di moda. le riviste di musica.

5 Che tipo di musica preferisci?		(Preferisco) la musica		pop. classica. jazz. folk.
6 Che cosa fai durante	il fine settimana? le vacanze?	Di solito Qualche volta Spesso	vado a	ballare. cavallo. giocare a... pescare. teatro. trovare gli amici.
			vado al	cinema. circolo sportivo.
			vado ai	concerti.
			vado in	discoteca. campagna. montagna.
7 Ci sono	teatri nella tua città? club fotografici ... circoli giovanili ... sale giochi ... associazioni culturali ...			
8 Pratichi Fai	qualche sport?	Sì,	faccio	pattinaggio su ghiaccio. salto in alto. nuoto. ciclismo. corsa campestre.
			gioco a	calcio. tennis. pallanuoto. pallacanestro. pallamano. rugby.

Luoghi della cultura

"L'ingresso nei musei, monumenti, gallerie ed aree archeologiche dello Stato è gratuito per tutti i cittadini appartenenti all'Unione Europea, di età inferiore a 18 anni e superiore a 65 anni.

Il biglietto è ridotto del 50% per i giovani di età compresa tra i 18 e i 25 anni così come per gli insegnanti di ruolo nelle scuole Statali italiane. L'ingresso gratuito è consentito anche a particolari categorie di studenti o insegnanti.

L'ingresso in archivi e biblioteche statali è gratuito.

I musei, monumenti, gallerie ed aree archeologiche delle regioni Sicilia, Valle d'Aosta, delle province Autonome di Trento e Bolzano nonchè di proprietà di enti locali e privati sono gestiti autonomamente, con modalità di accesso diverse da quelle statali."
www.beniculturali.it

Numero verde 800 991199

CHIAMATA GRATUITA
per avere tutte le informazioni sui luoghi e gli eventi culturali del Ministero per i Beni e le Attività Culturali.

Gratuito, *free*

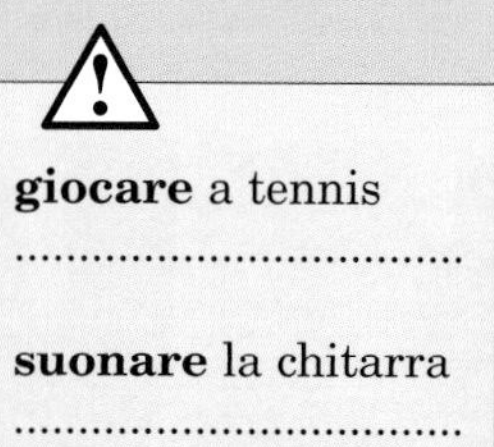

	Question		Answer		
1	What is your favourite	pastime? hobby?	(I like)	collecting	stamps. postcards. stickers.
2	How do you spend your What do you do in your	free time ?		playing	draughts. chess. cards. billiards.
				photography. model making. computers. football. music. playing the guitar. ballet. walking.	
3	What do you usually do in the evening? How do you spend your evenings?		I watch television. I listen to music. I go out with my friends. I read a book. I play cards. Nothing in particular.		
4	What do you like to read?		I like	adventure books. science fiction books sports papers. comics. fashion magazines. music magazines.	
5	What kind of music do you prefer?		(I prefer)	pop music. classical music. jazz. folk music.	
6	What do you do	at weekends? during the holidays?	I usually I sometimes I often	go	dancing. horse-riding. to play ... fishing. to the theatre. to see friends. to the cinema. to the sports club. to concerts. to discos. to the country. to the mountains.
7	Are there any	theatres in your town? photographic clubs... youth clubs... amusement arcades... cultural associations...			
8	Do you do any sport?		Yes, I	do ice-skating. do the high-jump. go swimming. go cycling. go cross-country running ...	
				play	football. tennis. water-polo. basket-ball. hand-ball. rugby.

Wordsearch

How many hidden words can you find?
Can you make the remaining letters into a phrase?

BICICLETTA
CALCIO
CAMPAGNA
CAMPEGGIO
CICLISMO
CINEMA
CIRCO
DAMA
DISCOTECA
GARA
GIOCO
GIORNALI
LIBRI
MONTAGNA
MUSEO
MUSICA
PALLACANESTRO
PARCO
PASSATEMPO
PATTINARE
PISTA
SCACCHI
SCI
SCIARE
SPORT
TELEVISIONE
TENNIS
VIDEO

A T T E L C I C I B E C I
N P A R C O C L L M N I P
G A C A I O A I T T O C A
A T P I A S L B R E I L L
P T S C R A C R O N S I L
M I T S E C I I P N I S A
A N G A T N O M S I V M C
C A I A M P O M U S E O A
I R H M A T S I P O L V N
S E C E S C I P R C E I E
U E C N G A R A F O T D S
M A A I L A N R O I G E T
E M C C A M P E G G I O R
P A S S A T E M P O R I O
T D O E A C E T O C S I D

Key (2, 3, 10, 9, 1)

la fotografia ☐
la musica ☐
la lettura ☐
lo sport ☐
la pittura ☐
.... ☐

Domanda	Risposta
9 Hai partecipato a qualche competizione? Hai fatto qualche gara?	Sì, l'anno scorso / un mese fa / due settimane fa ho fatto i 100 m.
10 Com' è andata? Come te la sei cavata?	Sono arrivato primo. / secondo. / ultimo.
	Ho vinto.
11 Quali sono i programmi televisivi che preferisci? / i tuoi programmi preferiti?	Mi piacciono ... i cartoni animati. i programmi musicali. le commedie. i documentari sulla natura. i programmi sportivi. i programmi di attualità. i teleromanzi.
12 Che tipo di film preferisci? Quali film ti piacciono?	Mi piacciono i film comici. / western. / drammatici. / avventurosi. / romantici. / storici. / del mistero. / dell'orrore. / di fantascienza.
13 Perché?	Perché mi fanno ridere. / mi divertono. / mi rilassano. / non sono noiosi. / li guardano tutti i miei amici.
14 Ti è piaciuto il film di Fellini? Gli è piaciuta la commedia di Goldoni? Le sono piaciuti i cartoni animati? Vi sono piaciute le canzoni del Festival?	(Non) mi è piaciuto. / gli è piaciuta. / le sono piaciuti. / ci sono piaciute.
15 A che ora inizia / finisce il prossimo spettacolo?	Comincia alle otto. Termina alle nove e mezzo.
16 Che film c'è stasera?	
17 Chi è il regista? / l'attore principale? / l'attrice principale?	
Chi sono gli interpreti?	
18 Vorrei un biglietto.	Per la platea o galleria? (Mi dispiace) è tutto esaurito.

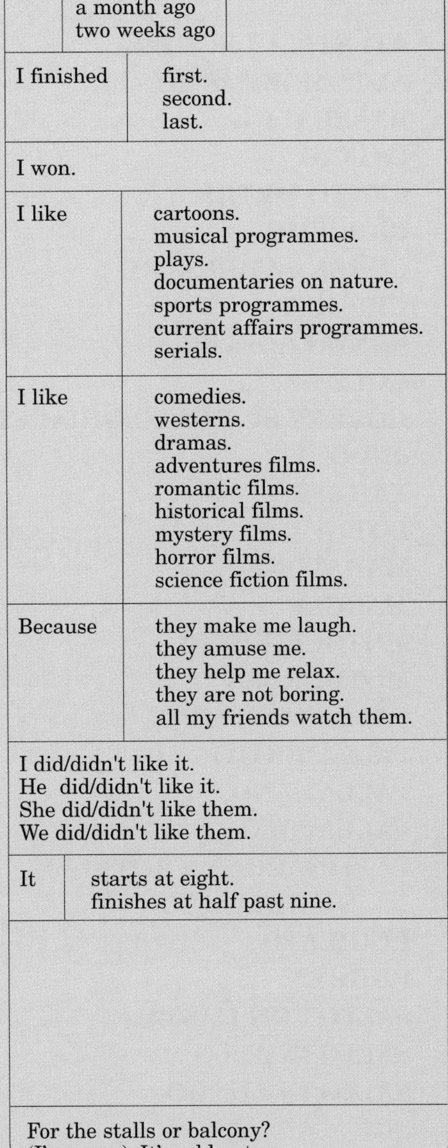

Question	Answer
9 Have you taken part in any competitions? Have you entered any races?	Yes, last year / a month ago / two weeks ago I ran the 100 metres.
10 How did it go? / you get on?	I finished first. / second. / last. I won.
11 Which television programmes do you prefer? Which are your favourite programmes?	I like cartoons. musical programmes. plays. documentaries on nature. sports programmes. current affairs programmes. serials.
12 What / Which kind of films do you prefer? kind of films do you like?	I like comedies. westerns. dramas. adventures films. romantic films. historical films. mystery films. horror films. science fiction films.
13 Why?	Because they make me laugh. they amuse me. they help me relax. they are not boring. all my friends watch them.
14 Did you like Fellini's film? Did he like Goldoni's play? Did she like the cartoons? Did you like the songs at the "Festival"?	I did/didn't like it. He did/didn't like it. She did/didn't like them. We did/didn't like them.
15 At what time does the next show start? / finish?	It starts at eight. finishes at half past nine.
16 What film is on tonight?	
17 Who is the director? / leading actor? / leading actress?	
Who are the actors?	
18 I would like a ticket.	For the stalls or balcony? (I'm sorry), It's sold out.

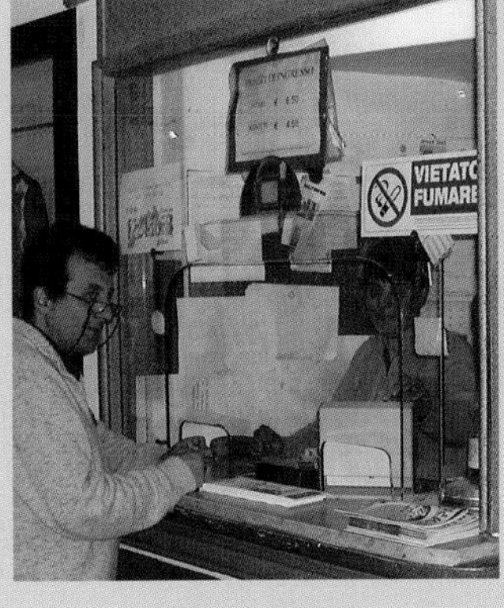

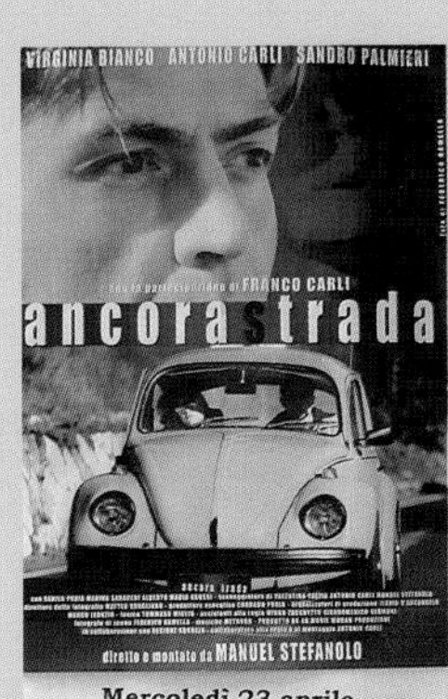

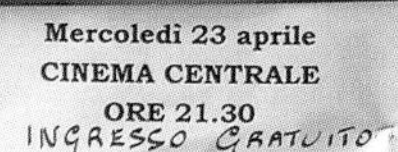

WWW
www.beniculturali.it
→ Scegli un percorso
→ Museo delle
Arti e Tradizioni
www.sapere.it
→ Musica e spettacolo
→ Canzoniere Italiano
www.museionline.it

COMMON WORDS IN SPORTS

ATLETICA LEGGERA	*athletics*
AUTOMOBILISMO	*motor racing*
BASEBALL	*baseball*
CALCIO	*football*
CENTO METRI	*hundred metres*
CICLISMO	*cycling*
CORSA CAMPESTRE	*cross-country race*
CRICKET	*cricket*
FONDO (gara di...)	*long distance race*
GOLF	*golf*
HOCKEY SU PRATO/GHIACCIO	*hockey / ice hockey*
JUDO	*judo*
KARATÈ	*karate*
LOTTA	*wrestling*
MARATONA	*marathon*
MARCIA	*walking*
MOTOCICLISMO	*motor-cycling*
MOTOCROSS	*motocross*
PALLACANESTRO	*basketball*
PALLANUOTO	*water-polo*
PALLAMANO	*handball*
PALLAVOLO	*volleyball*
PATTINAGGIO A ROTELLE/ SU GHIACCIO	*roller-skating / ice-skating*
PUGILATO	*boxing*
RUGBY	*rugby*
SALTO CON L'ASTA	*pole-vault*
SALTO IN ALTO	*high jump*
SALTO IN LUNGO	*long jump*
SCI	*skiing*
SOLLEVAMENTO PESI	*weight lifting*
SPORT ACQUATICI	*water sports*
STAFFETTA	*relay race*
TENNIS	*tennis*

ANSWER THE QUESTIONS

1 Qual è il tuo passatempo preferito?
2 Pratichi qualche sport?
3 Hai mai partecipato a qualche competizione?
4 Che cosa ti piace leggere?
5 Che tipo di musica preferisci?
6 Quali sono i programmi televisivi che preferisci?
7 Che tipo di film preferisci?
8 Che cosa fai di solito la sera?
9 Che cosa fai di solito il sabato?
10 Che cosa fai di solito la domenica?

IO E GLI ALTRI

13

Dialoghi

Hai capito ...?
Non ho capito.
Parli italiano?
Come si dice 'welcome' in italiano?
Che cosa vuol dire 'amico'?
Sei membro di qualche club?

1 **DAVID** Capisci tutto, quando parli con il professore?
KATHY Sì, capisco quasi tutto.

2 **KATHY** Hai capito l'annuncio?
DAVID No, non ho capito quasi niente.

DAVID E KATHY INCONTRANO MARIA E CARLO A CERVO, IN LIGURIA.

3 **CARLO** Parli italiano?
KATHY Abbastanza.
CARLO Come l'hai imparato?
KATHY L'ho studiato per sei mesi a scuola, a Londra.

4 **CARLO** Questa è Maria.
KATHY Piacere, io mi chiamo Kathy.
MARIA Di dove sei?
KATHY Sono di Londra. E tu?
MARIA Io sono di Salerno.
KATHY Dove si trova Salerno?
MARIA Nel sud Italia, vicino a Napoli.

5 **CARLO** Ciao, mi chiamo Carlo.
DAVID Ciao, io sono David.
CARLO Sei inglese?
DAVID Sì, sono di Abingdon, vicino a Oxford.

6 **CARLO** Conosci l'italiano?
DAVID Non molto bene.
CARLO Da quanto tempo lo studi?
DAVID Da tre mesi.

7 **CARLO** Sai come si dice 'welcome' in italiano?
DAVID Si dice 'benvenuto'.
CARLO E che cosa vuol dire 'amico'?
DAVID Beh, è facile! Vuol dire 'friend'.

8 **CARLO** Hai molti amici in Italia?
DAVID Sì, soprattutto a Genova.
CARLO E come sono?
DAVID Sono molto simpatici e ospitali.
CARLO Parli italiano con loro?
DAVID No, purtroppo vogliono parlare sempre in inglese.

Che cosa vuoi fare stasera?
Vuoi venire al cinema con noi?
Sì, d'accordo.

9
KATHY Sei membro di qualche club?
CARLO Sì, sono iscritto al Circolo Velico.
KATHY Che cosa fate?
CARLO Organizziamo gare, feste, escursioni e molte altre attività.

10
CARLO Che cosa vuoi fare stasera?
KATHY Mah! Non so ancora ...
CARLO Ti va di andare al cinema?
KATHY Sì, è una magnifica idea!

11
MARIA Vuoi venire al cinema con noi?
DAVID Volentieri. Che cosa danno?
MARIA Un film di fantascienza.
DAVID Va bene. A che ora ci vediamo?
MARIA Ci potremmo incontrare alle nove, davanti al cinema.
DAVID Sì, d'accordo. Ciao, a più tardi.

12
DAVID Questo DVD è per te.
MARIA Grazie! Anch'io ho un piccolo regalo per te: è l'ultimo CD del tuo cantante preferito.
DAVID Ma non dovevi disturbarti!
MARIA È solo un pensierino.

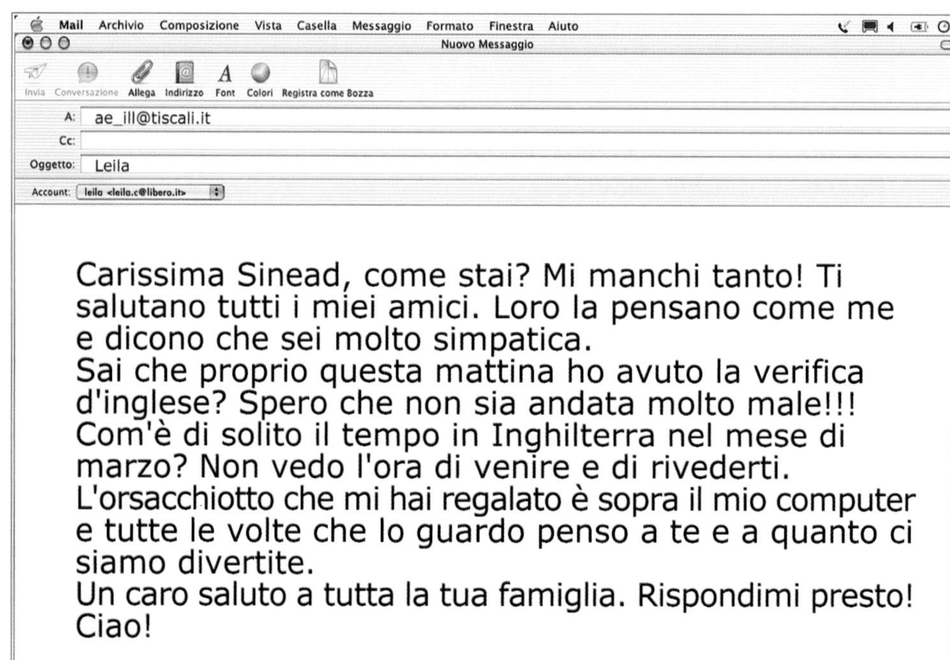

Carissima Sinead, come stai? Mi manchi tanto! Ti salutano tutti i miei amici. Loro la pensano come me e dicono che sei molto simpatica.
Sai che proprio questa mattina ho avuto la verifica d'inglese? Spero che non sia andata molto male!!!
Com'è di solito il tempo in Inghilterra nel mese di marzo? Non vedo l'ora di venire e di rivederti.
L'orsacchiotto che mi hai regalato è sopra il mio computer e tutte le volte che lo guardo penso a te e a quanto ci siamo divertite.
Un caro saluto a tutta la tua famiglia. Rispondimi presto!
Ciao!

ESERCIZIO 1

Rispondi alle seguenti domande.

1 **a** Kathy capisce tutto, quando parla con il professore?

2 **a** David ha capito l'annuncio?

3 **a** Kathy parla bene l'italiano?
b Dove l'ha studiato?
c Per quanto tempo l'ha studiato?

4 **a** Di dov'è Kathy?
b Di dov'è Maria?
c Dove si trova la sua città?
d Vicino a quale grande città si trova?

5 **a** Di che nazionalità è David?
b Di dov'è?

6 **a** David conosce bene l'italiano?
b Da quanto tempo lo studia?

7 **a** Come si dice "benvenuto" in inglese?
b Come si dice "amico" in inglese?

8 **a** In che città vive la maggior parte degli amici italiani di David?
b Come sono i suoi amici italiani?
c Che lingua parla con loro?
d Perché?

9 **a** Di quale club è membro Carlo?
b Quali attività organizzano?

10 **a** Kathy ha già deciso che cosa fare?
b Che cosa pensa Kathy del suggerimento di Carlo?

11 **a** David è contento di andare al cinema?
b Che genere di film vanno a vedere?
c Dove si incontreranno?
d A che ora?

12 **a** Che cosa regala David a Maria?
b Che cosa regala Maria a David?

ESERCIZIO 2

Leggi i dialoghi introduttivi e completa la tabella con le parole o le frasi che esprimono le seguenti funzioni comunicative:

presentarsi	*Mi chiamo* ....
presentare qualcuno	....
rispondere alla presentazione	....
ringraziare	....
proporre di fare qualcosa insieme	....

ESERCIZIO 3 [13]

Collega le parole della colonna A con le frasi della colonna B.

	A		B
1	☐ Buongiorno!	**a**	Si usa come saluto nel tardo pomeriggio o la sera.
2	☐ Buonasera!	**b**	Si usa come saluto amichevole, incontrandosi o lasciandosi.
3	☐ Buonanotte!	**c**	Si usa come saluto, lasciandosi.
4	☐ Arrivederci!	**d**	Si usa come saluto per lo più il mattino o nel pomeriggio.
5	☐ Arrivederla!	**e**	Si usa come saluto di solito, lasciandosi a tarda sera o prima di andare a letto.
6	☐ Ciao!	**f**	Si usa come saluto, lasciandosi (formale).

ESERCIZIO 4 [5.6]

Rispondi alle domande come nell'esempio.

Esempio: Dove hai conosciuto Maria? **L'ho conosciuta** in Italia.

1 Dove hai conosciuto Carlo? ....

2 Dove hai conosciuto Maria e Paola? ....

3 Dove hai conosciuto Carlo e David? ....

4 Dove hai conosciuto quel ragazzo? ....

5 Dove hai conosciuto quella ragazza? ....

6 Dove hai conosciuto Massimo e Kathy? ....

ESERCIZIO 5

Collega le frasi della colonna A con quelle della colonna B.

		A		B
1	☐	Questa è Maria.	**a**	Da sei mesi.
2	☐	Di dove sei?	**b**	Sì.
3	☐	Dove si trova?	**c**	Di Abingdon.
4	☐	Sei inglese?	**d**	Piacere!
5	☐	Conosci l'italiano?	**e**	Vicino a Oxford.
6	☐	Da quanto tempo lo studi?	**f**	Un po'.

ESERCIZIO 6

Trasforma come nell'esempio.

Esempio: (tu) Come stai? (Lei) Come **sta**?

1 Puoi ripetere, per favore? ....
2 Hai capito la lezione? ....
3 Ti presento ... .
4 Che cosa vuoi fare questa sera? ....
5 Che cosa preferisci fare? ....
6 Vieni al cinema? ....
7 Scusa il ritardo, ma ... .
8 Non dovevi disturbarti! ....
9 Mi fa piacere che tu sia riuscito a venire. ....
10 Sono sicuro che il film ti piacerà. ....

ESERCIZIO 7

Scrivi una lettera per invitare un amico/un'amica alla tua festa di compleanno.

Esempio:

Salerno, 28 gennaio 20...

Caro Carlo,

... sei invitato alla mia festa di compleanno che ho organizzato nella casa in campagna, per il 3 febbraio, alle 20.
Guarda che ti aspetto!
Verranno anche Kathy, David e altri due amici inglesi che non conosci.
Sono sicura che ci divertiremo moltissimo.

Ciao, a presto.

Maria

ESERCIZIO 8 [7.11]

Completa con il congiuntivo presente.

Esempio: Sono sicuro che Maria inviterà David.
Spero che Maria .....*inviti*..... David.

1 Sono sicuro che arriverà in tempo.
Non credo che lui .... in tempo.

2 Sono convinto che Carlo riuscirà a passare l'esame.
Ho i miei dubbi che Carlo .... a passare l'esame.

3 Sono certo che Silvia è a casa.
Dubito che Silvia .... a casa.

4 Sono sicuro che ti divertirai.
Spero che ti ....

5 Sono convinto che Maria ti conosce.
Non sono sicuro che Maria ti ....

6 Sono certo che Paola non verrà alla festa.
Non credo che Paola .... alla festa.

7 Sono sicuro che David conosce l'italiano.
Dubito che David .... l'italiano.

8 Sono sicuro che loro andranno al cinema.
Non credo che loro .... al cinema.

9 Sono convinto che Kathy preferisce andare al cinema.
Non sono sicuro che Kathy .... andare al cinema.

10 Sono sicuro che Janie parla italiano.
Dubito che Janie .... italiano.

ESERCIZIO 9

Trova i contrari delle parole sottolineate.

		A		B
1	☐	Ama la musica classica.	**a**	rifiutato
2	☐	Ha molti amici.	**b**	chiuso
3	☐	È molto simpatica.	**c**	maleducato
4	☐	Ha accettato l'invito.	**d**	risposto
5	☐	Il cinema è aperto?	**e**	nemici
6	☐	Che cosa ha domandato?	**f**	odia
7	☐	È molto educato.	**g**	antipatica

ESERCIZIO 10

Compila la tabella con le seguenti espressioni.

1 Ci divertiremo senz'altro.
2 Dubito che sia già arrivato a casa.
3 Prego!
4 Mi dispiace!
5 Non credo che lui arrivi in tempo.
6 È stato un piacere!
7 Scusa!
8 Sono sicuro che il film ti piacerà.

rispondere ad un ringraziamento	....
scusarsi	....
esprimere dubbio o incertezza	....
esprimere certezza	....

ESERCIZIO 11

Gioco della "Catena di parole".

1 La classe si divide in coppie.

2 L'insegnante detta una parola.

3 Partendo dall'ultima sillaba di questa parola, ogni coppia aggiunge un'altra parola.

4 Vince la coppia che in cinque minuti riesce a scrivere la catena di parole più lunga.

(Le parole devono riferirsi solo ai seguenti argomenti: identificazione personale; famiglia; casa; cibi; bevande; io e gli altri. Si può usare il vocabolario).

Esempio: nomesettimanasorella...
(nome+mese+settimana+naso+sorella ...)

Buon Natale
e felice
Anno Nuovo
I migliori Auguri
di Buona Pasqua
I Migliori Auguri
di
Buon Compleanno

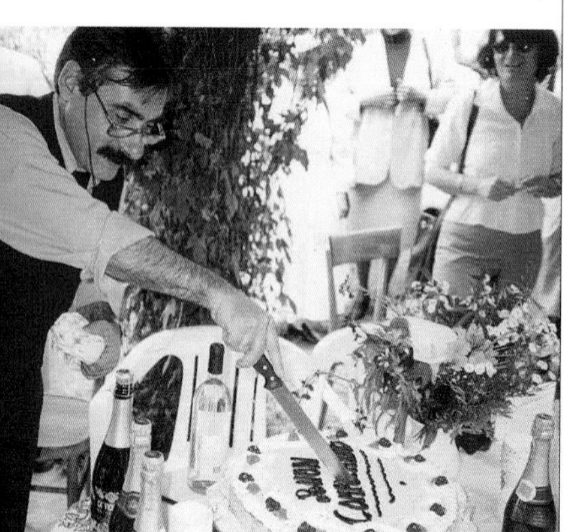

Il *Circolo Velico*
Sarà onorato di averLa ospite alla cena
che si terrà presso il "Ristorante Giardino",
via Aurelia, 3 - Cervo.

Giovedì, 15 aprile 2005, ore 20.30

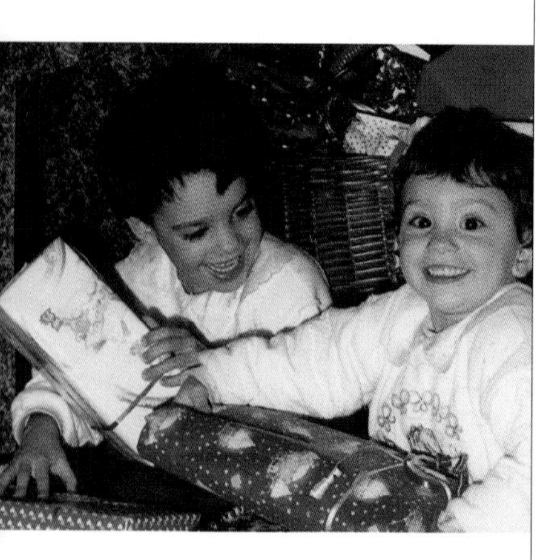

Per David........,

FAREMO UNA FESTA

per il compleanno di Carlo

il giorno 2 gennaio

alle ore 19.30 *in* via Porta Nuova 13

Non mancare!

Paola

Grazie per il gentile
invito che accetto
volentieri.
David

Auguri
- I miei migliori auguri per il vostro anniversario.
- Auguri di felicità per il vostro anniversario.
- I migliori auguri di ogni bene e felicità.
- Sincere felicitazioni.
- Partecipiamo alla Vostra felicità ed alla gioia di questo momento.

- Buon compleanno!
- Con i migliori auguri di Buon Compleanno!
- Tanti auguri per il tuo compleanno.
- Con i migliori auguri per il giorno del tuo onomastico.
- Auguri per il tuo onomastico.
- Tanti cari auguri per il tuo onomastico.
- I nostri più sinceri auguri per il Suo onomastico.
- Auguri!

- Auguri di Buon Natale e Felice Anno Nuovo a te e famiglia.
- Auguri affettuosi per un Felice Natale e un prospero Anno Nuovo.
- Vi auguriamo un sereno Natale e un felice Anno Nuovo.
- Vi auguriamo un Natale di pace e di gioia e un Felice Anno Nuovo.
- Tanti auguri! Buone feste.
- Auguri di Buone Feste a te ed alla tua famiglia!
- I miei migliori auguri per una buona Pasqua.

- Ti auguro una pronta guarigione.
- Le auguro una pronta guarigione. Cordiali saluti.

- Buone vacanze!
- Buon viaggio!

Inviti

.... hanno il piacere di invitarvi al ricevimento in occasione del .... che avrà luogo il .... alle ore .... presso il ristorante .... Si prega un cortese riscontro.

Risposte
- Saremo molto lieti di festeggiare con Voi il Vostro anniversario di nozze.
- Vi ringraziamo per il Vostro invito: ci spiace purtroppo di non poter essere presenti a causa di impegni inderogabili ...

Ringraziamenti
- Ti ringrazio infinitamente per il gentile pensiero.
- Ti ringrazio per la squisita ospitalità.
- Vi ringraziamo per l'invito.
- Ringraziamo per la Vostra cortesia!

Condoglianze

Le mie più sentite condoglianze.

Sentite condoglianze.

Ti sono vicino con molto affetto.

Vi siamo sinceramente vicini in questa dolorosa circostanza.

Dispiaciuti per la triste circostanza, porgiamo le nostre condoglianze.

Vi siamo vicini in questa triste circostanza e prendiamo parte al vostro dolore.

Vogliate accettare le nostre più sentite condoglianze.

13 RELATIONS WITH OTHERS

Can you...

Learning √	Revision √	
☐	☐	say whether or not you understand? [1]
☐	☐	ask someone to repeat? [2]
☐	☐	ask for and understand the spelling out of names, places, etc.? [3]
☐	☐	ask if someone speaks English or Italian? [4]
☐	☐	say how well or how little you speak and understand Italian? [4B]
☐	☐	ask what things are called in Italian and English? [5]
☐	☐	ask what words or phrases mean? [6]
☐	☐	say you do not know? [6B]
☐	☐	ask whether, or state that, something is correct? [7]
☐	☐	ask someone to explain something, to correct mistakes? [8-9]
☐	☐	ask how something is pronounced?
☐	☐	say how long you have been learning Italian or other languages? [11]
☐	☐	say whether you are member of any clubs; if so, what clubs and what activities are involved? [12-13]
☐	☐	give information about your friends? [14-15]
☐	☐	give, receive and exchange gifts? [16]

1	Capisci ...? Hai capito?		Sì,	capisco ho capito	tutto. quasi tutto.
			Non	capisco ho capito	(molto bene). (quasi niente).
2	Puoi	ripetere? parlare più lentamente?			
3	Come si scrive "Ivrea"?		(Si scrive)	I, vu, erre, e, a. Imola, Venezia, Roma, Empoli, Ancona.	
4	Parli inglese? Conosci l' italiano?		Un po'. Non molto bene. Me la cavo. Così, così. Sì, molto bene. Abbastanza.		
5	Come si dice	'forchetta' in inglese? 'spoon' in italiano?	Si dice	'fork'. 'cucchiaio'.	
6	Che cosa	vuol dire questa parola? significa questa frase?	(Mi dispiace),	non lo so. non la conosco. non l'ho mai sentita. non me la ricordo più. me la sono dimenticata.	

7 È corretto? Si può dire ...?	
8 Mi spieghi che cos'è	il liceo? / il pesto?	
9 Mi	puoi correggere gli errori? / correggi, se sbaglio? / dici quando faccio qualche errore?	
10 Come si pronuncia questa parola?	
11 Da	quanto tempo	studi	l'italiano? / l'inglese? / il francese? / lo spagnolo? / il tedesco? / il russo? / il cinese? / l'arabo?	Da	un mese. / sei mesi.
Per	quanto tempo	hai studiato	(l'italiano? ecc.)	Per	un anno. / due anni.
12 Sei membro di	qualche	club? / associazione?	Sì,	della Lega Ambiente. / del W.W.F. / dello Sporting club.
Sei iscritto a	qualche	club? / associazione?	Sì,	al Club alpino. / al Circolo velico.
13 Che cosa fate? Quali sono le attività più importanti?	Conferenze. Proiezioni di diapositive. Gare. Escursioni.
14 Hai molti amici / Hai qualche amico	in	Italia? / Inghilterra?	No, purtroppo non conosco (quasi) nessuno. Sì, ho molti amici.
15 Come sono? Sono simpatici? Mi parli un po' dei tuoi amici?	
16 Questo è per te. È un pensierino per te.	Grazie! Ma no, non dovevi! Non ti dovevi disturbare!

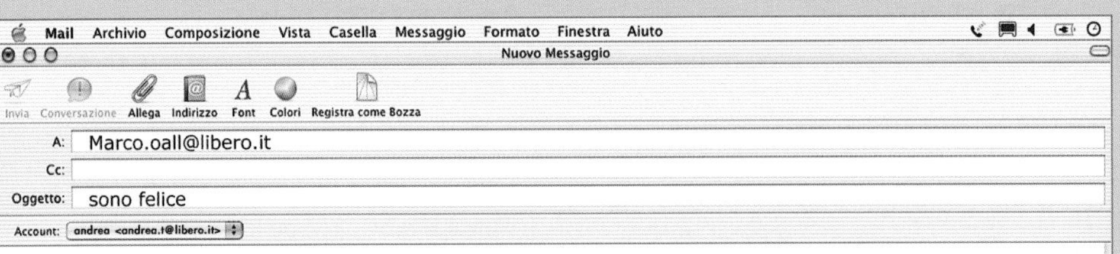

Ciao! Qui il clima è splendido. Le spiagge sono meravigliose e ... ho conosciuto una ragazza simpaticissima. Si chiama Annalisa, ha i capelli neri e gli occhi castani. Porta gli occhiali. Lavora in una discoteca. Sono sicuro che ti piacerà.

Ti aspettiamo con i tuoi amici.

www

www.auguri.it

www.cartoline.net

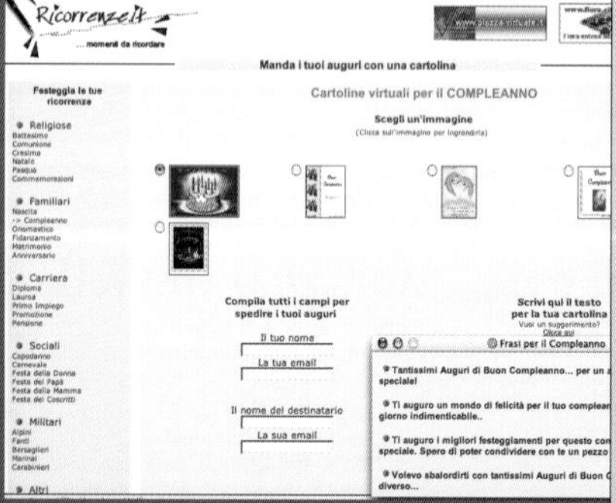

www.ricorrenze.it

Question	Answer
1 Do you understand? Have you understood?	Yes, I understand everything. I've understood almost everything.
	No, I don't understand (very well). I've understood (almost nothing).
2 Can you repeat? speak (more) slowly?	
3 How do you spell 'Ivrea'?	It's spelt I,V,R,E,A. Imola,Venezia, Roma, Empoli, Ancona.
4 Do you speak English? Do you know Italian?	A little. Not very well. I can manage. So so. Yes, very well. Fairly well.
5 How do you say 'forchetta' in English? 'spoon' in Italian?	'Fork'. 'Cucchiaio'.
6 What does this word mean? What does this sentence mean?	Sorry, I don't know. I do not know it. I 've never heard of it. I don't remember. I have forgotten.
7 Is it right? Can you say ...?	
8 Can you explain to me what 'liceo' is? 'pesto' is?	
9 Can you correct my mistakes? correct me, if I make a mistake? tell me when I make mistakes?	
10 How do you pronounce this word?	
11 How long have you been studying have you studied Italian? English? French? Spanish? German? Russian? Chinese? Arabic?	(For) a month. six months. a year. two years.
12 Are you a member of any Are you enrolled in any clubs? associations?	Yes, of Friends of the Earth. the W.W.F. the sports club. the alpine club. the sailing club.
13 What do you do? Which are the most important activities?	Conferences. Slide shows. Races. Excursions.
14 Have you many friends Have you any friends in Italy? England?	No, unfortunately I hardly know anyone. Yes, I have many friends.
15 What are they like? Are they nice? Will you tell me something about your friends?	
16 This is for you. It's a little something for you.	Thanks! You shouldn't have (done it)! You shouldn't have bothered.

Arranging a Meeting or an Activity

Can you...

- find out what a friend wants to do? [1]
- ask what is on TV or at the cinema? [2]
- invite someone to go out? [3A]
- accept or decline invitations? [3B]
- ask about or suggest a time and place to meet? [4]
- apologise for late arrival? [5]
- express: pleasure, regret, doubt or uncertainty, certainty? [p. 237]

1 Che cosa	vuoi preferisci ti andrebbe di	fare stasera?	Mah! Non so ... Per me è lo stesso. Decidi tu. Potremmo andare al cinema.		
			(Vorrei)	guardare la televisione. uscire. fare due passi. prendere una boccata d'aria. andare a trovare Silvia.	
2 Che cosa	c'è fanno danno	alla televisione? al cinema?	Niente d'interessante. Un film di Antonioni. Un film di cartoni animati.		
3 Andiamo Ti va di andare Ti andrebbe di andare Che ne dici di andare	al cinema? al concerto? a teatro? in discoteca? a cena (fuori)?		Sì, (volentieri). È una magnifica idea!		
			Mi dispiace,	ma stasera non posso. aspetto una telefonata. domani ho un esame. sono invitato/a ... ho un impegno.	
4 A che ora Dove	ci vediamo?		Ci vediamo Ti aspetto Ti va bene	alle dieci? davanti al cinema?	
5 Scusa il ritardo, ma ...	c'era una coda incredibile. mi ha telefonato Franco. avevo dimenticato i soldi. non trovavo più le chiavi. il motorino non partiva. non riuscivo a trovare la strada. mi è capitato un imprevisto.				

1 What do you want to do / do you prefer doing / would you like to do this evening?	Oh, I don't know ... It's all the same to me. You decide. We could go to the cinema. I'd like to watch TV. / to go out. / to go for a short walk. / to get a breath of fresh air. / to go and see Silvia.
2 What's on TV? / at the cinema?	Nothing interesting. A film by Antonioni. A cartoon film.
3 Shall we go / Would you like to go / Would you like to go / What about going — to the cinema? / to a concert? / to the theatre? / to a disco? / out to dinner?	Yes, (lovely!) It's a lovely idea! I'm very sorry, but ... I can't tonight. I'm expecting a call. I've got an exam tomorrow. I've been invited ... I've got an engagement.
4 At what time / Where are we going to meet?	Shall we meet / Shall I wait for you / How about — at 10 o'clock? / in front of the cinema?
5 Sorry for the delay, but ... there was a long queue. Franco phoned me. I had forgotten my money. I could not find the keys. my motor-cycle wouldn't start. I couldn't find the way. something unexpected happened.	

Informal - Formal

INFORMAL (tu)	FORMAL (Lei)
Hai capito la lezione?	Ha capito la lezione?
Puoi ripetere, per favore?	Può ripetere, per favore?
Parli inglese?	Parla inglese?
Mi correggi, se sbaglio?	Mi corregge, se sbaglio?
Da quanto tempo studi l'italiano?	Da quanto tempo studia l'italiano?
Per quanto tempo hai studiato ... ?	Per quanto tempo ha studiato ...?
Hai molti amici in Italia?	Ha molti amici in Italia?
Che cosa vuoi fare stasera?	Che cosa vuole fare stasera?
Ti andrebbe di andare al cinema?	Le andrebbe di andare al cinema?
Preferisci andare a teatro?	Preferisce andare a teatro?

Answer the Questions

1. Perché studi l'italiano?
2. Da quanto tempo lo studi?
3. Ti piace l'italiano?
4. Perché?
5. Hai molti amici in Italia?
6. Che cosa ti piacerebbe fare questa sera?
7. Che cosa farai domenica?
8. Che cosa hai fatto ieri?
9. Preferisci andare al cinema o a teatro? Perché?
10. Che cosa farai per festeggiare il tuo compleanno?

How to Express ...

1 Pleasure
- Che piacere vederti!
- Ma guarda chi si (ri)vede!
- Mi fa proprio piacere che tu sia riuscito a venire.

2 Regret
- Mi dispiace!
- Peccato!
- Mi dispiace | di non poter venire.
  | dover rifiutare, ma proprio non posso.
  | non poterti aiutare.

- È un peccato che lui non venga.
- Non volevo offenderla.

3 Doubt or uncertainty
- Non credo che lui arrivi in tempo.
- Ho i miei dubbi che riesca a passare l'esame.
- Dubito che sia già arrivato a casa.
- Non sono sicuro che ti abbia visto.

- Ce la farà a trovare la strada?
- Vieni anche tu alla festa?
- Mah ...!
- Non saprei .../Non sono sicuro .../Forse ...

4 Certainty
- Sono sicuro che il film ti piacerà.
- Sono convinto che conosci Maria.
- Ci divertiremo senz'altro.
- È ovvio che non gli piace stare con noi.

1
- How nice to see you!
- Well, look who it is!
- I'm really happy that you were able to come.

2
- I'm sorry!
- What a pity!

- I'm sorry | I can't come.
  | I have to refuse but I really can't.
  | I can't help you.

- It's a pity he's not coming.
- I didn't want to offend you.

3
- I don't think he will arrive in time.
- I doubt he/she will be able to pass the exam.
- I doubt he has already arrived home.
- I'm not sure he/she saw you.

- Will he/she manage to find the road?
- Are you coming to the party too?
- I don't know...
- I wouldn't know.../I'm not sure.../Maybe....

4
- I'm sure you'll like the film.
- I'm convinced you know Maria.
- We'll certainly have a great time.
- It's obvious he doesn't like being with us.

ARRANGING A MEETING OR AN ACTIVITY

a che ora?, *at what time?*
a domani, *see you tomorrow*
appuntamento, *appointment, date*
arrivare, *to arrive*
aspettare, *to wait*
certamente, *of course, certainly*
cinema (m), *cinema*
con piacere, *with pleasure*
d'accordo, *agreed*
dimenticare, *to forget*
dipende da, *it depends on*
domani, *tomorrow*
in ritardo, *late*
incontrare, *to meet*
insieme, *together*
invitare, *to invite*
invito, *invitation*
mattina, *morning*
non vedere l'ora di, *to look forward to*
offrire, *to offer*
passeggiata, *walk*
peccato (che ...!), *what a pity!*
pomeriggio, *afternoon*
proporre, *to propose*
prossimo, *next*
scusarsi, *to apologize*
sera/serata, *evening*
settimana, *week*
suggerire, *to suggest*
uscire, *to leave, to go out*
vedersi, *to see, to meet*
venire, *to come*
volentieri, *willingly, gladly*

Current affairs (see also p. 67)

ambiente (m), *environment*
attualità, *current affairs*
aumento, *increase, rise*
Camera dei Deputati, *Chamber of Deputies*
capitalismo, *capitalism*
carestia, *famine*
corruzione, *corruption*
criminalità, *crime*
crisi, *crisis*
debito, *debt*
democratico, *democratic*
deputato, *Deputy (Member of Parliament)*
destra (di ...), *right-wing*
dibattere, *to debate*
disarmo, *disarmament*
discutere, *to discuss*
disoccupato, *unemployed*
ecologia, *ecology*
elezione (f), *election*
emigrazione (f), *emigration*
energia, *energy, power*
eutanasia, *euthanasia*
giornale (m), *newspaper*
giustizia, *justice*
governo, *government*
guerra, *war*
guerriglia, *guerilla warfare*
inchiesta, *investigation, inquiry*
inflazione (f), *inflation*
inquinamento, *pollution*
libertà, *freedom*
litigare, *to argue*
manifestazione (f), *demonstration*
ministro, *minister*
monarchia, *monarchy*
nazionalismo, *nationalism*
ottimista, *optimist*
pace (f), *peace*
parlamento, *parliament*
partito, *party (pol.)*
pessimista, *pessimist*
politica, *politics, policy*
povertà, *poverty*
presidente (m), *president*
presidente del consiglio, *prime minister*
problema (m), *problem, issue*
radio (f), *radio*
reddito, *income*
religione (f), *religion*
repubblica, *republic*
ricchezza, *wealth*
rivista, *magazine*
sciopero, *strike*
secondo me ..., *in my opinion ...*
sequestrare, *to kidnap, to confiscate*
sfruttare, *to exploit*
siccità, *drought*
sindacato, *trade union*
sinistra (di ...), *left-wing*
solidarietà, *solidarity*
stato, *state*
sviluppo, *development*
tassa, imposta, *tax*
televisione, *television*
terrorismo, *terrorism*
terzo mondo, *third world*
tolleranza, *tolerance*
violenza, *violence*
votare, *to vote*

Social Issues

aborto, *abortion*
accadere/succedere, *to happen*
adeguato, *adequate*
aids (m), *AIDS*
alcol, alcool (m), *alcohol*
alcolico, *alcoholic*
alcolismo, *alcoholism*
alcolizzato, *alcoholic*
annuncio (televisivo), *tv spot*
argomento, *topic*
assistente sociale, *social worker*
assistenza sociale, *social welfare*
aver luogo, *to take place*
bevande alcoliche, *alcoholic drinks*
cancro dei fumatori, *smokers' cancer*
canna, *joint*
censura, *censorship*
cittadinanza, *citizenship*
cocaina, *cocaine*
credo di no, *I don't think so*
credo di sì, *I think so, I suppose so*
dibattito, *debate*
dipendenza, *addiction*
diritti e doveri, *rights and duties*
diritti umani, *human rights*
diritto alla parità, *the right to equality*
discriminare, *to discriminate*
discriminazione (f), *discrimination*
disintossicarsi dalla droga, *to undergo treatment for drug addiction*
disoccupato, *unemployed*
disoccupazione giovanile (f), *youth unemployment*
droga, *drug*
drogato, *drug addicte*
droghe (pesanti/leggere), *(hard / soft) drugs*
ecstasy (m), *ecstasy*
erba, *grass (drug)*
eroina, *heroin*
eroinomane (m/f), *heroin addict*
essere a favore di ..., *to be in favour of ...*
essere contro, *to be against*
eutanasia, *euthanasia*
fare uso di droghe, *to take drugs*
fumare, *to smoke*
fumatore (m), *smoker*
fumatrice (f), *smoker*
fumo (il ... fa male alla salute), *smoking (... is bad for your health)*
il problema della droga, *the drug problem*
il traffico della droga, *drug traffic*
ineguaglianza, *inequality*
legalizzare, *to legalize*
mendicante (m/f), *beggar*
minoranza, *minority*
minorenne, (essere ...), *underage, (to be ...)*
parità, *equality*
povertà, *poverty*
pregiudizio, *prejudice*
previdenza sociale, *social security*
problema (m), *problem*
problemi sociali, *social problems*
progetto, *project*
proibire, *to forbid*
proibito dalla legge/illegale, *forbidden by law / outlawed*
protezione dell'ambiente, *environmental protection*
questione (f), *issue, question*
razzismo, *racism*
recupero dei drogati, *rehabilitation of drug addicted*
risolvere un problema, *to solve a problem*
rovinato dall'alcol, *ruined by drink*
rubare, *to steal*
secondo me, *in my opinion*
senzatetto (m/f), *homeless*
smettere di fumare, *to give up smoking*
sondaggio, *survey*
spacciatore di droga (m), *(drug) dealer*
spacciatrice di droga (f), *(drug) dealer*
spinello, *joint*
statistica, *statistics*
stupefacente (m), *drug*
sussidio/indennità di disoccupazione, *unemployment benefit*
tossicodipendente (m/f), *(drug) addict*
tossicodipendenza, *drug addiction*
tossicomane (m/f), *(drug) addict*
trafficante di stupefacenti (m/f), *drug trafficker, (drug) dealer*
uso personale, *personal use*
vandalismo, *vandalism*
violenza, *violence*
volontariato, *voluntary service*

SCUOLA E LAVORO 14

Dialoghi

1	JANIE	Che scuola frequenti?
	CARLO	Frequento il liceo scientifico.
	JANIE	Che anno?
	CARLO	Il secondo. E tu?
	JANIE	Io frequento il primo anno di lingue all'università.
2	JANIE	Dove si trova la tua scuola?
	CARLO	In Piazza Roma, accanto alla chiesa.
	JANIE	È grande?
	CARLO	Beh ... abbastanza.
	JANIE	Le classi sono numerose?
	CARLO	No, siamo in genere una ventina.
	JANIE	È buona la scuola?
	CARLO	Sì, gli insegnanti sono molto bravi e ... ci sono anche una palestra, una piscina e un campo da tennis.
3	JANIE	A che ora iniziano le lezioni?
	CARLO	Alle otto.
	JANIE	E a che ora finiscono?
	CARLO	Alle tredici.
	JANIE	Quante ore di lezione avete?
	CARLO	Cinque ore.
	JANIE	Quanto dura una lezione?
	CARLO	Cinquanta minuti.
	JANIE	E l'intervallo?
	CARLO	Dieci minuti.
4	JANIE	A che ora pranzate?
	CARLO	All'una e dieci.
	JANIE	Com'è la mensa della scuola?
	CARLO	Abbastanza buona.
5	JANIE	Sono molto severi i tuoi insegnanti?
	CARLO	No, non molto.
	JANIE	Ti danno molti compiti a casa?
	CARLO	Sì, troppi.
	JANIE	Vi danno punizioni?
	CARLO	Raramente ... in genere quando chiacchieriamo troppo.
	JANIE	Quali?
	CARLO	Dipende ... di solito qualche esercizio in più.
6	JANIE	Qual è la tua materia preferita?
	CARLO	Non saprei ... Mi piacciono l'italiano e la storia.
	JANIE	E la matematica, ti piace?
	CARLO	No, non molto.
7	JANIE	Quando inizia la scuola in Italia?
	CARLO	Verso il 20 settembre.
	JANIE	E quando finisce?
	CARLO	Verso il 15 giugno
	JANIE	Hai molte vacanze durante l'anno?
	CARLO	Sì, due settimane a Natale, una settimana a Pasqua e tre mesi in estate.
8	JANIE	Che cosa farai quando avrai finito la scuola?
	CARLO	Andrò un anno in Francia poi mi iscriverò alla facoltà di lingue o a quella di lettere.
	JANIE	Che lavoro ti piacerebbe fare?
	CARLO	Mi piacerebbe fare il giornalista e girare il mondo.

Che scuola frequenti?
Che anno frequenti?
Dove si trova la tua scuola?
A che ora iniziano le lezioni?
Quante ore di lezione avete?
A che ora pranzate?
Qual è la tua materia preferita?
Quando inizia la scuola in Italia?
Che cosa farai quando avrai finito la scuola?

ESERCIZIO 1

Rispondi alle seguenti domande.

1 a Che scuola frequenta Carlo?
b Che anno?
c Che scuola frequenta Janie?
d Che anno?

2 a Dove si trova la scuola di Carlo?
b È una scuola grande?
c Quanti sono in classe?
d Come sono gli insegnanti?
e Quali attrezzature sportive ci sono?

3 a A che ora iniziano le lezioni nella scuola di Carlo?
b A che ora finiscono?
c Quante sono le ore di lezione al giorno?
d Quanto dura una lezione?
e Quanto dura l'intervallo?

4 a A che ora si pranza nella scuola di Carlo?
b È buona la mensa della scuola?

5 a Sono severi gli insegnanti di Carlo?
b Danno molti compiti a casa?
c Danno molte punizioni?
d Quando?
e Che tipo di punizioni?

6 a Quali materie piacciono a Carlo?
b Gli piace la matematica?

7 a Quando inizia la scuola in Italia?
b Quando finisce?
c Quante vacanze ha Carlo a Natale?
d Quante a Pasqua?
e Quante in estate?

8 a Che cosa farà Carlo, quando avrà finito la scuola?
b A quale facoltà si iscriverà?
c Che cosa gli piacerebbe fare?

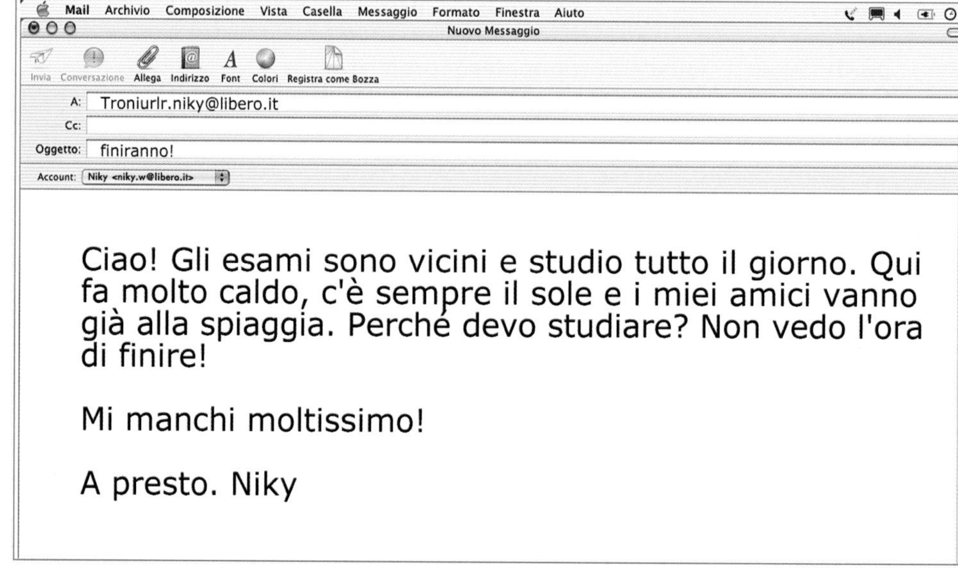

Mail Archivio Composizione Vista Casella Messaggio Formato Finestra Aiuto
Nuovo Messaggio
Invia Conversazione Allega Indirizzo Font Colori Registra come Bozza
A: Troniurlr.niky@libero.it
Cc:
Oggetto: finiranno!
Account: Niky <niky.w@libero.it>
Ciao! Gli esami sono vicini e studio tutto il giorno. Qui fa molto caldo, c'è sempre il sole e i miei amici vanno già alla spiaggia. Perché devo studiare? Non vedo l'ora di finire!
Mi manchi moltissimo!
A presto. Niky

ESERCIZIO 2

Lo studente A fa le domande e lo studente B risponde.

Studente A

Devi andare in una scuola in Italia per uno scambio. Telefona alla segreteria della scuola, chiedi informazioni sull'orario delle lezioni e completa la tabella.

Domande - tipo: A che ora iniziano le lezioni?
Quanto dura l'intervallo?
A che ora finiscono le lezioni?
Che materia c'è alla prima ora? …

LICEO SCIENTIFICO STATALE
ORARIO PROVVISORIO DELLE LEZIONI

ora	lunedì	martedì	mercoledì	giovedì	venerdì	sabato
8.00 9.00	…	Disegno	Latino	Inglese	…	Italiano
9.00 9.55	…	Latino	…	Matematica	Italiano	Inglese
9.55 10.05	…	Inglese	Francese	…	Italiano	Geografia
10.05 11.00	INTERVALLO					
11.00 12.05	…	Francese	Matematica	…	Inglese	Scienze
12.05 12.55	…	Scienze	Religione	Storia	Ed. fisica	…

Studente B

Sei il segretario del Liceo Scientifico "C. Pavese".
Leggi l'orario delle lezioni e rispondi alla telefonata dello studente A.

LICEO SCIENTIFICO STATALE
ORARIO PROVVISORIO DELLE LEZIONI

ora	lunedì	martedì	mercoledì	giovedì	venerdì	sabato
8.00 9.00	Matematica	Disegno	Latino	Inglese	Geografia	Italiano
9.00 9.55	Inglese	Latino	Francese	Matematica	Italiano	Inglese
9.55 10.05	Storia	Inglese	Francese	Latino	Italiano	Geografia
10.05 11.00	INTERVALLO					
11.00 12.05	Disegno	Francese	Matematica	Italiano	Inglese	Scienze
12.05 12.55	Ed. fisica	Scienze	Religione	Storia	Ed. fisica	Matematica

ESERCIZIO 3

Scrivi il tuo orario scolastico in Italiano.

ESERCIZIO 4 [7.4]

Volgi al passato prossimo.

Esempio: Capisco quasi tutto. **Ho capito** quasi tutto.

1	Mio padre mi accompagna a scuola.	....
2	Mi annoio.	....
3	Ascolta la lezione con interesse.	....
4	La professoressa spiega i verbi.	....
5	La lezione comincia alle 8.00.	....
6	Conosco Carlo e Janie.	....
7	Continuano a leggere.	....
8	Il professore corregge i compiti.	....
9	Loro si divertono.	....
10	Ripassa la lezione di storia.	....

ESERCIZIO 5 [7.4]

Esercizio come il precedente.

1	Melissa e Lisa frequentano il liceo.	....
2	La lezione dura un'ora.	....
3	Facciamo i compiti di matematica.	....
4	La lezione finisce alle 9.00.	....
5	Devo fare i compiti.	....
6	Impariamo a scrivere le lettere.	....
7	Insegna l'italiano.	....
8	Lavoriamo molto.	....
9	Leggo un libro di Sciascia.	....
10	Scrivo una lettera al mio professore.	....

ESERCIZIO 6 [7.6]

Volgi al futuro le frasi dell'esercizio precedente.

Esempio: Melissa e Lisa **frequentano** il liceo classico.
Melissa e Lisa **frequenteranno** il liceo classico.

ESERCIZIO 7 [7.2]

Completa il brano con gli imperfetti dei seguenti verbi:

andare, svegliarsi, correre, essere, essere, essere, iniziare, finire, durare, avere, arrivare, telefonare, pretendere, interrogare, dare fare.

Quando (io) .... al liceo, ... sempre prestissimo e .... a prendere il treno. La scuola .... in un'altra città. L'edificio .... nuovo e le aule .... molto grandi.
Le lezioni .... alle otto e .... all'una.
Ogni lezione .... un'ora. (Noi) .... un preside molto severo e se .... in ritardo, ... ai nostri genitori e .... una giustificazione scritta.
I professori ci .... tutti i giorni e .... molti compiti a casa. Una volta alla settimana .... un compito in classe ...
Nel 2004 mi sono diplomato e mi sono iscritto all'università...

ESERCIZIO 8

Scrivi una lettera ad un'amica/un amico per riferirle/riferirgli sulla tua scuola e sulle tue esperienze scolastiche.

ESERCIZIO 9

Scrivi una lettera ad un'amica/un amico per illustrarle/illustrargli i tuoi progetti per il futuro.

ESERCIZIO 10

Scrivi le seguenti frasi con il contrario delle parole sottolineate.

1 Mi sono annoiato. ....
2 Siamo entrati alle otto. ....
3 La lezione comincia alle 8.30. ....
4 La risposta è corretta. ....
5 Il compito è molto facile. ....
6 Che cosa ha imparato? ....
7 Oggi sono quasi tutti presenti. ....

Solidarietà e volontariato

VACANZE ALTERNATIVE

a cura di Claudio Ragaini

Mani tese. Il lavoro consiste nel recupero di materiale riciclabile e di oggetti utili per l'allestimento di mercatini dell'usato e il finanziamento dei progetti di sviluppo nei Paesi in via di sviluppo.
Ogni campo prevede momenti formativi di approfondimento dedicati ai problemi del Sud del mondo.
I campi di Mani tese sono riservati a giovani di età fra i 18 e i 30 anni. I campi iniziano a luglio e si concludono a settembre. Nelle sedi più svariate: Trieste, Catania, Verbania, Lecco, Novara, Gallarate, Faenza, Gorgonzola.

Mani Tese - Piazza Gambara 7/9 - 20146 Milano.

ESERCIZIO 11

GIOCO della "Colonna di parole".

Durata: 20 minuti

1 La classe si divide in coppie.
2 L'insegnante scrive una lettera dell'alfabeto alla lavagna.
3 Le coppie devono completare la tabella, scrivendo in ogni colonna una parola che inizi con la lettera data.
4 Dopo due minuti l'insegnante scrive un'altra lettera e così via.
(Vince la coppia che riesce a scrivere il maggior numero di parole.)

Esempi:

CASA	TRASPORTI	CIBI BEVANDE	SCUOLA	TEMPO LIBERO
tavolo	treno	tagliatelle	tedesco	tennis
cucina	corriera	cappuccino	compito	calcio

ESERCIZIO 12 

Rispondi alle seguenti domande.

1 Che scuola frequenti?
2 Che anno frequenti?
3 Dove si trova la tua scuola?
4 È una scuola grande?
5 Quanti siete in classe?
6 Quali attrezzature sportive ci sono?
7 A che ora iniziano le lezioni?
8 A che ora finiscono le lezioni?
9 Quante ore di lezione avete?
10 Quanto dura una lezione?
11 Quanto dura l'intervallo?
12 A che ora pranzate?
13 Ti danno molti compiti a casa?
14 Sono severi i tuoi insegnanti?
15 Vi danno punizioni? (Se sì, quali?)
16 Quando inizia la scuola nel tuo Paese?
17 Quando finisce?
18 Hai molte vacanze durante l'anno?
19 Qual è la tua materia preferita?
20 Quale materia non ti piace per niente?
21 Fate delle gite durante l'anno?
22 Quali sono i tuoi progetti per il futuro?
23 Quale lavoro ti piacerebbe fare?
24 Dove ti piacerebbe lavorare?

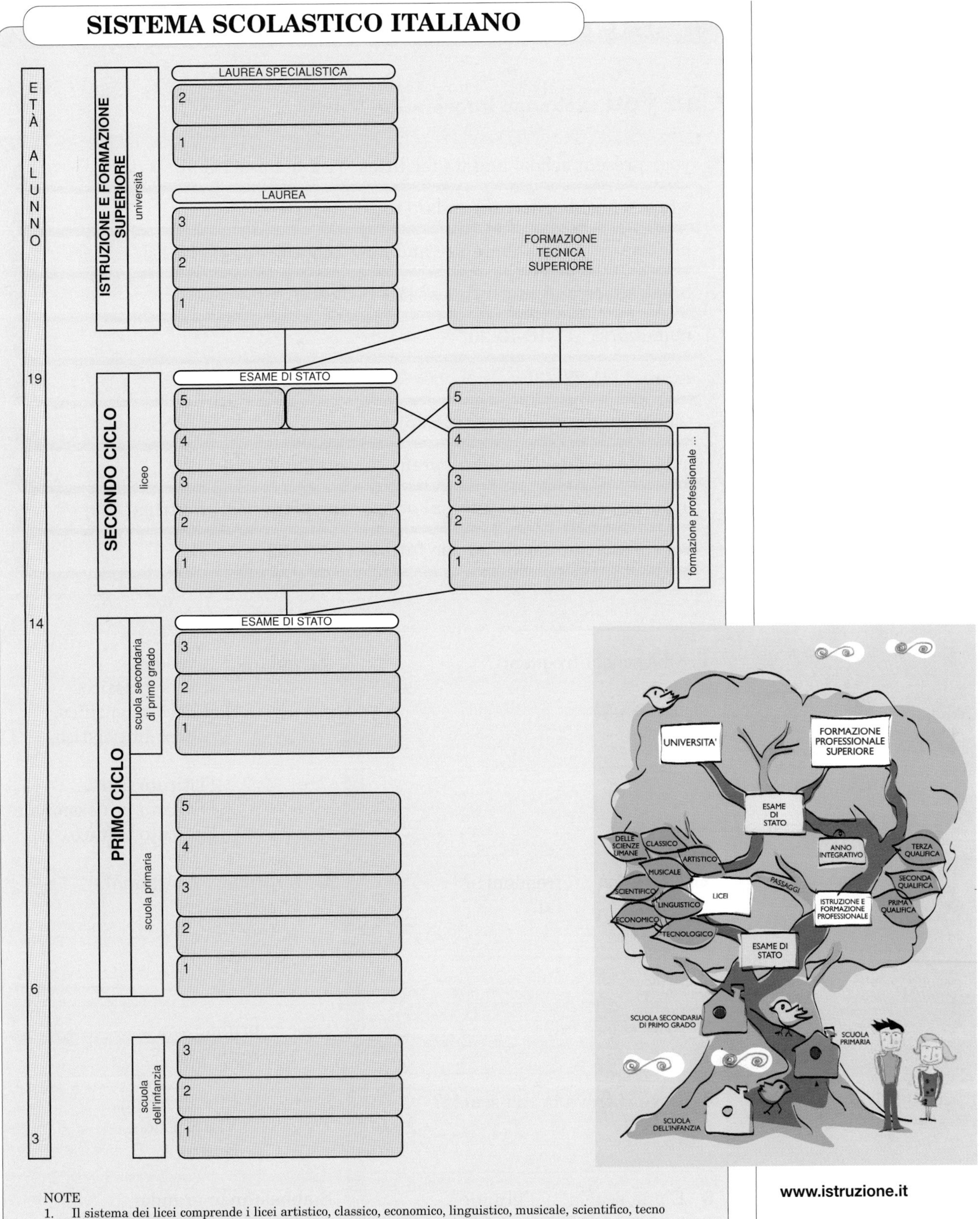

NOTE
1. Il sistema dei licei comprende i licei artistico, classico, economico, linguistico, musicale, scientifico, tecnologico, delle scienze umane.
2. È possibile cambiare indirizzo all'interno del sistema dei licei.
3. È possibile passare dal sistema dei licei al sistema dell'istruzione e della formazione professionale e viceversa.

www.istruzione.it

14 SCHOOL AND EMPLOYMENT

Learning √	Revision √
☐	☐
☐	☐
☐	☐
☐	☐
☐	☐
☐	☐
☐	☐
☐	☐
☐	☐
☐	☐

Can you exchange information about...

- your present school and its facilities? [1-2-3-4-5-6-7-8-9]
- when school begins and ends? [10]
- how many lessons there are and how long they last? [11-12]
- break times and lunch times? [13-14-15-16]
- homework? [17-18-19-20]
- exams? [21-22-23]
- school year and holiday? [24-25]
- subjects studied (including preferences)? [26-27-28]
- opportunities for recreational or sporting activities, and trips? [29]
- your plans and hopes for the future? [30-31-32]

1 Che scuola frequenti?	Frequento	le medie. il liceo classico. il liceo scientifico. il liceo linguistico. l'istituto d'arte. l'istituto professionale. l'istituto tecnico.
2 Che anno frequenti ? / fai?	Il primo / secondo / terzo / quarto / quinto	(anno).
3 Che classe fai?	La	prima. seconda.
4 Dove si trova la tua scuola?	È in	Piazza Roma. Via S. Lucia. centro.
5 È una scuola grande? / piccola?	È abbastanza grande.	
6 È una scuola statale? / privata?	È statale.	
7 Le classi sono numerose?	No, siamo in genere una ventina.	

8 È una buona scuola?	Sì, gli insegnanti sono molto bravi. / ha un'ottima reputazione. No, ci sono troppi iscritti. / mancano molte strutture.
9 Ci sono molte attrezzature sportive?	C'è una palestra. / una piscina. un campo da tennis. / pallavolo. / pallacanestro.
10 A che ora iniziano / finiscono le lezioni?	(Iniziano) alle otto. (Finiscono) alle tredici.
11 Quante ore di lezione avete?	(Di solito) cinque ore.
12 Quanto dura una lezione?	Un'ora. Cinquanta minuti.
13 Quanto dura l'intervallo?	Dieci minuti. Un quarto d'ora.
14 A che ora pranzate?	All'una. Alla mezza.
15 Dove pranzi ? / mangi?	A scuola. / casa.
16 Com'è la mensa della scuola?	Ottima! Non mi piace: si mangia male.
17 Ti danno molti compiti in classe? / a casa?	Troppi! Abbastanza! Sì, soprattutto di matematica, ...
18 Sono ... molto severi / simpatici / bravi / stretti di voti i tuoi insegnanti?	
19 Vi danno punizioni?	Raramente, quando facciamo 'baccano'.
20 Quali?	In genere, qualche esercizio in più.
21 Quanti esami dovrai fare quest'anno?	Dovrò fare l'esame di italiano. / maturità.
22 "In bocca al lupo!"	"Crepi il lupo!"
23 Sono stato bocciato. / rimandato in... / promosso.	Mi dispiace!/Come mai? Che seccatura!/Peccato! Complimenti!/Congratulazioni!

RICERCHE DI COLLABORATORI

Affermata azienda pubblicitaria assume personale per lavoro a tempo indeterminato per apertura nuove sedi. Conoscenze linguistiche necessarie: inglese, tedesco e francese. Nessuna esperienza richiesta. Formazione iniziale presso una delle nostre sedi. Per colloquio telefonare 02.90.02.45.32.

Importante compagnia inglese ricerca 10 persone da formare e integrare nella propria struttura a Milano. Euro 1700 mensile con reali prospettive di carriera.
Telefonare 02.13.45.67.89

OFFERTE DI COLLABORAZIONE

Giornalista, settore turismo culturale, esamina proposte riviste turismo, cultura, associazioni. 010.48.16.697

Analista programmatore, 38 anni, esamina proposte di lavoro. Tel. 336-98.44.165.

Disegnatore esperto ottimo inglese, cinque anni di esperienza, cerca lavoro a Milano e provincia. 350-45.88.336.

30enne qualificata, offresi collaborazione part-time **babysitter**. Tel. 332-34.67.89.35.

Assistenza anziani 23enne, referenziato, esperienza, giorno-notte-festivi. Disponibilità immediata. 338-87.35.62.38

	Question			Answer		
1	What school do you attend?			I attend	the 'scuola media'. 'liceo classico'. 'liceo scientifico'. 'liceo linguistico'. 'istituto d'arte'. 'istituto professionale'. 'istituto tecnico'.	
2	What year are you in?			The	first second third fourth fifth	(year).
3	What class are you in?			The	first. second.	
4	Where is your school?			It is in	Piazza Roma. Via S. Lucia. the centre.	
5	Is your school	big? small?		It is quite large.		
6	Is it a	state private	school ?	It is a state school.		
7	Are the classes large?			No, there are usually about twenty of us.		
8	Is it a good school?			Yes,	the teachers are very good. it has an excellent reputation.	
				No,	there are too many students. it is lacking in many facilities.	
9	Are there many sports facilities?			There is a	gym(nasium). swimming pool. tennis court. volley ball court. basket-ball court.	
10	At what time do the lessons	start? finish?		(They start) at eight. (They finish) at one.		
11	How many hours (of lessons) do you have?			(Usually) five hours.		
12	How long does a lesson last?			One hour. Fifty minutes.		
13	How long does the break last?			Ten minutes. A quarter of an hour.		
14	What time do you have lunch?			At	one. half past twelve.	
15	Where do you	have lunch? eat?		At	school. home.	
16	What is the school food like?			Excellent! I don't like it: you eat badly there.		
17	Are you given much	classwork? homework?		Too much! Quite a lot! Yes, mostly Mathematics, ...		
18	Are your teachers	very strict? nice? good? hard markers?				

WORDSEARCH

Do you know which is the longest adverb in Italian?

- Cross out, in the box of letters, all the words listed at the top of the page.
- The words read horizontally, vertically or diagonally and may run either forwards or backwards, some letters being used more than once.
- The remaining letters, running from left to right, will give you the solution.

Key (26)

□□□□□□□□□□□□□□□□□□□□□□□□□□

AULA
BANCO
BENE
BIBLIOTECA
BIOLOGIA
BRAVO
CATTEDRA
CERTIFICATO
CLASSE
COMPITO
CONDOTTA
CORSO
DIARIO
DIPLOMA
DISEGNO
ESAME

FISICA
FRANCESE
GARA
GINNASTICA
GITA
IMPARARE
INGLESE
INSEGNANTE
ITALIANO
LABORATORIO
LAUREA
LAVAGNA
LIBRO
LINGUA
MAESTRO
MALE

MATEMATICA
MATERIA
MATITA
ORALE
PENNA
PRESIDE
PROFESSORESSA
PROMOSSO
RIGA
RIPASSARE
SCIENZE
SCUOLA
SPAGNOLO
STORIA
TEDESCO
TRADUZIONE
VOTO

```
P R O M O S S O P O V A R B
I B A N C O C C A C I S I F
N I R S M E U S E N E B N R
S T A T A S O E O R L B G A
E A U O T S L D T I A I L N
G L G R E A A E O P V O E C
N I N I R L E T V A A L S E
A A I A I C E C I S G O E S
N N L P A C I T E S N G E E
T O I E A C O V O A A I N M
E L B S I O D N S R C A O A
G A R A S M I I D E A A I T
I S O M A P S M I O T T Z E
N L C E N I E P P L T I U M
N A I I N T G A L O E T D A
A U L A E O N R O N D A A T
S R M E P N O A M G R M R I
T E E L A M Z R A A A O T C
I A C O R S O E V P O I L A
C O R A L E M A E S T R O M
A T I G P R E S I D E A A E
C E R T I F I C A T O I G N
L A B O R A T O R I O D I T
E A S S E R O S S E F O R P
```

OFFERTE DI LAVORO

Marketing
Zona di lavoro: Roma. Titolo di studio del candidato: Economia e Commercio.
Capacità richieste: ottima conoscenza del Sistema applicativo Windows, capacità relazionali, capacità di lavorare in team. Conoscenze linguistiche necessarie: inglese e francese.

Store Manager
Sede di lavoro: Milano e provincia. Il/la candidato/a ideale dovrà possedere un'esperienza di almeno due anni, preferibilmente nel settore della moda. Dovrà inoltre dimostrare una forte capacità organizzativa ed una leadership affermata.
Flessibilità, creatività ed elevata capacità comunicativa completano il profilo ideale.
I candidati che rispondono alle esigenze sono pregati di inviare documentazione (CV e lettera di motivazione). Le domande non saranno restituite. Verranno contattati soltanto i candidati selezionati

Domanda	Risposta
24 Quando inizia / finisce la scuola in Italia?	(Inizia) verso il 20 settembre. (Finisce) verso il 15 giugno.
25 Hai / Fai molte vacanze durante l'anno?	Due settimane a Natale. Una settimana a Pasqua. Tre mesi in estate.
26 Che materie studi?	(Studio) italiano. francese. tedesco. spagnolo. inglese. matematica. scienze. storia. geografia. religione. educazione tecnica. educazione artistica. educazione fisica. educazione musicale.
27 Qual è la tua materia preferita? Quali sono le tue materie preferite?	È ... Sono ...
28 Ti piace la matematica? geografia? letteratura?	Sì, mi piace. No, non mi piace.. Preferisco...
29 Fate delle gite durante l'anno? attività sportive? competizioni sportive?	Sì, facciamo la settimana bianca. nuoto. la campestre.
30 Quali sono i tuoi progetti per il futuro?	Andrò all'università. a lavorare ...
31 Che cosa farai, quando avrai finito la scuola?	Cercherò un impiego. Andrò un anno in Francia. (Non lo so) vedremo ...
32 Che lavoro ti piacerebbe fare? Che attività ti piacerebbe svolgere?	Mi piacerebbe fare l'architetto. il giornalista. il parrucchiere. il meccanico. l'insegnante.
33 Hai già lavorato? Che lavori hai fatto?	Non ho mai lavorato. Ho fatto l'interprete.
34 Pensi che ... - sia più faticoso studiare che lavorare? - sia meno faticoso studiare che lavorare? - studiare sia faticoso come lavorare?	

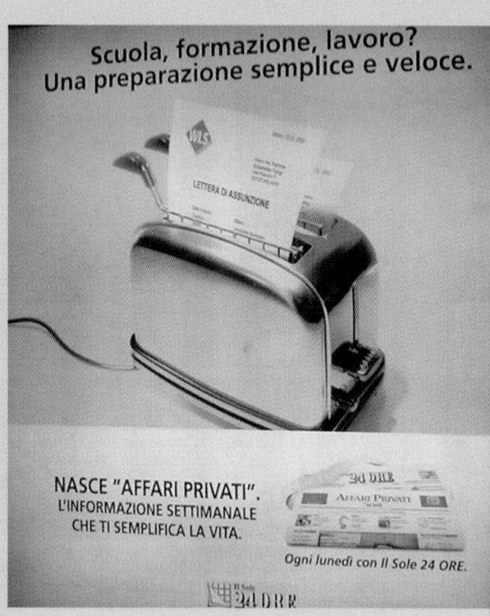

Question	Answer
19 Do they punish you?	Rarely, when we are noisy.
20 What sort?	Usually, extra exercises.
21 How many exams will you have to take this year?	I'll have to take the Italian exam. / school-leaving exam.
22 " Good luck!"	"Thanks!"
23 I failed (the year). I have to repeat an exam ... I passed (the year).	I am sorry!/How come? What a drag/What a pity! Congratulations!
24 When does school start / finish in Italy?	(It starts) about on the 20th of September. (It finishes) about on the 15th of June.
25 Do you have many holidays during the year?	Two weeks at Christmas. One week at Easter. Three months in the summer.
26 What subjects do you study?	(I study) Italian. French. German. Spanish. English. Maths. Science. History. Geography. Religion. Technical education. Art. P.E. Music.
27 Which is your favourite subject? Which are your favourite subjects?	It's ... They are ...
28 Do you like Mathematics? / Geography? / Literature?	Yes, I like it. No, I do not like it. I prefer ...
29 Do you go on any trips during the year? Do you do any sporting activities? Do you do any sports competition?	Yes, we go skiing for a week. we go swimming. we do cross-country running.
30 What are your plans for the future?	I am going to university. / work ...
31 What will you do when you have finished school?	I will look for a job. I am going to France for a year. (I don't know) we'll see ...
32 What kind of work / What activity would you like to do?	I would like to be an architect. a journalist. a hairdresser. a mechanic. a teacher.
33 Have you had a job before? What work have you done?	I have never worked before. I worked as an interpreter.
34 Do you think that studying ... - is more tiring than working? - is less tiring than working ? - is as tiring as working?	

COMPUTER

accesso negato, *access denied*
account, *account*
aiuto, *help*
allegato, *attachment*
annulla, *cancel*
anteprima di pagina, *print preview*
anteprima di stampa, *print preview*
antivirus, *antivirus*
apri, *open*
archivio, *archive, file*
arresta il sistema, *shut down*
barra degli strumenti, *toolbar*
browser, *browser*
cancella, *clear, delete*
cartella, *file*
Cd rom, *CD-ROM*
cerca, *search*
cestino, *wastebasket, trash*
chiocciola/chiocciolina, *at (@)*
chiudi sessione (windows), *shutdown windows*
chiudi, *close*
clic (m), *click*
collegamenti, *links*
compatibile, *compatible*
computer (m), *computer*
connessione (f), *connection*
connetti, *connect*
controllo ortografia, *spelling*
copia, *copy*
cursore (m), *cursor*
dischetto/floppy, *floppy disc, diskette*
disco rigido/fisso, *hard disk*
disconnetti, *disconnect*
disegna tabella, *draw table*
display (m), *display*
dividi, *split*
documento, *document*
dominio, *domain*
elettronica, *electronics*
elettronico, *electronic*
elimina celle, *delete cells*
e-mail/email/mail(f), *E-mail*
esci, *quit*
FAQ/quesiti comuni, *FAQ*
fare clic per iniziare, *click to start*
file (m), *file*
filmato, *movie*
finestra, *window*
font, carattere, *font*
formato, *format*
formattare, *to format*
funzione, *function*
grammatica, *grammar*
guida in linea, *help on the web*
hardware, *hardware*
homepage/pagina base, *homepage*
icona, *icon*
immettere nome utente, *enter user name*
immettere password, *enter password*
imposta pagina, *page setup*
in costruzione, *under construction*
incolla, *paste*
indirizzo di posta elettronica, *email address*
indirizzo, *address*
informatica (disciplina), *computer scienze*
informatica (tecnologia), *information technology / IT*
inoltra, *forward*
inserisci, *insert*
installazione (f), *installation*
interruzione, *page break*
invia, *send*
invio (sul tastierino numerico), *enter*
invio, *return*
lettore CD/DVD, *CD / DVD player*
lettore ottico/scanner, *scanner*
lingua, *language*
masterizzatore cd/dvd, *cd / dvd-writer*
memoria, *memory*
modem, *modem*
modifica, *edit*
monitor, *monitor*
motore di ricerca, *search engine*
mouse, *mouse*
navigare, *to surf*
nome utente, *username*
nuova finestra, *new window*
nuovo, *new*
oggetto, *object*
pagina web, *web page*
paragrafo, *paragraph*
password, *password*
piattaforma, *platform*
portale (m), *portal*
portatile (computer ...), *laptop*
posta elettronica, *electronic mail*
preferenze, *preferences*
processore (m), *processor*
programma, *programm / program*
protocollo, *protocol*
rete /internet, *internet / web / net*
riavvia il sistema, *restart*
ricevi, *receive*
ripeti digitazione, *repeat typing*
rispondi, *reply*
salva come pagina web, *save as web page*
salva con nome, *save as ...*
salva, *save*
schermo, *screen*
seleziona colonna, *select column*
seleziona riga, *select row*
seleziona tabella, *select table*
seleziona tutto, *select all*
selezione (f), *selection*
sito, *site*
software (m), *software*
sostituisci, *replace*
stampa, *print*
stampante (f), *printer*
strumenti, *tools*
struttura, *outline*
tabella, *table*
taglia, *cut*
tastiera, *keyboard*
tasto, *key*
termina applicazione, *close application*
trova, *find*
unisci celle, *merge cells*
versioni, *versions*
video, *video*
virtuale, *virtual*
virus, *virus*
visualizza, *view*
visualizzazione, *display*

Subjects

biologia, *biology*
ceramica, *pottery*
chimica, *chemistry*
diritto, *law*
economia, *economics*
educazione artistica, *art*
educazione civica, *civics*
educazione fisica, *physical education*
educazione musicale, *music*
educazione tecnica, *technical education*
elettronica, *electronics*
fisica, *physics*
francese (m), *French*
geografia, *geography*
greco, *Greek*
informatica, *computer studies, IT*
inglese (m), *English*
italiano, *Italian*
latino, *Latin*
letteratura, *literature*
lingue moderne, *modern languages*
matematica, *maths*
morale (f), *ethics*
musica, *music*
ragioneria, *accounting*
religione (f), *religious education*
scienze (f, pl.), *science*
scienze naturali, *natural sciences*
scienze umane, *human sciences*
sociologia, *sociology*
spagnolo, *Spanish*
stenografia, *shorthand*
storia dell'arte, *history of art*
storia, *history*
arte drammatica, *drama*
tecnologia, *technology*
tedesco, *German*

Anno scolastico 20…/20…

Orario delle lezioni — Classe 1 B

ora	Lunedì	Martedì	Mercoledì	Giovedì	Venerdì	Sabato
1	Matematica	Fisica	Informatica	Inglese	Storia	Scienze
2	Inglese	Informatica	Francese	Matematica	Grammatica	Inglese
3	Scienze	Geografia	Matematica	Fisica	Scienze	Geografia
4	Italiano	Storia	Matematica	Italiano	Informatica	Ed. Fisica
5	Ed. Fisica	Francese	Italiano	Italiano	Religione	Francese

1) 8.00 - 9.00 2) 9.00 - 10.00 3) 10.00 - 10.50
Intervallo 10.50 - 11.05
4) 11.05 - 12.00 5) 12.00 - 12.55

Il colloquio di selezione

Consigli utili

SÌ

- informarsi sugli obiettivi e problemi dell'azienda
- evidenziare il contributo che si può apportare
- vestirsi in modo appropriato
- avere un atteggiamento positivo
- ascoltare con attenzione le domande e rispondere con precisione e sintesi
- valorizzare le proprie capacità, conoscenze ed esperienze di lavoro

NO

- arrivare tardi
- monopolizzare la conversazione
- portare il discorso su questioni personali
- essere reticenti, non voler dare informazioni su di sé
- avere le idee poco chiare
- essere passivi o al contrario essere aggressivi
- mostrare subito troppo interesse per la retribuzione

www.europalavoro.it

www.italia.gov.it
www.welfare.gov.it

www
www.cedefop.eu.int
→ European CV
www.europa.eu.int
www.jobpilot.it
www.europalavoro.it
→ Ricerca del lavoro
→ Il colloquio di selezione

1. PRESENTARSI

2 (10) dieci, (16) sedici

3 l c; 2 f; 3 e; 4 a; 5 b; 6 d.

6 1 il; 2 il; 3 la; 4 la; 5 il; 6 la; 7 la; 8 il; 9 la; 10 la.

7 1 il; 2 i; 3 la; 4 le; 5 la; 6 il; 7 i; 8 le; 9 l'; 10 l'.

8 1 l'; 2 1a; 3 il; 4 lo; 5 la; 6 1e; 7 1'; 8 i; 9 gli; 10 il.

9 1 la casa. 2 l'indirizzo. 3 il mese. 4 il numero. 5 il ragazzo. 6 la ragazza. 7 il bambino. 8 la bambina. 9 lo studente. 10 la studentessa.
1 le case. 2 gli indirizzi. 3 i mesi. 4 i numeri. 5 i ragazzi. 6 le ragazze. 7 i bambini. 8 le bambine. 9 gli studenti. 10 le studentesse.

10 Plurale: sportivi, sportive, intelligenti

11 1 allegro, allegra, allegri, allegre; 2 divertente, divertente, divertenti, divertenti; 3 gentile, gentile, gentili, gentili; 4 pigro, pigra, pigri, pigre; 5 nervoso, nervosa, nervosi, nervose; 6 intelligente, intelligente, intelligenti, intelligenti; 7 felice, felice, felici, felici; 8 timido, timida, timidi, timide; 9 noioso, noiosa, noiosi, noiose; 10 ambizioso, ambiziosa, ambiziosi, ambiziose.

12 1 sono; 2 sono; 3 sono; 4 siamo; 5 siamo; 6 siamo; 7 siamo.

13 1 è; 2 è; 3 è; 4 sono; 5 siamo; 6 sei; 7 siete; 8 sono; 9 è; 10 sono.

14 1 italiani; 2 italiana; 3 italiane; 4 italiani; 5 italiano; 6 italiani; 7 inglese; 8 inglese; 9 inglesi; 10 inglesi.

15 1 siamo inglesi; 2 sono americani; 3 sono italiane; 4 siete australiani?; 5 siete italiani?

16 1 Qual è il tuo numero di telefono? 2 Quando è il tuo compleanno? 3 Ann è inglese e Silvio è italiano. 4 Mi piacciono l'italiano e i1 francese. 5 Ha i capelli lunghi e castani. 6 È molto allegra e vivace. 7 Nina è molto alta. 8 No, non è americana, è inglese. 9 Lui è intelligente e simpatico. 10 È divertente, allegro e vivace.

18 Compleanno, britannico, Scozia, occhi, domenica. Provincia, dieci, vivace, amici, ciao.

19 Galles, agosto, lingue, lunghi, lussemburghese, Lussemburgo, Portogallo, portoghese, ragazza. Geloso, generoso, giovane, intelligente, gennaio, maggio, ragione, giovedì, gentile.

23 1 ti, chiamo; 2 abito, numero; 3 hai, ho, è, il; 4 sei, dove, a.

24 2 - Dove abita? - Abito in via Marconi, 35. - Qual è il Suo numero di telefono?- È 340 1256.
3 - Quanti anni ha? - Ho 32 anni. - Quando è il Suo compleanno? - Il 3 febbraio.
4 - È americana? - No, sono inglese. - Dove è (Dov'è) nata? - Sono nata a Bedford.

2. FAMIGLIA

4 1F; 2V; 3F; 4V; 5V; 6V; 7F; 8V; 9V; 10V

8 1 il; 2 1a; 3 i1; 4 1a; 5 i1; 6 1a; 7 1a; 8 il; 9 1o; l0 la.

9 1 gli; 2 1e; 3 i1; 4 1a; 5 i1; 6 1a; 7 i1; 8 1a; 9 i; l0 le.

10 1 i miei; 2 le mie; 3 i tuoi; 4 le tue; 5 i suoi; 6 le sue; 7 le nostre; 8 i vostri; 9 i loro; 10 le loro.

11 2 il vostro; 4 i nostri; 6 le tue; 7 il mio; 8 il loro; le loro; 10 il tuo.

12 1 Mia madre lavora in un ufficio. 2 Tua sorella è timida. 3 Sua zia abita in Italia. 4 Nostra figlia studia italiano. 5 La loro nipote è disoccupata. 6 Mia suocera è pensionata. 7 Sua moglie è maestra. 8 Le sue cugine sono noiose. 9 Mia cognata è inglese. 10 Le tue sorelle sono timide.

13 1 Come si chiama tua madre? 2 Quanti anni ha tuo fratello? 3 Dove abitano i loro parenti? 4 Dove lavora sua figlia? 5 Quanti siete in famiglia?

14 1 È suo padre; 2 È sua madre; 3 È sua madre; 4 Sono i suoi genitori; 5 Sono i suoi genitori; 6 È suo fratello; 7 Sono le sue cugine; 8 Sono i loro figli; 9 È la loro figlia; 10 È la sua sorella maggiore.

15 1 lavoriamo; 2 lavorano; 3 lavorate; 4 lavorano; 5 lavora; 6 lavori; 7 lavora; 8 lavora; 9 lavori; 10 lavoro.

16 1 ho; 2 hanno; 3 avete; 4 ha; 5 hanno; 6 hai; 7 ha; 8 abbiamo; 9 hanno; 10 ha.

17 1 ha un anno: 3 hanno tre cagnolini; 4 ho un gatto; 5 ha; 7 ha due sorelle; 8 non ho fratelli; 9 hanno i capelli castani.

3. CASA

2 1 l'; 2 i; 3 1a; 4 1a; 5 lo; 6 il; 7 1a; 8 1e; 9 i1; l0 le.

3 1 un; 2 un'; 3 una; 4 un; 5 un'; 6 un; 7 un; 8 uno; 9 un; l0 un.

4 Un albero; un amico; un coltello. Uno specchio; uno sbaglio; uno zoo. Una pentola; una sedia; una forchetta. Un'aiuola; un'amica; un'arancia.

5 1 Eccolo; 2 Eccola; 3 Eccolo; 4 Eccola; 5 Eccolo; 6 Eccole; 7 Eccoli; 8 Eccoli; 9 Eccole; 10 Eccoli.

6 1 possiamo; 2 possono; 3 posso; 4 può; 5 puoi; 6 potete.

8 l c; 2 f; 3 e; 4 a; 5 d; 6 b.

9 ORIZZONTALI: 1 apparecchiano; 2 guadagna; 3 lavoriamo; 4 aiuti; 5 compra; 6 sparecchia; 7 mangiano; 8 abito; 9 pago.
VERTICALE: 1 pavimento.

10 ORIZZONTALI: 1 gioco; 2 potete; 3 lavoro; 4 parlo; 5 studiamo; 6; comprano.
VERTICALE: 1 cellar

12 1 Mi sveglio; 2 Si sveglia; 3 Si sveglia; 4 Si alza; 5 Si alza; 6 Ci alziamo; 7 Si alzano.

13 1 in; 2 di; 3 a, in; 4 in; 5 in; 6 con; 7 con; 8 di; 9 a; l0 con.

14 l e; 2d; 3f; 4h; 5g; 6c; 7a; 8b.

16 spendo; spende; spende; spendiamo; spendono.

4. AMBIENTE

2 1 dove; 2 qual è; 3 com'è; 4 c'è; 5 quanto; 6 come; 7 quanti; 8 quando; 9 ci sono; 10 che cosa.

3 1 in, a; 2 di; 3 di; 4 a; 5 a; 6 a; 7 a, in; 8 in.

4 1 al; 2 all'; 3 allo; 4 ai; 5 alla; 6 all'; 7 alle.

5 1 al; 2 alla; 3 al; 4 allo; 5 all'; 6 ai; 7 alle; 8 all'; 9 al; 10 al.

6 1 Queste sono le città più vicine. 2 I bar sono chiusi. 3 Le discoteche aprono alle 23.00. 4 Si vedono le colline. 5 Gli alberghi sono dietro la stazione (le stazioni). 6 Ci sono i traghetti per l'isola (le isole)?

7 1 f; 2 e; 3 a; 4 b; 5 d; 6 c; 7 g.

8 1 c; 2 f; 3 e; 4 b; 5 g; 6 a; 7 d.

9 1 vivo; 2 vivi; 3 vive; 4 vive; 5 viviamo; 6 vivete; 7 vivono; 8 vivono; 9 vivere; 10 vive.

10 1 d; 2 a; 3 b; 4 c.

11 1 b; 2 a; 3 e; 4 d; 5 c.

12 ORIZZONTALI: 1 lavora; 2 facciamo; 3 conosci; 4 andiamo; 5 visitiamo; 6 faccio; 7 cammino; 8 preferisco; 9 sei.
VERTICALE: landscape.

13 1 Sta piovigginando; 2 Sta peggiorando; 3 Sta cambiando; 4 Sta cominciando a piovere; 5 Sta migliorando; 6 Sta piovendo; 7 Sta grandinando.

14 Essere: sono, sei, è, siamo, siete, sono. Avere: ho, hai, ha, abbiamo, avete, hanno. Abitare: abito, abiti, abita, abitiamo, abitate, abitano. Vedere: vedo, vedi, vede, vediamo, vedete, vedono. Partire: parto, parti, parte, partiamo, partite, partono.

15 1 Dove vivi? 2 Quanti anni hai? 3 Di che nazionalità sono Janie e Kathy? - Di dove sono Janie e Kathy? 4 Dove lavorate? 5 Quanti siete in famiglia? 6 Quanto pagano d'affitto? 7 A che ora vai a dormire? 8 Dove vivono i tuoi genitori? 9 Di dov'è Roberto? 10 Dove abitate?

5. VIAGGI E TRASPORTI

3 1 la; 2 il; 3 il; 4 il; 5 l'; 6 la; 7 la; 8 lo; 9 l'; 10 la.

4 1 una; 2 un'; 3 un; 4 un; 5 un; 6 una; 7 un; 8 un; 9 uno; 10 un.

5 1 molto; 2 molto; 3 molte; 4 molto; 5 molto; 6 molta; 7 molto; 8 molto; 9 molti; 10 molto.

6 1 a; 2 a; 3 di; 4 per; 5 tra; 6 per; 7 a; 8 da.

7 ORIZZONTALI: 1 giri; 2 volti; 3 segua; 4 attraversa; 5 continua; 6 girino; 7 prenda; 8 voltino; 9 continui; 10 prendi.
VERTICALE: 1 ristorante.

8 1 al; 2 delle; 3 alle; 4 alla; 5 dal; 6 al; 7 dei; 8 della; 9 ai; 10 al.

9 1 partirai; 2 partirà; 3 partirà; 4 partiranno; 5 partirete; 6 partirò; 7 partiranno; 8 partirà; 9 partiremo; 10 partiranno.

10 1c; 2d; 3b; 4g; 5f; 6a; 7e.

12 ORIZZONTALI: 1 prenderanno; 2 ritornerà; 3 aspetteremo; 4 prenoterà; 5 scenderete; 6 comprerò; 7 cambierete; 8 arriveranno; 9 telefonerà; 10 scriverò.
VERTICALE: 1 dopodomani.

13 1 Scusi! Dov'è l'ufficio postale? 2 A che ora parte il treno per Pisa? 3 A che ora arriva a Salerno? 4 Da che binario parte il treno per...? 5 Quanto costa il biglietto di andata e ritorno? 6 Per quanto tempo è valido? 7 Quando partirai?

14 **STAZIONE DI PARTENZA**
(città e ora)
Ventimiglia – 5.30
Imperia P.M.- 15.21
San Remo – 8.26

STAZIONE DI ARRIVO
(città e ora)
Savona – 7.28
Albenga – 16.00
Savona – 9.54

PREZZO
1ª CLASSE
...
€ 4,65
€ 10,48

PREZZO
2ª CLASSE
€ 9,19
€ 4,30
€ 7,64

TRENI
(Locale, Diretto, Espresso, Intercity)
Locale
Intercity
Diretto

6. VACANZE

2 in Africa; in Australia; in Belgio; a Bruxelles; a Firenze; a Genova; in Irlanda; in Italia; in Liguria; a Londra; a Milano; a Napoli; a Parigi; a Roma; in Sardegna; in Scozia; in Sicilia; a Torino; in Toscana; a Venezia.

5 1 con mio fratello; 2 con i miei genitori; 3 con mio cugino; 4 con mia sorella; 5 con il mio migliore amico; 6 con la mia migliore amica; 7 con le mie amiche.

6 1 con sua sorella; 2 con i suoi amici; 3 con i nostri amici; 4 con i loro amici; 5 con le mie sorelle; 6 con suo fratello; 7 con le nostre amiche; 8 con nostro cugino; 9 con le loro amiche; 10 con nostra cugina.

7 1 ho abitato; 2 ho dormito; 3 ho camminato; 4 ho giocato; 5 ho cucinato; 6 ho riempito; 7 ho sparecchiato; 8 ho salutato; 9 ho preferito; 10 ho ascoltato.

8 1 hai pagato; 2 hai comprato; 3 hai lavorato; 4 hai lavato; 5 hai pulito; 6 hai guadagnato; 7 hai seguito; 8 hai aspettato; 9 hai viaggiato; 10 hai aiutato.

9 1 ha parlato; 2 avete mangiato; 3 ha incontrato; 4 abbiamo affittato; 5 ha comprato; 6 hanno cercato; 7 ho dimenticato; 8 abbiamo giocato; 9 ha visitato; 10 hai praticato.

10 1 ha preferito; 2 ha saputo; 3 ho dormito; 4 abbiamo dovuto; 5 hanno voluto.

11 1 siamo arrivati; 2 sono partito/a; 3 è uscita; 4 è andato; 5 sono arrivate; 6 sono saliti.

12 1 ho scritto; 2 avete letto; 3 hai fatto; 4 ha detto; 5 hanno preso; 6 hai chiesto; 7 ha risposto.

13 2 ho visitato; 3 sono andato/a, andrò; 4 ho telefonato, telefono; 5 scriverò; 6 pitturo.

17 1 andavamo; 2 visitavo, scriveva; 3 passeggiava; 4 vivevo, avevo; 5 giocavamo; 6 pioveva; 7 volevano; 8 studiava; 9 guardavamo; 10 aspettavamo, ascoltavo, leggeva.

18 1 la; 2 la; 3 la; 4 il; 5 il; 6 il; 7 il; 8 il; 9 la; 10 il.

19 (Isole) Capri; Elba; Sardegna; Sicilia. (Laghi) Como; Garda; Maggiore; Trasimeno. (Fiumi) Po; Adige; Arno; Tevere. (Vulcani) Etna; Stromboli; Vesuvio; Vulcano. (Mari) Adriatico; Ligure; Ionio; Tirreno. (Montagne) Alpi; Appennini; Monte Bianco; Dolomiti.

20 1 Dove vai in vacanza di solito? 2 Dove andrai a Natale? 3 Dove andrete a Pasqua? 4 Dove andranno i tuoi genitori? 5 Dove sei andata l'anno scorso? 6 Con chi sei andato? 7 Come siete andati? 8 Dove ti piacerebbe andare ...? 9 Come era (Com'era) il tempo? 10 Ti sei divertita?

7. ALBERGHI E CAMPEGGI

2 1 Siamo arrivati ieri. 2 Abbiamo telefonato ieri sera. 3 Hanno pagato con un assegno. 4 Ha risposto il direttore/Il direttore ha risposto. 5 Ha telefonato ieri mattina. 6 Ho parcheggiato la macchina davanti all'albergo. 7 Abbiamo fatto colazione alle 7.30. 8 Sono andata in Italia due settimane fa. 9 La signora Berio ha chiesto il conto. 10 Abbiamo pagato 100 euro.

3 1 Ho già prenotato. 2 Abbiamo già pagato. 3 Sono appena arrivati. 4 Abbiamo già fatto colazione. 5 È appena uscita. 6 Non è ancora arrivato. 7 Non hanno ancora pranzato. 8 Non siamo mai andati in campeggio. 9 Non ho più trovato le chiavi. 10 Non abbiamo ancora visto la camera.

4 1 svegliarmi; 2 chiamarmi; 3 dirmi; 4 aiutarmi; 5 scrivermi.

5 1 cara; 2 partito; 3 scomodo; 4 piccola; 5 aperto; 6 silenzio; 7 entrata; 8 pulito; 9 occupata; 10 caldo.

6 1 la; 2 la; 3 i; 4 il; 5 il; 6 la; 7 il; 8 l'; 9 il; 10 la.

7 1 con; 2 al; 3 con; 4 della; 5 all'; 6 da; 7 alle; 8 per; 9 per; 10 per.

8 1 c; 2 d; 3 a; 4 e; 5 b.

9 1 Quando sei arrivato? 2 Come hai pagato? 3 A chi hai telefonato? 4 Dove hai parcheggiato? 5 Quando hai prenotato? 6 Quanto hai pagato? 7 Che/Quale camera hai scelto? 8 Chi ha telefonato?

10 1 - Buongiorno! Avete una camera ...? - Per due settimane. - Qual è il prezzo? - La colazione è compresa nel prezzo/È compresa la prima colazione?
2 - Sì, ho il passaporto. - A che ora servite la prima colazione?

8. CIBO E BEVANDE

2 il formaggio; la frutta; la verdura; la carne; il pesce; il riso; il minestrone; la pizza; la birra; il cappuccino; il caffè; il latte; il tè; il vino; il gelato; i dolci; le patate fritte; i ravioli; le lasagne; i cannelloni; gli spaghetti; le tagliatelle.

5 1 d; 2 a; 3 e; 4 c; 5 f; 6 b.

7 1 dei; 2 del; 3 dell'; 4 delle; 5 degli; 6 dell'; 7 della; 8 dello; 9 del; 10 dell'.

8 1 glieli; 2 glielo; 3 gliela; 4 gliele; 5 glieli; 6 gliela; 7 gliela; 8 glielo; 9 glielo; 10 glielo.

9 1 all'; 2 al; 3 alla; 4 ai; 5 alle; 6 ai; 7 al; 8 all'; 9 al; 10 al.

10 1 gliene porto un'altra; 2 gliene porto un altro; 3 gliene porto un altro; 4 gliene porto un'altra.

11 1 freschissime; 2 pulitissimo; 3 caldissime; 4 freddissima; 5 amarissimo; 6 sporchissimi; 7 dolcissima; 8 piccantissimi; 9 durissimo; 10 carissimo.

12 1 al; 2 per; 3 di; 4 della; 5 di; 6 del; 7 di; 8 di/d'; 9 al; 10 a.

14 5; 2; 6; 3; 1; 8; 4; 7.

15 1 e; 2 g; 3 h; 4 i; 5 d; 6 a; 7 c; 8 f; 9 b.

9. COMPRARE

2 1 f; 2 1; 3 q; 4 g; 5 c; 6 i; 7 e; 8 a; 9 d; 10 h; 11 o; 12 p; 13 b; 14 m; 15 n.

3 1 delle; 2 degli; 3 della; 4 del; 5 dello; 8 dell'; 7 delle; 8 dell'; 9 delle; 10 delle.

4 1 chilo; 2 dozzina; 3 litro; 4 etto; 5 lattina; 6 sacchetto; 7 scatola; 8 pacco; 9 pacchetto; 10 paio.

5 1 lana; 2 pelle; 3 argento; 4 acciaio.

6 1 lo; 2 la; 3 la; 4 lo; 5 le; 6 li; 7 lo; 8 le; 9 la; 10 li.

7 1 h; 2 e; 3 f; 4 l; 5 i; 6 n; 7 p; 8 m; 9 b; 10 o; 11 q; 12 d; 13 a; 14 c; 15 g.

8 (Arancione) arancia, carota. (Bianco) aglio, sale. (Giallo) limone, pompelmo. (Marrone) castagna, noce. (Rosso) fragola, pomodoro. (Verde) basilico, lattuga.

9 1 Lo; 2 La; 3 La; 4 La; 5 Lo; 6 Li; 7 Le; 8 Li; 9 Lo; 10 Lo.

10 1 ventidue euro e novanta (centesimi); 2 quarantatré euro; 3 ventiquattro euro; 4 settantacinque euro; 5 centoquarantasette euro; 6 sessantasei euro; 7 centoventitré euro; 8 sessantotto euro; 9 trecentoquindici euro; 10 settantanove euro.

11 ORIZZONTALI: 1 pesante; 2 largo; 3 lungo; 4 grande; 5 vecchio.
VERTICALE: 1 saldi.

12 1 leggeri; 2 stretti; 3 corti; 4 piccoli; 5 nuovi.

13 1 Queste stoffe sono troppo leggere. 2 Queste camicie sono troppo strette. 3 Queste gonne sono troppo lunghe. 4 Queste giacche sono troppo larghe. 5 Queste sono delle nuove marche.

15 1 alle; 2 di; 3 per; 4 di; 5 di; 6 di; 7 a1; 8 di; 9 alla; l0 con.

16 l Me la; 2 Me lo; 3 Me le; 4 Me li; 5 Me la; 6 Me lo; 7 Me li; 8 Me lo; 9 Me la; l0 Me le.

17 1 cambiarmela; 2 cambiarmelo; 3 cambiarmele; 4 cambiarmeli; 5 cambiarmela; 6 cambiarmelo; 7 cambiarmeli; 8 cambiarmelo; 9 cambiarmela; 10 cambiarmele.

18 1 gliela; 2 glielo; 3 gliele; 4 glieli; 5 gliela; 6 glielo; 7 glieli; 8 glielo; 9 gliela; 10 gliele.

19 l d; 2 a; 3 b; 4 e; 5 c.

10. SERVIZI

2 spedire; 2 ricevere; 3 compilare; 4 spiegare; 5 parlare; 6 fare; 7 telefonare; 8 avere; 9 cambiare; 10 denunciare.

3 1 telefonarti; 2 spedirgli; 3 cambiarmi; 4 telefonarvi; 5 prestarci; 6 aspettarvi; 7 parlarti; 8 ricordarti; 9 richiamarti; 10 invitarla.

4 1 li; 2 la; 3 1a; 4 1e; 5 lo; 6 li; 7 lo; 8 g1i; 9 1e; l0 gli.

5 1 L'ho scritta; 2 L'ho comprato; 3 Li ho cambiati; 4 L'ho compilato; 5 L'ho restituito; 6 L'ho pulita; 7 Le ho trovate; 8 Li ho ringraziati; 9 Le ho ringraziate; 10 L'ho riparata.

6 1 glieli; 2 gliela; 3 gliele; 4 glielo; 5 te le; 6 te 1o; 7 te le; 8 te 1a.

7 1 delle; 2 a; 3 alla; 4 alle; 5 per; 6 da; 7 per; 8 in; 9 delle; 10 del.

8 1 all'; 2 di; 3 in; 4 di; 5 da; 6 con; 7 tra; 8 di; 9 ai; l0 a.

9 l g; 2 e; 3 f; 4 h; 5 c; 6 a; 7 b; 8 d.

10 1 Allegato; 2 Codice di Avviamento Postale; 3 Imposta sul Valore Aggiunto; 4 Mittente; 5 Professore; 6 Professoressa; 7 Poste e Telegrafi; 8 Signor; 9 Signorina; 10 Signora.

11 1 guanti; 2 portafoglio; 3 piatto.

14 del dollaro; del franco; del dollaro; del dollaro; della sterlina; dello yen.

11. SALUTE

1 1 si ammala; 2 mi asciugo; 3 ti fai la barba; 4 mi lavo; 5 si arrabbia; 6 mi sento; 7 ti preoccupi; 8 mi alzo; 9 si veste; 10 ci divertiamo.

3 1 si è ammalato; 2 si è asciugata; 3 ci siamo addormentati/e; 4 mi sono fatto la barba; 5 si sono divertite; 6 si è fermato/a; 7 ti sei fatto/a male; 8 si sono scusati/e; 9 mi sono sentito/a; 10 si è arrabbiata.

4 1 soffra; 2 aspettino; 3 telefoni; 4 abiti; 5 arrivi; 6 guidi; 7 parli; 8 conosca; 9 prenda; 10 capiscano.

5 1 stia; 2 stiano; 3 abbia; 4 sia; 5 siano; 6 abbia; 7 abbiano; 8 possa; 9 vada; 10 venga.

6 1 mi scusi; 2 si fermi; 3 si alzi; 4 lo chiami; 5 gli telefoni; 6 si prepari; 7 la svegli; 8 lo prenda; 9 me la saluti; 10 glielo dica.

7 1 non scriva; 2 non si bruci; 3 non si faccia male; 4 non si tagli; 5 non si arrabbi; 6 non attraversi; 7 non metta; 8 non protesti; 9 non sorpassi; 10 non aspetti.

8 1 chiamalo; 2 comprale; 3 aspettala; 4 sorpassala; 5 prendilo; 6 seguile; 7 aspettale; 8 disinfettala; 9 compilalo; 10 avvertili.

9 1 fa' silenzio; 2 di' la verità; 3 sta' attento.

10 1 faccia silenzio; 2 dica la verità; 3 stia attento.

11 l d; 2 h; 3 f; 4 b; 5 1; 6 c; 7 a; 8 i; 9 e; 10 g.

12 2 Come; 3 Dove; 4 Quando; 5 A che ora.

12. TEMPO LIBERO

2 1 c; 2 i; 3 d; 4 f; 5 a; 6 h; 7 b; 8 g; 9 e.

3 1 Ho ascoltato; 2 Sono uscito/a; 3 Ho letto; 4 Ho giocato; 5 Ho fatto; 6 Sono andato/a; 7 Ho ripassato; 8 Ho scritto; 9 Non ho fatto.

4 1 Ascolterò; 2 Uscirò; 3 Leggerò; 4 Giocherò; 5 Farò; 6 Andrò; 7 Ripasserò; 8 Scriverò; 9 Non farò.

6 1 Mi; 2 Ti; 3 Gli; 4 Le; 5 Le; 6 Ci; 7 Vi; 8 Gli; 9 Gli; l0 GIi.

7 1 a/c; 2 e; 3 b; 4 a/c; 5 d.

8 1 arte; 2 cinema; 3 canzone; 4 collezione; 5 giornale; 6 radio; 7 televisione; 8 pianoforte; 9 cantante; 10 regista.

9 1 Qual è il Suo passatempo preferito? 2 Che cosa Le piace leggere? 3 Che tipo di musica preferisce? 4 Quali sono i programmi televisivi che preferisce? 5 Va spesso al cinema? 6 Che tipo di film Le piace? 7 Pratica qualche sport? 8 Ha mai partecipato a qualche competizione? 9 Che cosa fa di solito il sabato sera? 10 Che cosa fa di solito la domenica?

13. IO E GLI ALTRI

2 1 (Presentarsi) Mi chiamo... Io sono... 2 (Presentare qualcuno) Questa è...
3 (Rispondere alla presentazione) Piacere! 4 (Ringraziare) Grazie!
5 (Proporre di fare qualcosa insieme) Ti va di andare...? Vuoi venire...?

3 1 d; 2 a; 3 e; 4 c; 5 f; 6 b.

4 1 L'ho conosciuto; 2 Le ho conosciute; 3 Li ho conosciuti; 4 L'ho conosciuto; 5 L'ho conosciuta; 6 Li ho conosciuti.

5 1 d; 2 c; 3 e; 4 b; 5 f; 6 a.

6 1 Può ripetere, per favore? 2 Ha capito la lezione? 3 Le presento 4 Che cosa vuole fare questa sera? 5 Che cosa preferisce fare? 6 Viene al cinema? 7 Scusi il ritardo, ma ... 8 Non doveva disturbarsi! 9 Mi fa piacere che sia riuscito a venire. 10 Sono sicuro che il film Le piacerà.

8 1 arrivi; 2 riesca; 3 sia; 4 diverta; 5 conosca; 6 venga; 7 conosca; 8 vadano; 9 preferisca; 10 parli.

9 1 f; 2 e; 3 g; 4 a; 5 b; 6 d; 7 c.

10 1 (Rispondere ad un ringraziamento) Prego! È stato un piacere! 2 (Scusarsi) Mi dispiace! Scusa! 3 (Esprimere dubbio o incertezza) Dubito che sia già arrivato a casa. Non credo che lui arrivi in tempo. 4 (Esprimere certezza) Ci divertiremo senz'altro. Sono sicuro che il film ti piacerà.

14. SCUOLA E LAVORO

4 1 mi ha accompagnato/a; 2 mi sono annoiato/a; 3 ha ascoltato; 4 ha spiegato; 5 è cominciata; 6 ho conosciuto; 7 hanno continuato; 8 ha corretto; 9 si sono divertiti/e; 10 ha ripassato.

5 1 hanno frequentato; 2 è durata; 3 abbiamo fatto; 4 è finita; 5 ho dovuto; 6 abbiamo imparato; 7 ha insegnato; 8 abbiamo lavorato; 9 ho letto; 10 ho scritto.

6 1 frequenteranno; 2 durerà; 3 faremo; 4 finirà; 5 dovrò; 6 impareremo; 7 insegnerà; 8 lavoreremo; 9 leggerò; 10 scriverò.

7 1 andavo; mi svegliavo; correvo; era; era; erano; iniziavano; finivano; durava; avevamo; arrivavamo; telefonava; pretendeva; interrogavano; davano; facevamo.

10 1 divertito; 2 usciti; 3 finisce; 4 sbagliata; 5 difficile; 6 insegnato; 7 assenti.

INTRODUCTORY DIALOGUES: ANSWERS (Italian/English)

1. PRESENTARSI (p. 2)

		Italian	English
1	a	Carlo.	Carlo.
	b	Maria.	Maria.
2	a	In via Marconi 35.	In via Marconi, 35.
	b	3401256.	3401256.
3	a	Ha 14 anni.	She is 14.
	b	Il 3 febbraio.	The 3rd of February.
4	a	Di Roma.	From Rome.
	b	Di Siena.	From Siena.
5	a	Ha 27 anni.	He is 27.
	b	Il 9 aprile.	The 9th of April.
6	a	È inglese.	She is English.
	b	A Bedford.	In Bedford.

2. FAMIGLIA (p. 20)

		Italian	English
1	a	Quattro.	Four.
	b	Cinque.	Five.
2	a	Gianni.	Gianni.
	b	Angela.	Angela.
	c	Il padre è meccanico e la madre è impiegata in banca.	The father is a mechanic and the mother is a bank employee.
3	a	Due.	Two.
	b	Monica.	Monica.
	c	Patrizia.	Patrizia.
4	a	No.	No.
	b	Lavorano tutti e due.	They both work.
5	a	Due.	Two.
	b	Solo con Paolo.	Only with Paolo.
	c	Sono gemelli.	They are twins.
6	a	Non molto.	Not a lot.
	b	Abitano tutti in un'altra città.	They all live in another town.
7	a	Sì, moltissimo.	Yes, very much.
	b	Un cane e un gatto.	A dog and a cat.

3. CASA (p. 33)

		Italian	English
1	a	In centro.	In the centre.
	b	Sì.	Yes.
	c	400 euro.	400 Euros.
2	a	Perché la casa è in un quartiere residenziale.	Because the house is in a residential area.
3	a	No, è molto difficile.	No, it is very difficult.
	b	Sono alti.	They are high.
4	a	In un palazzo.	In an apartment block.
	b	Al quinto.	On the fifth.
	c	Quattro.	Four.
	d	Davanti al palazzo.	Opposite the apartment block.

	e	L'appartamento è dei suoi genitori.	The flat belongs to her parents.
5	a	In un appartamento.	In a flat.
	b	Al terzo piano.	On the third floor.
	c	Ha comprato l'appartamento.	He bought the flat.
	d	50 euro al mese.	50 Euros a month.
6	a	In una casa in periferia.	In a house in the suburbs.
	b	Due.	Two.
	c	Il corridoio, la cucina, il soggiorno, una cameretta e il gabinetto.	The corridor, the kitchen, the lounge, a small room and the toilet.
	d	Tre camere da letto e il bagno	Three bedrooms and the bathroom.
	e	Due.	Two.
	f	Dietro la casa.	Behind the house.
7	a	Con sua sorella.	With her sister.
	b	Piccola, ma bella e luminosa.	Small but nice and bright.
8	a	Di sopra, davanti alla camera da letto.	Upstairs, opposite the bedroom.
9	a	Del sapone.	Some soap.
10	a	Dare una mano/aiutare.	Give a hand/to help.
	b	Sparecchia.	Clear the table.
11	a	Alle 7.15.	At 7.15 am.
	b	Alle 7.30.	At 7.30 am.
12	a	Alle 12.40.	At 12.40 pm.
	b	Alle 20.00.	At 8.00 pm.
13	a	In un bar.	In a "bar".
	b	Perché può parlare italiano.	Because she can speak Italian.
	c	Quattro (ore al giorno).	Four (hours a day).
	d	Non molto.	Not a lot.
	e	Con le mance.	With tips.
	f	Compra vestiti, e qualche rivista di musica.	She buys clothes, and some music magazines.

4. AMBIENTE (p. 52)

1	a	A Lucca.	In Lucca.
	b	In Toscana.	In Tuscany.
	c	Sì, abbastanza.	Yes, quite.
2	a	In Sicilia.	In Sicily.
	b	Un castello del XIV secolo.	A XIV century castle.
	c	Caltanissetta.	Caltanissetta.
3	a	Nel nord Italia.	In northern Italy.
	b	No, è un piccolo centro.	No, it is a small town.
	c	No (è un centro balneare).	No (it is a seaside resort).
4	a	Nel centro storico, davanti alla chiesa.	In the old part of the town opposite the church.
	b	No.	No.
	c	Circa 15 minuti, a piedi.	About 15 minutes on foot.
	d	10 minuti, in macchina.	10 minutes by car.
5	a	Nell'Italia centrale (in Umbria).	In central Italy (in Umbria).
	b	Ad Orvieto o a Perugia.	Orvieto or Perugia.
	c	Per lo splendido paesaggio e per la gente.	Because of the splendid countryside and the people.

5. TRASPORTI (p. 71)

1		museo L	museum L
2		ufficio postale C	post office C
3		banca I	bank I
4	a	Alle 7.10.	At 7.10 am.
	b	Un biglietto di andata e ritorno.	A return ticket.
	c	15 euro.	15 Euros.
5	a	Alle 16.30.	At 4.30 pm.
	b	Alle 18.00.	At 6.00 pm.
6	a	Alle 15.00.	At 3.00 pm.
	b	Alle 16.15.	At 4.15 pm.
	c	Dal primo.	From platform 1.
7	a	Due fermate.	Two stops.
	b	Mezz'ora.	Half an hour.
8	a	12 euro.	12 Euros.
	b	Chi ha la tessera studentesca.	Those who have a student card.
	c	Un mese.	One month.
9	a	Alle 19.00.	At 7.00 pm.
	b	120 euro.	120 Euros.
10	a	Alle 8.05.	At 8.05 am.
	b	19 euro.	19 Euros.
11	a	Il pieno.	A full tank.
	b	Mezzo litro.	Half a litre.
	c	47 euro.	47 Euros.
	d	52 euro.	52 Euros.
	e	Buon viaggio!	Have a good journey!
12	a	30 euro.	30 Euros.
	b	Super senza piombo.	Super unleaded.
	c	Deve voltare a sinistra al prossimo incrocio e poi deve prendere la prima a destra.	He must turn left at the next crossroad and then take the first on the right.

6. VACANZE (p. 90)

1	a	In Italia.	To Italy.
	b	Resterà a Londra.	She'll stay in London.
2	a	Al mare.	To the seaside.
	b	Al mare.	To the seaside.
3	a	In Umbria.	To Umbria.
	b	Con i suoi genitori.	With his parents.
	c	Gli piacerebbe restare a Cervo (e andare al mare).	He would like to stay in Cervo (and go to the sea).
4	a	A Venezia.	To Venice.
	b	Con i suoi amici.	With her friends.
	c	Una quindicina di giorni.	About fifteen days.
5	a	Va al mare e pratica qualche sport.	She goes to the seaside and does some sport.

	b	Va al mare e di sera va spesso in discoteca.	He goes to the seaside and often goes to a disco in the evening.
6	a	In montagna.	To the mountains.
	b	Con suo fratello.	With his brother.
	c	In Sicilia.	To Sicily.
	d	Con due amici inglesi.	With two English friends.
	e	Sì, moltissimo.	Yes, very much.
	f	Ha conosciuto molti italiani, ha parlato italiano, ha visitato molti musei e ha mangiato benissimo.	She met a lot of Italians, spoke Italian, went to a lot of museums and had nice food.
	g	Ha fatto qualche passeggiata con i suoi parenti.	He went for some walks with his relatives.
	h	Non molto.	Not a lot.
	i	Perché il tempo era sempre nuvoloso e pioveva spesso.	Because it was always cloudy and it often rained.

7. ALBERGHI E CAMPEGGI (p. 110)

1	a	Una camera matrimoniale.	A double room.
	b	Al primo piano.	On the first floor.
2	a	Una camera singola.	A single room.
	b	Per due settimane.	For two weeks.
	c	Al secondo piano.	On the second floor.
	d	50 euro.	50 Euros.
	e	80 euro.	80 Euros.
3	a	La prima colazione.	Breakfast.
	b	Troppo piccola.	Too small.
	c	Quella al secondo piano/ La camera con bagno.	The one on the second floor/The room with bathroom.
4	a	La carta d'identità.	Her identity card.
	b	La chiave.	The key.
	c	Dalle 7.00 alle 9.00.	From 7.00 am till 9.00 am.
5	a	Un posto per una tenda.	A space for a tent.
	b	Per quattro persone.	For four people.
	c	La numero 5.	Number 5.
	d	15 euro.	15 Euros.

8. CIBO E BEVANDE (p. 129)

1	a	Gli spaghetti al pesto.	Spaghetti with pesto.
	b	Almeno una volta al mese.	At least once a month.
2	a	Di solito alle 7.15.	Usually at 7.l5 am.
	b	A casa.	At home.
	c	Con i suoi genitori.	With his parents.
	d	Caffellatte e biscotti.	White coffee and biscuits.
3	a	Prenotare un tavolo per due persone.	Reserve a table for two people.
	b	Per le 8.00	For 8.00 pm.
4	a	Un cappuccino e un cornetto.	A cappuccino and a croissant.
	b	1,20 euro.	1.20 Euros.
5	a	Peperoni ripieni.	Stuffed peppers.
	b	Tagliatelle al pomodoro.	Tagliatelle with tomato sauce.
	c	Acqua minerale.	Mineral water.
6	a	La parmigiana.	The 'parmigiana'.
	b	Melanzane, mozzarella e sugo di pomodoro.	Aubergines, mozzarella cheese and tomato sauce.
	c	La parmigiana.	The 'parmigiana'.
	d	Patate fritte.	French fries.
7	a	Un gelato al limone.	Lemon ice-cream.
	b	Alla fragola, al cioccolato, al pistacchio e alla vaniglia.	Strawberry, chocolate, pistachio-nut and vanilla.
	c	Al cioccolato e alla vaniglia.	Chocolate and vanilla.
8	a	Il conto.	The bill.
	b	Sì.	Yes.
9	a	Che cosa c'è da mangiare.	What is there to eat.
	b	Spaghetti alle vongole.	Spaghetti with clams.
	c	La frittura di pesce e l'insalata mista.	Mixed fried fish and mixed salad.
	d	Che è molto buono.	That it is very good.

9. COMPRARE (p. 150)

1	a	Alle 8.30.	At 8.30 am.
	b	Alle 20.00.	At 8.00 pm.
2	a	Al terzo piano.	On the third floor.
	b	Il reparto profumi.	The perfume department.
	c	Con la scala mobile.	By escalator.
3	a	Una maglia.	A jumper.
	b	Di cotone.	A cotton one.
	c	Molto chiara: azzurra o bianca.	Very pale: light blue or white.
	d	Sportivo.	Sporty.
	e	120 euro.	120 Euros.
	f	È bella, ma troppo cara.	It's very nice but too expensive.
4	a	L'ultimo.	The latest one.
	b	Nello scaffale in fondo sotto la B.	On the shelf at the end under B.
	c	22,90 euro.	22.90 Euros.
	d	Perché il negozio non accetta carte di credito.	Because the shop dosen't accept credit cards.
	e	50 euro.	50 Euros.
	f	Lo scontrino.	The receipt
5	a	Alla COOP.	At the Co-op.
	b	Perché ha un grande. parcheggio	Because it has a big car-park.
	c	In un negozio vicino a casa sua.	In a shop near her home.
	d	Al mercato.	At the market.
	e	Perché è molto economico.	Because it is very cheap.
	f	Al CONAD.	At CONAD.
	g	Perché fanno il servizio a domicilio e ci sono spesso offerte speciali.	Because they have a home-delivery service and there are often special offers.
6	a	Una macchina fotografica.	A camera.
	b	Ieri /Il giorno prima.	Yesterday/The day before.
	c	Perché non funziona.	Because it doesn't work.
	d	La ricevuta.	The receipt.
	e	Gliela cambia subito.	He changes it at once.

10. SERVIZI (p. 170)

1	a	Una cartolina e un francobollo.	A postcard and a stamp.
	b	2,50 euro.	2.50 Euros.
2	a	Due francobolli per lettera.	Two stamps for letters.
	b	Per l'Australia.	For Australia.
	c	Un pacco.	A parcel.
	d	In fondo a destra.	At the end, on the right.
3	a	Lo 0044, seguito dal prefisso della località senza lo zero.	0044 followed by the area code without the zero.
4	a	Una scheda telefonica.	A phone card.
	b	10 euro.	10 Euros.
5	a	Con Carlo.	To Carlo.
	b	Sì.	Yes.
6	a	Parlare con il dottor Bado.	To speak with Dr. Bado.
	b	È appena uscito.	He's just gone out.
	c	Di richiamare il signor Martini.	To ring Mr. Martini back.
	d	0183-357136.	0183-357136.
7	a	Cento dollari di travellers' cheque.	One hundred dollars in travellers cheques.
	b	Se ha un documento.	If she has some identification.
	c	Un modulo.	A form.
	d	Un biglietto da 50 euro e il resto in biglietti da 10 euro.	One 50 Euro note and the rest in 10 Euro notes.
8	a	0,69 euro.	0.69 Euros.
	b	100 franchi svizzeri.	100 Swiss Francs.
	c	69 euro.	69 Euros.
	d	Non importa.	It doesn't matter to her.
9	a	La borsa.	Her bag.
	b	Giovedì mattina.	Thursday morning.
	c	Al mercato.	At the market.
	d	Tutti i suoi documenti.	All her documents.

11. SALUTE E BENESSERE (p. 193)

1	a	Non molto bene.	Not very well.
	b	Mal di testa.	A headache.
2	a	Mal di gola.	A sore throat.
3	a	Alla spalla.	In her shoulder.
	b	Da una settimana.	For a week.
4	a	Alla dottoressa.	The doctor.
	b	Pensa di avere l'influenza.	He thinks he has 'flu.
	c	Ha la febbre a 38, mal di testa e mal di stomaco.	Ha has a temperature of 38° C, a headache and a stomach ache.
	d	Da quella mattina.	From that morning.
	e	Mettersi a letto, riposarsi e aspettare la dottoressa.	Go to bed, rest and wait for the doctor.
5	a	Qualcosa per le punture d'insetti.	Something for insect bites.
	b	Applicare la pomata da due a quattro volte al giorno.	Apply the cream two to four times a day.
6	a	Dello sciroppo per la tosse.	Some cough mixture.
	b	Un cucchiaio.	A spoonful.
	c	Prima dei pasti.	Before meals.
7	a	Un incidente.	An accident.
	b	Vicino alla scuola di Maria.	Near Maria's school.
	c	Un'ora prima/fa.	An hour earlier/ago.
	d	Un autotreno ha tamponato un furgone.	A lorry hit a van.
	e	Bene/Non si sono fatti niente.	Alright/They're not hurt.
	f	Ha subito gravi danni al paraurti e alla portiera.	The bumper and door were badly damaged.
8	a	Due.	Two.
	b	Al 113 (Polizia) e all'ospedale.	113 (Police) and the Hospital.
	c	Un incidente.	An accident.
	d	Davanti alla stazione.	In front of the station.
	e	Che perde molto sangue.	He is losing a lot of blood.

12. TEMPO LIBERO (p. 210)

1	a	La fotografia.	Photography.
	b	(Soprattutto) i paesaggi.	(Mainly) landscapes.
2	a	Guarda la televisone o legge qualche libro.	He watches television or reads a book.
	b	Sì, abbastanza.	Yes, quite.
3	a	La musica pop.	Pop music.
	b	Riccio.	Riccio.
4	a	Dipende, spesso va a ballare con i suoi amici.	It depends, he often goes dancing with his friends.
	b	Qualche volta.	Occasionally.
5	a	Corsa e salto in alto.	Running and high jump.
	b	Ai cento metri.	In the 100 metres.
	c	È arrivato secondo.	He came second.
6	a	I film comici.	Comedy films.
	b	Perché la divertono.	Because she enjoys them.
7	a	Non molto.	Not a lot.
	b	Era troppo lungo e noioso.	It was too long and boring.
8	a	Alle 8.00.	At 8.00 pm.
	b	Un'ora e cinquanta.	An hour and fifty minutes.
9	a	Un biglietto per la galleria.	A ticket for the upper circle.
	b	10 euro.	10 Euros.

13. IO E GLI ALTRI (p. 225)

1	a	Capisce quasi tutto.	She understands almost everything.
2	a	Non ha capito quasi niente.	He has understood almost nothing.
3	a	Abbastanza.	Quite good.
	b	Nella sua scuola a Londra.	In her school in London.
	c	Per sei mesi.	For six months.
4	a	Di Londra.	From London.
	b	Di Salerno.	From Salerno.
	c	Nel sud Italia.	In southern Italy.

	d	A Napoli.	Naples.
5	a	È inglese.	He's English.
	b	Di Abingdon (vicino a Oxford).	From Abingdon, (near Oxford).
6	a	Non molto bene.	Not very well.
	b	Da tre mesi.	For three months.
7	a	Welcome.	Welcome.
	b	Friend.	Friend.
8	a	A Genova.	In Genoa.
	b	Molto simpatici e ospitali.	Very nice and hospitable.
	c	Inglese.	English.
	d	Perché i suoi amici vogliono parlare sempre in inglese.	Because his friends always want to speak English.
9	a	Del Circolo velico.	Of the Sailing Club.
	b	Organizzano gare, feste, escursioni e molte altre attività.	They organise races, parties, excursions and many other activities.
10	a	Non ancora.	Not yet.
	b	Che è una magnifica idea.	That it's a great idea.
11	a	Sì.	Yes.
	b	Un film di fantascienza.	A science-fiction film.
	c	Davanti al cinema.	In front of the cinema.
	d	Alle 9.00.	At 9.00 pm.
12	a	Un DVD.	A DVD.
	b	L'ultimo CD del cantante preferito di David.	The latest CD by David's favourite singer.

14. SCUOLA E LAVORO (p. 240)

1	a	Il liceo scientifico.	'Liceo scientifico'.
	b	Il secondo.	Second.
	c	L'università.	University.
	d	Il primo.	First.
2	a	In piazza Roma, accanto . alla chiesa	Next to the church in piazza Roma.
	b	Abbastanza.	Quite big.
	c	In genere una ventina.	Usually, about twenty.
	d	Molto bravi.	Very good.
	e	Una palestra, una piscina e un campo da tennis.	A gym, a swimming pool and a tennis court.
3	a	Alle 8.00.	At 8.00 am.
	b	Alle 13.00.	At 1.00 pm.
	c	Cinque.	Five.
	d	Cinquanta minuti.	Fifty minutes.
	e	Dieci minuti.	Ten minute.
4	a	All'una e dieci.	At 1.10 pm.
	b	Abbastanza.	Quite good.
5	a	Non molto.	Not very.
	b	Sì, troppi.	Yes, too much.
	c	Raramente.	Seldom.
	d	In genere quando chiacchierano troppo.	Usually, when they talk too much.
	e	Di solito qualche esercizio in più.	Usually extra work.
6	a	L'italiano e la storia.	Italian and History.
	b	Non molto.	Not a lot.
7	a	Verso il 20 settembre.	About the 20th of September.
	b	Verso il 15 giugno.	About the 15th of June.
	c	Due settimane.	Two weeks.
	d	Una settimana.	One week.
	e	Tre mesi.	Three months.
8	a	Andrà un anno in Francia (e poi si iscriverà all'università).	He'll go to France for a year (and then he'll enroll at university).
	b	A quella di lingue o di lettere.	Languages or Literature.
	c	Il giornalista e girare il mondo.	To be a journalist and travel the world.

INTRODUCTORY DIALOGUES: QUESTIONS

1. INTRODUCING YOURSELF (p. 2)

1 a What is the boy's name?
b What is the girl's name?

2 a Where does the girl live?
b What is her telephone number?

3 a How old is she?
b When is her birthday?

4 a Where is Silvia from?
b Where is Valerio from?

5 a How old is Valerio?
b When is his birthday?

6 a What is Kathy's nationality?
b Where was she born?

2. FAMILY AND PETS (p. 20)

1 a How many are there in Maria's family?
b How many are there in Carlo's family?

2 a What is Carlo's father's name?
b What is his mother's name?
c What work do Carlo's parent's do?

3 a How many sisters does Roberto have?
b What is the elder one called?
c What is the younger one called?

4 a Does Roberto see his parents often?
b Why?

5 a How many brothers does Massimo have?
b Does he get on well with his brothers?
c Who is older, Massimo or Paolo?

6 a Does Massimo see his relatives often?
b Why?

7 a Does Massimo love animals?
b What pets does he have?

3. HOME AND ROUTINE (p. 33)

1 a Where does Silvia live?
b Is her rent high?
c What rent does she pay?

2 a Why is the rent of Massimo's house high?

3 a Is it easy to find a flat in Milan?
b What are the prices of flats like?

4 a Where does Enrica live?
b What floor does she live on?
c How many rooms are there in her flat?
d Where is the garden?
e Why doesn't she pay any rent?

5 a Where does Roberto live?
b What floor does he live on?
c Why doesn't he pay any rent?
d How much does he pay in service charges?

6 a Where does Maria live?
b How many floors does her house have?
c What is on the ground floor?
d What is on the first floor?
e How many gardens does it have?
f Where is the larger garden?

7 a Who does Maria share her room with?
b What is her room like?

8 a Where is the bathroom?

9 a What does Carlo need?

10 a What does Carlo want to do?
b What does Teresa do?

Daily routine

11 a At what time does Maria usually get up?
b At what time does she have breakfast?

12 a At what time does Maria have lunch?
b At what time does she have supper?

13 a Where does Janie work?
b Why does she like her work?
c How many hours does she work?
d Does she earn a lot?
e How does she earn a big extra?
f What does she do with the money she earns?

4. LOCAL ENVIRONMENT (p. 52)

1 a In which town does Roberto live?
b What region is it in?
c Is it a big town?

2 a Where is Mussomeli?
b What is there to see in Mussomeli?
c What is the nearest town to Mussomeli?

3 a Where is Cervo?
b Is it a big town?
c Is it far from the sea?

4 a Where does Paola live?
b Can you see the sea from her house?
c How long does it take to go to her house from the station?
d How long does it take to go to school?

5 a In what part of Italy would Kathy like to live?
b In what city would she like to live?
c Why?

5. TRAVEL AND TRANSPORT (p. 71)

Finding the way

Using information from passers-by, find on the map:
1 the museum.
2 the post office
3 the bank

Travel by public transport

4 a At what time is the first train to Alassio?
b What ticket does Roberto buy?
c How much does he pay?

5 a At what time is the coach to Rome?
b At what time does it arrive in Rome?

6 a At what time is the train to Salerno?
b At what time does it arrive?
c What platform does it leave from?

7 a After how many stops does Janie have to get off?
b How long before the connection?

8 a How much is the ticket to Viareggio?
b Who is entitled to the 30% reduction?
c How long is the ticket valid for?

Travel by air or sea

9 a At what time is the flight to Turin?
b How much is the ticket?

10 a At what time does the hydrofoil to Ponza leave?
b How much is the ticket?

Private transport

11 a How much petrol does Enrica want?
b How much oil does the petrol-pump attendant add?
c How much does Enrica pay for the petrol?
d How much does she pay in all?
e What does the petrol-pump attendant say after he has given her the change and thanked her?

12 a How much petrol does Valerio want?
b What type of petrol does he want?
c Where does Valerio have to go to take the main road to Viareggio?

6. HOLIDAYS (p. 90)

1 a Where does Kathy usually go on holiday?
b Where will she go this summer?

2 a Where does Maria usually go on holiday?
b Where will she go this year?

3 a Where does Carlo usually go on holiday?
b Who does he go with?
c Where would he like to go on holiday?

4 a Where is Enrica going on holiday?
b Who will she go with?
c How long will she be on holidays?

5 a What does Enrica usually do on holiday?
b What does Valerio usually do on holiday?

6 a Where did Massimo go on holiday?
b Who did he go with?
c Where did Janie go on holiday?
d Who did she go with?
e Did she enjoy herself?
f What did Janie do on holiday?
g What did Massimo do on holiday?
h Did he enjoy himself?
i Why?

7. ACCOMMODATION (p. 110)

At the hotel

1 a What does Mr. Martini want?
b Where is room number 7?

2 a What does Silvia ask for?
b For how long?
c Where is the room with bathroom?
d What price is the room without bathroom?
e What price is the room with bathroom?

3 a What does the price include?
b What is the room without bathroom like?
c Which room does Silvia prefer?

4 a What identification does Silvia produce?
b What does the receptionist give Silvia?
c At what time is breakfast served?

At the campsite

5 a What does Roberto want?
b For how many people?
c What space is free?
d What is the price for a night?

8. FOOD AND DRINK (p. 129)

1 a What is Janie's favourite dish?
b How often does she eat it?

2 a At what time does Carlo have breakfast?
b Where does he have breakfast?
c With whom does he have breakfast?
d What does he have for breakfast?

On the phone

3 a What does Mr. Martini want?
b For what time?

At the bar

4 a What does Valerio order?
b How much does he pay?

At the restaurant

5 a What starter does Silvia ask for?
b What first course does she order?
c What does she want to drink?

6 a What does the waiter recommend?
b What are the ingredients of this dish?
c What second course does Silvia have?
d What vegetables does Silvia want?

7 a What ice cream does Silvia want?
b What ice creams do they have in this restaurant?
c What ice cream does Silvia order?

8 a What does Silvia ask for?
b Is the service included?

At home

9 a What does Enrica ask Paola?
b What is for first course?
c What is for second course?
d What does Enrica think of the first course?

9. SHOPPING (p. 150)

1 a At what time do the clothes shops open?
b At what time do they close?

2 a What floor is the clothes department on?
b After which department is it?
c How can Roberto get to the clothes department?

3 a What does Roberto want to buy?
b What sort?
c What colour does he want it?
d What style does he want?
e How much is the new style?
f What does Roberto think of the new style?

4 a What Boccelli compact disc does Janie want to buy?
b Where can she find it?
c How much is it?
d Why can't Janie pay by credit card?
e How much money does Janie give the assistant?
f What does she receive with the change?

5 a Where does Silvia do her weekly shopping?
b Why?
c Where does she shop on other days?
d Where does Valerio shop twice a week?
e Why?
f Where does he sometimes shop?
g Why?

6 a What did Paola buy?
b When did she buy it?
c Why does she want to change it?
d What does the assistant ask her for?
e What does the assistant do?

10. SERVICES (p. 170)

At the tobacconist

1 a What does Maria buy?
b How much does she pay?

At the post office

2 a What does Carlo buy?
b For what country?
c What does he want to send?
d Where is the counter that he needs?

At the 'telephone Bureau'

3 a What number do you have to dial to 'phone England?

4 a What does Maria want?
b How much does she pay?

5 a Who does Maria want to talk to?
b Is he at home?

6 a What does Mr. Martini want?
b Where is Dr. Bado?
c What does Mrs. Bado have to tell her husband?
d What is Mr. Martini's 'phone number?

At the bank

7 a What does Janie want to change?
b What does the clerk ask her?
c What does Janie have to sign?
d How does she want the money?

8 a What is the exchange rate for the Swiss Franc?
b How much does Silvia want to change?
c How many Euro does the clerk give her?
d How would Silvia like the money?

At the lost property office

9 a What has Enrica lost?
b When?
c Where?
d What was in it?

11. HEALTH AND WELFARE (p. 193)

At home

1 a How is Paola?
b What's the matter with her?

2 a What's the matter with Roberto?

At the doctor

3 a Where is Paola in pain?
b How long has she had the pain?

On the phone

4 a Who does Mr. Martini 'phone?
b What does Mr. Martini think he has?
c What symptoms does he have?
d How long has he had these symptoms?
e What should he do?

At the chemist

5 a What does Silvia want?
b What are the instructions?

6 a What does Roberto want?
b How much should he take?
c When should he take it?

At the police station

7 a What's happened?
b Where?
c When?
d How did it happen?
e How are the drivers?
f What damage was done to the van?

On the phone

8 a How many 'phone calls has Valerio made?
b Who did he 'phone?
c What's happened?
d Where?
e What does Valerio say about the injured person?

12. HOBBIES AND ENTERTAINMENT (p. 210)

1 a What is Carlo's favourite hobby?
b What are his favourite subjects?

2 a What does Carlo usually do in the evening?
b Does he like reading?

3 a What kind of music does Carlo prefer?
b Who is Carlo's favourite singer?

4 a What does Massimo do at weekends?
b Does he often go to concerts?

5 a What sports does Massimo do?
b In what race did he run?
c How did it go?

6 a What kind of films does Paola prefer?
b Why?

7 a Did Paola like Bertolucci's latest film?
b Why?

At the cinema

8 a At what time does the film start?
b How long does it last?

9 a What ticket does Silvia buy?
b How much does she pay?

13. RELATIONS WITH OTHERS (p. 225)

1 a Does Kathy understand everything when she talks with the teacher?

2 a Did David understand the announcement?

3 a Does Kathy speak good Italian?
b Where did she study it?
c How long did she study it?

4 a Where is Kathy from?
b Where is Maria from?
c Where is her town?
d What big city is it near to?

5 a What nationality is David?
b Where is he from?

6 a Does David know Italian well?
b How long has he been studying Italian?

7 a How do you say "benvenuto" in English?
b How do you say "amico" in English?

8 a In which city do most of David's Italian friends live?
b What are his Italian friends like?
c What language does he speak with them?
d Why?

9 a What club is Carlo a member of?
b What activities do they organise?

10 a Has Kathy already decided what to do?
b What does Kathy think of Carlo's suggestion?

11 a Is David happy to go to the cinema?
b What kind of film are they going to see?
c Where are they going to meet?
d At what time?

12 a What does David give Maria?
b What does Maria give David?

14. SCHOOL AND EMPLOYMENT (p. 240)

1 a What school does Carlo go to?
b What year is he in?
c What school does Janie go to?
d What year is she in?

2 a Where is Carlo's school?
b Is it a big school?
c How many are there in a class?
d What are the teachers like?
e What sports' facilities are there?

3 a At what time do lessons begin at Carlo's school?
b At what time do they finish?
c How many periods do they have each day?
d How long is a period?
e How long is break?

4 a At what time is lunch at Carlo's school?
b What is the food like?

5 a Are Carlo's teachers strict?
b Do they give them much homework?
c Do they punish them a lot?
d When do they punish them?
e What sort of punishment do they give them?

6 a Which subjects does Carlo like?
b Does he like Maths?

7 a When does school start in Italy?
b When does it finish?
c How much holiday does Carlo have at Christmas?
d How much holiday does he have in Easter?
e How much holiday does he have in the summer?

8 a What will Carlo do when he has finished school?
b What subjects will he take?
c What would he like to do?

REFERENCE GRAMMAR

1 NOUNS (NOMI)

1.1 Gender, Singular and Plural

	SINGULAR	PLURAL	Ending
MASCULINE	ragazz**o**	ragazz**i**	**-o -i**
FEMININE	ragazz**a**	ragazz**e**	**-a -e**
MASCULINE	ristorant**e**	ristorant**i**	**-e -i**
FEMININE	canzon**e**	canzon**i**	

1.2 Common Irregular Nouns (singular-plural)

		SINGULAR	PLURAL
(a)	Some nouns don't change in the plural.		
	- most words of foreign origin;	il film lo sport	i film gli sport
	- monosyllables;	il re	i re
	- nouns stressed on the final vowel;	la città l'università	le città le università
	- some feminine nouns ending in **-o;**	la radio la foto	le radio le foto
	- nouns ending in **-i.**	il brindisi	i brindisi
(b)	The few masculine nouns ending in **-a** form the plural in **-i.**	il ciclista il clima il turista il problema il telegramma	i ciclisti i climi i turisti i problemi i telegrammi
(c)	Be careful how you spell the nouns ending in:		
	-io (when the **i** is stressed, the plural is **-ii**) **-io** (when the **i** is not stressed, the plural is **-i**)	lo z**i**o lo st**u**dio	gli zii gli studi
	-gia (when the **i** is not stressed, the plural is **-ge**) **-cia** (when the **i** is not stressed, the plural is **-ce**)	la spi**a**ggia la f**a**ccia	le spiagge le facce
	-gia (when the **i** is stressed, the plural is **-gie**) **-cia** (when the **i** is stressed, the plural is **-cie**)	la bug**i**a la farmac**i**a	le bugie le farmacie
	-co/-go (their plurals are formed in two different ways -ci/gi; -chi/ghi). If in doubt use the dictionary	l'amico l'asparago il cuoco l'albergo	gli amici gli asparagi i cuochi gli alberghi
	-ca/-ga (their plurals are formed as - **che/ghe**);	l'amica la collega	le amiche le colleghe
(d)	Remember these irregular nouns.	il dito l'uovo la mano	le dita le uova le mani

1.3 Common Irregular Nouns (masculine-feminine)

MASCULINE		FEMININE
lo studente	*student*	la studentessa
il dottore	*doctor*	la dottoressa
il professore	*teacher*	la professoressa
l' attore	*actor*	l' attrice
lo scrittore	*writer*	la scrittrice
il pittore	*artist*	la pittrice
il maschio	*male*	la femmina
l' uomo	*man*	la donna
il celibe	*bachelor*	la nubile
il marito	*husband*	la moglie
il padre	*father*	la madre
il fratello	*brother*	la sorella

1.4 Common Compound Nouns (singular-plural)

SINGULAR		PLURAL
l' altoparlante	*loudspeaker*	gli altoparlanti
l' arcobaleno	*rainbow*	gli arcobaleni
l' aspirapolvere	*vacuum cleaner*	gli aspirapolvere
la banconota	*banknote*	le banconote
il cacciavite	*screwdriver*	i cacciavite
il capolavoro	*masterpiece*	i capolavori
la cassaforte	*safe*	le casseforti
il cavatappi	*corkscrew*	i cavatappi
il cavolfiore	*cauliflower*	i cavolfiori
la ferrovia	*railway*	le ferrovie
il francobollo	*stamp*	i francobolli
il marciapiede	*pavement*	i marciapiedi
il passaporto	*passport*	i passaporti
il portacenere	*ashtray*	i portacenere
il portafoglio	*wallet*	i portafogli
il salvagente	*lifebelt*	i salvagente
il sottopassaggio	*subway*	i sottopassaggi

Vocabulary

albergo *hotel*
amico *friend*
brindisi *toast (drink)*
bugia *lie*
canzone *song*
ciclista *cyclist*
città *town*
clima *climate*
re *king*
collega *colleague*
cuoco *cook*
dito *finger*
faccia *face*
uovo *egg*
farmacia *pharmacy*
foto *photo*
mano *hand*
ragazzo *boy*
spiaggia *beach*
studio *study*
università *university*
zio *uncle*

2 ARTICLES (ARTICOLI)

2.1 Definite: (the) il, la, ...

	Singular		Plural			
Masculine	**il**	ragazzo	**i**	ragazzi	**il/i**	before a consonant
	lo	studente	**gli**	studenti	**lo/gli**	before s + consonant or z
	l'	albero	**gli**	alberi	**l'/gli**	before a vowel
Feminine	**la**	ragazza	**le**	ragazze	**la/le**	before a consonant
	l'	aula	**le**	aule	**l'/le**	before a vowel

2.2 Indefinite: (a, an) un, una, ...
2.3 Partitive articles: (some, any) del, della, ...

	Singular (2.2)		Plural (2.3)			
Masculine	**un**	ragazzo	(dei	ragazzi)	**un**	before a consonant or a vowel
	uno	studente	(degli	studenti)	**uno**	before s + consonant or z
Feminine	**una**	ragazza	(delle	ragazze)	**una**	before a consonant
	un'	aula	(delle	aule)	**un'**	before a vowel

e.g. masculine			
il ragazzo	*boy*	i ragazzi	un ragazzo
il libro	*book*	i libri	un libro
il supermercato	*supermarket*	i supermercati	un supermercato
lo studente	*student*	gli studenti	uno studente
lo specchio	*mirror*	gli specchi	uno specchio
lo zio	*uncle*	gli zii	uno zio
l'albero	*tree*	gli alberi	un albero
l'orologio	*watch*	gli orologi	un orologio
e.g. feminine			
la ragazza	*girl*	le ragazze	una ragazza
la studentessa	*student*	le studentesse	una studentessa
la zia	*aunt*	le zie	una zia
l'aula	*classroom*	le aule	un'aula
l'isola	*island*	le isole	un'isola

- ***Lo, gli** and **uno** are also used in front of the very few words beginning with **x, pn, ps, gn** and the semi-consonant **i**: lo xilofono (xylophone), uno pneumatico (tyre), lo psicologo (psychologist), gli gnocchi ('gnocchi'), lo iogurt (yogurt). In colloquial Italian this rule is followed less strictly, particularly in front of **pn** and **gn**: un pneumatico, i gnocchi.*
- ***Gli** may be apostrophised only in front of **i** (although used less and less frequently nowadays): gli indirizzi / gl'indirizzi (addresses), but gli alberghi (hotels), gli occhi (eyes).*
- *The partitive article follows the rules of the definite article: del sale, dell'olio, dello zucchero, dei broccoli, degli spinaci, della frutta, dell'insalata, delle banane, (some, any - salt, oil, sugar, broccoli, spinach, fruit, salad, bananas).*

ADJECTIVES (AGGETTIVI) 3

3.1 Regular Formation

	Singular	Plural	Ending	
Masculine	ross**o**	ross**i**	**-o**	**-i**
Feminine	ross**a**	ross**e**	**-a**	**-e**
Masculine and Feminine	verd**e**	verd**i**	**-e**	**-i**

e.g. Un ombrello rosso *A red umbrella* — Una penna rossa *A red pen*
Un ombrello verde *A green umbrella* — Una penna verde *A green pen*

3.2 Agreement

Nouns		Adjectives
Claudio	è	timido.
Claudio e Mario	sono	timidi.
Carla	è	timida.
Carla e Lucia	sono	timide.
Carla e Mario	sono	timidi.
Carlo e Lucia	sono	timidi.

The adjective agrees in gender and number with the noun it qualifies.

An adjective is given in the masculine plural form if it refers to several nouns of different gender.

3.3 Position of Adjectives

- Adjectives usually follow the noun:
  Un libro noioso *A boring book;* Una camera singola *A single room*
- Sometimes the adjective may be placed either after or before the noun in which case its meaning is often changed according to its position:
  È un uomo grande. *He's a big man.* È un grand'uomo. *He's a great man.*

3.4 Common Irregular Adjectives

Bello and **buono** in front of masculine nouns become:

Singular	Plural
bel ragazzo	bei ragazzi
bell'albero	begli alberi
bello zaino	begli zaini
buon ragazzo	buoni ragazzi
buon uomo	buoni uomini

Bello follows the rules of the definite article.

In the singular **buono** follows the rules of the indefinite article. The plural is regular.

The feminine of **bello** and **buono** is regular: bella ragazza; belle ragazze; buona ragazza, …

Vocabulary

albero *tree*
bello *beautiful, lovely, handsome*
buono *good*
ombrello *umbrella*
penna *pen*
ragazzo *boy*
rosso *red*
timido *shy*
uomo *man*
verde *green*
zaino *rucksack*

3.5 Demonstrative Adjectives (Aggettivi dimostrativi)

3.6 (this) questo, ...

	SINGULAR	PLURAL	
MASCULINE	**questo** libro	**questi** libri	this; these
FEMININE	**questa** penna	**queste** penne	this; these

3.7 (that) quello, ...

	SINGULAR	PLURAL	
MASCULINE	**quel** libro	**quei** libri	
	quello studente	**quegli** studenti	that; those
	quell' albero	**quegli** alberi	
FEMININE	**quella** penna	**quelle** penne	that; those
	quell' isola	**quelle** isole	

Questo	indicates a person or thing	close to the speaker.
Quello		far from the speaker and from the listener.
Codesto		close to the listener.

- ***Codesto, codesta, codesti, codeste*** *(that, those) are mainly used in Tuscany or in bureaucratic language.*

- *The adjective* ***questo*** *can take an apostrophe in front of a vowel:*
  Quest'inverno (this winter); quest'estate (this summer).

- *You may sometimes find* ***sta*** *instead of* ***questa****:*
  Stamattina = questa mattina (this morning); stasera = questa sera (this evening).

- *The adjective* ***quello*** *follows the rules of the definite article.*

3.8 Possessive Adjectives (Aggettivi possessivi)

MASCULINE				FEMININE				
SINGULAR		PLURAL		SINGULAR		PLURAL		
	mio		miei		mia		mie	(my)
	tuo		tuoi		tua		tue	(your) informal
	Suo		Suoi		Sua		Sue	(your) formal
il	suo libro	i	suoi libri	la	sua penna	le	sue penne	(his/her)
	nostro		nostri		nostra		nostre	(our)
	vostro		vostri		vostra		vostre	(your)
	loro		loro		loro		loro	(their)

3.9 Use of possessive adjectives before terms for family relationships

- The articles **il** and **la** are not used in front of possessive adjectives referring to relations:
  mio padre *my father*, **sua** madre *his / her mother*, **vostro** fratello *your brother,* **nostra** sorella *our sister*, **tuo** marito *your husband*, **mia** moglie *my wife, ...*

- The article is used in front of the possessive adjective only if the relations are:
  - in the plural: **i miei** fratelli *my brothers;*
  - qualified by a suffix: **il mio** fratellino *my little brother*;
  - accompanied by another adjective: **il mio** fratello maggiore *my eldest brother*;
  - referred to using a term of endearment: **la mia** mamma *my mum*, **il mio** babbo *my dad.*

- The article is always used before the possessive adjective **loro**:
  il loro figlio *their son,* **i** loro figli *their sons.*

- The possessive adjective is normally preceded by the definite article.
- Possessive adjectives are used less frequently in Italian than in English.
- The gender and number of the possessive adjective agree with the accompanying noun and not with the possessor as in English:
  Questo è il suo libro e questa è la sua penna [di lui]. (This is his book and this is his pen.)
  Questo è il suo libro e questa è la sua penna [di lei]. (This is her book and this is her pen.)

3.10 Indefinite Adjectives (Aggettivi indefiniti)

3.11 (every, some, any) ogni, qualche, qualsiasi

	SINGULAR	
MASCULINE AND FEMININE	**ogni**	every, each
	qualche	some, any, a few
	qualsiasi/qualunque	any, every

e.g. **Ogni** volta che vado al mare, incontro Andrea. *Every time I go to the seaside, I meet Andrea.*
Ci vediamo tra **qualche** giorno. *We'll see each other in a few days.*
Qualsiasi/qualunque ristorante va bene. *Any restaurant will do.*

- ***Ogni, qualche, qualunque, qualsiasi,*** *are only used as adjectives, never as pronouns.*
- *They are invariable and used only in the singular.*

3.12 (every, no, ...) ciascuno, nessuno

	SINGULAR	
MASCULINE	**ciascuno**	very, each
	nessuno	no, any, a few
FEMININE	**ciascuna**	
	nessuna	

e.g. **Ciascuno** studente deve fare i compiti. *Every student has to do his homework.*
Non ha dato **nessuna** risposta. *He gave no answer.*

- *They take the feminine and are used only in the singular.*
- *They follow the rules of the indefinite article: ciascun libro, ciascun'amica, ciascuno studente, ciascun amico, ciascuna studentessa.*

3.13 (other, much, ...) altro, molto, ...

	SINGULAR	PLURAL	
MASCULINE	**altro**	**altri**	other, another, more
	molto	**molti**	much, many, a lot
	parecchio	**parecchi**	a good deal of, quite a lot of
	poco	**pochi**	little, few
	tanto	**tanti**	so much, a lot of
	troppo	**troppi**	too much, too many
	tutto	**tutti**	all
FEMININE	**altra**	**altre**	
	molta	**molte**	
	parecchia	**parecchie**	
	poca	**poche**	
	tanta	**tante**	
	troppa	**troppe**	
	tutta	**tutte**	

e.g. Verrò un **altro** giorno. *I'll come another day.*
Hai **molti** amici italiani? *Do you have many Italian friends?*
È da **parecchio** tempo che non vedo Luca. *I haven't seen Luca for a long time.*
Ci siamo fermati **pochi** giorni. *We stayed there a few days.*
Ha **poca** esperienza. *He has little experience.*
Ho comprato **tanti** libri. *I bought a lot of books.*
Ho preso **troppo** sole. *I caught too much sun.*
Ho rivisto **tutti** gli amici. *I saw all my friends again.*

- *They take the feminine and are used both in the singular and plural.*

3.14 (some, any, ...) alcuno

Alcuno, alcuna, alcuni, alcune (some, a number of, any, no, ...):

- in the singular follow the rules of the indefinite articles and are used only in the negative form:
  Non ha **alcun'**amica con cui parlare. *She has no friend to talk to.*
- in the plural they mean the same as **qualche**:
  Vorrei comprare **alcuni** libri su Pisa (= qualche libro su Pisa).
  I'd like to buy some books on Pisa.

3.15 Interrogative Adjectives (Aggettivi interrogativi)

Che?	What? Which?
Quale?	Which?
Quanto?	How much?

3.16 **Che** is invariable and equivalent to **quale, quali**:
Che (=quale) film vuoi vedere? *What film would you like to see?*
Che (=quali) fiori ti piacciono? *Which flowers do you like?*

3.17 **Quale** varies in the plural (**quali**):
Quale materia preferisci? *Which subject do you prefer?*
Quali materie preferisci? *Which subjects do you prefer?*
Quali libri hai letto? *Which books did you read?*

3.18 **Quanto** is variable (**quanto, quanta, quanti, quante**):
Quanto zucchero vuoi? *How much sugar do you like?*
Quanta frutta hai comprato? *How much fruit did you buy?*
Quanti anni hai? *How old are you?*
Quante materie studi? *How many subjects do you study?*

3.19 Comparison (Gradi di comparazione)

3.20 Comparative

più ... di	**(più ... che)**	more ... than
meno ... di	**(meno ... che)**	less ... than
(tanto) ... quanto		as ... as
(così) ... come		as ... as

e.g.

Ha **più** CD **di** lei.	*He has more CDs than she has.*
Carla è **più** giovane **di** lui.	*Carla is younger than he.*
Lui è **meno** giovane **di** Carla.	*He's older than Carla.*
Lei è giovane **quanto** Carla.	*She's as young as Carla.*
Lei è giovane **come** Carla.	*She's as young as Carla.*

- **Più/meno ... che** is normally used when the comparison is between:
  - two adjectives:
    Quella poltrona è più comoda che pratica.
    That armchair is more comfortable than practical.
  - two verbs or two adverbs:
    È **meno** divertente andare a ballare **che** andare al cinema.
    Dancing is less enjoyable than going to the cinema.
    Lui legge **più** velocemente **che** correttamente. *He reads more quickly than correctly.*
  - in front of a noun or pronoun but only if they are governed by a preposition:
    Perché Daniela è **più** arrogante con me **che** con voi?
    Why is Daniela more arrogant with me than with you?
    Angela ha scritto **più** lettere a Luca **che** a Pietro.
    Angela has written more letters to Luca than to Pietro.
- In the comparison of equality, **tanto** and **così** are optional and often omitted except when the comparison is between two adjectives:
  Nicoletta è **tanto** furba **quanto** intelligente. *Nicoletta is as cunning as she is intelligent.*

3.21 Superlative

RELATIVE	**il più...**	the most...
	il meno ...	the least...
ABSOLUTE	**-issimo**	very...

e.g. Lui è **il più** simpatico **di** tutti i tuoi amici. *He's the most pleasant of all your friends.*
Lui è **il meno** simpatico **di** tutti i tuoi amici. *He's the least pleasant of all your friends.*
Lui è simpatic**issimo/molto simpatico.** *He's very pleasant.*

- The relative superlative is formed by placing the definite article before **più** or **meno**. Sometimes the prepositions **tra** or **fra** may be found instead of **di**:
  È la **più** simpatica **fra** tutti. *She's the most pleasant of all.*

  - The absolute superlative is usually formed by adding **-issimo/a/e/i** to the root of the adjective or by placing adverbs of quantity (**molto, tanto, assai** , ... = very) in front of the adjective:
    Loro sono **molto** simpatici = sono simpatic**issimi.**
  - The absolute superlative is also formed by means of a prefix (**arci-, stra-, sopra-, super-, pluri-, ultra-**) or by repeating the adjective:
    Arcinoto *(very well known)*; **stra**ricco *(extremely rich).*
    È una camera piccola piccola. *It's a very small room.*
  - There are also many idiomatic forms of the absolute superlative:
    Stanco morto *(dead tired)*; ubriaco fradicio *(as drunk as a lord)*; pieno zeppo *(packed full)*;
    ricco sfondato *(rolling in wealth)*; innamorato cotto *(infatuated).*

3.22 Irregular Comparison

Some adjectives have two comparative forms (the irregular one derives from the Latin):
Questa pizza è buonissima = questa pizza è ottima. *This pizza is excellent / very good.*

	COMPARATIVE	RELATIVE SUPERLATIVE	ABSOLUTE SUPERLATIVE
buono *(good)*	più buono/**migliore** *(better)*	il più buono/**il migliore** *(the best)*	buonissimo/**ottimo** *(very good)*
cattivo *(bad)*	più cattivo/**peggiore** *(worse)*	il più cattivo/**il peggiore** *(the worst)*	cattivissimo/**pessimo** *(very bad)*
grande *(big)*	più grande/**maggiore** *(bigger)*	il più grande/**il maggiore** *(the biggest)*	grandissimo/**massimo** *(very big)*
piccolo *(small)*	più piccolo/**minore** *(smaller)*	il più piccolo/**il minore** *(the smallest)*	piccolissimo/**minimo** *(very small)*
alto *(high)*	più alto/**superiore** *(higher)*	il più alto/**il superiore** *(the highest)*	altissimo/**supremo** *(very high)*
basso *(low)*	più basso/**inferiore** *(lower)*	il più basso/**l'inferiore** *(the lowest)*	bassissimo/**infimo** *(very low)*

4 ADVERBS (AVVERBI)

An adverb is a word which qualifies a verb, an adjective or another adverb.

e.g. Può parlare **lentamente**? *Can you speak slowly?*
È un ragazzo **molto** intelligente. *He's a very intelligent boy.*
Parli **troppo velocemente**! *You speak too quickly!*

4.1 Formation of Adverbs

In general

- Most adverbs (indicating manner) are derived by adding the suffix -**mente:**
  - to the feminine singular of adjectives in **-o:**
    Lento-lentamente *(slowly)*, libero-liberamente *(freely)*.
  - to the singular of adjectives in **-e**:
    Veloce-velocemente *(quickly)*, breve-brevemente *(briefly)*.
  - to adjectives in **-le/-re** (leaving out the **-e**):
    Facile-facilmente *(easily)*, regolare-regolarmente *(regularly)*.
- There are also adverbs (indicating quantity) that have a form identical to that of a few masculine singular adjectives: **troppo** *(too, too much)*, **molto** *(much, very much, a lot)*, **tanto** *(so, so much)*, **poco** *(little, not much)*, ...
- Finally there are adverbs (indicating place or time) that have a form not derived from other words: **qui/qua** *(here)*, **lì/là** *(there)*, **mai** *(never)*, **adesso** *(now)*, **dove** *(where)*, ...

4.2 Position of Adverbs

They are usually placed:

- after the verb: Puoi ripetere **chiaramente**? *Can you repeat clearly?*
- before the adjective: **Lei** è **molto** simpatica. *She's very nice.*
- between the auxiliary and the verb in compound tenses: È **già** partito. *He's already left.*

4.3 Classes of Adverbs

- **Manner** (answering the question 'how?'):
  facilmente, lentamente, raramente *(rarely)*, ...
- **Place** (answering the question 'where?'):
  qui, lì, laggiù *(down there)*, sotto *(below)*, sopra *(above)*, ...
- **Time** (answering the question 'when?'):
  adesso *(now)*, oggi *(today)*, domani *(tomorrow)*, prima *(before)*, dopo *(after)*, ...
- **Quantity** (answering the question 'how much?'):
  molto, poco, troppo, abbastanza *(enough)*, ...

4.4 Adverbial Phrases

In Italian, it is quite common to find expressions formed from two or more words, acquiring the meaning of an adverb.

e.g. **All'improvviso** *(suddenly)*, **poco fa** *(a little while ago)*, **nel frattempo** *(in the meantime)*, **d'ora in poi** *(from now on)*, **poco per volta** *(a little at a time)*.

4.5 Comparison of Adverbs

- Some adverbs (mainly those of manner and a few of time and place) can be made into comparatives and superlatives (see 3.20, 3.21): lentamente, più lentamente, lentissimamente *(slowly, more slowly, very slowly)*.

4.6 Irregular Forms

	COMPARATIVE	SUPERLATIVE
bene *well*	meglio *better*	benissimo/ottimamente *very well*
male *badly*	peggio *worse*	malissimo/pessimamente *very badly*
poco *little*	meno *less*	pochissimo *very little*
molto *very; a lot*	più *more*	moltissimo *very much*

- *The adverb is invariable: lei legge molto. (She reads a lot); lui è molto simpatico (He's very nice); loro sono molto simpatici (They are very nice).*

- ***Qui, qua** = here ; **lì, là** = there. **Qui** and **lì** indicate a more precise location than **qua** and **là**.*

5 PERSONAL PRONOUNS (PRONOMI PERSONALI)

	Subject	Direct Object		Indirect Object	
		stressed	unstressed	stressed	unstressed
I	**Io** invito	invitano **me**	**mi** invitano	spediscono a **me**	**mi** spediscono
you	**tu**	**te**	**ti**	**te**	**ti**
he; it	**egli (lui); esso**	**lui**	**lo**	**lui**	**gli**
she; it	**ella (lei); essa**	**lei**	**la**	**lei**	**le**
we	**noi**	**noi**	**ci**	**noi**	**ci**
you	**voi**	**voi**	**vi**	**voi**	**vi**
they	**essi (loro)**	**loro**	**li**	**loro**	**gli**
they	**esse (loro)**	**loro**	**le**	**loro**	**gli**

e.g. **Io** invito Emilio e Lisa. *I'm inviting Emilio and Lisa.* - subject
Invitano **me**. *They're inviting me.* - stressed direct object
Mi invitano. *They're inviting me.* - unstressed direct object
Spediscono un libro a **me**. *They send a book to me.* - stressed indirect object
Mi spediscono un libro. *They send a book to me.* - unstressed indirect object

5.1 Subject

Io (I); **tu** (you 'informal'), **Lei** (you 'formal'); **egli/lui** (he); **ella, lei** (she); **esso, essa** (it); **noi** (we); **voi** (you); **essi, esse, loro** (they).

- The personal pronoun is normally used for the subject when it is necessary to emphasise who is carrying out an action.
  e.g. Vado al mercato. *I'm going to the market.*
  Io vado al mercato, tu resti a casa. *I'm going to the market, you stay at home.*
- In the polite form of address when talking to a person (man or woman) with whom one is not on familiar terms, **Lei** is used followed by the verb in the third person singular.
  e.g. Tu parli italiano? *Do you speak Italian?* - informal
  Lei parla italiano? *Do you speak Italian?* - formal
- **Egli, ella** usually refer to people and are often substituted by **lui, lei.**
- **Ella** is almost never used. It can be found in literature or bureaucratic language.
- **Esso, essa** refer mainly to objects or animals and are often substituted by **lui, lei.**
- **Essi, esse** refer to people, animals or objects and are often substituted by **loro.**

5.2 Stressed/unstressed direct object and stressed indirect object:

me, mi (me); **te, ti** (you 'informal'); **La** (you 'formal'); **lui, lo** (him); **lei, la** (her); **lo, la** (it); **noi, ci** (us); **voi, vi** (you); **essi, esse, loro, li, le** (them).

5.3 Unstressed indirect object:

mi (to me); **ti** (to you 'informal'); **Le** (to you 'formal'); **gli** (to him); **le** (to her); **ci** (to us); **vi** (to you); **gli** (to them).

- **Gli** more and more often substitutes **loro,** which is used mainly in formal situations and in the written language.
  e.g. Gli spediscono i libri = Spediscono loro i libri. *They send the books to them.*

5.4 Use and Position of Personal Pronouns

- **Stressed forms** (which emphasize the pronoun) generally follow the verb and are used:
  - for the direct object: Invitano me.
  - for the indirect object, preceded by a preposition: Spediscono un libro a me.
  - in comparison: È più giovane di lei. *He's younger than she.*
  - in exclamations without a verb: Povero me! *Dear me!*
- **Unstressed forms** (which emphasize the verb) generally precede the verb and are used:
  - for the direct object: Mi invitano.
  - for the indirect object, without a preposition: Mi spediscono un libro.
- **Unstressed (or conjunctive) personal pronouns** follow the verb to make, with the exception of **loro**, one single word:
  - with the infinitive: Vengo a prenderti. *I'll come to get you.*
  - with the gerund:
    Scrivendogli ha risolto il problema. *Writing to him solved the problem.*
  - with the imperative:
    Telefonagli subito! *Phone him at once!;* Telefona loro! *Phone them!*
  - with the past participle:
    Consegnatagli la lettera, uscì. *After handing him the letter, he left.*
- **Unstressed personal pronouns** follow the adverb **ecco** to make one single word (eccolo, eccola, eccoli, eccole, ...): Dov'è il libro? **Eccolo**. *Where is the book? Here it is.*

5.5 Personal Pronouns and the Apostrophe

In front of a vowel, the pronouns:

- **lo** and **la** generally take an apostrophe: Non l'ho visto. *I haven't seen him;*
- **mi, ti, ci, vi** may take an apostrophe:
  M'ha già detto che non verrà = Mi ha già detto che non verrà.
  He has already told me that he won't be coming.

5.6 Personal Pronouns and the Past Participle

When the past participle is accompanied by the verb **avere**, it must agree with the direct object pronouns: **lo, la, li, le.**

e.g. (libro)	L'ho comprato in Italia.	*I bought it in Italy.*
(penna)	L'ho comprata in Francia.	*I bought it in France.*
(libri)	Li ho comprati in Svizzera.	*I bought them in Switzerland.*
(penne)	Le ho comprate in Austria.	*I bought them in Austria.*

5.7 Combined Pronouns

- When necessary, the unstressed pronouns can be combined; in this case direct object pronouns follow the indirect object pronoun.
- **Mi, ti, ci, vi** change to **me, te, ce, ve** when followed by **lo, la, li, le, ne**:
  (Io) Ti spedisco il libro = **Te lo** spedisco. *I'll send it to you.*
  (tu) Mi spedisci le fotografie = **Me le** spedisci. *You'll send them to me.*
  Ve ne impresto due. *I'm going to lend you two of these.*
- **Gli** and **le** change to **glie-**, when followed by **lo, la, li, le, ne (glielo, gliela, glieli, gliele, gliene)**: Glielo dirò domani. *I'll tell it to him/her/them tomorrow.*

5.8 Relative Pronouns (Pronomi relativi)

che	who, whom, which, that
cui	whom, which
il quale (la quale, i quali, le quali)	who, whom, which, that
chi	he who, him who...

5.9 **Che** is invariable and can:

- only be used as subject or direct object;
- be substituted by **il quale, la quale, i quali, le quali**:
  Ho conosciuto un ragazzo che (= il quale) abita a Varese.
  I met a boy who lives in Varese.
  Ho conosciuto una ragazza che (= la quale) abita a Milano.
  I met a girl who lives in Milan.
  Le ragazze che (= le quali) hai conosciuto sono inglesi.
  The girls (whom) you met are English.
  La torta che abbiamo mangiato, era molto buona.
  The cake we ate was very nice.

5.10 **Cui** is invariable and can:

- be used as indirect object (preceded by a preposition):
  Ecco il libro di cui ti ho parlato. *Here's the book I told you about.*
- be substituted by **il quale, la quale, i quali, le quali** in indirect object (preceded by a preposition+the definite article): Ecco il libro del quale ti ho parlato.
- be preceded by the definite article (**il cui, la cui**, ...= whose):
  Quel ragazzo, il cui nome non ricordo, è italiano.
  That boy, whose name I don't remember, is Italian.

5.11 **Il quale** is variable and is used:

- as subject (more formal than **che**):
  I ragazzi i quali (= che) vinceranno la competizione andranno in Italia.
  The boys who win the competition will go to Italy.
- rarely as direct object:
  Le ragazze le quali (= che) hai conosciuto sono inglesi.
  The girls (whom) you met are English.
- quite frequently as indirect object (preceded by a preposition+the definite article):
  Il treno con il quale (= con cui) ho viaggiato era molto veloce.
  The train by which I travelled was very fast.

5.12 **Chi** is invariable and is only used in the singular. It refers to people. It is equivalent to **colui che** (he who), **colei che** (she who), **la persona che** (the person who), **coloro che** (they who, those who, ...):
Chi ha già il biglietto può entrare. *Whoever has got a ticket can go in.*
Coloro che hanno già il biglietto possono entrare. *Those with a ticket can go in.*

5.13 Interrogative Pronouns (Pronomi interrogativi)

chi?	who?
che (cosa)?	what?
quale?	which?
quanto?	how much?

e.g. **Chi** ha telefonato? *Who 'phoned?*
Che cosa hai detto? *What did you say?*
Quale dei due preferisci? *Which of these two do you prefer?*
Quanto costa? *How much is it?*

5.14 **Chi?** is invariable and is used for people or animals:

Chi non ha mangiato il dolce? *Who hasn't eaten the cake?*
Chi ha rotto il vaso? *Who broke the vase?*

5.15 **Che?** is invariable and is used for objects (it is equivalent to **che cosa**? or **cosa**?):

Che (cosa) avete comprato? *What did you buy?*
(Che) cosa vuoi fare? *What would you like to do?*

5.16 **Quale?** varies in the plural (**quali**) and is used for people, animals or objects:

Quale di questi vestiti compreresti? *Which of these dresses would you buy?*
Di queste parole quali conosci? *Which of these words do you know?*

5.17 **Quanto?** is variable (**quanto, quanta, quanti, quante**) and is used for people, animals or objects:

Quanto le devo? *How much do I owe you?*
Quanta ne desidera? *How much would you like?*
Quanti verranno alla tua festa? *How many are coming to your party?*

5.18 Demonstrative Pronouns (Pronomi dimostrativi)

5.19 (this, that) questo, quello, ...

	SINGULAR	PLURAL	
MASCULINE	**questo**	**questi**	this; these
	quello	**quelli**	that; those
FEMININE	**questa**	**queste**	
	quella	**quelle**	

e.g. Preferisco questa spiaggia perché **quella** è troppo affollata.
I prefer this beach because that one is too crowded.
Queste maglie sono di cotone e **quelle** sono di lana. *These vests are cotton and those are woollen.*
Questi occhiali sono molto più cari di **quelli**. *These spectacles are much dearer than those.*
Questo è un ottimo ristorante. *This is an excellent restaurant.*

- *The most used demonstrative pronouns have a form similar to that of demonstrative adjectives with the exception of* ***quelli*** *(see 3.7).*
- *Remember that pronouns substitute a noun, while adjectives accompany a noun.*

5.20 **Questi** (this man; the latter), **quegli** (that man; the former) are only used:
- in the masculine singular;
- as subject:
  Siamo andati al mare con Louis e John: **quegli** è francese, **questi** è inglese.
  We went to the seaside with Louis and John: the former is French, the latter is English.

5.21 **Costui** (this man; he; him), **costei** (this woman; she; her), **colui** (that man…), **colei** (that woman…); **costoro** (these people; they; them); **coloro** (those people; they; them) can be used:
- in a disparaging manner;
- as subject or object:
  Chi è **costui**? *Who's this man?*
  Non voglio più vedere **costei**. *I don't want to see this woman any more.*

5.22 Indefinite Pronouns (Pronomi indefiniti)

5.23 (one, someone, ...) uno, qualcuno, ...

	SINGULAR	
MASCULINE	**uno**	one, someone
	qualcuno	somebody, someone, anybody, anyone
	ognuno	everybody, everyone
	chiunque	anybody, anyone
	qualcosa/qualche cosa	something, anything
	niente/nulla	nothing, anything
FEMININE	**una**	
	qualcuna	
	ognuna	
	chiunque	

e.g. C'è **uno** che ti cerca. *Someone is looking for you.*
Ha telefonato **qualcuno**? *Has anyone 'phoned?*
Ognuno ha ricevuto un regalo. *Everyone received a present.*
Può entrare **chiunque**. *Anyone can come in.*
C'è **qualcosa** che non funziona. *There's something that doesn't work.*
Non è **niente,** non ti preoccupare. *It's nothing, don't worry.*
Vi serve **nulla**? *Do you need anything?*

- *The demonstrative pronouns* ***questi, quegli, costui, costei, costoro, colui, colei*** *and* ***coloro*** *are generally formal and seldom used.*

5.24 (everyone, nobody, ...) ciascuno, nessuno, ...

Other indefinite pronouns are similar, in both form and use, to indefinite adjectives (see 3.12, 3.13, 3.14). Among these are:

- **ciascuno**, ciascuna *(everyone, everybody, each, each one)*
  nessuno, nessuna *(nobody, no-one)*
- **altro**, altra, altri, altre *(another, others)*
  molto, molta, molte, molti *(a lot, many)*
  parecchio, parecchia, parecchi, parecchie *(quite a lot, several)*
  poco, poca, pochi, poche *(a little, not much, few)*
  tanto, tanta, tanti, tante *(a lot, many)*
  troppo, troppa, troppi, troppe *(too much, too many)*
  tutto, tutta, tutti, tutte *(all, everything, everybody)*
- **alcuno**, alcuna, alcuni, alcune *(anybody, anyone, some, a few)*

e.g. **Ciascuno** deve fare i compiti. *Everyone has to do his homework.*
Nessuna è più simpatica di Piera. *No one is nicer than Piera.*
Qualcuno ha fatto il bagno, **altri** hanno preso il sole. *Some had a swim, others sunbathed.*
Ha molti dischi, **alcuni** sono di musica classica. *He's got a lot of records, some are classical music.*

5.25 Possessive Pronouns (Pronomi possessivi)

MASCULINE		FEMININE		
SINGULAR	PLURAL	SINGULAR	PLURAL	
mio	miei	mia	mie	(mine)
tuo	tuoi	tua	tue	(yours) 'informal'
Suo	Suoi	Sua	Sue	(yours) 'formal'
(il) suo	(i) suoi	(la) sua	(le) sue	(his, hers)
nostro	nostri	nostra	nostre	(ours)
vostro	vostri	vostra	vostre	(yours)
loro	loro	loro	loro	(theirs)

- *Possessive adjectives and pronouns have identical forms (see 3.8).*
- *Possessive pronouns agree with the implied object.*
- *Possessive pronouns are almost always preceded by the article.*
- ***I miei** and **i tuoi** can also indicate "my / your parents" or more generally "my / your family":*
  Vado in Italia con i miei. (I'm going to Italy with my family.)
- *To make a toast one can also say "**alla** + the possessive feminine singular":*
  Alla nostra (salute) [To our health!]. Alla tua! (To your health!)
- *Possessive pronouns in the feminine singular are often used in commercial and, less frequently, private correspondence:*
  Con riferimento alla Vostra del 24... (Referring to your letter of 24th...)
  Oggi ho ricevuto la tua... (Today I received your letter...)
- *The most common abbreviations of possessive adjectives and pronouns in commercial correspondence are:*
  s., S., (suo, Suo - your); V. (vostro, vostra - your); Vs. (Vostra lettera - your letter);
  ns. (nostro - our).

6 COMMON USES OF SI-CI-VI-NE

6.1 Si

Reflexive
- **Si** (himself, herself, itself, themselves, oneself): Si lavano. *They wash themselves.*
- **Si** (his, her, their): Si lava le mani. *He washes his hands.*
- **Si** (each other; one another):
  Si scrivono una volta al mese. *They write to each other once a month.*

Impersonal
- **Si** (one; you; we; they; people) + 'verb' in the third person singular:
  Si dice che sia molto ambizioso. *People say he's very ambitious.*

Passive
- **Si** + 'verb' in the third person singular and plural:
  Si vende il vino novello. *The new wine is on sale.* Non si fanno sconti. *No discounts given.*

- *The reflexive unstressed pronoun* ***si*** *(=* ***sé*** *stressed) is used in the third person singular and plural.* ***Sé*** *can be emphasized by* ***stesso -a -i -e:*** *Pensano solo a sé stessi. (They think only of themselves.)*
- ***Si*** *changes to* ***se*** *when it is followed by* ***lo, la, li, le*** *or* ***ne.***
- ***Si*** *can take an apostrophe in front of a vowel: S'è fatto male. (He hurt himself.)*
- ***Sì*** *= yes.*
- ***Se*** *(conjunction) = if, whether.*

6.2 Ci and Vi

Personal Pronouns
- **Ci** (=noi), **vi** (=voi): Ci invita. Vi saluta. *He invites us. He greets you.*
- **Ci** (=a noi), **vi** (=a voi): Ci presta il libro. *He lends the book to us.* Vi scrive. *He writes to you.*

Demonstrative Pronoun
- **Ci** = a ciò, di ciò, in ciò, su ciò, da ciò. (to it/this/that/, about it, ...):
  Pensaci! *Think about it!* Non ci fare caso. *Don't bother.*

Adverbs of Place
- **Ci/vi** = qua, là (here, there):
  Ci (=qua) venite tutti gli anni? *Do you come here every year?*
  Vi (=qua) resteremo due settimane. *We'll stay here two weeks.*
  C'è; c'era; ci sono, ... *There is; there was; there are, ...*

- ***Ci*** *and* ***vi*** *take an apostrophe only in front of the vowels* ***e*** *and, less frequently,* ***i:***
  C'è la doccia. C'indica la strada. (There is a shower. He shows us the way.)
- ***Vi,*** *as an adverb of place, is seldom used in colloquial Italian.*

6.3 Ne

Pronoun
- **Ne** (of him/her/them): Non ne (=di lui) parli mai. *You never talk about him.*
  Ne (=di loro) parla sempre male. *He always talks badly of them.*
- **Ne** (by him/her/them): Ne (=da lui) rimase impressionato. *He was impressed by him.*
- **Ne** (of this/that...): Quanto ne (=di questo) vuoi? *How much do you want (of this)?*
  Ne abbiamo due. *We have two (of these).* Che cosa ne pensate? *What do you think (of this/that)?*

Adverb
- **Ne** (from here/there): Me ne vado. *I'm going from here.* Ne uscì subito. *He went out immediately.*

- ***Ne*** *can take an apostrophe: Non se n'era accorto. (He hadn't realized.) Me n'andai via. (I left).*
- ***Né*** *...* ***né*** *= neither... nor; either... or.*

7 THE VERB: MOODS AND TENSES

MOODS	SIMPLE TENSES			COMPOUND TENSES		
		e.g.			*e.g.*	
INDICATIVE	present	**abito**	*I live,* *I am living,* *I do live*	perfect	**ho abitato**	*I have lived*
	imperfect	**abitavo**	*I was living,* *I used to live,* *I lived*	pluperfect	**avevo abitato**	*I had lived*
	past historic future	**abitai** **abiterò**	*I lived* *I' ll live,* *I am going to live*	past anterior future perfect	**ebbi abitato** **avrò abitato**	*I had lived* *I'll have lived*
SUBJUNCTIVE	present imperfect	**abiti** **abitassi**	*I live* *I lived*	perfect pluperfect	**abbia abitato** **avessi abitato**	*I have lived* *I had lived*
CONDITIONAL	present	**abiterei**	*I'd live*	perfect	**avrei abitato**	*I'd have lived*
IMPERATIVE	present	**abita**!	*live!*			
PARTICIPLE	present past	**abitante** **abitato**	*living* *lived*			
GERUND	present	**abitando**	*living*	past	**avendo abitato**	*having lived*
INFINITIVE	present	**abitare**	*to live*	perfect	**avere abitato**	*to have lived*

- Italian verbs are divided into three groups according to the ending of the infinitive:
  verbs ending in ***-are*** *(abitare, parlare, guardare, ...)*
  verbs ending in ***-ere*** *(ripetere, vivere, leggere, ...)*
  verbs ending in ***-ire*** *(partire, aprire, preferire, ...)*

The English equivalents of the Italian verb tenses set out above are only given as simple examples since, in some cases, an Italian tense corresponds to a different one in English. For full explanations of tense translation refer to the relevant grammar sheet.

7.1 Present Indicative (Presente indicativo)

	ESSERE	AVERE	ABIT**ARE**	RIPET**ERE**	PART**IRE**
	to be	*to have*	*to live*	*to repeat*	*to leave*
I	sono	ho	abit**o**	ripet**o**	part**o**
you	sei	hai	abit**i**	ripet**i**	part**i**
he, she, it	è	ha	abit**a**	ripet**e**	part**e**
we	siamo	abbiamo	abit**iamo**	ripet**iamo**	part**iamo**
you	siete	avete	abit**ate**	ripet**ete**	part**ite**
they	sono	hanno	abit**ano**	ripet**ono**	part**ono**

- The present tense is used:
  - when the action takes place at the time the subject speaks:
    Compro il giornale. *I'm buying the newspaper.*
  - to render an action that is habitual:
    Il telegiornale **inizia** alle 20.30. *The news starts at 20:30.*
  - often in proverbs:
    Chi **cerca trova**. *Seek and you will find.*
  - instead of the past tense to make a narrative more vivid:
    C. Colombo **parte** da Palos nel 1492 ... *In 1492 C. Columbus sailed from Palos ...*

Irregular Verbs

- Many verbs of the third conjugation (**-IRE**) insert **-isc**- between the stem and the ending in the singular and in the third person plural.
  Some of the most common are: capire *(to understand)*; finire *(to finish)*; preferire *(to prefer)*; spedire *(to send)*; suggerire *(to suggest)*; ubbidire *(to obey)*.

e.g.

CAP**IRE**	FIN**IRE**
cap-isc-o	fin-isc-o
cap-isc-i	fin-isc-i
cap-isc-e	fin-isc-e
capiamo	finiamo
capite	finite
cap-isc-ono	fin-isc-ono

- Verbs ending in **-ciare** and **-giare** lose the **i** in front of an **i** .
- Verbs ending in **-care** and **-gare** take an **h** in front of an **i**.

e.g.

PRONUN**CIARE**	VIAG**GIARE**	CER**CARE**	PA**GARE**
to pronounce	*to travel*	*to look for*	*to pay*
pronuncio	viaggio	cerco	pago
pronunc**i**	viagg**i**	cerc**hi**	pag**hi**
pronuncia	viaggia	cerca	paga
pronunciamo	viaggiamo	cerc**hiamo**	pag**hiamo**
pronunciate	viaggiate	cercate	pagate
pronunciano	viaggiano	cercano	pagano

Common Irregular Verbs

ANDARE	*to go*	vado, vai, va; andiamo, andate, vanno.
BERE	*to drink*	bevo, bevi, beve; beviamo, bevete, bevono.
DARE	*to give*	do, dai, dà; diamo, date, danno.
DIRE	*to say, to tell*	dico, dici, dice; diciamo, dite, dicono.
FARE	*to make, to do*	faccio, fai, fa; facciamo, fate, fanno.
PIACERE	*to like*	piaccio, piaci, piace; piacciamo, piacete, piacciono.
RIMANERE	*to remain*	rimango, rimani, rimane; rimaniamo, rimanete, rimangono.
SALIRE	*to go up*	salgo, sali, sale; saliamo, salite, salgono.
SAPERE	*to know*	so, sai, sa; sappiamo, sapete, sanno.
SCEGLIERE	*to choose*	scelgo, scegli, sceglie; scegliamo, scegliete, scelgono.
STARE	*to stay*	sto, stai, sta; stiamo, state, stanno.
TRADURRE	*to translate*	traduco, traduci, traduce; traduciamo, traducete, traducono.
USCIRE	*to go out*	esco, esci, esce; usciamo, uscite, escono.
VENIRE	*to come*	vengo, vieni, viene; veniamo, venite, vengono.
DOVERE	*to have to*	devo, devi, deve; dobbiamo, dovete, devono.
POTERE	*to be able*	posso, puoi, può; possiamo, potete, possono.
VOLERE	*to want*	voglio, vuoi, vuole; vogliamo, volete, vogliono.

7.2 Imperfect Indicative (Imperfetto indicativo)

Regular Verbs

	ESSERE	AVERE	ABIT**ARE**	RIPET**ERE**	PART**IRE**
I	ero	avevo	abit**avo**	ripet**evo**	part**ivo**
you	eri	avevi	abit**avi**	ripet**evi**	part**ivi**
he, she, it	era	aveva	abit**ava**	ripet**eva**	part**iva**
we	eravamo	avevamo	abit**avamo**	ripet**evamo**	part**ivamo**
you	eravate	avevate	abit**avate**	ripet**evate**	part**ivate**
they	erano	avevano	abit**avano**	ripet**evano**	part**ivano**

The imperfect is used to express:

- indeterminate duration of an action in the past:
  Alle dieci **studiavo** ancora. *At ten o'clock I was still studying.*
- continuity and repetition of an action in the past:
  Tutte le sere **guardavo** la televisione. *Every evening I used to watch TV.*
- two contemporaneous actions in the past:
  Mentre **scrivevo**, lui **ascoltava** la musica. *While I was writing, he was listening to music.*

Common Irregular Verbs

BERE	*to drink*	bevevo, bevevi, beveva; bevevamo, bevevate, bevevano.
DIRE	*to say, to tell*	dicevo, dicevi, diceva; dicevamo, dicevate, dicevano.
FARE	*to make, to do*	facevo, facevi, faceva; facevamo, facevate, facevano.
TRADURRE	*to translate*	traducevo, traducevi, traduceva; traducevamo, traducevate, traducevano.

7.3 Pluperfect (Trapassato prossimo)

Essere	Avere	Abitare	Ripetere	Partire
ero stato/a	avevo avuto	avevo abit**ato**	avevo ripet**uto**	ero part**ito**/a
eri stato/a	avevi avuto	avevi abitato	avevi ripetuto	eri partito/a
era stato/a	aveva avuto	aveva abitato	aveva ripetuto	era partito/a
eravamo stati/e	avevamo avuto	avevamo abitato	avevamo ripetuto	eravamo partiti/e
eravate stati/e	avevate avuto	avevate abitato	avevate ripetuto	eravate partiti/e
erano stati/e	avevano avuto	avevano abitato	avevano ripetuto	erano partiti/e

- The pluperfect is used to express:
  - a past action that happened before another action, also in the past:
    Era appena uscito, quando telefonò Enrica. *He had just gone out, when Enrica phoned.*
- The pluperfect is formed:
  - from the imperfect of **avere** or **essere** followed by the past participle of the verb (see 7.5).

7.4 Perfect Indicative (Passato prossimo)

Essere	Avere	Abitare	Ripetere	Partire
sono stato/a	ho avuto	ho abit**ato**	ho ripet**uto**	sono part**ito/a**
sei stato/a	hai avuto	hai abitato	hai ripetuto	sei partito/a
è stato/a	ha avuto	ha abitato	ha ripetuto	è partito/a
siamo stati/e	abbiamo avuto	abbiamo abitato	abbiamo ripetuto	siamo partiti/e
siete stati/e	avete avuto	avete abitato	avete ripetuto	siete partiti/e
sono stati/e	hanno avuto	hanno abitato	hanno ripetuto	sono partiti/e

- The perfect is used to indicate:
  - an action that happened in a past that has not yet completely ended or has just ended:
    Quest'anno sono andato in Italia. *This year I've been to Italy.*
  - an action in the past the effects of which are still continuing:
    C. Colombo ha scoperto l'America. *C. Columbus discovered America.*
- The perfect is formed from the present of **avere** or **essere** and the past participle of the verb.
- The past participle agrees with the subject when it is preceded by the auxiliary **essere:**
  Maria è partita. Giorgio è partito. Maria e Rosa sono partite.
  Maria has left. Giorgio has left. Maria and Rosa have left.
  Giorgio e Antonio sono partiti. Maria e Giorgio sono partiti.
  Giorgio and Antonio have left. Maria and Giorgio have left.
- The most common verbs that take the auxiliary **essere** are:
  partire, arrivare, andare, venire, tornare, entrare, uscire, salire, scendere, stare, rimanere, piacere, riuscire, diventare.

7.5 Past Participle (Participio passato)

ESSERE	AVERE	ABITARE	RIPETERE	PARTIRE
stato/a/i/e	avuto	abit**ATO**	ripet**UTO**	part**ITO**

Common Irregular Verbs

ACCENDERE *to turn on*	acceso	LEGGERE *to read*	letto
CHIUDERE *to close*	chiuso	SCRIVERE *to write*	scritto
CORRERE *to run*	corso		
DECIDERE *to decide*	deciso	APRIRE *to open*	aperto
METTERE *to put*	messo	OFFRIRE *to offer*	offerto
		SCEGLIERE *to choose*	scelto
PRENDERE *to take*	preso	SPEGNERE *to turn off*	spento
PROMETTERE *to promise*	promesso		
TRASCORRERE *to spend*	trascorso	BERE *to drink*	bevuto
CHIEDERE *to ask*	chiesto	ESSERE *to be*	stato/a/i/e
RISPONDERE *to reply*	risposto	NASCERE *to be born*	nato/a/i/e
		RIMANERE *to remain*	rimasto/a/i/e
DIRE *to tell, to say*	detto	VENIRE *to come*	venuto/a/i/e
FARE *to make, to do*	fatto	SCENDERE *to come down*	sceso/a/i/e

7.6 Future (Futuro)

ESSERE	AVERE	ABITARE	RIPETERE	PARTIRE
sarò	avrò	abit**erò**	ripet**erò**	part**irò**
sarai	avrai	abit**erai**	ripet**erai**	part**irai**
sarà	avrà	abit**erà**	ripet**erà**	part**irà**
saremo	avremo	abit**eremo**	ripet**eremo**	part**iremo**
sarete	avrete	abit**erete**	ripet**erete**	part**irete**
saranno	avranno	abit**eranno**	ripet**eranno**	part**iranno**

- The future is used to indicate:
  - an action that is still to come, with respect to the time in which one is talking:
    Domani **partirò** per l'Italia. *Tomorrow I'm leaving for Italy.*
  - a doubt, a hypothesis:
    Avrà quindici anni. *He may be fifteen.*
  - an order, referring to the future:
    Resterai a casa con tua sorella! *You'll stay at home with your sister!*

- The present indicative is often used in spoken language to indicate an action that is still to happen: Domani parto per l'Italia. *Tomorrow I'm leaving for Italy.*

Common Irregular Verbs

- Verbs ending in **-ciare** and **-giare** lose the **i** in front of an **e**.

e.g.	**COMINCIARE**	*to start*	comincerò, comincerai, comincerà; cominceremo, comincerete, cominceranno.
	VIAGGIARE	*to travel*	viaggerò, viaggerai, viaggerà; viaggeremo, viaggerete, viaggeranno.

- Verbs ending in **-care** and **-gare** take an **h** in front of an **e**.

•	**CERCARE**	*to look for*	cercherò, cercherai, cercherà; cercheremo, cercherete, cercheranno.
	PAGARE	*to pay*	pagherò, pagherai, pagherà; pagheremo, pagherete, pagheranno.
•	**ANDARE**	*to go*	andrò, andrai, andrà; andremo, andrete, andranno.
	DOVERE	*to have to*	dovrò, dovrai, dovrà; dovremo, dovrete, dovranno.
	POTERE	*to be able*	potrò, potrai, potrà; potremo, potrete, potranno.
	SAPERE	*to know*	saprò, saprai, saprà; sapremo, saprete, sapranno.
	VEDERE	*to see*	vedrò, vedrai, vedrà; vedremo, vedrete, vedranno.
	VIVERE	*to live*	vivrò, vivrai, vivrà; vivremo, vivrete, vivranno.
•	**BERE**	*to drink*	berrò, berrai, berrà; berremo, berrete, berranno.
	RIMANERE	*to remain*	rimarrò, rimarrai, rimarrà; rimarremo, rimarrete, rimarranno.
	TRADURRE	*to translate*	tradurrò, tradurrai, tradurrà; tradurremo, tradurrete, tradurranno.
	VENIRE	*to come*	verrò, verrai, verrà; verremo, verrete, verranno.
	VOLERE	*to want*	vorrò, vorrai, vorrà; vorremo, vorrete, vorranno.
•	**DIRE**	*to say*	dirò, dirai, dirà; diremo, direte, diranno.
	FARE	*to make, to do*	farò, farai, farà; faremo, farete, faranno.
	STARE	*to stay*	starò, starai, starà; staremo, starete, staranno.

7.7 Future Perfect (Futuro anteriore)

ESSERE	AVERE	ABIT**ARE**	RIPET**ERE**	PART**IRE**
sarò stato/a	avrò avuto	avrò abitato	avrò ripetuto	sarò partito/a
sarai stato/a	avrai avuto	avrai abitato	avrai ripetuto	sarai partito/a
sarà stato/a	avrà avuto	avrà abitato	avrà ripetuto	sarà partito/a
saremo stati/e	avremo avuto	avremo abitato	avremo ripetuto	saremo partiti/e
sarete stati/e	avrete avuto	avrete abitato	avrete ripetuto	sarete partiti/e
saranno stati/e	avranno avuto	avranno abitato	avranno ripetuto	saranno partiti/e

- The future perfect is normally used to indicate an action that will take place in the future but before another action also in the future:
  Dopo che avrai mangiato, telefonerai a Renata.
  After you've eaten, you'll phone Renata.
  Quando avrò finito i compiti, andrò al cinema.
  When I have finished my homework, I'll go to the cinema.

- The future perfect is formed from the simple future of **avere** or **essere** and the past participle of the verb.

7.8 Past Historic (Passato remoto)

ESSERE	AVERE	ABITARE	RIPETERE	PARTIRE
fui	ebbi	abit**ai**	ripet**ei**	part**ii**
fosti	avesti	abit**asti**	ripet**esti**	part**isti**
fu	ebbe	abit**ò**	ripet**é**	part**ì**
fummo	avemmo	abit**ammo**	ripet**emmo**	part**immo**
foste	aveste	abit**aste**	ripet**este**	part**iste**
furono	ebbero	abit**arono**	ripet**erono**	part**irono**

- The past historic is used to indicate an action that happened in the past and which has completely ended, having no relation with the present:
  Due anni fa andarono a Venezia. *Two years ago they went to Venice.*

- *Verbs in* ***-ere*** *are almost all irregular in the first and the third person singular and the third person plural. They can have the following forms:*

I	-ei		-etti
he, she, it	-é	*or*	-ette
they	-erono		-ettero

Crederono di avere ragione = Credettero di avere ragione. (They thought they were right.)

- *The past historic is used mainly in written language. In spoken language it is more often replaced by the perfect indicative, especially in Northern Italy:*
  L'anno scorso sono andata a Milano. (Last year I went to Milan.)

Common Irregular Verbs

BERE	*to drink*	bevvi, bevesti, bevve; bevemmo, beveste, bevvero.
CHIEDERE	*to ask*	chiesi, chiedesti, chiese; chiedemmo, chiedeste, chiesero.
CHIUDERE	*to close*	chiusi, chiudesti, chiuse; chiudemmo, chiudeste, chiusero.
CONOSCERE	*to know*	conobbi, conoscesti, conobbe; conoscemmo, conosceste, conobbero.
DARE	*to give*	diedi/detti, desti, diede/dette; demmo, deste , diedero/dettero.
DECIDERE	*to decide*	decisi, decidesti, decise; decidemmo, decideste, decisero.
DIRE	*to say, to tell*	dissi, dicesti, disse; dicemmo, diceste, dissero.
FARE	*to make, to do*	feci, facesti, fece; facemmo, faceste, fecero
LEGGERE	*to read*	lessi, leggesti, lesse; leggemmo, leggeste, lessero.
METTERE	*to put*	misi, mettesti, mise; mettemmo, metteste, misero.
NASCERE	*to be born*	nacqui, nascesti, nacque; nascemmo, nasceste, nacquero.
PERDERE	*to lose*	persi, perdesti, perse; perdemmo, perdeste, persero.
RIDERE	*to laugh*	risi, ridesti, rise; ridemmo, rideste,
NERE	*to remain*	rimasi, rimanesti, rimase; rimanemmo, rimaneste, rimasero.
RISPONDERE	*to reply*	risposi, rispondesti, rispose; rispondemmo, rispondeste, risposero.
SAPERE	*to know*	seppi, sapesti, seppe; sapemmo, sapeste, seppero.
SCEGLIERE	*to choose*	scelsi, scegliesti, scelse; scegliemmo, sceglieste, scelsero.
SCRIVERE	*to write*	scrissi, scrivesti, scrisse; scrivemmo, scriveste, scrissero.
STARE	*to stay*	stetti, stesti, stette; stemmo, steste, stettero.
TRADURRE	*to translate*	tradussi, traducesti, tradusse; traducemmo, traduceste, tradussero.
VEDERE	*to see*	vidi, vedesti, vide; vedemmo, vedeste, videro.
VENIRE	*to come*	venni, venisti, venne; venimmo, veniste, vennero.
VINCERE	*to win*	vinsi, vincesti, vinse; vincemmo, vinceste, vinsero.
VIVERE	*to live*	vissi, vivesti, visse; vivemmo, viveste, vissero.
VOLERE	*to want*	volli, volesti, volle; volemmo, voleste, vollero.

7.9 Present Conditional (Condizionale presente)

ESSERE	AVERE	ABIT**ARE**	RIPET**ERE**	PART**IRE**
sarei	avrei	abit**erei**	ripet**erei**	part**irei**
saresti	avresti	abit**eresti**	ripet**eresti**	part**iresti**
sarebbe	avrebbe	abit**erebbe**	ripet**erebbe**	part**irebbe**
saremmo	avremmo	abit**eremmo**	ripet**eremmo**	part**iremmo**
sareste	avreste	abit**ereste**	ripet**ereste**	part**ireste**
sarebbero	avrebbero	abit**erebbero**	ripet**erebbero**	part**irebbero**

- The present conditional is normally used:
  - to indicate a possibility that will take place under certain conditions:
    Comprerei la frutta (se fosse fresca). *I would buy the fruit (if it were fresh).*
  - in polite forms of address.
    Vorrei un biglietto di andata e ritorno per Pisa. *I'd like a return ticket to Pisa.*

- For the irregular forms see the future tense.
  e.g. **Comincerei, andrei, dovrei, saprei, potrei, vedrei, vivrei, berrei,** etc.

7.10 Perfect Conditional (Condizionale passato)

ESSERE	AVERE	ABIT**ARE**	RIPET**ERE**	PART**IRE**
sarei stato/a	avrei avuto	avrei abit**ato**	avrei ripet**uto**	sarei part**ito/a**
saresti stato/a	avresti avuto	avresti abitato	avresti ripetuto	saresti partito/a
sarebbe stato/a	avrebbe avuto	avrebbe abitato	avrebbe ripetuto	sarebbe partito/a
saremmo stati/e	avremmo avuto	avremmo abitato	avremmo ripetuto	saremmo partiti/e
sareste stati/e	avreste avuto	avreste abitato	avreste ripetuto	sareste partiti/e
sarebbero stati/e	avrebbero avuto	avrebbero abitato	avrebbero ripetuto	sarebbero partiti/e

- The perfect conditional is normally used:
  - to indicate a possibility that could have happened in the past under certain conditions:
    Avrei comprato la frutta (se fosse stata fresca). *I would have bought the fruit (if it had been fresh).*
  - to express an action in the past happening after another (future in the past). The most common use is in indirect speech:
    Hanno detto che **sarebbero andati** a Parigi. *They said that they would go to Paris.*

- The perfect conditional is formed from the present conditional of **avere** or **essere** and the past participle of the verb.

7.11 Present Subjunctive (Congiuntivo presente)

ESSERE	AVERE	ABIT**ARE**	RIPET**ERE**	PART**IRE**
sia	abbia	abit**i**	ripet**a**	part**a**
sia	abbia	abit**i**	ripet**a**	part**a**
sia	abbia	abit**i**	ripet**a**	part**a**
siamo	abbiamo	abit**iamo**	ripet**iamo**	part**iamo**
siate	abbiate	abit**iate**	ripet**iate**	part**iate**
siano	abbiano	abit**ino**	ripet**ano**	part**ano**

The subjunctive usually depends on another verb that indicates opinion, possibility, uncertainty, desire, ... [**credere** (to believe/think); **pensare** (to think/suppose); **sperare** (to hope), ...]

e.g. Penso che loro **abbiano** ragione. *I think they are right.*
Speriamo che il treno **sia** in orario. *Let's hope the train will be on time.*

In secondary clauses the subjunctive is always used after:
a condizione che *(on condition that)*; affinché *(so that)*; a meno che *(unless)*; benché *(although)*; nel caso che *(in case)*; prima che *(before)*; bisogna che *(it is necessary that)*; è meglio che *(it is better that)*; è un peccato che *(it is a pity that)*, ...

e.g. Telefonagli prima che **esca**. *Phone him before he goes out.*
È un peccato che tu non **sia** qui con noi. *It's a pity you're not here with us.*

Common Irregular Verbs

ANDARE	*to go*	vada, vada, vada; andiamo, andiate, vadano.
BERE	*to drink*	beva, beva, beva; beviamo, beviate, bevano.
DARE	*to give*	dia, dia, dia; diamo, diate, diano.
DIRE	*to say, to tell*	dica, dica, dica; diciamo, diciate, dicano.
DOVERE	*to have to*	debba, debba, debba; dobbiamo, dobbiate, debbano.
FARE	*to make, to do*	faccia, faccia, faccia; facciamo, facciate, facciano.
POTERE	*to be able*	possa, possa, possa; possiamo, possiate, possano.
SCEGLIERE	*to choose*	scelga, scelga, scelga; scegliamo, scegliate, scelgano.
STARE	*to stay*	stia, stia, stia; stiamo, stiate, stiano.
TENERE	*to keep*	tenga, tenga, tenga; teniamo, teniate, tengano.
TRADURRE	*to translate*	traduca, traduca, traduca; traduciamo, traduciate, traducano.
USCIRE	*to go out*	esca, esca, esca; usciamo, usciate, escano.
VENIRE	*to come*	venga, venga, venga; veniamo, veniate, vengano.
VOLERE	*to want*	voglia, voglia, voglia; vogliamo, vogliate, vogliano.

- In spoken language the subjunctive is often replaced by the indicative.

7.12 Imperative (Imperativo)

	ESSERE	AVERE	ABIT**ARE**	RIPET**ERE**	PART**IRE**
(tu)	sii	abbi	gir**a**	prend**i**	part**i**
(Lei)	sia	abbia	gir**i**	prend**a**	part**a**
(noi)	siamo	abbiamo	gir**iamo**	prend**iamo**	part**iamo**
(voi)	siate	abbiate	gir**ate**	prend**ete**	part**ite**
(Loro)	siano	abbiano	gir**ino**	prend**ano**	part**ano**

- The imperative expresses a direct or indirect order, but also an exhortation, advice or a prayer.
  Vieni subito qui! *Come here immediately!* **Giri** a destra! *Turn right!*
  Non fate rumore! *Don't make a noise!*
  Studia, che domani ci sono gli esami! *Study, because you have exams tomorrow!*
  Ascolta i consigli del medico: **mangia** meno dolci! *Listen to the doctor's advice: eat fewer sweets!*

- *The imperative does not have the first person singular **io.***
- *With **tu, noi** and **voi** we use the imperative.*
- *With **Lei** and **Loro** we use the indirect imperative (=present subjunctive), which turns the order into an invitation.*
- *The future imperative = the future indicative: Verrai al mare! (You will come to the seaside!)*

Negative imperative

- The negative imperative = non + imperative: Non girate a destra! *Don't turn right!*
- The negative imperative with the second person singular = non + infinitive:
  Non girare a destra! *Don't turn right!*

Imperative and pronouns

The imperative with unstressed pronouns is usually formed in the following ways:

- Imperative + pronouns (the verb and the pronouns form one word): Parlagli! Invitiamolo!
- Pronouns + indirect imperative (pronouns and verb are separate): Gli parli! Glielo scriva!

Negative imperative and pronouns

- Non + imperative + pronouns: Non invitiamolo! Non scriveteglielo!
- Non + infinitive + pronouns (with the second person singular):
  Non parlargli! Non invitarlo!
- Non + pronouns + indirect imperative: Non gli parli! Non ce le spediscano!

Common Irregular Verbs

ANDARE *to go*	va', vada; andiamo, andate, vadano.
DARE *to give*	da', dia; diamo, date, diano.
DIRE *to say*	di', dica; diciamo, dite, dicano.
FARE *to make, to do*	fa', faccia, facciamo, fate, facciano.
STARE *to stay*	sta', stia; stiamo, state, stiano.

- *Va' (=vai), da' (=dai), fa' (=fai), sta' (=stai)*
- *When **va', da', di', fa'** and **sta'** are followed by a personal pronoun (with the exception of **gli**), the consonant is doubled.*
  e.g. Valle a chiedere scusa! (Va' + le = valle). Dammi il mio libro! (Da' + mi = dammi).
  Fagli vedere le fotografie! (Fa' + gli = fagli).

7.13 Gerund (Gerundio)

	ESSERE	AVERE	ABITARE	RIPETERE	PARTIRE
Present	essendo	avendo	abit**ando**	ripet**endo**	part**endo**
Past	essendo stato/a/i/e	avendo avuto	avendo abitato	avendo ripetuto	essendo partito/a/i/e

- The gerund is used to indicate an action that specifies or modifies the principal action:
  Andando a scuola, ho visto Enzo. *While I was going to school, I saw Enzo.*
  Avendo mangiato troppo, si sentì male. *Having eaten too much, he felt sick.*

- The gerund (particularly the past gerund) is rarely used and is normally replaced by explicit phrases:
  Mentre andavo a scuola, ho visto Enzo. *While I was going to school, I saw Enzo.*
  Poiché aveva mangiato troppo, si sentì male. *As he had eaten too much, he felt sick.*

- The past gerund is formed from the present gerund of the auxiliary **avere** or **essere** and the past participle of the verb.

- The present gerund is also used to indicate progressive action: **stare + gerund:**
  Sto studiando il gerundio. *I am studying the gerund.*

7.14 Infinitive (Infinito)

Present	ESSERE	AVERE	ABIT**ARE**	RIPET**ERE**	PART**IRE**
Perfect	essere stato/a/i/e	aver avuto	aver abitato	aver ripetuto	essere partito/a/i/e

- The infinitive usually depends on another verb or is used in secondary clauses:
  Devo **scrivere** a Giovanna. *I have to write to Giovanna.*
  Non è più andato in quel ristorante dopo **essere stato** male.
  He didn't go to that restaurant any more after being ill.

- The infinitive can be used:
  - to give an order:
    Rallentare! *Slow down!* Dare la precedenza! *Give way!*
  - to form the imperative with **tu**:
    Non urlare! *Don't shout!*
  - to give instruction:
    Scrivere in stampatello. *Write in block letters.*
  - as a noun:
    Nuotare è rilassante. *Swimming is relaxing.* Ballare è divertente. *Dancing is enjoyable.*

- The present infinitive can be used to indicate an action in preparation:
  stare + per + infinitive:
  Sto per uscire. *I'm about to go out.* Stavo per partire. *I was going to leave.*

Preposition and the infinitive

- Some verbs are followed by the infinitive without a preposition. Among these verbs are:
  potere (to be able), **dovere** (to have to), **volere** (to want):
  Posso chiederti un favore? *Can I ask you a favour?*
  Devo studiare. *I have to study.* Vorrei andare al cinema. *I'd like to go to the cinema.*

- **Common verbs with a preposition before the infinitive are:**

cominciare a	*to start*
continuare a	*to go on*
imparare a	*to learn*
insegnare a	*to teach*
decidere di	*to decide*
dimenticare di	*to forget*
cercare di	*to try*
promettere di	*to promise*
smettere di	*to stop*
sperare di	*to hope*

e.g. Ha cominciato a lavorare. *He started working.*
Ho dimenticato di spedire la cartolina. *I forgot to send the card.*

7.15 Reflexive Verbs (Verbi riflessivi)

INDICATIVE

	PRESENT (I enjoy myself ...)	PERFECT (I have enjoyed myself ...)	
(Io)	**mi** diverto	mi sono divertito/a	myself
(tu)	**ti** diverti	ti sei divertito/a	yourself (informal)
(lui, lei ,Lei)	**si** diverte	si è divertito/a	himself, herself, yourself (formal)
(noi)	**ci** divertiamo	ci siamo divertiti/e	ourselves
(voi)	**vi** divertite	vi siete divertiti/e	yourselves
(loro)	**si** divertono	si sono divertiti/e	themselves

e.g. Mi lavo. *I wash myself.*
Ci siamo lavati. *We have washed ourselves.*
Si è bruciata. *She has burnt herself.*

- *The reflexive form is generally used when the subject of the verb is the same as the object.*
- *The pronouns **mi, ti, si, ci, vi** precede the verb.*
- *They follow the verb, joining with it in a single word, only in the following cases:*
  - *with the imperative (tu, noi):* Vesti**ti**! *(Get dressed!)* Vestiamo**ci**! *(Let's get dressed!)*
  - *with the past participle:* Vestito**si**, è uscito. *(After getting dressed, he went out.)*
  - *with the infinitive:* Bisogna vestir**si**. *(We must get dressed.)*
  - *with the gerund:* Ha perso un bottone vestendo**si**. *(He lost a button while getting dressed.)*

The most common reflexive verbs are:

ABBRONZARSI	*to get tanned*	INTERESSARSI A/DI	*to take an interest in*
ABITUARSI A	*to accustom oneself*	LAMENTARSI	*to complain*
ACCOMODARSI	*to come in; to sit down*	PERDERSI	*to get lost*
ALZARSI	*to get up; to stand up*	PETTINARSI	*to comb one's hair*
ANNOIARSI	*to be bored*	PREPARARSI	*to get ready*
ARRABBIARSI	*to get angry*	PREOCCUPARSI	*to worry*
AVVICINARSI A	*to approach*	ROMPERSI	*to break*
BRUCIARSI	*to burn oneself*	SBRIGARSI	*to be quick, to hurry up*
CHIAMARSI	*to be called*	SCUSARSI	*to apologize*
CONGRATULARSI CON	*to congratulate*	SENTIRSI	*to feel*
DIVERTIRSI	*to enjoy oneself*	SVEGLIARSI	*to wake up*
FERMARSI	*to stop*	VERGOGNARSI	*to be ashamed*
INCONTRARSI	*to meet*	VESTIRSI	*to get dressed*

8 NUMBERS (NUMERALI)

CARDINALS (1, 2, ...)	ORDINALS (first, second, ...)
1 uno,-a	primo, -a, -i, -e
2 due	secondo, ...
3 tre	terzo
4 quattro	quarto
5 cinque	quinto
6 sei	sesto
7 sette	settimo
8 otto	ottavo
9 nove	nono
10 dieci	decimo
11 undici	undicesimo
12 dodici	dodicesimo
13 tredici	tredicesimo
14 quattordici	quattordicesimo
15 quindici	quindicesimo
16 sedici	sedicesimo
17 diciassette	diciassettesimo
18 diciotto	diciottesimo
19 diciannove	diciannovesimo
20 venti	ventesimo
21 ventuno	ventunesimo
22 ventidue	ventiduesimo
23 ventitré	ventitreesimo
28 ventotto	ventottesimo
30 trenta	trentesimo
40 quaranta	quarantesimo
50 cinquanta	cinquantesimo
60 sessanta	sessantesimo
70 settanta	settantesimo
80 ottanta	ottantesimo
90 novanta	novantesimo
100 cento	centesimo
101 centouno	centunesimo
200 duecento	duecentesimo
400 quattrocento	quattrocentesimo
500 cinquecento	cinquecentesimo
900 novecento	novecentesimo
1.000 mille	millesimo

1.001	milleuno
1.002	milledue
1.003	milletré
1800	milleottocento
1990	millenovecentonovanta
1991	millenovecentonovantuno
1975	millenovecentosettantacinque
1977	millenovecentosettantasette
1978	millenovecentosettantotto
2.000	duemila
10.000	diecimila
100.000	centomila
1.000.000	un milione
2.000.000	due milioni

8.1 Cardinal Numbers

- Gender and plural:
  - **Zero** takes the plural: due zeri, tre zeri, ...
  - **Uno** takes the feminine and follows the rules of the indefinite article: uno studente, una studentessa, ...
  - The plural of **mille** is **-mila** (1.000 = mille ; 2.000 = duemila; 400.000 = quattrocentomila).
  - **Milione, bilione, miliardo,** etc. take the plural (milioni, bilioni, miliardi, etc.) and link to the noun that follows them by means of the preposition **di**: due milioni di abitanti.
  - All other numbers are invariable: due studenti, due studentesse, ...
- **Tre** has an accent in compound numbers: ventitré, centotré, ...
- There is elision when **uno** and **otto** follow **venti, trenta, quaranta** , etc.: ventuno, trentotto, trentuno, trentotto, ...
- When **cento** and **mille** are followed by another number, they can also be written separated by **e**: 101 = cento e uno; 1.080 = mille e ottanta, ...
- In Italian a full stop is used when a comma is used in English and viceversa: 1.000=*1,000*
- Colloquially abbreviations are often used, particularly to indicate the hundreds above a thousand: tremila e due = tremila e duecento. Novemila e cinque = novemila e cinquecento.
- Arabic numerals are used in general:
  - to avoid excessively long words: 24.500 euro (but in cheques, current accounts, etc. they are also written in one word: ventiquattromilacinquecento euro.)
  - in dates: 2 maggio, 6 giugno, ... (with the exception of the first day of the month: 1º maggio, 1º giugno, ...)
- Common idiomatic phrases: in due parole (in a few words); è qui a due passi (is only just around the corner).

8.2 Ordinal Numbers

- Ordinal numbers are variable: primo, prima, primi, prime, ...
  - Apart from the first ten, they are formed by adding **-esimo** to the cardinal numbers without the last vowel: undicesimo, dodicesimo, ...
  - They can be written in two ways: I, II, ... or 1º, 1ª , 2º, 2ª , ...

8.3 Fractions

- 1/2 (un mezzo or una metà), 1/3 (un terzo), 1/4 (un quarto), 1/5 (un quinto), 1/6 (un sesto), 2/2 (due mezzi), 2/3 (due terzi), 3/4 (tre quarti), ...
  - **Mezzo** agrees with the noun to which it refers (e.g. mezzo litro di vino, mezza bottiglia), but usually when it follows the noun it is invariable (e.g. è l'una e mezzo, sono le due e mezzo).

8.4 Multiple Numbers

- **Doppio** (double), **triplo** (triple), **quadruplo** (quadruple), **quintuplo** (quintuple), etc.

8.5 Collective Numbers

- **Paio** (pair; a couple), **coppia** (couple; pair), **decina** (ten; about ten), **dozzina** (dozen; about a dozen), ... **centinaio** (a hundred; about a hundred), **migliaio** (thousand; about a thousand)
  Plural: paia, coppie, decine, dozzine, ... centinaia, migliaia.
- **Entrambi** (both) takes the feminine: entrambi i ragazzi, entrambe le ragazze.
- **Ambedue** (both) is invariable: ambedue i ragazzi, ambedue le ragazze.

8.6 Iterative Numbers

- Una volta (once), due volte (twice), tre volte (three times), etc.

8.7 Signs

+ (**più**)
- (**meno**)
x (**moltiplicato per**)
: (**diviso per**)
= (**uguale a**)
% (**per cento**)

9 DATES AND TIMES (LA DATA E L'ORA)

9.1 Calendar

Quanti ne abbiamo?	*What day is it today?*	Ne abbiamo tre.	*It is the third.*
Che giorno è oggi?	*Which day of the week is it today?*	È lunedì.	*It is Monday.*

Giorni (Days): lunedì, martedì, mercoledì, giovedì, venerdì, sabato, domenica.
Monday, Tuesday, Wednesday, Thursday, Friday, Saturday, Sunday.

Mesi (Months):
gennaio, febbraio, marzo, aprile, maggio, giugno, luglio, agosto, settembre, ottobre, novembre, dicembre.
January, February, March, April, May, June, July, August, September, October, November, December.

Stagioni (Seasons): primavera, estate, autunno, inverno.
spring, summer, autumn, winter.

- *The ordinal number is used only for the first day of the month:* è il primo (di) novembre.
- *The names of the months and of the days of the week are nearly always written with a small letter.*

9.2 Clock

che ora è/che ore sono?	*what time is it?*	indietro di sei minuti	*six minutes slow*
sono le due meno cinque	*it's five to two*	avanti di tre minuti	*three minutes fast*
è l'una	*it is one o'clock*	mezz'ora	*half an hour*
sono le due e cinque	*it's five past two*	mezzogiorno	*midday*
sono le tre	*it's three o'clock*	mezzanotte	*midnight*
sono le tre e mezzo/a	*it's half past three*	preciso	*exact, precise*
sono le tre e un quarto	*it's a quarter past three*	quarto	*quarter*
a che ora?	*at what time?*	precise (alle due ...)	*at two o'clock sharp*
alle nove	*at nine o'clock*	quando?	*when?*
ora	*hour*	secondo	*second*
mezzo/mezza	*half*	minuto	*minute*

- *To tell the time in colloquial Italian only the cardinal numbers from 1 to 12 are normally used:*
  Faccio colazione alle sette e venti (7.20). *I have breakfast at seven twenty.*
  Di solito ceniamo alle sette e venti (19.20). *We usually have supper at seven twenty.*
- *The cardinal numbers from 1 to 24 are used for timetables of trains, airlines, etc.*
  Il treno per Pisa parte alle venti e trenta (20.30). *The train to Pisa leaves at twenty thirty (20:30).*

9.3 Expressions of time with 'Da' and 'Per'

da (for)	Abito a Londra **da** sei anni. (I've been living in London for six years.)
	Studio italiano **da** due anni. (I've been studying Italian for two years.)
da (since)	Non li vediamo **dalle** sette. (We haven't seen them since seven o'clock.)
da (as from,from)	**Da** oggi in poi. (From today onwards.)
per (for)	Ho studiato italiano **per** due anni. (I studied Italian for two years.)
per (by)	Sarà pronto **per** lunedì. (It will be ready by Monday.)

10 PREPOSITIONS (PREPOSIZIONI SEMPLICI)

The most used prepositions are:

di, a, da, in, con, su, per, tra/fra

DI (of, by, from)

- Vorrei una scatola **di** cioccolatini. *I'd like a box of chocolates.*
- È un film **di** Fellini. *It's a film by Fellini.*
- **Di** dove sei? *Where are you from?*

A (to, at, in)

- Vado **a** Londra. *I'm going to London.*
- Resto **a** casa. *I'm staying at home.*
- Abito **a** Padova. *I live in Padua.*

DA (from, to, by, at)

- **Da** dove vieni? *Where do you come from?*
- Andiamo **da** Bruno? *Shall we go to Bruno's?*
- Sono conosciuti **da** tutti. *They are known by everyone.*
- Siamo stati tutta la mattina **da** Giovanna. *We've been at Giovanna's all morning.*

IN (in, to, at, by)

- È **in** giardino. *He's in the garden.*
- Vado **in** Australia. *I'm going to Australia.*
- Non è **in** casa. *He's not at home.*
- Verremo **in** treno. *We'll come by train.*

PER (for, through, to)

- Ho un regalo **per** te. *I have a present for you.*
- È passato **per** i campi. *He went through the fields.*
- Vorrei un biglietto **per** Pisa. *I'd like a ticket to Pisa.*

CON (with)

- È uscita **con** Elena. *She's gone out with Elena.*

SU (on)

- La borsa è **su** quella poltrona. *The bag is on that chair.*

TRA/ FRA (between, among, in)

- Arriverà **tra** l'una e le due. *He'll arrive between one and two.*
- **Tra** gli invitati, ci sono quattro americani. *There are four Americans among the guests.*
- Torno **fra** dieci minuti. *I'll be back in ten minutes.*

- *These prepositions have no meaning of their own and therefore cannot be translated literally; the translation given refers to the most common use.*
- ***Di** can take an apostrophe in front of a vowel: d'inverno, d'origine.*
- ***Da** takes an apostrophe only in front of a few expressions: d'altra parte, d'altronde, d'ora in poi.*
- ***A** can take **d** in front of a vowel for phonetical reasons: andiamo ad Alassio, ad esempio.*
- ***Tra=Fra** the choice only depends on phonetics: tra i fratelli, fra le traduzioni.*

10.1 Prepositions and Definite Articles (Preposizioni articolate)

+	il	lo	la	l'	i	gli	le
a	al	allo	alla	all'	ai	agli	alle
da	dal	dallo	dalla	dall'	dai	dagli	dalle
su	sul	sullo	sulla	sull'	sui	sugli	sulle
di	del	dello	della	dell'	dei	degli	delle
in	nel	nello	nella	nell'	nei	negli	nelle

e.g.	Partirò **alle** sei.	*I'll leave at six.*
	Vada dritto fino **all'**incrocio.	*Go straight on as far as the crossing.*
	È andata **dalla** sua amica.	*She's gone to her friend's.*
	Bisogna salire **sul** terrazzo.	*It's necessary to go up to the terrace.*
	La camicia è nel cassetto.	*The shirt is in the drawer.*
	Verrà **con le** sue cugine.	*She'll come with her cousins.*
	Grazie **per l'**ospitalità!	*Thank you for the hospitality!*

- *With the prepositions **con** and **per** the union with the article is optional but is now considered obsolete and in some cases can cause ambiguity of meaning (**collo, colla, pelle** also mean neck, glue, skin / leather).*
- ***Tra** and **fra** are never joined to the article: L'ho trovato **tra i** miei vestiti.*

11 CONJUNCTIONS (CONGIUNZIONI)

COMMON CONJUNCTIONS

Conjunctions joining two words in a single phrase or two separate phrases

E (and)	Ha i capelli corti **e** lisci. *Her hair is short and straight.*
(**ed** in front of a vowel)	Ha salutato tutti ed è uscito. *He said goodbye to everybody and went out.*
Anche (also; too)	C'erano **anche** i suoi genitori. *His parents were there too.*
O (or)	Arriveranno oggi **o** domani. *They will arrive today or tomorrow.*
Ma, **però** (but; however)	Lei è simpatica, **ma** suo fratello è troppo arrogante. *She is nice, but her brother is too arrogant.* Non potrò andare alla sua festa, **però** gli ho spedito un regalo. *I won't be able to go to his party, however I sent him a present.*
Infatti (in fact)	Sono già partiti, **infatti** le persiane sono chiuse. *They've already left, in fact the shutters are closed.*
Dunque, perciò (so; therefore)	L'autobus è appena passato, **perciò** dovremo andare a piedi. *The bus has just gone, so we'll have to walk.* **Dunque** faremo così! *Therefore we'll do this!*
Sia...sia (both ... and; whether ... or)	Abbiamo invitato **sia** i tuoi amici **sia** quelli di tuo fratello. *We've invited both your friends and your brother's.*
O... o (either ... or)	Sono andati **o** a ballare **o** al cinema. *They've either gone dancing or to the cinema.*
Non solo ... ma anche (not only ... but also)	È un film **non solo** noioso **ma anche** lungo. *It's a film that's not only boring but also long.*
Né ... né (neither...nor) (either...or)	Non vuole **né** pane **né** grissini. *He doesn't want either bread or bread sticks.*

Conjunctions joining two or more phrases, of which one is governed by the other

Che (that)	Spero **che** tu stia meglio. *I hope you are better.*
Se (if)	Non sappiamo **se** inviterà Giorgio. *We don't know if she'll invite Giorgio.*
Perché (because)	Non sono venuto **perché** non stavo bene. *I didn't come because I wasn't well.*
Poiché (as, since)	**Poiché** piove, restiamo a casa. *As it's raining, we'll stay at home.*
Come se (as if).	Fai **come se fossi** a casa tua. *Behave as if you were at home.*
Anche se (even if)	**Anche** se lavorassi tutta la notte, non riuscirei a finire. *Even if I worked all night, I wouldn't manage to finish.*
Se (if; whether; unless)	**Se** ci sarà il sole, andremo al mare. *If the sun is out, we'll go to the seaside.*
A condizione che (provided that)	Andranno al mare, **a condizione** che non piova. *They'll go to the seaside provided that it's not raining.*
Quando (when)	Uscirai **quando** avrai finito i compiti! *You'll go out when you've finished your homework!*
Mentre (while)	**Mentre** andavo a scuola, ho incontrato Claudio. *I met Claudio while I was going to school.*

12 ACCENTS (ACCENTI)

An accent is added:

- on words of two or more syllables when the stress falls on the vowel of the last syllable.
  e.g. Qualità, laggiù, università, perché, però, partì, andò, andrà, ventitré, lunedì, etc.
- on the following monosyllables: **può, già, più, ciò** and **giù.**
- on some monosyllables to distinguish them from other words with the same form but different meanings:

è	verb *(he/she/it is)*	**e**	conjunction *(and)*
dà	verb *(he/she/it gives)*	**da**	preposition *(from, to)*
là	adverb of place *(there)*	**la**	article, pronoun *(the, her)*
lì	adverb of place *(there)*	**li**	pronoun *(them)*
né	conjunction *(nor)*	**ne**	pronoun and adverb *(of this, from here)*
sì	affirmative *(yes)*	**si**	pronoun, impersonal, passive *(himself, one)*
sé	pronoun *(himself)*	**se**	conjunction *(if, whether)*
tè	noun *(tea)*	**te**	pronoun *(you)*

e.g. Lui **è** italiano **e** loro sono inglesi. *He is Italian and they are English.*
Lui **dà** il libro a Pietro. Viene **da** Firenze. *He gives the book to Pietro. He comes from Florence.*
La penna è **là** sul tavolo. **La** vedi? *The pen is there on the table. Can you see it?*
I libri sono **lì** accanto alla penna. **Li** vedi? *The books are there close to the pen. Can you see them?*
Né lui **né** lei. **Ne vuoi** ancora? *Neither him nor her. Would you like some more of it?*
Pensa solo a **sé**. **Se** finirò i compiti, andrò al cinema. *He thinks only about himself. If I finish my homework, I will go to the cinema.*
Sì, sono americano. **Si** dice che sia americano. *Yes, I am American. He is said to be American.*
Hai comprato il **tè**? Beato **te**! *Did you buy the tea? Lucky you!*

- The others monosyllables are not accented.
  e.g. Va, fa, su, sto, sta, qui, qua, tra, fra, me, so, fu, no, etc.

- *The Italian accents on the last vowel are :*
  - *acute on closed **é** : né, sé, perché, poiché, ripeté, ventitré.*
  - *grave on open **è** and, usually, on the other vowels (à, ù, ò and ì):*
    ***è**, caff**è**, per**ò**, perci**ò**, t**è**, gi**à**, pi**ù**, cos**ì**, etc.*
  - *The difference between the two types of accents is diminishing and it is common to add a grave accent to all vowels when necessary.*
- ***Sé** may be reinforced by the word **stesso** and in this case is usually not accented. The use of an accent is nevertheless common and acceptable, particularly in places where the meaning may be ambiguous (**sé** stessi, sé stesse, without an accent could also mean "if I were, if she/he were")*
- *Remember that:*
  - *the preposition **a** and the verb **ha** are never accented:*
  - *a silent **h** is added to distinguish **ho** (I have), **ha** (he/she/it has), **hai** (you have), **hanno** (they have), from **o** (or), **a** (to), **ai** (to the), and **anno** (year).*

13 LANGUAGE FUNCTIONS (FUNZIONI LINGUISTICHE)

13.1 Greeting People

Ciao!	Hallo!/Hi.
Salve!	Hallo!
Buongiorno!	Good morning!/Good afternoon!
Buongiorno, signor/signora/signorina …	Good morning, Mr./Mrs/Miss
Buonasera …	Good evening …

13.2 Introducing someone and being introduced

Italian	English
Questo/questa è …	This is …
Le presento il signor … [formal]	This is Mr …
Posso presentarle il signor … [formal]	May I introduce Mr … to you?
Mi chiamo …	My name is …
Ciao, (io sono Carla).	Hallo! (I am Carla).
Piacere!	How do you do?
Molto lieto! [formal]	How do you do?

13.3 Taking leave

Italian	English
Ciao!	Bye!
(Ciao), a presto!	See you soon!
Arrivederci!	Goodbye!
ArrivederLa! [formal]	Goodbye!
Buonanotte!	Good night!
A più tardi!	See you later!
A domani!	See you tomorrow!

13.4 Attracting attention

Italian	English
Scusa …	Excuse me …
(Mi) scusi … [formal]	Excuse me …
Senta, per favore … [formal]	Excuse me, please …

13.5 Congratulating

Italian	English
Bravo!	Well done!
Congratulazioni!	Congratulations!
Sei stato bravissimo!	You've done very well!

13.6 Expressing good wishes

Italian	English
Auguri!	Best wishes!
I migliori auguri!	All the best!
Ti auguro ...	I wish you ...
Le auguro ...[formal]	I wish you ...
Buon Natale!	Merry Christmas!
Buon Anno!	Happy New Year!
Buona Pasqua!	Happy Easter!
Buon compleanno!	Happy Birthday!
Buone vacanze!	Have a good holiday!
Buon viaggio!	Have a good trip!

13.7 Expressing and responding to thanks

Italian	English
Grazie!	Thanks!
Grazie mille!	Thanks a lot/thank you very much!
Grazie per ...	Thank you for ...
Ti ringrazio!	Thank you!
La ringrazio. [formal]	Thank you!
Non so come ringraziarti!	I don't know how to thank you!
Non so come ringraziarLa! [formal]	I don't know how to thank you!
Prego!	Don't mention it!
Di niente!	It's all right!
È stato un piacere!	It has been a pleasure!

13.8 Expressing lack of understanding

Italian	English
Come, (scusa)?	Pardon?
Scusi, come ha detto? [formal]	(I beg your) pardon?
Prego? (Non ho capito!)	(I beg your) pardon?
Non capisco.	I don't understand.
Non ho capito.	I haven't understood.
Vuole ripetere, prego? [formal]	Would you repeat it, please?
Che cosa vuol dire?	What does it mean?
Puoi ripetere, per favore?	Can you repeat it, please?
Non è chiaro.	It is not clear.
E cioè?	What do you mean?

13.9 Expressing agreement and disagreement

Italian	English
Sono d'accordo.	I agree.
Hai (proprio) ragione!	You're right!
Naturalmente!	Of course!
Giusto!	Right!
Non sono d'accordo!	I don't agree!
Sbagli!	You are wrong!
Non è vero!	It's not true!
Per niente!	Not at all!

13.10 Expressing surprise

Che sorpresa! Che bella sorpresa! Questa sì che è una sorpresa! Davvero! Non ci credo! No!	What a surprise! What a nice surprise! This is a real surprise! No kidding? I can't believe it! No!

13.11 Expressing hope

Speriamo! Spero di sì! Magari! Spero che tu stia meglio! [see 7.11 Subjunctive]	Let's hope so! I hope so! If only! I hope you'll be better.

13.12 Expressing satisfaction

Magnifico! Che bello! Sono contento/soddisfatto … È proprio quello che desideravo. È molto bello!	Wonderful! How lovely! I'm very happy/satisfied … It's just what I wanted. It's lovely!

13.13 Expressing gratitude

Ti sono molto grato … Le sono molto grato … [formal] Sei stato molto gentile … È stato molto gentile … [formal] La ringrazio! [formal] Grazie di tutto!	I am very grateful to you … I am very grateful to you … You've been very kind … It was very kind of you … Thank you! Thanks for everything!

13.14 Apologizing

Scusa! Scusi! [formal] Scusami (tanto)! Mi scuso per … Mi dispiace!	Sorry! Sorry! I am so sorry! I apologize for … I am sorry!

13.15 Expressing indifference

Non mi interessa! Per me è lo stesso. Fai come vuoi!	I don't care! It's all the same to me. Do as you like!

13.16 Suggesting a course of action (including the speaker)

Andiamo …?	Shall we go …?
Potremmo …	We could …
Vieni con noi …?	Will you come with us …?
Ti andrebbe di …?	Would you like to …?
Le andrebbe di … ? [formal]	Would you like to …?

13.17 Requesting others to do something

Italian	English
Potresti …?	Could you …?
Potrebbe …? [formal]	Could you …?
Ti spiacerebbe …?	Would you mind …?
Le spiacerebbe …? [formal]	Would you mind …?
Le sarei molto grato se potesse …	I would be very grateful if you could …

13.18 Asking for advice

Italian	English
Che ne pensi …?	What do you think of …?
Hai qualche idea?	Any ideas?
Che cosa faresti (al mio posto)?	What would you do (in my situation?)
Che cosa mi consigli?	What do you suggest?
Che cosa mi consiglia? [formal]	What would you suggest?

13.19 Asking others (not) to do something

Italian	English
Secondo me, dovresti …	In my opinion, you should…
Ti consiglio …	I suggest that you …
Le consiglio … [formal]	I suggest that you …
(Non) dovresti …	You should (not) …
Faresti meglio a …	You'd better …
Perché non …?	Why not …?

13.20 Giving and seeking permission to do something

Italian	English
Puoi …	You can …
Certamente!	Certainly!
Naturalmente!	Of course!
Posso …?	May I …?
Potrei …?	Could I …?
Ti dispiace se …?	Do you mind if …?
Le dispiace se … ? [formal]	Do you mind if …?

14 "FALSE FRIENDS" ("FALSI AMICI")

English/Italian "false friends" are words that are apparently similar but actually have different meanings.

e.g. **LIBRERIA** = bookshop; bookcase   **LIBRARY** = biblioteca

Here follows a list of some common "false friends". If you learn them, you will be able to avoid some of the biggest pitfalls in oral and, more particularly, reading comprehension.

ITALIAN	ENGLISH
ARGOMENTO = subject, topic, point	**ARGUMENT** = discussione, controversia
ASSUMERE = to take on, to engage	**TO ASSUME** = supporre, assumere
ATTUALMENTE = at present, at the moment	**ACTUALLY** = realmente, effettivamente, in effetti, ...
CANTINA = cellar	**CANTEEN** = mensa, portaposate
COLLEGIO = boarding school	**COLLEGE** = 'college', università, politecnico, ...
COMPLESSIONE = constitution	**COMPLEXION** = carnagione, aspetto
CONFETTI = sugar-coated almonds	**CONFETTI** = coriandoli
CONFIDENZA = familiarity, intimacy	**CONFIDENCE** = fiducia, sicurezza (di sé), confidenza
CONVENIENTE = suitable, cheap, advantageous	**CONVENIENT** = comodo
EDUCAZIONE = (good) manners, upbringing	**EDUCATION** = istruzione, educazione
EVENTUALMENTE = perhaps, if necessary	**EVENTUALLY** = alla fine, in conclusione, finalmente
FACILITÀ = ease, facility	**FACILITIES** = attrezzature
FATTORIA = farm	**FACTORY** = fabbrica
MAGAZZINO = warehouse, department store	**MAGAZINE** = rivista, periodico
MORBIDO = soft; delicate	**MORBID** = morboso
PARENTE = relative	**PARENT** = genitore
PAVIMENTO = floor	**PAVEMENT** = marciapiede
PETROLIO = petroleum, crude oil	**PETROL** = benzina
POSSIBILMENTE = if possible	**POSSIBLY** = può darsi, forse, ...
REGISTRAZIONE = recording	**REGISTRATION** = iscrizione
RUMORE = noise	**RUMOUR** = voce, diceria
SENSIBILE = sensitive	**SENSIBLE** = sensato, ragionevole
SOPPORTARE = to stand, to bear	**TO SUPPORT** = mantenere, sostenere, tifare.

INDICATIVE (INDICATIVO) VERB TABLE

	ESSERE	AVERE	ABITARE	RIPETERE	PARTIRE
PRESENT					
(io)	sono	ho	abit**o**	ripet**o**	part**o**
(tu)	sei	hai	abit**i**	ripet**i**	part**i**
(lui, lei, Lei)	è	ha	abit**a**	ripet**e**	part**e**
(noi)	siamo	abbiamo	abit**iamo**	ripet**iamo**	part**iamo**
(voi)	siete	avete	abit**ate**	ripet**ete**	part**ite**
(loro)	sono	hanno	abit**ano**	ripet**ono**	part**ono**
PERFECT					
	sono stato/a	ho avuto	ho abit**ato**	ho ripet**uto**	sono part**ito/a**
	sei stato/a	hai avuto	hai abitato	hai ripetuto	sei partito/a
	è stato/a	ha avuto	ha abitato	ha ripetuto	è partito/a
	siamo stati/e	abbiamo avuto	abbiamo abitato	abbiamo ripetuto	siamo partiti/e
	siete stati/e	avete avuto	avete abitato	avete ripetuto	siete partiti/e
	sono stati/e	hanno avuto	hanno abitato	hanno ripetuto	sono partiti/e
IMPERFECT					
	ero	avevo	abit**avo**	ripet**evo**	part**ivo**
	eri	avevi	abit**avi**	ripet**evi**	part**ivi**
	era	aveva	abit**ava**	ripet**eva**	part**iva**
	eravamo	avevamo	abit**avamo**	ripet**evamo**	part**ivamo**
	eravate	avevate	abit**avate**	ripet**evate**	part**ivate**
	erano	avevano	abit**avano**	ripet**evano**	part**ivano**
PLUPERFECT					
	ero stato/a	avevo avuto	avevo abit**ato**	avevo ripet**uto**	ero part**ito/a**
	eri stato/a	avevi avuto	avevi abitato	avevi ripetuto	eri partito/a
	era stato/a	aveva avuto	aveva abitato	aveva ripetuto	era partito/a
	eravamo stati/e	avevamo avuto	avevamo abitato	avevamo ripetuto	eravamo partiti/e
	eravate stati/e	avevate avuto	avevate abitato	avevate ripetuto	eravate partiti/e
	erano stati/e	avevano avuto	avevano abitato	avevano ripetuto	erano partiti/e

SUBJUNCTIVE (CONGIUNTIVO) — VERB TABLE

	ESSERE	**AVERE**	**ABITARE**	**RIPETERE**	**PARTIRE**
PRESENTE					
	sia	abbia	abit**i**	ripet**a**	part**a**
	sia	abbia	abit**i**	ripet**a**	part**a**
	sia	abbia	abit**i**	ripet**a**	part**a**
	siamo	abbiamo	abit**iamo**	ripet**iamo**	part**iamo**
	siate	abbiate	abit**iate**	ripet**iate**	part**iate**
	siano	abbiano	abit**ino**	ripet**ano**	part**ano**
PAST					
	sia stato/a	abbia avuto	abbia abit**ato**	abbia ripet**uto**	sia part**ito/a**
	sia stato/a	abbia avuto	abbia abitato	abbia ripetuto	sia partito/a
	sia stato/a	abbia avuto	abbia abitato	abbia ripetuto	sia partito/a
	siamo stati/e	abbiamo avuto	abbiamo abitato	abbiamo ripetuto	siamo partiti/e
	siate stati/e	abbiate avuto	abbiate abitato	abbiate ripetuto	siate partiti/e
	siano stati/e	abbiano avuto	abbiano abitato	abbiano ripetuto	siano partiti/e
IMPERFECT					
	fossi	avessi	abit**assi**	ripet**essi**	part**issi**
	fossi	avessi	abit**assi**	ripet**essi**	part**issi**
	fosse	avesse	abit**asse**	ripet**esse**	part**isse**
	fossimo	avessimo	abit**assimo**	ripet**essimo**	part**issimo**
	foste	aveste	abit**aste**	ripet**este**	part**iste**
	fossero	avessero	abit**assero**	ripet**essero**	part**issero**
PLUPERFECT					
	fossi stato/a	avessi avuto	avessi abit**ato**	avessi ripet**uto**	fossi part**ito/a**
	fossi stato/a	avessi avuto	avessi abitato	avessi ripetuto	fossi partito/a
	fosse stato/a	avesse avuto	avesse abitato	avesse ripetuto	fosse partito/a
	fossimo stati/e	avessimo avuto	avessimo abitato	avessimo ripetuto	fossimo partiti/e
	foste stati/e	aveste avuto	aveste abitato	aveste ripetuto	foste partiti/e
	fossero stati/e	avessero avuto	avessero abitato	avessero ripetuto	fossero partiti/e

CONDITIONAL (CONDIZIONALE) — VERB TABLE

PRESENT	sarei	avrei	abit**erei**	ripet**erei**	part**irei**
	saresti	avresti	abit**eresti**	ripet**eresti**	part**iresti**
	sarebbe	avrebbe	abit**erebbe**	ripet**erebbe**	part**irebbe**
	saremmo	avremmo	abit**eremmo**	ripet**eremmo**	part**iremmo**
	sareste	avreste	abit**ereste**	ripet**ereste**	part**ireste**
	sarebbero	avrebbero	abit**erebbero**	ripet**erebbero**	part**irebbero**
PAST	sarei stato/a	avrei avuto	avrei abit**ato**	avrei ripet**uto**	sarei part**ito/a**
	saresti stato/a	avresti avuto	avresti abitato	avresti ripetuto	saresti partito/a
	sarebbe stato/a	avrebbe avuto	avrebbe abitato	avrebbe ripetuto	sarebbe partito/a
	saremmo stati/e	avremmo avuto	avremmo abitato	avremmo ripetuto	saremmo partiti/e
	sareste stati/e	avreste avuto	avreste abitato	avreste ripetuto	sareste partiti/e
	sarebbero stati/e	avrebbero avuto	avrebbero abitato	avrebbero ripetuto	sarebbero partiti/e

IMPERATIVE (IMPERATIVO)

	sii (tu)	abbi	abit**a**	ripet**i**	part**i**
	sia (Lei)	abbia	abit**i**	ripet**a**	part**a**
	siamo (noi)	abbiamo	abit**iamo**	ripet**iamo**	part**iamo**
	siate (voi)	abbiate	abit**ate**	ripet**ete**	part**ite**
	siano (Loro)	abbiano	abit**ino**	ripet**ano**	part**ano**

GERUND (GERUNDIO)

PRESENT	essendo	avendo	abit**ando**	ripet**endo**	part**endo**
PAST	essendo stato/a/i/e	avendo avuto	avendo abitato	avendo ripetuto	essendo partito/a/i/e

PARTICIPLE (PARTICIPIO)

PRESENT	(essente)	avente	abit**ante**	ripet**ente**	part**ente**
PAST	stato/a/i/e	avuto	abit**ato**	ripet**uto**	part**ito**

INFINITIVE (INFINITO)

PRESENT	essere	avere	abit**are**	ripet**ere**	part**ire**
PERFECT	essere stato/a/i/e	avere avuto	avere abitato	avere ripetuto	essere partito/a/i/e

ANALYTICAL INDEX

- References given are to Section Numbers.
- Abbreviations used in the index:
  adj. adjective
  adv. adverb
  conj. conjunction
  pron. pronoun

VOCABULARY

In general nouns ending in -o are masculine, those ending in -a are feminine. Irregular nouns are indicated by (m) when masculine, (f) when feminine. Singular nouns ending in -e can be masculine or feminine and are indicated accordingly by (m) or (f). Other abbreviations used are (pl.) for plural and (sing.) for singular. Green has been used to highlight some word groups, colloquial phrases and usages based on common vocabulary.

A

a *at, to, in*
a buon mercato *cheap*
a che ora? *at what time?*
a destra *on the right*
a domani *see you tomorrow*
a partire da *starting from*
a piedi *on foot*
a puntino (cotto a ...) *cooked to a turn*
a sinistra *on the left*
abbaiare *to bark*
abbastanza *rather, enough, quite*
abbazia *abbey*
abbigliamento (negozio di ...) *clothes shop*
abbronzarsi *to get a tan*
abbronzato *sun-tanned*
abbrustolire *to toast, to roast*
abitante (m) *inhabitant*
abitare *to live*
abito *suit, dress*
abitudine (f) *habit, custom*
accanto a *by, next to, beside*
accappatoio *bathrobe*
accarezzare *to stroke*
accendere *to switch on*
accessori *fittings*
accettare *to accept*
acciuga *anchovy*
accomodarsi *to take a seat, to sit down*
accompagnare *to accompany*
accompagnare a scuola *to take to school*
accusare *to accuse*
aceto *vinegar*
acido *acid*
acqua *water*
acqua minerale *mineral water*
acqua potabile *drinking water*
acquazzone (m) *downpour*
additivi *additive*
adulto *adult*
aereo *aeroplane;* (... a reazione *... jet*)
aeroporto *airport*
afa *sultriness*
affari *business*
affettare *to slice, to cut*
affezionarsi *to grow fond*
affittare *to let, to rent*
affitto *rent*
affrettarsi *to hurry*
affumicato *smoked*
afoso *sultry*
Africa *Africa*
africano *African*
agente di polizia *policeman*
agenzia di cambio *'Bureau de change'*
agenzia di viaggi *travel agency*
agenzia immobiliare *estate agency*
aggiungere *to add*
aggiustare *to mend*
aglio *garlic*
agnello *lamb*
ago *needle*
agosto *August*
aiuola *flower-bed*
aiutare *to help*
aiuto *help*
al dente *'firm to the bite'*
al ladro! *stop thief!*
al piano superiore *on the upper floor*
al pianterreno *on the ground floor*
al primo piano *on the first floor*
al sangue *underdone, rare (meat)*
alba *dawn*
albergo *hotel*
albero *tree*
albicocca *apricot*
alimentari (negozio di ...) *grocer's (shop)*
aliscafo *hydrofoil*
all. (allegato) *enclosed*
all'aria aperta *the open air*
all'estero *abroad*
all'improvviso *suddenly*
alla griglia (carne ...), *grilled (... meat)*
alla salute! *cheers! good health!*
allacciare *to fasten*
allargare (i pantaloni) *to let out (the trousers)*
allegro *cheerful, merry*
alloro *bay;* (foglia di ... *... leaf*)
alluminio *aluminium*
allungare (il vestito) *to lengthen (the dress)*
alluvione (f) *flood*
Alpi *Alps*
alta pressione *high pressure*
alto *tall*
altrettanto *and the same to you*
altro *other*
altruista *unselfish*
alunno *pupil*
alzarsi *to get up*
amare *to love, to like*
ambientalista (m/f) *environmentalist*
ambiente (m.) *environment*
ambiente naturale *natural environment, habitat*
ambizione (f) *ambition*
ambizioso *ambitious*
ambulanza *ambulance*
ambulatorio *consulting room, surgery*
America *America*
americano *American*
amianto *asbestos*
amico *friend*
ammalarsi *to fall ill*
ammalato *ill*
ammobiliato *furnished*
ampio *large*
ananas (m) *pineapple*
anatra *duck*
anche *also*
ancora *again, more*
andare *to go*
andare a cercare *to go and look for*
andare a letto *to go to bed*
andare a cavallo *to go on horseback, to ride*
andare a fare *to go and do*
andare a piedi *to walk*
andare a scuola *to go to school*
andare a trovare *to go and see, to visit*
andare al mare *to go to the seaside*
andare in bicicletta *to cycle*
andare in campagna *to go to the countryside*
andare in montagna *to go to the mountains*
andare in treno *to go by train*
andare matto per *to be crazy about*
andarsene *to go away*
angolo *corner;* (... della strada *... street corner*)
anguilla *eel*
anguria *water melon*
animale (m) *animal*
animali domestici *pets*
annegare *to drown*
anno *year*
annoiarsi *to be bored, to get bored*
annusare *to smell*
ansioso *anxious*
anticiclone (m) *anticyclone*
antico *old, antique, ancient*
antipasto (misto) *hors d'oeuvre (mixed)*
antipatico *unpleasant, disagreable*
anziano *old, elderly*
aperto *open*
apparecchiare *to lay the table*
appartamento *flat*
appena *hardly, as soon as, just*
Appennini *Appennines*
appetitoso *appetizing*
apprendere *to learn*
apprezzare *to appreciate*
approvare *to approve*
appuntamento *appointment, date*
apribottiglie (m) *corkscrew*
aprile *April*
aprire *to open*
apriscatole (m) *tin opener*
aragosta *lobster*
arancia *orange*
aranciata *orangeade*
arancione *orange*
architetto *architect*
architettura *architecture*
arcobaleno (m) *rainbow*
argento *silver*
aria *air*
aria umida *humid air*
aringa *herring*
armadietto dei medicinali *medicine cabinet*
armadio *wardrobe*
aromi *herbs*
arrabbiato *angry*
arredamento *furnishing*
arredare *to furnish*
arredatore (m) *interior designer*
arrivare *to arrive*
arrivederci *goodbye*
arrivo *arrival;* (in ... *arriving*)
arrosto *roast*
arte (f) *art*
artigianato *handicraft, handicrafts*
artigiano *craftsman*
ascensore (m) *lift*
asciugacapelli (m) *hairdryer*
asciugamano *towel*
asciugarsi *to dry (oneself)*
asciutto *dry*
ascoltare *to listen to*
asilo (infantile) *nursery*

asparago *asparagus*
aspettare *to wait*
aspirapolvere (m) *vacuum-cleaner*
aspirina *aspirin*
assaggiare *to taste*
assai/molto *very*
asse da stiro *ironing board*
assegno (bancario) *cheque*
assegno turistico *travellers' cheque*
assente *absent*
assicurare *to assure, to ensure*
assicurato *insured*
assicurazione (f) *insurance*
assistente di volo (m/f) *steward, stewardess*
Assunzione *Assumption of the Virgin Mary (15th August)*
atletica (leggera) *athletics*
atmosfera *atmosphere*
attacco *fit, stroke, attack*
atterrare *to land*
attimo *moment*
attività *activity*
attore (m) *actor*
attraversare *to cross*
attualità *current affairs*
augurare *to wish*
aula *classroom*
aumentare *to increase*
aumento *increase, rise*
Australia *Australia*
australiano *Australian*
autista (m/f) *driver*
autobus (m) *bus*
autocarro *lorry*
automobile (f) *car*
automobilismo *motor racing*
autorimessa *garage*
autoritario *authoritative*
autostop; (fare l'...) *hitch-hiking; (to hitch-hike)*
autostrada *motorway*
autotreno *lorry with trailer*
avanti *front of, ahead*
avere bisogno di *to need*
avere caldo *to be hot*
avere fame *to be hungry*
avere freddo *to be cold*
avere mal di denti *to have toothache*
avere mal di gola *to have a sore throat*
avere mal di schiena *to have back ache*
avere mal di stomaco *to have stomach ache*
avere mal di testa *to have a headache*
avere ragione *to be right*
avere sete *to be thirsty*
avere torto *to be wrong*
avere vergogna di *to be ashamed of*
avere voglia di *to feel like*
avere voti brutti *to have bad marks*
avere voti belli *to have good marks*
avere *to have*
avere il tempo *to have time*
avere il tempo di *to have the time to*
avere la precedenza *to have the right of way*
avere paura di *to be afraid of*
avvenire (m) *future*
avvertire *to warn, to inform*
avviarsi *to set off, to be about to*
avvicinarsi a *to approach*
avvocato *lawyer*
azienda di soggiorno *tourist board*
azzurro *light blue, azure*

B

babbo *dad*
baby-sitter *baby-sitter*
baccalà (m) *dried salted cod*
baciare *to kiss*
bacio *kiss*
badare al bambino *to baby-sit*
baffi (m, pl.) *moustache*
bagagli (m, pl.) *luggage*
bagaglio *luggage*
bagnato *wet;* (... fradicio *soaked)*
bagnino *lifeguard*
bagno *bath*
bagno (stanza da ...) *bathroom*
balcone (m) *balcony*
ballare *to dance*
bambino *child*
banana *banana*
banca *bank*
banchina *quay*
banco *desk*
banco di nebbia *fog-bank*
banconota *banknote*
bandiera *flag*
bancomat (m) *(automatic) cash dispenser, cashpoint*
bar (m) *bar, café, cocktail cabinet*
barattolo *jar, pot;* (... di latta *tin)*
barba *beard*
barbabietola (rossa) *beetroot*
barca *boat*
barella *stretcher*
baseball *base-ball*
basilico *basil*
bassa pressione *low pressure*
basso *short*
basta così, grazie *that's enough, thank you*
battello *boat*
batteria *battery*
belga *Belgian*
Belgio *Belgium*
bellezza *beauty*
bello *beautiful, handsome*
ben cotto *well cooked*
ben tenuto *well kept*
ben vestito *well dressed*
benda *bandage*
bene *well*
beneducato *well mannered*
benvenuto *welcome*
benzina *petrol;* (... senza piombo *unleaded...)*
bere *to drink*
bevanda *drink*
biancheria *linen*
bianco *white*
bibita *(soft) drink*
biblioteca *library*
bicchiere (m) *glass*
bicicletta *bicycle*
bietola *(Swiss) chard*
biglietteria *ticket office*
biglietto *ticket;* (... semplice *single ...)*
biglietto di andata e ritorno *return ticket*
bikini (m) *bikini*
bilancio *balance, budget*
bilocale *two room flat*
binario *platform*
biodegradabile *biodegradable*
biologia *biology*
biologico *organic*
biondo *fair, blonde*
birra *beer*
biscotto *biscuit*
bisogna *it is necessary*
bistecca *steak;* (... ai ferri *grilled ...)*
blu *blue*
blusa/camicetta *blouse*
bocca *mouth*
boccale (m) *jug*
bocciare *to fail*
boccone (m) *bite, mouthful*
bolletta *bill*
bollettino *bulletin;* (... meteorologico *weather forecast)*
bollire *to boil*
bollito *boiled meat*
bollitore (m) *kettle*
bordo *edge*
borraccia *water bottle*
borsa *bag;* (borsetta *hand-bag)*
borsa di studio *grant, scholarship*
borsellino *purse*
bosco *wood*
bottega/negozio *shop*
bottiglia *bottle*
bottone/pulsante (m) *button*
box per auto *garage*
braccialetto *bracelet*
braccio *arm*
braciola *chop;* (... di maiale *pork ...)*
branda *camp bed*
branzino *bass*
bravo *good, clever*
bravo (in) *good (at)*
breve *brief, short*
brezza *breeze*
brina *hoar-frost*
brindare *to toast*
brioche (f) *'brioche', bun*
britannico *British*
brizzolati (capelli ... *greying hair)*
broccoli *broccoli*
brodo *broth;* (riso in ... *rice soup)*
bruciare *to burn*
bruciarsi la mano *to burn one's hand*
brutto *ugly*
brutto tempo *to be bad weather*
Bruxelles *Brussels*
buca delle lettere *letter box*
buco *hole*
bufera *storm*
bufera di neve *blizzard*
bufera di vento *windstorm*
buffo *funny*
buio *dark*
buon anno *happy new year*
buon appetito *enjoy your meal*
buon compleanno *happy birthday*
buon Natale *happy Christmas*
buon viaggio *have a good journey*
buona fortuna *good luck*
buona giornata *have a nice day*
buona Pasqua *happy Easter*
buonanotte *good night*
buonasera *good evening*
buongiorno *good morning*
buono *good, nice*
burrasca *storm*
burro *butter*
bussola *compass*
busta *envelope*

C

c.a. (corrente anno) *Of this year*
C.A.P. (codice di avviamento postale) *Post code*
c.c.p. (conto corrente postale) *Current Postal Account*
c.m. (corrente mese) *Of this month*
C.P. (casella postale) *Post Office Box*
c.so (corso) *Main Street, Avenue*
c/c (conto corrente) *Current Account*
c/o (presso) *Care of*
c'è, ci sono *there is, there are*
cabina (telefonica) *telephone box*
cadere *to fall*
caffè (m) *coffee, coffee house, café, bar*
caffellatte/caffelatte (m) *milk with coffee*
caffettiera *coffee pot, coffee-maker*
calamaro *squid*
calcio (gioco del ...) *football*
caldo *hot*
caldo (ondata di ...) *heat wave*
calmo *calm, quiet*
calore (m) *heat*
calvo *bald-headed*

calze *socks, stockings*
calzini *socks*
calzolaio *cobbler, shoe-repair shop*
calzoni *trousers*
cambiamento *change*
cambiare *to change*
cambio (meccanico) *change gear*
cambio *exchange;* (corso del ... *rate of exchange)*
camera *room*
camera (da letto) *bedroom*
Camera dei Deputati *Chamber of Deputies*
cameriere (m) *waiter*
camicia *shirt*
caminetto *fireplace*
camion (m) *lorry*
camminare *to walk*
campagna *countryside*
campanello *bell*
campeggiare *to camp*
campeggiatore (m) *camper*
campeggio *campsite*
campestre *cross-country race*
campionato *championship*
campione (m) *champion*
campo *field, camp*
canale (m) *canal*
canarino *canary*
cancello *gate*
cancro *cancer*
candela *spark plug*
cane (m) *dog*
canna da pesca *fishing rod*
cannella *cinnamon*
cannelloni *cannelloni*
cantante (m/f) *singer*
cantare *to sing*
cantina *cellar*
canzone (f) *song*
capace *able*
caparra *deposit*
capelli (m, pl.) *hair*
capire *to understand*
capirsi *to understand each other*
capitale (f) *capital*
capitalismo *capitalism*
capocuoco *chef*
Capodanno *New Year's Day*
capolavoro *masterpiece*
capolinea (m) *terminus*
cappello *hat*
cappotto *(over) coat*
cappuccino *cappuccino*
capretto *kid (goat)*
carabiniere *policeman*
caraffa *carafe, decanter*
caramella *sweet*
caratteristico *distinctive*
carbone *coal*
carburante (m) *fuel*
carciofo *artichoke*
carestia *famine*
carino *pretty, lovely*
carnagione (f) *complexion*
carne (f) *meat*
carne bianca (f) *white meat*
carne congelata *frozen meat*
carne di cervo *venison*
carne in scatola *tinned/canned meat*
carne tritata *minced meat*
caro *dear, expensive*
carota *carrot*
carrello *trolley*
carriera *career*
carta *paper;* (un foglio di ... *a sheet of ...)*
carta assegni *cheque card*
carta *map;* (... automobilistica *road ...)*
carta d'identità *identity card*
carta d'imbarco *boarding pass*
carta da lettere *writing paper*
carta di credito *credit card*
carta geografica *map*
carta verde *green card*
carta *menu;* (... dei vini, alla ... *wine list, à la carte)*
cartello *sign;* (... indicatore *direction sign)*
cartina geografica *(small) map*
cartoleria *stationery (shop)*
cartolina (postale) *postcard*
cartoni animati *cartoons*
casa *home, house*
casa (fatto in ....) *homemade*
casa (seconda ...) *holiday home*
casa colonica *farmhouse*
casa dello studente *(university) students' hostel*
casa di campagna *house in the country*
casa di cura *nursing home*
casa di riposo *rest home*
casa dolce casa *home sweet home*
casa in affitto *rented house*
casa/villetta unifamilare *detached house*
casalinga *housewife*
casalinghi *household articles*
casco *helmet*
casello (di autostrada) *tollgate*
cassa *cash desk, till*
cassa continua *night safe*
Cassa di Risparmio *(Savings) Bank*
cassaforte *safe*
cassapanca *linen chest*
casseruola *saucepan*
cassetta delle lettere *letter box*
cassetto *drawer*
cassiere *cashier*
castagna *chestnut*
castano *brown, hazel*
castello *castle*
categoria di lusso *de luxe category*
catinelle (piove a ...) *it rains cats and dogs*
cattedra *teacher's desk*
cattedrale (f) *cathedral*
cattivo *bad, nasty, naughty*
causa *cause*
cavallo *horse*
cavatappi (m, sing.) *corkscrew*
caviglia *ankle*
cavolfiore (m) *cauliflower*
cavolo *cabbage*
celeste *light blue*
celibe (m) *single*
cena *supper, evening meal, dinner*
cenare *to dine*
centigrammo *centigramme*
centilitro *centilitre*
centimetro *centimetre*
cento metri *hundred metres*
centrale *central*
centrale elettrica *electric power plant*
centrale eolica *wind farm*
centrale idroelettrica *hydroelectric power plant*
centrale nucleare *nuclear power plant*
centralinista (m/f) *operator*
centralino *telephone exchange*
centro *centre*
centro commerciale *shopping centre*
centro giovanile *youth club*
ceramica *pottery*
cercare *to look for*
cerino *(waxed) match*
cerotto (adesivo) *(sticking) plaster*
certamente *of course, certainly*
certificato *certificate*
certo *certain*
cestino *basket*
cetriolo *cucumber*
che cosa? *what?*
che peccato! *what a pity!*
che tempo fa? *what's the weather like?*
chi parla? *who is speaking?*
chiacchierone *chatterbox, chatterer*
chiamare *to call*
chiamata telefonica *telephone call*
chiaro *clear, light*
chiasso *noise*
chiave (f) *key*
chiazza di petrolio *oil slick*
chiedere *to ask*
chiesa *church*
chilo *kilogramme*
chilogrammo *kilogramme*
chilometro *kilometre*
chimica *chemistry*
chimico *chemical*
chitarra *guitar*
chiudere *to close, to shut*
chiuso *closed*
ciascuno *each*
cibo *food*
ciclismo *cycling*
ciclone (m) *cyclone*
cielo *sky*
ciliegia *cherry*
cima *peak;* (in ... a *on the top of)*
cincin! *cheers!*
cinema (m) *cinema*
cinepresa *cine camera*
cinghiale (m) *wild boar*
cintura *belt*
cintura di sicurezza *seat belt*
cioccolata *chocolate*
cipolla *onion*
circa *about*
circo *circus*
circolazione vietata *no through road*
circolo *club*
circostante *surrounding*
città *city, town*
classe (f) *class*
classico *classic*
cliente (m/f) *customer*
clima (m) *climate*
clinica *clinic*
club (m) *club*
cocorita *small parrot*
coda di cavallo *ponytail*
coda/fila *queue;* (fare la ... *to queue up)*
codice della strada (m) *highway code*
cofano *bonnet*
cognato *brother-in-law*
cognome (m) *surname*
coincidenza *connection*
colazione (prima ...) (f) *breakfast*
collana *necklace*
collant *tights;* (un paio di ... *a pair of ...)*
colle (m) *hill, pass*
collega (m/f) *colleague*
collegio *boarding school*
collezionare *to collect*
collezione (f) *collection*
collina *hill*
collinoso *hilly*
collisione (f) *collision*
collo *neck*
colore (m) *colour*
colpa *fault*
colpo di sole *sunstroke*
coltello *knife*
coltivare *to cultivate*
coltivazione biologica *organic farming*
colto *well-educated*
come *as, how, like*
come stai? come sta? (formal), *how are you?*
cominciare *to begin, to start*
cominciare *to begin;* (... a fare ... *to)*
commerciale *commercial, trade*
commerciante (m/f) *trader, shopkeeper*
commercio *commerce, trade*
commesso *shop-assistant*
commissariato *police station*
commissione (f) *commission*
comodinio *bedside table*
comodità *comfort*
comodo *comfortable*
compagno *partner*
compere (f, pl.) *shopping*
compilare *to compile, to fill in*

compito *homework*
compleanno *birthday*
completamente *completely*
completo *full*
complimentarsi *to compliment, to congratulate*
complimenti! *Well done! Congratulations!*
comprare/comperare *to buy*
comprensivo *understanding*
compreso (incluso) *included*
compressa *tablet*
computer (m) *computer*
con piacere *with pleasure*
concerto *concert*
concime (... chimico) *(chemical ...) fertilizer*
concorso *competition*
concreto *practical*
condire *to dress (salad)*
condividere *to share*
condominio *joint ownership*
condotta *behaviour*
conducente (m/f) *driver*
confortevole *comfortable*
congelatore (m) *freezer*
congratulazioni *congratulations*
coniglio *rabbit*
coniugato *married*
conoscente (m/f) *acquaintance*
conoscenza *acquaintance*
conoscere *to know, to meet*
conseguenza *consequence*
consigliare *to advise, to recommend*
consolato *consulate*
contare *to count*
contenitore *container*
contento *happy, glad, pleased, satisfied*
continuare *to continue*
conto *bill, amount*
conto corrente *current account*
contorno *vegetables, side dish*
contro *against*
controllare (verificare) *to check*
controllo *check*
controllore (m) *ticket collector, inspector*
coperta *cover, blanket*
coperto/a *covered;* (piscina ... *indoor swimming pool);* (campo da tennis ... *indoor tennis court)*
coperto (cielo ...) *cloudy, overcast*
coperto (prezzo) *cover charge*
copertone (m) *tyre*
copripiumone (m) *duvet cover*
coraggioso *courageous*
corda *cord, rope*
coriandolo *coriander*
coricarsi *to go to bed, to lie down*
cornetto *croissant, 'cornetto'*
correggere *to correct, to mark*
correre *to run, to speed*
corretto *correct*
corriera *coach*
corrispondenza *correspondence, mail*
corruzione *corruption*
corso *main street, avenue*
corso *course;* (... serale *evening class)*
cortese *kind, polite*
cortile (m) *playground, courtyard*
corto *short*
cosa *thing*
costa *coast, shore*
costa di sabbia/ghiaia/scoglio *sandy / pebbly / rocky beach*
costare *to cost*
costoso *expensive, dear*
costruito *built*
costume da bagno (m) *swimming costume*
cotoletta (... di vitello) *cutlet, (veal ...)*
cotone (m) *cotton*
cotone idrofilo *cotton-wool*
cozze (f, pl.) *mussels*
cravatta *tie*
credenza *sideboard, dresser*
credito *credit*
crema *cream, custard*
crema solare *suntan lotion*
criceto *hamster*
cricket (m) *cricket*
criminalità *crime*
crisi *crisis*
cristalleria *crystalware*
crociera *cruise*
crostata *tart*
cuccetta *couchette*
cucchiaiata *spoonful*
cucchiaino *teaspoon*
cucchiaio *spoon*
cuccia *dog's bed*
cucciolo *puppy*
cucina *kitchen*
cucina a gas *gas cooker*
cucina componibile *fitted kitchen*
cucina elettrica *electric cooker*
cucinare *to cook*
cucire *to sew*
cugino *cousin*
cultura *culture, education*
cuocere *to cook*
cuocere a bagnomaria *to steam*
cuocere ai ferri *to grill*
cuocere al forno *to bake*
cuocere in umido *to stew*
cuoco *cook*
cuore (m) *heart*
curioso *curious*
curva *bend;* (... a sinistra *left turn)*
cuscino *cushion, pillow*

D

d'accordo *agreed*
da *from, to, by*
da nessuna parte *nowhere*
da parte (mettere ...) *to put aside*
da parte di *on behalf of*
da questa parte *on this side*
dama *draughts*
danese *Danish*
Danimarca *Denmark*
danneggiare *to damage*
danno *damage*
dappertutto *everywhere*
dare *to give*
dare da mangiare *to feed*
dare la precedenza *to give way*
dare un esame *to take an examination*
data *date*
data di nascita *date of birth*
dattilografia *typing*
davanti a *opposite, in front of*
debito *debt*
debole (in) *weak (in)*
decidere *to decide*
decollare *to take off*
decorare *to decorate*
decoratore (m) *decorator*
delizioso *delicious*
democratico *democratic*
denaro *money*
denti *teeth*
dentifricio *toothpaste*
dentista (m/f) *dentist*
dentro *inside*
deodorante (m) *deodorant*
depliant (m) *leaflet, brochure*
depositare *to deposit*
deposito *deposit;* (... bagagli *left luggage office)*
depressione *depression*
deputato *Deputy, member of parliament*
descritto *described*
descrizione (f) *description*
desertificazione (f) *desertification*
deserto *desert*
desidera? *can I help you?*
desiderare *to wish, to want*
destinatario *addressee*
destinazione (f) *destination*
destra *right;* (a ... *on the ...,* di ... *right-wing)*
detestare *to detest, to hate*
di *of*
di buon'ora *early*
di fronte a *opposite, in front of*
di gran lusso *luxurious*
di mattina *in the morning*
di nuovo *again*
di solito *usually*
di sopra (al piano ...) *upstairs*
di sotto (al piano ...) *downstairs*
diapositiva *slide, transparency*
diarrea *diarrhoea*
dibattere *to debate*
dicembre *December*
dichiarare *declare;* (niente da ... *nothing to ...,* qualche cosa da ... *something to ...)*
dichiarazione (f) *statement*
dieta *diet*
dietro *behind*
differente *different*
differenza *difference*
difficile *difficult*
difficoltà *difficulty*
dimenticare *to forget*
dinamico *dynamic*
dintorni *surroundings*
diossina *dioxin*
dipende da *it depends on*
diploma (m) *diploma,* (...di maturità *school leaving certificate)*
dire *to tell, to say*
direttore (m) *manager, director*
direttore (scuola) (m) *headmaster*
direttrice (scuola) (f) *headmistress*
direzione (f) *direction*
direzione (la ...) *management*
dirigersi *to make for*
diritto *right, straight on*
diritto (legge) *law*
disarmo *disarmament*
disastro *disaster*
disboscamento *deforestation*
discarica (di rifiuti) *(rubbish) tip*
discarica di rifiuti tossici *toxic waste dump*
disco *disc, record*
disco orario *parking disc*
discoteca *discotheque*
discutere *to discuss*
disoccupato *unemployed*
disoccupazione *unemployment*
dispensa portatile *food box*
dispiacere *dislike, to regret, to be sorry*
dispiaciuto *sorry, annoyed, displeased*
distante da *from*
distanza *distance*
distare *to be a long way from, to be far*
distributore (di benzina) (m) *petrol pump*
distruggere *to destroy*
dita (f, pl) *fingers*
dito *finger*
ditta *firm, company*
divano *settee*
divano letto *bed settee*
diventare/divenire *to become*
diversione/deviazione (f) *diversion*
diverso *different*
divertente *amusing*
divertimenti *amusements*
divertimento *amusement*
divertirsi *to enjoy oneself*
divieto di campeggio *no camping*

divorziato *divorced*
doccia *shower*
docile *docile*
documenti *documents*
documento di riconoscimento *proof of identity*
dogana *customs*
doganiere, guardia di finanzia *customs officer*
dolce, dessert (m) *sweet, dessert*
dolore (m) *pain*
domandare *to ask*
domani *tomorrow*
domenica *Sunday*
donna *woman*
dopo *after*
dopodomani *the day after tomorrow*
doppi servizi *two bathrooms*
doppia *double*
dormire *to sleep*
dormitorio *dormitory*
dotato di *equipped with*
Dott. (Dottore) *Dr.*
Dott.ssa (Dottoressa) (f) *Dr.*
dottore (m) *doctor*
dove; dov'è? *where; where is it?*
dovere *duty, to have to*
dovunque *everywhere*
dozzina *dozen;* (mezza ... *half a ...)*
drogheria *grocer's (shop)*
dubbio (senza ...) *doubt (no ...)*
dubitare *to doubt*
duomo *cathedral*
durante *during*
durare *to last*
durata *duration, length*
duro *hard*

E

è necessario *it is necessary*
è tutto? *is that all?*
eccellente *excellent*
eccetto *except*
ecologia *ecology*
ecologico (equilibrio ...) *ecological (... balance)*
economia *economics*
ecosistema (m) *ecosystem*
edicola *newspaper kiosk*
edificio *building*
Edimburgo *Edinburgh*
educato *polite*
educazione (f) *upbringing, education*
... artistica *arts*
... civica *civics*
... fisica *physical education*
... musicale *music*
... tecnica *technical education*
effetto serra *greenhouse effect*
egoista *selfish*
Egr. Sig. (Egregio Signore) *Dear Sir*
elefante (m) *elephant*
elegante *elegant, smart*
elementare; (scuola ...) *elementary; (primary school)*
elenco telefonico *telephone directory*
elettricista (m) *electrician*
elettricità *electricity*
elettrico *electric*
elettrodomestici *electric household appliances*
elettronica *electronics*
elezione (f) *election*
emigrazione (f) *emigration*
energia *energy, power*
energia alternativa *alternative energy*
energia atomica *atomic energy*
energia eolica *wind energy*
energia solare *solar energy*
ente per il turismo (m) *tourist board*
entrare *to enter*
entrata *entrance, hallway, admission*
entro *within, into*
entroterra *hinterland*
epidemia *epidemic*
Epifania/Befana *Epiphany (6th January)*
epoca *age, epoch*
equilibrio *balance*
equo *fair, just*
erba *grass*
erba cipollina *chive*
errore (m) *mistake, error;* (... d'ortografia *spelling mistake)*
esagerare *to exaggerate, to go too far*
esame (m) *exam*
esattamente *exactly, precisely*
esatto *exact*
esempio *example*
esistere *to exist, to be*
espresso *espresso (coffee)*
essere *to be*
essere ammesso *to be admitted*
essere di moda *to be in fashion*
essere nato *to be born*
est (m) *east*
estero (all'...) *abroad*
estivo *summer, summery*
età *age*
etto *100 grammes*
ettogrammo *hectogramme*
Euro Euro
Europa *Europe*
europeo *European*
eutanasia *euthanasia*

F

fa lo stesso *it's the same*
fabbrica *factory*
facchino *porter*
faccia *face*
facile *easy*
facoltativo *optional*
fagiano *pheasant*
fagioli *beans*
fagiolini *string beans, French beans*
falso *false*
fame (f) *hunger*
famiglia *family*
farcire *to stuff*
farcito *stuffed*
fare *to make, to do*
fare bel tempo/bello *to be good weather/fine*
fare attenzione *to be careful*
fare bella figura *to cut a fine figure*
fare brutta figura *to cut a poor figure*
fare brutto tempo *to be bad weather*
fare colazione *to have breakfast*
fare i compiti *to do (one's) homework*
fare il bagno *to bathe, to have a bath*
fare male *to hurt*
fare il numero *to dial the number*
fare il pieno *to fill it up*
fare l' auto-stop *to hitch-hike*
fare la coda/la fila *to queue*
fare la doccia *to have a shower*
fare la spesa *to do shopping*
fare le valigie *to pack one's suitcase*
fare un complimento *to pay a compliment*
fare un gol *to score a goal*
fare una raccomandata *to send a registered letter*
fare un viaggio *to take a journey*
fare una crociera *to go on a cruise*
fare una passeggiata *to go for a walk*
fare uno sbaglio *to make a mistake*
fare visita *to pay a visit*
farmacia *pharmacy, chemist's (shop)*
farmacista (m/f) *chemist, pharmacist*
farsi la barba *to shave*
farsi male *to hurt oneself*
farsi prestare *to borrow*
fascia *bandage*
fasciatura *dressing, bandages*
fattoria *farm*
fauna *fauna*
fauna (protetta) *(protected) wildlife*
fava *broad bean*
favorito *favourite*
fazzoletto *handkerchief*
febbraio *February*
febbre (f) *fever, high temperature*
febbre da fieno *hay fever*
fedele *faithful, staunch*
federa *pillow-case*
fegato *liver*
felice *happy*
felpa *sweatshirt*
femmina *female*
ferie (f, pl.) *holidays*
ferito *wounded*
fermarsi *to stop*
fermata (di autobus) *(bus) stop*
fermo posta *poste restante*
feroce *ferocious, fierce*
Ferragosto *Mid-August bank holiday(s)*
ferro *iron*
ferro (da stiro) *iron*
ferrovia *railway*
fessura *slot*
fetta *slice*
fiammiferi *matches*
fiammifero *match*
fiasco *flask*
fico *fig*
fidanzarsi *to become engaged*
fidanzato *fiancé*
figliastra *stepdaughter*
figliastro *stepson*
figlio *son*
figlio unico *only son*
filetto *fillet*
filo *cotton thread*
filobus (m) *trolley bus*
filoncino *long loaf*
finalmente *at last*
fine (f) *end*
finestra *window*
finestrino *window*
finire *to finish*
fino a *as far as, until*
finocchio *fennel*
fioraio *florist*
fiore (m) *flower*
fiore di zucca (m) *courgette flowers*
Firenze *Florence*
firma *signature*
firmare *to sign*
fisica *physics*
fissare *to fix*
fiume (m) *river*
flash (m) *flash (light)*
flora (protetta) *(protected) flora*
foglio *page, sheet*
fondo (gara di...) *long distance race*
fondo (in ... a) *at the bottom of, at the end of*
fontana *fountain*
forare *to have a puncture*
foratura *puncture*
forchetta *fork*
foresta *forest*; (... tropicale *tropical ...)*
foresteria *guest rooms*
forma *shape*
formaggio *cheese*
formidabile *formidable*
fornello a spirito/gas *spirit /gas stove*

forno a microonde *microwave oven*
forno (al ...) *oven baked*
forse *perhaps, may be*
forte *strong*
fortunatamente *luckily*
fortunato *lucky, fortunate*
foschia *mist*
foto (f) *photograph*
fotografia *photography*
fragile *fragile, weak*
fragola *strawberry*
fragore (m) *noise*
fragoroso *noisy*
francese (m) *French*
Francia *France*
francobollo *stamp*
frase (f) *sentence, phrase*
fratellastro/fratello acquisito *stepbrother*
fratello *brother*
freddo *cold*
frenare *to brake*
freno *brake*
frequentare *to attend*
fresco *fresh, cool*
fretta *hurry* (aver ... *to be in a ...)*
friggere *to fry*
frigo (rifero) *refrigerator*
frittata *omelet*
frittella *fritter*
fritto *fried*
frittura di pesce *(mixed) fried fish*
frizione *clutch*
frizzante *fizzy, sparkling*
fronte (di ... a) *opposite, in front of*
fronte (f) *forehead*
fronte caldo/freddo *warm / cold front*
frontiera *frontier*
frullare *to whisk, to whip*
frutta *fruit;* (... fresca/secca *fresh / dried ...)*
frutti di mare (m, pl.) *seafood, shellfish*
fruttivendolo *greengrocer's (shop)*
fulmine (m) *lightning*
fumatori *smoker;* (non ... *non-smoker)*
fungo *mushroom*
funzionare *to work, to function*
fuori *outside*
fuori servizio *out of order, out of service*
furgone (m) *(delivery) van*
furioso *furious*
furto *theft*
fusa (fare le ...) *to purr*
futuro *future*

G

gabbia *cage*
gabinetto *toilet*
galleria *gallery*
Galles *Wales*
gallese *Welsh*
galletta *cracker, biscuit*
gamba *leg*
gamberetti grigi/rossi *shrimps / prawns*
gambero *crayfish*
gara *competition*
garage (m) *garage*
garantire *to guarantee*
garanzia *guarantee*
gas di scarico *exhaust emission, fumes*
gassosa *fizzy lemonade*
gattino/micino *kitten*
gatto *cat*
gelare *to freeze*
gelata *frost*
gelateria *ice-cream (shop)*
gelato *ice cream*
geloso *jealous*
gemelli *twins*
generalmente *generally, usually*
genero *son-in-law*
generoso *generous*
genitore (m) *parent*
gennaio *January*
Genova *Genoa*
Gent. Sig.ra. (Gentile Signora) *Dear Mrs.*
gente (f, sing.) *people*
gentile *kind*
geografia *geography*
Germania *Germany*
gesso *chalk*
ghiacciato *frozen, ice-cold*
ghiaccio *ice*
già *already*
giacca *jacket*
giacca a vento *windcheater, anorak*
giallo *yellow*
giardino *garden*
ginocchio *knee*
giocare *to play*
giocare a carte *to play cards*
giocare a pallone *to play football*
giocare a bocce *to play bowls*
giocare a dama *to play draughts*
giocare a scacchi *to play chess*
giocare a tennis *to play tennis*
giocattolo *toy*
gioco *game*
gioielleria *jeweller's (shop)*
gioiello *jewel*
giornalaio *newsagent*
giornale (m) *newspaper*
giornalista (m,f) *journalist*
giornata *day*
giorno feriale *working day, weekday*
giorno festivo *holiday*
giorno/giornata *day*
giovane *young*
giovedì *Thursday*
gioventù (f) *youth*
girare *go around, to turn*
girare (un assegno) *to endorse (a cheque)*
giro *tour, trip*
gita *excursion, school trip, outing*
giù *down*
giugno *June*
giustizia *justice*
giusto *right, fair*
goder(si) *to enjoy (oneself)*
golf *golf*
gomma *rubber*
gomma (pneumatico) *tyre*
gonfiare *to inflate*
gonna *skirt*
governo *government*
gradi (centigradi) *degrees (centigrade)*
gradire *to appreciate, to like, to enjoy*
graffiare *to scratch*
grammo *gramme*
Gran Bretagna *Great Britain*
granchio *crab*
grande *big, grown-up, large*
grande magazzino *department store*
grandine (f) *hail*
granoturco/mais *sweetcorn, maize*
grasso *fat*
gratinare *to cook 'au gratin'*
grattugiare *to grate*
gratuito *free (of charge)*
grave *serious*
gravemente *gravely, seriously*
grazie *thank you*
grazie a *thanks to*
grazioso *pretty*
Grecia *Greece*
greco *Greek*
grigio *grey*
griglia (alla ...) *grilled*
grosso *big, large*
gruppo *group*
guadagnare *to earn*
guanti *gloves*
guardare *to look*
guardaroba (m) *wardrobe*
guarire *to recover*
guastarsi *to break, to fail*
guasto *breakdown, failure, out of order*
guerra *war*
guerriglia *guerilla warfare*
guida *guide*
guidare *to drive*
guidatore (m) *driver*
gusto *taste*

H

hamburger (m) *hamburger*
hockey su prato/ghiaccio *hockey / ice hockey*
hovercraft (m) *hovercraft*

I

I.C.E. (Istituto per il Commercio Estero) *Foreign Trade Institute*
I.V.A. (Imposta sul Valore Aggiunto),*Value Added Tax (V.A.T.)*
idea *idea*
identità *identity*
idraulico *plumber*
ieri *yesterday;* (l'altro ... *the day before ...)*
imbarcare *to embark, board*
Immacolata Concezione *Immaculate Conception (8th Dec.)*
immediatamente *immediately*
imparare *to learn*
impastare *to knead*
impermeabile (m) *raincoat*
impiegato *employee*
impiego *employment, job*
importante *important*
importato *imported*
impossibile *impossible*
imposta *tax, duty*
impostare/imbucare *to post*
imprestare/prestare *to lend*
improvvisamente *suddenly*
impulsivo *impulsive*
in *in, to, at, by*
in alto *up, there, up (above)*
in anticipo *early*
in basso *down, there, down (below)*
in buono stato *in good repair*
in fondo a *at the bottom of, at the end of*
in macchina/auto *by car*
in particolare *in particular*
in piedi *standing*
in più *more, extra*
in questo caso *in this case*
in ritardo *late*
inammissibile *inadmissible, intolerable*
incantevole *enchanting, delightful*
incendio *fire*
inchiesta *investigation, inquiry*
inchiostro *ink*
incidente (m) *accident*
incluso/compreso *included*
incontrare *to meet*
incontrarsi ancora *to meet again*
incontro *meeting*
incrocio *crossbreed*
incrocio (stradale) *crossing, crossroads*
indicare *to indicate, to show, to point out*
indigestione (f) *indigestion*
indipendente *independent*
indirizzo *address*
indossare *to put on*
indovinare *to guess*
industria *industry*
industriale *industrial*
infarinare *to flour*
infermiera *nurse*
infermiere (m) *male nurse*
infine *at last, finally*
inflazione (f) *inflation*

influenza *infuenza*
informare *to inform*
informarsi *to enquire (about)*
informatica *computer studies*
informazione (f) *information*
ingegnere (m) *engineer*
ingessare *to put in plaster*
inglese (m) *English*
ingorgo *(traffic) jam*
ingresso *entrance, hallway*
iniziare *to begin*
inquilino *tenant*
inquinamento *pollution*
inquinamento (... atmosferico/ acustico) *(air / noise ...) pollution*
inquinare *to pollute*
insalata verde *green salad*
insalata *salad, lettuce;* (... mista *mixed ...)*
insegnante (m/f) *teacher*
insegnare *to teach*
inserire *to insert*
inserzione *advert*
insieme (... a), *together, (... with)*
insopportabile *unbearable*
insultare *to insult*
intelligente *intelligent*
intendere *to understand*
intenzione (f) *intention*
interamente *entirely, completely*
interessante *interesting*
interessare *to interest*
interessarsi di *to be interested in*
interesse (m) *interest*
interno *extension*
intervallo *break*
intorno a *around*
introdurre *to insert*
investire *to collide with, to run over*
invitare *to invite*
invito *invitation*
involtini *roulade, rolled fillets*
Irlanda *Ireland*
irlandese *Irish*
irritarsi *to get angry, to get annoyed*
iscrizione (f) *enrolment*
isola *island*
isola/zona pedonale *pedestrian zone*
isolamento *isolation*
isolato *isolated, remote*
istituto di credito *bank*
istruito *educated, learned*
istruzione (f) *education*
istruzioni *instructions;* (... per l'uso *directions for use)*
Italia *Italy*
Italiani *the Italians*
italiano *Italian*

J

jeans (m, pl.) *jeans*
judo *judo*

K

karaté *karate*

L

l'altro ieri *the day before yesterday*
là, lì *there*
labbra (f, pl) *lips*
laboratorio *laboratory, work shop*
ladro; (al ...!) *burglar, pickpocket; (stop thief!)*
laggiù *down there*
lago *lake*
lamentarsi *to complain*
lampada a gas *gas lamp*
lampadina *light bulb*
lampeggiare *to lighten*
lampo *flash of lightning*
lampone (m) *raspberry*
lana *wool*
largo *large, broad, wide*
lasagne (f, pl.) *lasagna*
lasciare *to leave*
lassù *up there*
latino *Latin*
lato *side*
latte (m) *milk*
latteria *dairy*
lattina *can, tin*
lattuga *lettuce*
laurea *degree*
laurearsi *to graduate*
lavabo *washbasin*
lavaggio *washing;* (... automatico/a mano *automatic / hand car wash)*
lavagna *blackboard*
lavanderia *laundry*
lavanderia (automatica) *launderette*
lavandino *basin, sink*
lavare *to wash*
lavarsi *to wash (oneself)*
lavasecco/lavanderia a secco *dry-cleaner's (shop)*
lavastoviglie (f) *dish-washer*
lavatrice (f) *washing machine*
lavatura a secco *dry cleaning*
lavello *sink*
lavorare *to work*
lavori in corso *work in progress*
lavoro *work, job;* (... manuale *manual work)*
leggere *to read*
leggero *light*
legno *wood*
lenzuola (f, pl) sheets
lenzuolo *sheet*
leone (m) *lion*
lessare *to boil*
lesso *boiled meat*
lettera *letter*
letteratura *literature*
letto *bed*
letto a castello *bunk bed*
lettore CD/DVD (m) *CD / DVD player*
lettura *reading*
lezione (f) *lesson*
libero *free*
libertà *freedom*
libreria (negozio di libri) *bookshop*
libreria/scaffale *bookcase*
libretto (di circolazione) *log book*
libretto d'assegni *cheque book*
libro *book*
lievitare *to rise*
lilla *lilac*
limite di velocità (m) *speed limit*
limonata *lemonade*
limone (m) *lemon*
limpido *clear, limpid*
linea *line*
lingua *tongue*
lingua (straniera) *(foreign) language*
lingue moderne *modern languages*
lino *linen*
liquore (m) *liqueur;* liquori *liquor, spirits*
lisci (capelli ...) *straight hair*
lista/elenco *list*
litigare *to argue*
locale (artigianato ...) *local (handicraft)*
locale (m) *room, place, premises*
località *locality, place, area*
locanda *inn*
Londra *London*
lontananza *distance*
lontano *far;* (... da ... *from)*
lotta *wrestling*
luce (f) *light*
lucidatrice (f) *floor-polisher*
luglio *July*
luna *moon*
lunedì *Monday*
Lunedì dell'Angelo/di Pasqua *Easter Monday*
lungo *long*
luogo *place*
luogo di nascita *place of birth*
lussemburghese *Luxemburger*
Lussemburgo *Luxemburg*
lussuoso *luxurious*

M

maccheroni *macaroni*
macchina *car, machine*
macchina fotografica *camera*
macedonia (di frutta) *fruit salad*
macellaio *butcher*
macelleria *butcher's (shop)*
madre (f) *mother*
maestrale (m) *north-west wind, mistral*
maestro *(primary) teacher*
magazzino *store, warehouse, shop*
maggio *May*
maggiorana *(sweet) marjoram*
maggiore (più anziano) *older, elder*
maglia *jersey*
maglietta/T-shirt (f) *T-shirt*
maglione *jumper, sweater*
magnifico *magnificent, splendid*
magro *thin*
maiale (m) *pork, pig*
maionese (f) *mayonnaise*
mal di mare *sea-sickness*
malato *ill*
malattia *illness*
male *bad*
male di stomaco *stomach ache*
maleducato *bad-mannered*
malgrado *in spite of*
maltempo *bad weather*
mamma *mummy, mother*
mamma mia! *good heavens! my goodness!*
mancare *to lack*
mancia *tip*
mandare *to send*
mandarino *tangerine*
mangiare *to eat*
manifestazione (f) *demonstration*
mano (f) *hand*
manzo *beef*
maratona *marathon*
marca *make*
marcia *walking*
marciapiede (m) *pavement*
marcio *rotten*
mare (m) *sea*
mare agitato *very rough sea*
mare molto mosso *rough sea*
mare poco mosso *slight sea*
mare *sea;* (al ... *at the seaside)*
marea *tide*
marito *husband*
marmellata jam, *marmalade*
marmitta catalitica *catalytic converter*
marrone *brown*
martedì *Tuesday*
marzo *March*
maschio *male*
massa di aria calda *mass of hot air*
massa di aria fredda *mass of cold air*
matematica *maths*
materasso *mattress*
matita *pencil*
matrigna *stepmother*
matrimonio *marriage, wedding*
mattina/mattino/mattinata *morning*
mazzuolo *mallet*
meccanico *mechanic*
medicamento *medicament, medicine*
medicina *medicine*
medicinale *medicinal, medicine*
medico *doctor*

medievale *medieval*
medio *medium, average*
Mediterraneo *Mediterranean*
meglio *better*
mela *apple*
melanzana *aubergine*
melone (m) *melon*
membro *member*
meno *less;* (un po'... *a bit ...)*
mensa *canteen, refectory*
mensola *shelf*
menta *mint*
mento *chin*
menu/menù (m) *menu*
meraviglioso *wonderful*
mercato *market*
mercoledì *Wednesday*
merenda *(afternoon) snack*
meridionale *southern*
merluzzo *cod*
mescolare *to mix, to stir*
mese (m) *month*
mesi estivi/invernali *summer/winter months*
mestolo *ladle*
metà *half*
metallo *metal*
metano *methane*
metro *metre*
metropolitana *underground railway*
mettere *to put, to wear*
mettere via *to put away*
mezza pensione *half board*
mezzanotte (f) *midnight*
mezzi pubblici *public transport*
mezzo *half*
mezzo *middle;* (in ... a *in the ... of)*
mezzogiorno *midday*
mi dispiace di... *I regret that..*
mi piace *I like it;* mi piacciono; *I like them*
miagolare *to mew, to miaow*
miglio *mile;* miglia (pl.)
miglioramento *improvement*
migliorare *to improve*
migliore *better*
Milano *Milan*
mille *thousand*
millilitro *millilitre*
millimetro *millimetre*
minestra *soup*
minestrina *thin soup broth*
minestrone (m) *minestrone, vegetable soup*
ministro *minister*
minore (più giovane) *younger*
misura *size*
mite *mild*
mittente (m/f) *sender*
mobile (m) *piece of furniture*
moda *fashion*
modello *model*
modesto *modest*
modulo *form*
moglie (f) *wife*
molto *much, a lot of, very much*
momento *moment*
monarchia *monarchy*
mondo *world*
moneta *coin*
monolocale *one room flat*
monotono *monotonous, dull*
montagna *mountain;* (in ... *in the ...s)*
monte (m) *mountain*
montone (m) *mutton*
monumento *monument*
moquette (f) *fitted carpet*
mora *blackberry*
morale (f) *ethics*
mordere *to bite*
morire *to die*
mortadella *'mortadella'*
morto *dead*
mosso *rough*
mostrare *to show*
moto (cicletta) (f) *motorcycle*
moto (f) *motorbike*
motociclismo *motor-cycling*
motociclista (m/f) *motorcyclist*
motocross *motocross*
motore (m) *engine*
motorino *moped*
motoscafo *motor boat*
mozzarella *'mozzarella'*
multa *fine*
municipale *municipal, local government, of the town*
municipio *town hall*
muro *wall*
muscoloso *muscular*
museo *museum*
musica *music*
musica classica *classical music*
musica popolare *folk music*
mutande (f, pl), *underpants, panties, briefs*

N

nafta *diesel*
nailon *nylon*
Napoli *Naples*
nasello whiting
naso *nose*
Natale *Christmas*
nato *born*
natura *nature*
naturale *natural*
naturalmente *of course, naturally*
nave (f) *ship*
nazionalismo *nationalism*
nazione (f) *nation*
nebbia *fog*
negoziante (m/f) *shopkeeper*
negozio *shop*
neonato *(newborn) baby*
nero *black, dark*
nervoso *irritable, nervous*
nessuno *no-one, nobody, none*
netto *net, clear*
neve (f) *snow*
nevicare *to snow*
nevischio *sleet*
nevoso *snowy*
niente *nothing*
nipote (m/f) *nephew, niece, grandson, granddaughter*
nocciola *hazelnut*
noce *walnut*
noce moscata *nutmeg*
nodo *knot*
noioso *boring*
noleggiare *to hire*
nolo (prendere a ...) *hire (to ...)*
nome (m) *name*
non funziona *out of order, does not work*
non ne vale la pena *it is not worth it*
non vedere l'ora di *to look forward to*
nonno *grandfather*
nonostante *in spite of*
nord (m) *north*
normale *normal*
notte (f) *night*
novembre *November*
nozze (f, pl.) *wedding*
Ns. (Nostro) *Our*
nube (f) *cloud*
nubifragio *downpour, cloud-burst*
nubile (f) *single*
numero *number*
numeroso *numerous, large*
nuora,*daughter-in-law*
nuotare *to swim*
nuoto *swimming*
nuovo *new*
nuovo di zecca *brand new*
nuvola *cloud*
nuvolosità *cloudiness*

O

obbligatorio *compulsory, obligatory*
occasioni *bargains*
occhi *eyes*
occhiali *glasses, spectacles*
occhiali da sole *sunglasses*
occhio *eye*
occidente *western*
occuparsi di *to occupy oneself with, to deal with*
occupato *engaged, occupied*
odiare *to hate*
officina *workshop*
offrire *to offer*
oggetti smarriti *lost property*
oggi *today*
Olanda *Holland*
olandese *Dutch*
olio *oil*
olio d'oliva *olive oil*
olio di semi *vegetable oil*
oliva *olive*
ombra *shadow, shade*
ombrello *umbrella*
ombrellone (m) *beach umbrella*
ondata di caldo *heat-wave*
ondata di freddo *cold-wave*
ondulato *wavy*
onesto *honest*
opera *opera*
operaio *workman*
operazione (f) *operation*
opinione (f) *opinion*
opuscolo *booklet, brochure*
ora *hour, time, now*
ora di pranzo *lunch time*
orario *timetable*
orario di ufficio *office hours*
orata *gilthead bream*
orchestra *orchestra*
ordinare *to order*
ordinato *tidy, neat*
ordine (m) *order*
ore dei pasti *meal time*
ore di punta *rush hours*
orecchino *earring*
orecchio (pl. le orecchie) *ear*
orgoglioso *proud*
orientale *eastern*
origano *oregano, origan*
oro *gold*
orologio *watch*
orso *bear*
orto *vegetable garden*
ospedale (m) *hospital*
ospitalità *hospitality*
ospite (m/f) *guest*
osservare *to observe, to watch*
osso *bone*
ostello della gioventù *youth hostel*
ostrica *oyster*
ottico *optician, optical*
ottimista *optimist*
ottimo *very good, excellent*
ottobre *October*
otturazione (f) *filling*
ovatta *cotton wool*
ovest (m) *west*
ovunque *everywhere*
ozono (il buco nell'...) *the hole in the ozone layer*

P

P.T. (Poste e Telegrafi) *Post and Telegraph*
P.za (Piazza) *Square*
pacchetto *(small) packet, parcel*
pacco *parcel*
pace (f) *peace*
padella *frying pan*
padre (m) papà *father, daddy*
padrone (proprietario) (m) *owner*
padrone di casa (m) *landlord, owner*
paesaggio *landscape, scenery*
paesi (... in via di sviluppo/industrializzati) *(developing/developed ...) countries*
paga *pay, salary, wage*
pagamento *payment*
pagamento anticipato *payment in advance*
pagare *to pay*
pagare l'affitto *to pay the rent*

pagina *page*
Pagine Gialle *Yellow Pages*
pagnotta *round loaf*
paio *pair;* (un ... di lenzuola *a ... of sheets)*
palazzo *building, block of flats, palace*
palestra *gymnasium*
palla *ball*
pallacanestro *basketball*
pallamano *handball*
pallanuoto *water-polo*
pallavolo *volleyball*
pallido *pale*
pallone (m) *football*
pancia *paunch, tummy*
pane (m) *bread*
pane grattugiato *breadcrumb*
panetteria/fornaio *baker's (shop)*
panino *roll;* (... imbottito *filled roll, sandwich)*
panna *cream;* (... montata *whipped ...)*
panne (rimanere in ...) *(to have a ...) breakdown*
panorama (m) *view, panorama*
pantaloni *trousers;* (paio di ... *a pair of ...)*
pappagallino *budgerigar*
pappagallo *parrot*
paraurti *bumper*
parcheggiare *to park*
parcheggio custodito *attended car-park*
parchimetro *parking meter*
parco *park*
parecchio *quite a lot of*
parente (m/f) *relative*
Parigi *Paris*
parlamento *parliament*
parlare *to talk*
parrucchiere (m) *hairdresser*
parte *side*
partecipare *to take part in*
partenza *departure;* (in ... *leaving)*
parti *parts;* (da queste ... *around here)*
partire *to leave*
partita *match, game*
partito *party (pol.)*
Pasqua *Easter*
passante (m/f) *passer-by*
passaporto *passport*
passare *to pass*
passare *to pass, to spend*
passatempo *pastime, hobby*
passato *past*
passeggero *passenger*
passeggiare *to stroll, to walk*
passeggiata *stroll, walk*
passi (a due ... da qui) *a stone's throw from here*
pasta *pasta, pastry*
pasticceria *confectioner's (shop), pastry shop*
pastificio *pasta factory*
pastiglia *tablet*
pasto *meal*
pasto pronto *ready to eat meal*
patata *potato*
patate fritte *chips, French fries*
patatine *potato crisps*
patente (f) *driving licence*
patrigno *stepfather*
pattinaggio *skating;* ... (a rotelle *roller-...;* su ghiaccio *ice-...)*
pattinare *to skate*
pattinare su ghiaccio *to ice-skate*
pattini a rotelle *roller-skates*
pattumiera *dustbin*
paziente (m/f) *patient*
pazzo *crazy*
peccato (che ...!) *what a pity!*
pedaggio *toll*
pedone (m) *pedestrian*
peggioramento *worsening*
peggiorare *to deteriorate*
peggiore *worse*
pelare *to peel*
pelle (f) *leather, skin*
pelle/cuoio *leather*
pendio *slope*
penna *pen*
pensionato/in pensione *retired, senior citizen*
pensione (... completa) *board (full ...)*
pentola *saucepan, pot, pan*
pentola a pressione *pressure cooker*
pepe (m) *pepper*
peperoncino *paprika, hot pepper*
peperone (m) *pepper;* (... rosso/verde *red/green ...)*
per cento *percent*
per cortesia *please*
per favore/piacere *please*
pera *pear*
perdere *to lose, to miss*
perdersi *to get lost*
perdita *leak*
perfetto *perfect*
pericolo *danger*
pericoloso *dangerous*
periferia *suburb*
permaloso *touchy, irritable*
permesso *permission*
permesso di soggiorno *residence permit*
permettere *to permit, to allow*
permettersi *to take the liberty*
permutare *to exchange*
però *however*
persona *person*
personale (m) *staff, personnel*
perturbazione atmosferica *atmospheric disturbance*
pesante *heavy*
pesare *to weigh*
pesca *peach*
pescare *to fish*
pesce (m) *fish*
pesce rosso (m) *goldfish*
pescespada (m) *swordfish*
pescheria *fishmonger's (shop)*
peso (...netto) *weight (net ...)*
pessimista *pessimist*
pesticida *pesticide*
petroliera *(oil) tanker*
pettinarsi *to comb one's hair*
pezzi di ricambio *spare parts*
pezzo *piece, a bit*
piacere *to like, to please*
piacere! *pleased to meet you!*
piacevole *pleasant*
piangere *to cry*
piano *floor;* (primo ... *first ...)*
piano *floor, storey*
pianoforte (m) *piano*
pianta *plant*
pianta (... della città) *map (... of the town)*
pianterreno *ground floor*
pianura *plain*
piattino *saucer*
piatto *plate, dish*
piatto del giorno *dish of the day*
piazza *square*
piccante *spicy, hot*
picchetto *tent-peg*
picco *peak*
piccolo *small*
picnic (m) *picnic*
piede (m) *foot*
piedi (a ...) *on foot*
pieno *full;* (fare il ... *to fill it up)*
piercing (m) *piercing (body)*
pietanza *course, dish*
pietra *stone*
pigiama (m) *pyjamas*
pigro *lazy*
pila *battery, torch*
pillola *pill*
pilota *pilot*
piogge acide *acid rain*
pioggia *rain*
piovasco *squall*
piovere *to rain*
piovigginare *to drizzle*
piovoso *rainy*
piscina *swimming pool*
piselli *peas*
pista *rink, (ski) run, (dance) floor, track, piste*
pittoresco *picturesque*
pittura *painting, paint*
pitturare *to paint*
più *more*
piumone (m) *duvet, quilt*
piuttosto *rather*
pizza *pizza*
pizzeria *pizzeria*
plastica *plastic;* (sacchetto di ... *... bag)*
platessa/pianuzza *plaice*
pneumatico *tyre*
poco *(a) little, not much*
poco (fra ...) *in a short while*
poco cotto *underdone*
podere (m) *farm*
poesia *poetry, poem*
poeta (m) *poet*
poi *then*
politica *politics, policy*
polizia *police*
Polizia Municipale/Urbana *'City Police'*
poliziotto *policeman*
pollo *chicken;* (... arrosto *roast ...)*
polpette (... di carne) *meatballs*
polpo *octopus*
poltrona *armchair*
pomata *ointment, cream*
pomeriggio *afternoon*
pomodoro *tomato*
pompelmo *grapefruit*
pompiere (m) *fireman*
ponte (m) *bridge*
porcellana *porcelain, china*
porcellino d'India *guinea-pig*
porpora *purple*
porro *leek*
porta *door*
portabagagli (m) *porter*
portacenere (m) *ashtray*
portachiave (m) *key-ring*
portafoglio *wallet*
portamonete (m) *purse*
portare *to carry, to bring, to take, to wear*
portiera *door*
porto *port, harbour*
Portogallo *Portugal*
portoghese *Portuguese*
posate (f, pl.) *cutlery*
posizione (f) *position, situation*
possessivo *possessive*
possibile *possible*
posta *mail*
posta aerea *air mail*
Posta Centrale *General Post Office*
posteggio *space*
posti letto *beds*
postino/portalettere *postman*
posto *place, space, seat;* (...di lavoro *job)*
potere *to be able*
povero *poor*
povertà *poverty*
PP.TT. (Poste e Telecomunicazioni) *Post & Telecommunications*
pranzare *to have lunch*
pranzo *lunch, main meal*
pratico *practical*
prato *meadow, lawn*
precipitazione (f) *precipitation*
preferire *to prefer*
prefisso *area code (telephone)*
prego! *don't mention it!, you are welcome!*
premere *to press;* (... il bottone *... the button)*
prendere, *to take*
prendere in prestito, *to borrow*
prenotare *to book*
prenotazione (f) *reservation*
preoccuparsi *to worry, to be troubled*
preoccupazione (f) *worry, concern*

preparare *to prepare, to make*
preparare da mangiare *to prepare a meal*
presa (di corrente) *socket*
presentare *to introduce*
presente *present*
preside (m/f) *headmaster/ mistress*
presidente (m) *president*
presidente del consiglio *prime minister*
pressione (f) *pressure*
presso *close to, near, care of*
prestare *to lend*
prestito *loan*
presto *soon*
presto! *quick!*
prevedere *to forecast*
previsioni meteorologiche *weather forecast*
previsioni del tempo *weather forecast*
prezzemolo *parsley*
prezzo *price;* (... fisso *fixed ...)*
prezzo massimo *maximum price*
prezzo minimo *minimum price*
prima *before*
prima categoria *first category*
prima colazione *breakfast*
prima di *before*
primo *first*
primo (piatto) *first (course)*
Primo maggio *1st May*
Pro loco (f) *'local tourist office'*
problema (m) *problem, issue*
Prof. (Professore) *Professor, Teacher*
Prof.ssa (Professoressa) (f) *Professor, Teacher*
professione (f) *occupation, profession*
professore/a *professor, teacher*
profitto *profit*
profondo *deep*
profumeria *perfume shop*
profumo *perfume*
programma (m) *programme*
programmatore *programmer*
promettere *to promise*
promuovere *to pass*
pronto *ready*
pronto soccorso *first aid*
pronto! *hallo!*
proporre *to propose*
proprietario *owner*
proprio *just, own*
prosciutto *ham*
prossimo *next*
proteggere *to protect, to defend*
protestare *to complain, to protest*
Prov. (Provincia) *Province*
provare *to try*
proveniente da ... *coming from ...*
provincia *province*
provvista *supply, stock*
prugna *plum*
pubblicità *advertisement, advertising*
pubblico *public*
pugilato *boxing*
pulire *to clean*
pulito *clean*
pullman (m) *coach*
pullover (m) *pullover*
punire *to punish*
punizione (f) *punishment*
puntura *injection*
purè di patate (m) *mashed potatoes*
purtroppo *unfortunately*

Q

quaderno *exercise book*
quadro *picture, painting*
quaggiù *down here*
qualche *some, a few*
qualche volta *sometimes*
qualcosa *something*
quale *which, what*
qualità *quality*
quando *when*
quant'è? *how much is it?*
quanti *how many*
quantità *quantity*
quanto *how much;* (... fa? *... is it?)*
quanto *how long;* (... ci vuole? *... does it take?)*
quanto costa? *how much is it?*
quanto tempo *how long*
quartiere (m) *quarter, neighbourhood, district*
quarto *quarter;* (un ... di vino *a ... litre of wine)*
quasi *almost*
quassù *here*
quello *that (one)*
questo *this (one)*
questura *police headquarters*
qui, qua *here*
quindici giorni *fortnight*
quindicina *about fifteen;* (... di giorni *a fortnight)*
quintale *quintal, 100 kg*
quota (d'iscrizione) *entrance fee*
quotidiano *daily*

R

raccogliere *to pick up, to pick*
raccomandare *to recommend*
raccomandata (fare un ...) *registered letter, (to send a ...)*
raccontare *to tell*
racconto *story*
radiatore (m) *radiator*
radio (f) *radio*
radioattivo *radioactive*
rado (di ...) *seldom*
raffreddato (essere ...) *to have a cold*
ragazza *girl, girlfriend*
ragazzo *boy, boyfriend*
ragione (f) *reason*
ragioneria *accounting*
ragioniere (m) *accountant*
rallentare *to slow down*
rapa *turnips;* (cime di ... *... tops)*
rapidamente *rapidly, quickly*
rapido *'special express train'*
raramente *rarely*
rasoio *razor*
rassomigliare a *to look like*
ravanello *radish*
ravioli *ravioli*
razza *breed*
reclamare *to complain*
reclamo *complaint*
reddito *income*
regalo *present*
reggiseno *bra*
regionale *regional, local*
regione (f) *region, area*
regione adriatica *adriatic region*
regione alpina *alpine region*
regione appenninica *apennine region*
regione ligure-tirrenica *ligurian-tyrrhenian region*
regione mediterranea *mediterranean region*
regione padana *po region*
registratore (m) *tape-recorder*
regolamento *regulations*
religione (f) *religion, religious education*
rendere *to give back, to return*
reparto *department*
repubblica *republic*
residenza *residence*
restare *to stay*
restituire *to give back*
restituzione (delle monete) *returned (coins)*
resto *change*
rettangolare *rectangular*
riagganciare (il ricevitore) *to hang up*
ricambiare *to return, to reciprocate*
ricambio; (pezzo di ...) *replacement; (spare part)*
ricchezza *wealth*
ricci (capelli ...) *curly hair*
ricco *rich*
ricetta *recipe*
ricetta (medica) *prescription*
ricevere *to receive*
ricevuta *receipt*
richiamare *to call back*
riciclabile *recyclable*
riciclare *to recycle*
riciglaggio *recycling;* (... dei rifiuti *waste ...)*
ricompensa *reward*
riconoscere *to recognise*
ricordarsi *to remember*
ricordo *souvenir*
ricreazione (f) *recreation, break*
ridere *to laugh*
ridotto *reduced*
riduzione (f) *reduction*
riempire/compilare *to fill in*
rifiutare *to refuse, to turn down*
rifiuti (m, pl.) *waste, refuse;* (... domestici *household ...)*
righello *ruler*
rilassarsi *to relax*
rimanere *to stay*
rimborsare *to pay back, to refund*
rimborso *refund*
rimedio *remedy*
ringraziare *to thank*
riparare *to mend, to repair*
ripararsi *to shelter*
riparo *shelter*
ripetere *to repeat*
ripido *steep*
ripieno *stuffing*
riposarsi *to rest*
risalire *to go up again*
riscaldamento centrale *central heating*
rischio *risk*
riservare *to reserve*
riso *rice*
risparmiare *to save*
risparmio energetico *energy conservation*
rispettare *to respect*
rispondere *to reply*
ristorante (m) *restaurant*
ristrutturare *to restore, to alter*
risultato *result, answer*
ritardare *to delay*
ritardo *delay;* (in ... *late)*
ritirare *to withdraw*
ritornare *to return*
ritorno *return*
ritrovare *to find*
riunione (f) *meeting*
riva *shore*
rivista *magazine*
roba *stuff, things*
robusto *robust, sturdy*
roccia *rock*
roccioso *rocky*
Roma *Rome*
romantico *romantic*
romanzo *novel*
rompersi *to break*
rompersi il braccio *to break one's arm*
rosa *pink*
rosmarino *rosemary*
rosolare *to brown*
rosso *red*
rosticceria *roast meat shop, 'rôtisserie'*
rotondo *round*
rotto *broken*
roulotte (f) *caravan*
rovesciarsi *to overturn*
rovescio *heavy rain, shower*
rubare *to steal*
rubinetto *tap*
rugby *rugby*
rugiada *dew*

rullino/rollino *film (for camera)*
rumore (m) *noise*
rumoroso *noisy*
ruota *wheel*
ruota di scorta *spare wheel*
rurale *rural*
Russia *Russia*
russo *Russian*

S

S.p.A. (Società per Azioni) *Joint-stock company*
S.r.l. *Ltd* (Società a responsabilità limitata *Limited Company)*
sabato *Saturday*
sabbia *sand*
sacchetto *(small) bag*
sacco a pelo *sleeping bag*
sacco per i rifiuti *rubbish bag*
sagra *festival, feast*
sala d'aspetto/attesa *waiting room*
sala da pranzo *dining room*
sala giochi *games room, amusement arcade*
salame (m) *salami*
salario *salary, wage*
salato *salty, salt (adj)*
saldi *sales*
saldo *settlement, balance*
sale (m) *salt*
Sali e Tabacchi *tobacconist's (shop)*
salire *to get on, to go up*
salita *climb*
salmone (m) *salmon*
salotto *sitting-room, drawing-room*
salsiccia *(pork) sausage*
saltare *to sauté*
salto con l'asta *pole-vault*
salto in alto *high jump*
salto in lungo *long jump*
salumeria *delicatessen (shop)*
salutare *to greet*
salute (alla ...!) *cheers! good health!*
salute (f) *health*
salvia *sage*
sandali *sandals*
sangue (m) *blood*
sanguinare *to bleed*
sano *healthy*
Santo Stefano *Boxing Day (26th December)*
sapere *to know*
sapone (m) *soap*
sapore (m) *flavour, taste*
saporito *tasty*
sardina *sardine*
sasso *stone*
sbagliato *wrong, mistaken*
sbaglio *mistake, error*
sbarcare *to disembark*
sbattere *to beat, to whip*
sbollentare *to parboil*
sbrigarsi *to hurry up*
sbucciare *to peel, to shell*
scacchi *chess*
scaffale (m) *shelf*
scala mobile *escalator*
scale (f, pl.) *stairs*
scaloppina *escalope*
scambio *exchange*
scampagnata *trip to the country*
scampi *scampi*
scapolo *bachelor*
scarichi industriali *industrial waste*
scarpe (f, pl.) *shoes*
scatola *box*
scegliere *to choose*
scelta *selection, choice*
scendere *to descend, to go down, to get off*
scheda/carta telefonica *phone-card*
schiarita *clearing up*
sci (sport) (m) *skiing*
sciampo/shampoo *shampoo*
sciare *to ski*
sciarpa *scarf*
scientifico *scientific*
scienze (f, pl.) *science*
scienze naturali *natural sciences*
scienze umane *human sciences*
scimmia *monkey*
sciocco *silly*
sciopero *strike*
scirocco *south-east wind, scirocco*
sciroppo *syrup, mixture*
scivolare *to slip*
scodella *bowl*
scolapiatti (m, sing.) *plate rack*
scolaro *pupil, school boy*
scompartimento *compartment*
sconto *discount*
scontrino *receipt*
scontro *bump, collision, crash*
scoperta *discovery*
scopo *purpose, aim*
scoppiato *burst*
scoprire *to discover, to find out*
scorie radioattive (f, pl.) *radioactive waste*
scorretto *incorrect*
Scozia *Scotland*
scozzese *Scottish*
scrittore (m) *writer*
scrivere *to write*
scroscio *downpour*
scuola *school*
scuola media *first three years of secondary school*
scuola privata *private school*
scuola pubblica/statale *State school*
scuro *dark*
scusarsi *to apologize*
scusi! *excuse me!*
secco *dry*
secolo *century*
secondo *second;* (... piatto ... *course)*
secondo me *in my opinion*
sedano *celery*
sedersi *to sit down*
sedia *chair*
sedia a dondolo *rocking chair*
sedia a sdraio *deckchair*
sedia pieghevole *folding chair*
seduto *seated*
seggiolino *stool;* (... pieghevole *folding stool)*
segnale (m) *signal, sign*
segnare *to indicate*
segretario *secretary*
segreteria telefonica *answerphone*
seguire *to follow*
selvaggina (f, pl.) game
selvatico *wild*
semaforo *traffic lights*
seminterrato *basement*
seminuovo *almost new*
sempre *always*
senso *direction;* (a ... unico *one-way)*
sentire *to hear*
sentirsi *to feel*
senza *without*
senza piombo (benzina) *unleaded (petrol)*
senzatetto (m/f) *homeless*
separato *separated*
seppia *cuttlefish, squid*
sequestrare *to kidnap, to confiscate*
sera/serata *evening*
sereno *clear, cloudless*
serio *serious*
serpente (m) *snake*
servire *to serve*
servito *served*
servizi *kitchen and bathroom*
servizio *service, service charge*
seta *silk*
sete (f) *thirst*
settembre *September*
settentrionale *northern*
settimana *week*
severo *severe, strict*
sfortunato *unfortunate, unlucky*
sforzarsi di *to make an effort*
sfruttare *to exploit*
sganciare *to lift up the receiver*
sgombro *mackerel*
shampoo (m) *shampoo*
siccità *drought*
siepe (f) *hedge*
Sig. (Signor) *Mr.*
Sig.na (Signorina) *Miss*
Sig.ra (Signora) *Mrs.*
signora *Mrs., Madam*
signore (m) *Mr., Sir*
signorile *exclusive, luxury*
signorina *Miss, Madam, young lady*
silenzio *silence*
simile *similar, like*
simpatico *nice*
sincero *sincere*
sindacato *trade union*
sindaco *mayor*
singola *single*
sinistra (a...) *left (on the ...)*
sinistra (di ...) *left-wing*
sito *place, situated*
situato *situated*
situazione (f) *situation*
slittare *to slide*
smaltire *to dispose*
smog (m) *smog*
snello *slim*
società *society, club*
socio *member*
sociologia *sociology*
soddisfatto *satisfied, pleased*
sodo *hard*
sofferente *suffering, ill*
soffiare *to blow*
soffriggere *to fry lightly*
soffrire *to suffer*
soggiorno *stay, living room*
sogliola *sole*
solaio *loft, attic*
soldi (m, pl.) *money*
soldi da spendere *spending money*
sole (m) *sun*
soleggiato *sunny*
solidarietà *solidarity*
solito *usual;* (di ... *usually)*
sollevamento pesi *weight lifting*
solo *only, alone*
somiglianza *likeness*
soppresso *cancelled*
sopra *over, above, on*
soprabito *overcoat*
soprammobile (m) *ornament*
sorella *sister*
sorellastra/sorella acquisita *stepsister*
sorgere *to rise*
sorpassare *to overtake*
sorprendersi *to be surprised*
sorpresa *surprise*
sorriso *smile*
sosta *parking*
sostituire *to substitute, to change*
sotto *under, beneath, below*
sovraffollamento *overcrowding*
sovraffollato *overcrowded*
spaghetti *spaghetti*
Spagna *Spain*
spagnolo *Spanish*
spalla *shoulder*
sparecchiare *to clear the table*
spazio *space*
spazioso *spacious*
spazzatura *rubbish;* (raccolta della ... *... collection)*
spazzolino da denti *toothbrush*
specchiera *(large) mirror, dressing table*
specchio *mirror*
speciale *special;* (è ... *it is delicious)*
specialità *speciality*
specie *type;* (una ... di *a type / kind of)*

spedire *to send*
spegnere *to switch off*
spendere *to spend*
sperare *to hope*
sperduto *out of the way*
spesa *shopping;* (fare la ... *to do the shopping)*
spesso *often*
spettacolo *show, performance*
spezie (f, pl.) *spices*
spezzatino *(meat) stew*
spiaggia *beach*
spiaggia libera/pubblica *public beach*
spiaggia privata *private beach*
spiccioli (m, pl.) *loose change, small change*
spiegare *to explain*
spina (elettrica) *(electric) plug*
spinaci *spinach*
spiritoso *witty*
splendere *to shine*
splendido *splendid*
spolverare *to dust*
sporcare *to dirty*
sporco *dirty*
sporgersi *to lean out*
sport (m) *sport*
sport acquatici *water sports*
sportello *door*
sportello (di un ufficio) *counter*
sportello automatico *cash point*
sportivo *sporting, sporty casual (wear)*
sposa *bride*
sposarsi *to get married*
sposato *married*
sposo *bridegroom*
sprecare *to waste*
spremere *to squeeze*
spremuta *fresh fruit juice*
spumante (m) *sparkling wine*
spuntino *snack*
squisito *exquisite, delicious*
stabile *building*
stadio *stadium*
staffetta *relay race*
stagione (f) *season*
stampatello; (in ...) *block letters; (in ...)*
stanco *tired*
stanza *room*
stare male *to feel ill*
stare meglio *to be better*
stare peggio *to be worse*
statale (strada ...) *main road*
stato *state, condition*
stato civile *marital status*
statura *height;* (... media *average ...)*
stazione (f) *station*
stazione balneare
seaside resort
stazione termale *spa*
stella *star*
stenografia *shorthand*
sterlina *Pound (sterling)*
stesso *same*
stile (m) *style*
stipendio *salary*
stirare *to iron*
stivale (m) *boot*
stoffa *cloth, material*
storia *history*
storia dell'arte *history of art*
storico *historic*
storione (m) *sturgeon*
stoviglie *crockery*
strada *street, road*
straniero *foreigner, foreign*
strano *strange*
strappato (un vestito ....) *a torn dress*
Strasburgo *Strasbourg*
stretto *narrow, tight*
stringere (la giacca) *to take in (the jacket)*
strumento *instrument*
strumento musicale *musical instrument*
studente (m) *student*
studentessa *student*
studiare *to study*
studio *study*
studioso *studious*
stufo *fed up*
stupendo *stupendous, marvellous*
stupido *stupid*
su *on, over, above*
subito *immediately*
succo di frutta *fruit juice*
sud (m) *south*
sudare *to sweat*
sudore (m) *sweat*
suggerire *to suggest*
sulla riva del mare *by the sea shore*
suocero *father-in-law*
suolo *soil*
suonare *to ring, to play*
super (benzina) *super, premium fuel*
superbo *proud, haughty*
supermercato *supermarket*
supplemento *supplement, extra portion, extra charge*
supporre *to suppose, to think*
svago *amusement, recreation, hobby*
sveglia *alarm clock*
svegliare *to wake*
svegliarsi *to wake up*
svendita *(clearance) sale*
sviluppo *development*

T

tabaccaio *tobacconist*
tabaccheria *tobacconist's (shop)*
tacchino *turkey*
taglia *size*
tagliare *to cut*
tagliarsi *to cut oneself*
tagliatelle *tagliatelle*
tamponamento *collision*
tamponare *to collide with, to run into*
tanto *a lot*
tappeto *carpet*
tardi *late*
tardi (più ...) *later*
targa *number plate*
tariffa *price list, charge*
tartaruga *tortoise*
tartufo *truffle*
tasca *pocket*
tascabile (adj.) *pocket;* (dizionario ... *... dictionary)*
tassa, imposta *tax, duty*
tassa/imposta di soggiorno *visitor's tax*
tassì *taxi*
tassista (m/f) *taxi-driver*
tatuaggio *tattoo*
tavola *table*
tavola calda *snack bar, hot lunch counter*
tavola pieghevole *folding table*
tavolo *table*
tazza *cup*
tazzina *coffee-cup*
tè (m) *tea*
teatro *theatre, drama*
tecnologia *technology*
tedesco *German*
tegame *frying pan, pan, saucepan*
teglia *baking/roasting tin*
teiera *teapot*
telefonare *to telephone*
telefono *telephone*
telegramma (m) *telegram*
televisione (f) *television*
televisore (m) *television set*
tema (m) *essay, composition*
temere *to fear*
tempaccio *nasty weather*
temperatura *temperature*
tempesta *storm*
tempestoso *stormy*
tempo *time, weather*
tempo brutto *bad weather*
tempo bello *good weather*
tempo libero *free time*
tempo nuvoloso *cloudy weather*
temporale (m) *(thunder-) storm*
temporalesco *stormy*
tenda *tent*
tende (pl.) *curtains*
tendente a *tending to*
tendenza tendency; (con ... a *with a likelihood of/possibility of)*
tenero *tender*
tennis (m) *tennis*
termometro *thermometer*
termos (m) *thermos flask*
termosifone (m) *radiator*
terra *earth, ground, land*
terremoto *earthquake*
terreno *ground, land*
terrina *tureen, bowl*
terrorismo *terrorism*
terzo *third*
terzo mondo *third world*
tessera (d'iscrizione) *membership card*
testa *head*
testardo *stubborn*
testimone (m/f) *witness*
tetto *roof*
Tevere *Tiber*
tifone (m) *typhoon*
tigre (f) *tiger*
timido *shy, timid*
timo *thyme*
tinello *(small) dining-room*
tintoria *dry-cleaner's (shop)*
tipico (piatto ...) *typical dish*
tipo *type, kind*
tolleranza *tolerance*
tonnellata *tonne, 1,000 kg*
tonno *tuna*
torcia elettrica *(electric) torch*
Torino *Turin*
tornado *tornado*
tornare *to return*
torta *cake*
tosse (f) *cough*
tostapane (m) *toaster*
tovaglia *table cloth*
tovagliolo *napkin, serviette*
tra due ore *in two hours*
tra/fra *among, between*
tradurre *to translate*
traduzione (f) *translation*
traffico *traffic*
traghetto (nave ...) *ferry (boat)*
tram (m) *tram*
tramontana *north wind*
tramontare *to set*
tramonto *sunset*
tranquillo *quiet, calm*
transatlantico *(transatlantic) liner*
trascorrere *to spend, to pass*
trascurato *neglected*
traslocare *to move (house)*
trasporto *transport*
trattabili *negotiable*
trattoria *(small) restaurant, inn, trattoria*
travellers' cheque (m) *travellers' cheque*
traversata *crossing*
treccia *plait*
treno *train;* (... locale, diretto, espresso *slow, fast, express ...)*
triglia *(red) mullet*
trippa *tripe*
triste *sad*
tritare *to mince, to chop*
tromba d'aria *whirlwind*
tromba marina *waterspout*
troppo *too, too much*
troppo cotto *overdone*
trota *trout*
trovare *to find*
trovare un impiego *to find a job*
trovarsi *to be situated, to find oneself*
trucco *make-up*
tubetto *tube*
tuffarsi *to dive*

tuonare *to thunder*
tuono *thunder*
turismo *tourism*
turista (m/f) *tourist*
turistico (menu ...) *fixed-price menu*
tuta (sportiva/da ginnastica) *tracksuit*
tutela dell'ambiente *protection of the environment*
tuttavia *nevertheless, yet*
Tutti i Santi/Ognissanti *All Saints' Day (1st November)*
tutto *all*
tutto compreso *all included*

U

U.E./Ue (Unione Europea) *European Union*
ubbidire *to obey*
uccellino *little bird*
uccello *bird*
uccidere *to kill*
ufficio *office*
ufficio di cambio *bureau de change*
ufficio informazioni *information office*
ufficio oggetti smarriti *lost property office*
ufficio postale *post office*
uguale *equal, like*
ulteriori informazioni *further information*
ultimo *last*
umidità *dampness, humidity*
umido *damp*
un po' *a bit, a little*
ungere *to grease*
unico *only, unique*
uniforme *uniform*
università *university*
uomo *man*
uovo *egg*
uragano *hurricane*
urbana/interurbana (telefonata ...) *local/long distance call*
urgente *urgent*
urto *collision, impact*
uscire *to leave, to go out*
uscita *exit, gate*
uscita di sicurezza *emergency exit*
uso *use*
uva (f, sing.) *grapes*

V

V. (Vostro) *Your*
va bene *it is all right, fine*
vacanza *holiday*
vaglia (m) *postal order*
vagone letto (m) *sleeping car, sleeper*
valanga *avalanche*
vale *it is worth*
valigia *suitcase*
valle (f) *valley*
valore (m) *value, price*
valuta *currency*
vaniglia *vanilla*
vano *room*
variabile *variable*
variazione *variation*
vario *varied, various;* (varie volte *several times)*
vasca da bagno, *bath(tub)*
vassoio *tray*
vecchio *old*
vedere *to see*
vedersi *to see, to meet*
vedova *widow*
vedovo *widower*
veduta/vista *view, sight*
vegetariano *vegetarian*
veicolo *vehicle*
velluto *velvet*
velocità *speed*
vendere *to sell*
vendita (in ...) *for sale*
venerdì *Friday*
Venezia *Venice*
venire *to come*
vento *wind*
vento leggero *breeze*
vento molto forte *gale*
veramente *really*
veranda *verandah*
verde *green*
verdura (f, sing.) *vegetables, greens*
vergognarsi *to be ashamed*
verità *truth*
vermut (m) *vermouth*
vero *real, genuine, true*
verso *towards*
vespa *Vespa, motor scooter*
vestire *to dress*
vestirsi *to get dressed*
vestiti/abiti *clothes*
vestito *suit, dress*
Vesuvio *Vesuvius*
vetrina *shop window*
vetro *glass*
vettura *coach, carriage*
via *road, street*
viaggiare *to travel*
viaggiatore (m) *traveller*
viaggio *journey*
viale (m) *avenue*
vicino *near*
vicino a *near, close to, by*
video *video*
video registratore *video recorder*
vietato *prohibited*
vietato calpestare le aiuole *please keep off the grass*
vietato campeggiare *no camping*
vietato entrare *no admittance*
vietato fumare *no smoking*
vietato il parcheggio *no parking*
vietato l'ingresso ai cani *no dogs admitted*
vigile (urbano) (m) *traffic policeman*
vigili del fuoco *firemen*
villa *villa (detached) house*
villaggio *village*
villetta *(small) house*
villetta a schiera *terraced house*
vincere *to win*
vino (bianco, rosso, rosé) *wine (white, red, rosé)*
viola *violet*
violenza *violence*
visibilità scarsa *poor visibility*
visitare *to visit*
viso *face*
vista *view*
visto che *considering that*
vitello *veal;* (... tonnato ... *with tuna sauce)*
vitto e alloggio *board and lodging*
vivace *lively*
vivere *to live*
vivo *alive*
viziato *spoilt*
vocabolario *vocabulary*
voce (f) *voice*
voglia *wish;* (aver ... di *to feel like)*
voglio *I want*
volante (m) *steering wheel*
volare *to fly*
volentieri *willingly, gladly*
volere *to want*
volo charter *charter flight*
volo di linea *scheduled flight*
volta *time*
vomitare *to vomit*
vongola *clam*
vorrei *I'd like*
Vostra lettera *Your letter*
votare *to vote*
voto *mark*
Vs. (Vostra lettera) *Your letter*
vuoto *empty*

W

week-end (m) *weekend*

Y

yoghurt (m) *yoghurt*

Z

zafferano *saffron*
zaino *rucksack*
zampone (m) *'zampone', (stuffed pig's trotter)*
zenzero *ginger*
zero *zero;* (sopra/sotto ... *above/below ...)*
zio *uncle*
zoo *zoo*
zucca *pumpkin*
zuccherato *sweetened, sugared*
zucchero *sugar*
zucchino *courgette*
zuppa inglese *trifle*
zuppa *soup;*
(... di pesce *fish ...)*

Photos

Archivio Fratelli Carli *Gianni Palermo* 120, 215 (t); *Studio fotografico Merlo* 130 (t), 135 (tr); *Studio Sancassini* 130 (b), 135 (br), 138 (bl), 140 (l); *Olio Carli* 137 (cl), 215 (t)
Marco Basso: 19 (t), 20 (t), 30 (c); 212 (t), 217 (b); Antonio Borraccino: 26, 79 (bl), 144 (tl);
John Broadbent: 49 (t), 79 (cl), 100 (b); Comune di Cervo 69 (c), 213 (c); Clive Christy 106;
Marina Esposito: 5, 20 (b), 22 (t), 24; 46 (t), 47, 55, 56, 58, 90, 97 (b), 121?, 141 (cbt), 146 (t), 242;
Giovanna Melisi: 21, 30 (br); Gianni Novella: 4, 6 (br), 19 (bl), 60 (t), 89 (c), 91, 92, 230 (b);
Frank Preiss: 64, 95, 146 (b); Davide Saraceno 223; Massimo Sasso, 201; Dino Zanghi: 37 (t), 213 (b)

All other photos by Lenka Mysliveckova and Leonardo Oriolo

Other graphics

Donna Moderna 62; Ideal Standard 46 (b); Conad 138 (cb); Pagini utili, Mondadori 87(cb);
Corriere della Sera 64; Compagnia di Via Carducci, Imperia 99 (br); Ideal Standard 46 (b);
www.poste.it, 104 (l); www.rivieradeifiori.org 108 (cb); www.istruzione.it 245

Disclaimer